L'ALCOOLISME

FLÉAU SOCIAL

MŒURS — LÉGISLATION — DROIT COMPARÉ

L'ALCOOLISME

FLÉAU SOCIAL

MŒURS — LÉGISLATION — DROIT COMPARÉ

PAR

Paul GRIVEAU

AVOCAT A LA COUR D'APPEL DE PARIS
ANCIEN PROCUREUR DE LA RÉPUBLIQUE

PARIS

MARCHAL ET BILLARD

IMPRIMEURS-ÉDITEURS, LIBRAIRES DE LA COUR DE CASSATION

27, Place Dauphine, 27

—

1906

L'ALCOOLISME

FLÉAU SOCIAL

MOEURS — LÉGISLATION — DROIT COMPARÉ

I

CONSIDÉRATIONS GÉNÉRALES

La guerre déclarée par le XIX° siècle aux fléaux dont souffre l'humanité se poursuit sans relâche et sollicite, à l'heure présente, le zèle de tous ceux qui ont au cœur l'amour du bien public. A l'action malfaisante des infinement petits, Pasteur et ses disciples ont opposé la résistance des inoculations ; et, pendant que l'anesthésie triomphe de la douleur, les dangers de l'intervention chirurgicale sont conjurés par l'antisepsie qui réduit à leur minimum les probabilités mortelles.

C'est surtout dans les temps modernes que la misère et la souffrance ont été attaquées par une vigoureuse offensive. Des lutteurs ont surgi qui, voulant contribuer à la marche ascendante du progrès, n'ont pas songé, pendant leur passage sur la terre, à dresser une tente pour le sommeil. Ces hommes ont eu foi dans l'idéal : ils ont entrepris la bataille contre les dépravations qui compromettent le bien-être moral et matériel des individus en même temps que la dignité des peuples. Ils ont ainsi accompli un devoir d'ordre social et de sauvegarde réciproque.

Nos derniers Congrès ont fait retentir un cri d'alarme contre le terrible fléau de l'Alcoolisme, vrai suicide collectif, dont les ravages préoccupent à juste titre les économistes et les philosophes.

Le Moyen âge avait la peste noire, la lèpre, la famine. Nos pères ont combattu ces fléaux redoutés en leur opposant la force d'une volonté tenace.

Aujourd'hui la France ne subit plus les mêmes épreuves, mais elle est minée par la tuberculose qui, dans l'agglomération malsaine de nos cités, terrasse chaque année 150.000 victimes dont les trois quarts succombent à l'action directe ou indirecte des liqueurs spiritueuses.

De là cette lamentable stagnation de la population française qui atteint le Pays dans ses forces vives.

Ainsi trois fléaux se donnent la main pour flétrir la jeunesse dans sa fleur et menacer même l'existence de notre Patrie en diminuant à la fois le nombre et la valeur de ses enfants.

Les guerres, les révolutions, les épidémies sont des calamités temporaires ; après les hécatombes, la paix se conclut, la mortalité revient au chiffre normal. Les générations nouvelles comblent les vides ; et, des maux passés, il reste à peine une trace dans la mémoire des survivants.

Il n'en est pas de même pour l'alcoolisme, plus dangereux cent fois par son infiltration continue.

Les statistiques nous apprennent qu'on a passé en France d'un litre de consommation annuelle par tête à 8, 10, 12, même 14 litres dans certains départements. Notre pays absorbe encore près d'un million et demi d'hectolitres par an ; et si, dans ces derniers temps, on a pu constater une sensible réduction dans ce chiffre, nous dirons plus loin la part prépondérante qu'il faut attribuer dans cet heureux résultat à la propagande organisée par d'infatigables athlètes. Nous mentionnerons spécialement le Congrès tenu à l'Ecole de médecine en 1903 avec les plus hautes notabilités du monde parisien. C'est à ce Congrès que fut votée l'excellente résolution de fédérer ensemble les différentes Ligues, tout en laissant à chacune d'elles son autonomie.

L'alcoolisme proprement dit n'était pas connu de nos aïeux. Il ne ressemble pas à l'ivrognerie, dont les manifestations dégradantes éloignaient tous ceux qui avaient le respect d'eux-mêmes. Mais il s'est introduit comme subrepticement, dans toutes les classes du corps social, une habitude des boissons distillées imposée par le mauvais exemple, les usages reçus, la sérénité des gens qui se croient sobres alors qu'ils se sont imprégnés deux fois par jour , sans d'ailleurs s'enivrer jamais, du poison qui brûle leurs veines et celles de leurs enfants !

Nous n'attaquerons pas, dans cette étude, l'usage modéré du vin ; loin de nous la pensée d'enlever au travailleur cette satisfaction anodine. Sans doute l'alcool, sous toutes ses formes, est essentiellement nocif; mais le vin, surtout lorsqu'il est coupé d'eau, a été supporté par de nombreuses générations sans dommage appréciable.

Toutefois il importe de ne jamais franchir la limite qui sépare l'usage de l'excès.

On ne peut nier au surplus que, dans tous les temps, l'abus des boissons fermentées a été un élément de corruption et de ruine.

Ce vice s'est incarné dans des êtres réels ou mythologiques ; Noé, Bacchus, en restent les types consacrés, mais la gaîté bruyante de nos ancêtres, lorsqu'ils se livraient à des libations excessives et qu'ils s'écriaient avec Horace : « Nunc est bibendum ! » n'avait rien de commun avec cet empoisonnement morne dont la science a décrit les ravages à la suite de nombreuses observations. Il a fallu les constatations précises des médecins pour établir cette vérité que l'alcool, au lieu de procurer un accroissement de vigueur, infuse dans le sang des buveurs la faiblesse et la décrépitude précoce.

Bien des égarés croient encore se donner des forces en absorbant l'eau-de-vie ; ils sont presque de bonne foi en attribuant un effet salutaire à cette chaleur factice qui les trompe ; ils pensent exciter leur énergie, et ils détruisent en eux le ressort vital. Il semble que Juvénal ait écrit pour eux ce vers célèbre :

Et propter vitam vivendi perdere causas.

L'envahissement du mal, le degré d'intensité auquel il est parvenu dans ces derniers temps, les abus de l'industrialisme, qui a trouvé dans l'alcool de grains une source inépuisable de bénéfices, ont enfin ouvert les yeux des moins clairvoyants et appelé la sollicitude des savants et des moralistes.

Quand on voit un sixième des suicides et des accidents, un tiers des cas d'aliénation mentale, deux tiers des crimes et des délits, un nombre infini de maladies, de décès, de chômages, de ruines dans les ménages ouvriers aussi bien que dans les familles aisées, une dégénérescence générale physique et morale, causés par ce fléau, il faudrait être bien aveugle pour représenter les anti-alcoolistes comme des « monomanes » poursuivant une chimère.

L'alcoolisme est au contraire une des principales questions d'actualité dont l'étude se lie intimement à nos destinées nationales.

Nous avons tous, au nom de la Religion, de la Morale, et du Patriotisme, le devoir supérieur de combattre ce virus mortel qui étend de plus en plus sa gangrène dans l'organisme des nations civilisées, et surtout, hélas ! dans la nôtre. La plupart des publications savantes et des grandes revues ont traité, depuis peu, cet important sujet. Partout l'on est d'accord pour en signaler l'urgence et la gravité.

Le fléau de l'alcoolisme, entrevu par les économistes au commencement du xixᵉ siècle, fut dénoncé en quelque sorte d'une manière officielle par le rapport présenté en 1872 à l'Académie de médecine de Paris.

Après les désastres de la guerre franco-allemande, il était naturel que la patrie blessée fît un retour sur elle-même pour découvrir et cicatricer ses plaies. C'est surtout aux nations éprouvées par la défaite qu'il appartient de combattre le matérialisme et l'amour des jouissances grossières, source d'affaiblissement et de léthargie.

L'idéal eût été de constituer une Sparte chrétienne aux mœurs sobres et austères, uniquement occupée de se préparer aux combats futurs. Mais, sans entrer dans le domaine de l'utopie, nous ne pouvons qu'approuver les efforts d'une vigilance éclairée ; car pour rendre à une nation sa place dans le monde, il faut la préserver avant tout des maux qui ont pour effet d'abâtardir la race. Quelques polémistes à courte vue essaient de tourner en dérision ces angoisses patriotiques. « Voulez-vous, disent-ils, faire de la France une Thébaïde ? empêcherez-vous la jeunesse de rire et de s'enivrer à ses heures ? qu'importe, si elle se retrouve au jour du péril sous les plis du drapeau ? » Une méditation sérieuse et la leçon des faits suffisent à réfuter ces appréciations optimistes. La vérité, c'est qu'il faut voir le mal tel qu'il est, et l'atteindre par l'effort individuel, la lutte corps à corps, pour ainsi dire, de l'homme contre l'alcool par la réforme des mœurs aussi bien que par la légalité. C'est maintenant la science qui parle, et l'opinion commence à s'émouvoir de ses révélations.

La voix des hygiénistes a été entendue dans les assemblées délibérantes, et le Dr Lannelongue s'est fait l'interprète de la France alarmée en décrivant méthodiquement la marche du fléau (1).

Bergeron, Lunier, Mottet, Dujardin-Beaumetz, Magnan, Legrain, Laborde, Lancereaux, Poitou, Jacquet, Triboulet, Roumowski, Petit, et d'autres maîtres de la science, ont signalé la marche du fléau et la nécessité de lui barrer la route.

Le Parlement a nommé des commissions qui ont procédé aux enquêtes les plus consciencieuses pour tracer en quelque sorte les cartes géographiques de l'invasion. — Dans la session de 1887, M. Claude, sénateur, a déposé un rapport auquel est annexé un atlas de statistique dressé par M. Turquan. Ce document expose avec détail l'état de la consommation de l'alcool en France (2). Les yeux du lecteur se fixent avec effroi sur les larges espaces teintés d'un rouge vif signalant les régions particulièrement contaminées.

Comme la pieuvre, l'alcool jette ses tentacules sur tout être,

(1) V. Chambre des députés, 0 juin 1895, *Journal officiel* du 7.
(2) Session de 1887, annexe 42.

enfant ou adulte, qui respire et qui pense, et par une étreinte avide, ébranle dans son âme et dans sa chair l'équilibre de la vie.

Les méfaits de l'alcool éclatent aux yeux de tous ; et chacun peut voir, en parcourant les voies publiques, combien nombreux sont les repaires où il attend sa proie. Depuis cinquante ans le nombre des cabarets a triplé, et ils sont rarement déserts. Dès le matin, ils s'ouvrent à une clientèle qui se renouvelle durant le cours de la journée. Le soir surtout, à l'heure où devrait se faire sentir, après le travail quotidien, le désir de goûter en paix les joies de la famille, les ouvriers vont s'entasser dans des bouges où la vapeur des punchs se mêle à l'âcre parfum du tabac. C'est là qu'ils oublient le foyer où la femme et les enfants attendent, en grelottant peut-être de misère et de froid. C'est dans ces lieux de perdition que les retient le culte de l'alcool sous le toit du temple fumeux où le grave débitant pontifie au comptoir en distribuant d'une main le poison, et en recevant de l'autre ce salaire dont sera privée la famille !

D'ailleurs ce ne sont pas seulement les ouvriers qui subissent les atteintes du mal : les classes dirigeantes payent aussi leur tribut aux entraînements de l'alcoolisme.

A la tempérance désertée pour l'esclavage de la boisson, on serait tenté de dire, comme Boileau parlant de l'honneur, que c'est

> ... « Une île escarpée et sans bords :
> On n'y peut plus rentrer quand on en est dehors. »

Mais il importe, dans cette question vitale, d'éviter avant tout le découragement. La lutte est possible, elle est organisée, ses résultats peuvent et doivent être féconds.

Que tous ceux qui s'intéressent à l'avenir et à la prospérité de la France joignent leurs efforts à ceux des Sociétés dont les rangs s'élargissent chaque jour pour y recevoir les adversaires du fléau !

Nous allons essayer de montrer les périls de l'alcoolisme, cause de misère physique et morale, et nous chercherons ensuite les remèdes les plus sûrs et les plus pratiques qui peuvent être provoqués pour arrêter sa marche.

Les verdicts de la science, par ordre des autorités, ont revêtu des formules saisissantes ; partout des affiches les ont fait connaître dans nos cités et nos villages. Les instituteurs ont été chargés d'organiser des cours dans les écoles ; on a crié aux masses populaires : l'alcool abrutit, l'alcool ruine, l'alcool tue ! Le législateur s'est mis à l'œuvre, il a réprimé l'ivresse manifeste ; nous nous demanderons s'il n'a pas le devoir de prendre des mesures plus efficaces.

Jusqu'ici les lois en vigueur n'ont pas produit tout l'effet qu'on pouvait en attendre. Le torrent, surmontant les obstacles, brisant les digues, répand sur son parcours une écume empoisonnée. Ceux qui ne songent pas à fuir ses atteintes sont voués à une déchéance qui les laissera désarmés pour les luttes de l'existence : bien plus, le virus se retrouvera dans les veines de leurs descendants ; des générations innocentes seront infectées par un vice héréditaire. Comme le dit l'Ecriture sainte, « les pères ont mangé des fruits verts, et les fils ont eu les dents agacées ».

Si l'on n'arrive pas à préserver du péril l'ouvrier, le laboureur et disons-le sans hésiter, le bourgeois dont l'intempérance, pour être plus raffinée, n'en est pas moins condamnable, le paupérisme et la criminalité atteindront des proportions effroyables ; les prisons, les hôpitaux, les asiles d'aliénés, seront trop étroits pour recevoir les victimes de l'alcool ; et les budgets, malgré leur élasticité, cesseront de fournir les ressources nécessaires à l'entretien de tant de malades, — malades, hélas ! qu'on peut appeler volontaires.

Dans tous les pays éprouvés par le fléau de l'alcoolisme, il se créera progressivement, par la force des choses, une sélection d'intelligence et de force intacte, « une véritable aristocratie de sobres » en face du troupeau dégradé des alcooliques, qui s'empoisonnent comme ces nègres inconscients prêts à échanger leurs esclaves et leurs richesses contre un bidon d'eau de feu.

Après avoir analysé la nature et les dangers de l'alcool, nous proposerons trois sortes de remèdes pour enrayer le mal : remèdes fiscaux, — dégrèvement des boissons dites hygiéniques, taxes sur l'alcool, étude du monopole ; — remèdes légaux — refonte de la législation sur l'ivresse, fermeture des cabarets ou réduction de leur nombre, internement des alcooliques etc. ; — remèdes moraux — propagande et enseignement anti-alcoolique, au point de vue moral et religieux ; développement des sociétés de tempérance, organisation des Congrès, affiches, tracts et réunions publiques ou privées, moyens de favoriser les efforts individuels de ceux qui veulent, indépendamment de toute organisation extérieure, se vaincre eux-mêmes pour écarter les suggestions d'un penchant fatal.

L'étude des mœurs et des législations étrangères fera l objet de plusieurs chapitres de cette étude.

II

APERÇU HISTORIQUE

A toutes les époques, et sous les latitudes les plus diverses, l'homme a cherché à se créer une vie cérébrale artificielle. Les historiens de l'antiquité nous apprennent que dès les temps les plus reculés on avait recours non seulement au vin, mais à d'autres agents d'excitation.

Hérodote raconte (1) que les Scythes, lorsqu'ils voulaient s'enivrer, y parvenaient en aspirant la fumée de certaines plantes, aussi bien qu'ils l'eussent fait en buvant du vin à l'excès. Les Babyloniens faisaient de même, en brûlant des fruits de leurs vergers.

Du temps d'Aristote (2), on fabriquait des sortes de bières qui renfermaient des substances hypnotiques.

C'est ainsi que plus tard les Séides du Vieux de la Montagne s'étourdissaient par des boissons enivrantes pour se donner le courage d'exécuter ses ordres.

L'abus des spiritueux remonte aux origines du monde et se retrouve à chaque page de l'histoire des nations.

Les Indiens et les Chinois pratiquaient l'art de la distillation longtemps avant tous les autres peuples.

Dès les temps les plus reculés aussi, l'usage immodéré des boissons éveilla l'attention des législateurs. A Lacédémone, Lycurgue, au dire de Plutarque, faisait enivrer les Ilotes pour inspirer aux citoyens le dégoût de l'ivresse. A Athènes, Dracon punissait de mort les ivrognes.

Rome, à sa naissance, était frugale et sobre ; il n'en fut pas de même plus tard, lorsque Varron et Caton le Sévère eurent répandu la vigne et le vin ; alors l'ivrognerie devint fréquente ; mais dès cette époque aussi on punit sévèrement les délits commis dans l'ivresse. Enfin, selon César et Tacite, les peuples que soumit Rome ne se montraient pas beaucoup plus sobres que les Romains eux-mêmes ;

(1) *Hist.*, liv. I et II.
(2) Legrand du Saulle, *Etude sur l'ivresse.*

les Germains, entre autres, n'étaient point un modèle de tempérance (1).

Si Mahomet défendit le vin à ses sectateurs, c'est que le vice de l'ivrognerie faisait, au VIIIe siècle, de grands ravages en Arabie.

Charlemagne, dans ses édits, déplore l'usage des liqueurs fermentées, et cherche à en arrêter la diffusion parmi les laboureurs.

Le vin, la bière, le cidre et quelques autres liqueurs enivrantes provenant de la fermentation du suc d'un petit nombre de plantes, étaient alors les seules boissons spiritueuses connues. Le XIe siècle vit naître une nouvelle liqueur de la distillation du vin. Fabriquée dans l'origine par les Arabes, elle reçut le nom d'*alcohol*, et fut regardée d'abord comme un poison, plus tard comme un remède (*aqua vitæ*). De très bonne heure on en distribua aux ouvriers employés dans les mines de Hongrie. En France, Louis XII accorda à la communauté des vinaigriers de distiller les *eaux-de-vie*, et dès 1678, leur vente, au lieu d'être réservée comme autrefois aux pharmaciens, se fit publiquement.

Au XVIIIe siècle, l'abus de l'eau-de-vie s'accroît encore ; mais c'est surtout dans le nord de l'Europe que cette boisson va exercer ses ravages. Il fut constaté qu'en 1764 Saint-Pétersbourg perdait annuellement six cent trente-cinq individus par l'eau-de-vie. En Suède, le privilège de la vente des liqueurs, établi par Gustave III, vers l'année 1783, y multiplia tellement le vice de l'ivrognerie, qu'il fallut bientôt renoncer à cette branche de revenu. La bière fut la boisson ordinaire des classes laborieuses en Angleterre jusqu'au règne de Guillaume et de Marie ; mais l'usage des boissons spiritueuses ayant été introduit dans les habitudes du peuple anglais, par un acte du Parlement pour l'encouragement de la distillation, on vit bientôt, en 1744, toutes les boutiques de la capitale vendre de l'eau-de-vie. Les médecins, cette fois, firent remarquer qu'un grand nombre de personnes étaient victimes de cet abus, et de là la loi qui le défendit.

L'introduction des liqueurs spiritueuses aux Etats-Unis d'Amérique date des premiers établissements des colonies anglaises dans ce pays ; mais pendant longtemps la consommation en fut excessivement limitée ; l'abus de l'alcool ne se répandit qu'après la guerre de l'Indépendance.

Au commencement du XIVe siècle un auteur en vogue, Armand de Villeneuve, composa un livre ayant pour sujet « La conservation

____

(1) L. F. Maury, *Croyances de l'antiquité* ; Huc, *l'Empire chinois*, t. II, p. 389 ; Morehead, *On ebriating Liquors*, p. 107, in R. Bald, *Histoire des sociétés de tempérance.*

de la jeunesse ». A défaut de la fontaine de Jouvence, il proposait l'alcool, que déjà l'on commençait à connaître et dont on vantait outre mesure les effets prétendus merveilleux.

Voici comment Villeneuve parlait de cette liqueur en la représentant comme une sorte de panacée, nouvelle arme destinée à enrichir l'arsenal de la médecine : « Le *vin ardent*, extrait per la distillation du vin ou de sa lie, est la portion la plus subtile du vin. Quelques-uns l'appellent eau-de-vie, et elle mérite ce nom parce qu'elle prolonge la vie... Quand on lui a communiqué les vertus du romarin, elle exerce une influence favorable sur les nerfs... Elle a pour effet de retarder la vieillesse et de nourrir la jeunesse, etc. »

Ainsi l'eau-de-vie a commencé par guérir l'homme avant de l'empoisonner.

En France, du XVe au XVIIIe siècle, l'alcool ne se trouvait que dans les flacons des apothicaires ; — les ordonnances de police défendaient aux particuliers d'en fabriquer et d'en vendre. Il existait une corporation de distillateurs dont l'industrie consistait surtout à procurer de l'alcool de consommation aux Anglais qui en avaient contracté le goût dans la guerre de Hollande, où ils exigeaient d'abondantes distributions de brandwine (1).

A la fin du règne de Louis XIV, la noblesse et la bourgeoisie commencèrent à se faire servir, en même temps que le café, l'eau-de-vie obtenue par la distillation du fruit de la vigne. Il fut interdit alors de fabriquer et de vendre « les eaux-de-vie de lies, baissières, marcs de raisin, cidres, poiré, et autres liqueurs que le vin » (2). Il était alors généralement admis que l'alcool provenant d'une autre source que le jus du raisin était un produit malfaisant.

Aujourd'hui l'alcool de vin, réputé longtemps le seul potable, ne représente plus, chaque année, qu'une production inférieure à 100.000 hectolitres : l'alcool de mélasses, l'alcool de substances farineuses, l'alcool de betteraves, — tous ces alcools qu'on nomme communément *alcools d'industrie*, par opposition aux *eaux-de-vie naturelles*, et parce que leur fabrication nécessite une main-d'œuvre compliquée, ont relégué au dernier plan l'alcool-type, celui qui est tiré de la distillation des marcs de raisin.

Il y a cinquante ans, sur 900.000 hectolitres d'alcool bu en France, plus des neuf dizièmes étaient de l'alcool de vin : en 1875, la proportion était déjà renversée et, sur une production totale de 1.600.000 hectolitres, l'alcool de raisin n'atteignait pas plus d'un tiers.

(1) *Annales de Campden*, 1581.
(2) Ordonnance du 24 janvier 1713.

Aujourd'hui la France consomme annuellement le chiffre effrayant de 3.286.600 hectolitres d'eau-de-vie pour sa population de 38.133.000 habitants. Ce chiffre, pour les 1.391.700 hommes de plus de quinze ans qui sont seuls en cause, représente 23 litres par tête. L'alcool de vin n'en est que la 32' partie !

Vers 1824, la culture de la betterave et la fabrication du sucre indigène amenèrent une révolution dans l'industrie des départements du Nord. On eut l'idée de distiller le résidu gluant qui reste après la cristallisation du sucre et qui renferme, dans la proportion de 12 à 17 litres pour 100 kilogrammes, de l'alcool : 40.000 hectolitres d'alcool provenaient. en 1840, de la distillation des mélasses ; 130.000, en 1860 ; 350.000, en 1870 ; près de 600.000 en 1875 ; plus de 700.000, en 1885 ; 846 403 hectolitres, en 1895 ; à peu près un million aujourd'hui. La même quantité est extraite directement des betteraves.

L'alcool de grains et de substances farineuses, connu depuis plusieurs siècles en Hollande sous le nom de *schiedam*, et, en Ecosse, sous le nom de *whisky*, dont la distillation n'a été introduite en France que postérieurement à l'alcool de mélasses, a pris un développement considérable, et sa production, qui était de 40.000 hectolitres en 1819, est maintenant de 400.000 hectolitres environ. Au milieu du XIX° siècle, Marcel avait prédit que les alcools « d'industrie » ne tarderaient pas à prendre la place des alcools naturels.

Vers 1854. le phénomène annoncé par cet économiste se produisit avec une étonnante précision : l'alcool de vin manqua sur le marché, et fut, pour ainsi dire, relégué dans les pharmacies.

A son défaut. une fabrication presque inconnue en France, celle des alcools de substances farineuses, de mélasses et de betteraves, prit naissance et grandit avec une étonnante rapidité.

On croit généralement que le phylloxéra, en détruisant les vignes, a provoqué la fabrication d'alcool d'industrie. Nous ne pensons pas que cette opinion soit justifiée par les faits ; le développement de la fabrication de l'alcool d'industrie résulte simplement du bas prix de la matière première. Il y a quelques années, le prix de l'hectolitre de vin dans certaines régions du Midi était tombé à 7 fr. 80 ; même à ce prix, *extrêmement inférieur à celui de la période antérieure à l'apparition du phylloxéra*, la lutte entre les deux alcools était impossible. Etant donné que le prix d'un hectolitre d'alcool à 90 degrés oscille actuellement entre 30 et 32 francs, l'hectolitre de vin dosant 10 degrés devrait tomber à moins de 2 francs pour que des eaux-de-vie *bon marché* puissent être faites avec du vin.

Le phylloxéra n'est donc pas la cause de la substitution de l'alcool d'industrie à l'alcool de vin ; la vérité est que l'élévation du prix du vin a été l'origine de la substitution d'un alcool bon marché à un vin cher. Aussi quand le vin baisse de prix, l'augmentation progressive de la vente de l'alcool subit-elle un temps d'arrêt, ou même un recul comme en 1895. En outre, dans ces conditions, il y a diminution de la quantité d'alcool employé au vinage.

Lorsque la consommation se bornait à l'eau-de-vie produite par la distillation du vin, avec ou sans addition de noyaux ou de baies, l'intoxication alcoolique était un fait exceptionnel ; d'une part, la quantité des liquides en circulation ne dépassait pas un chiffre assez restreint, et, d'autre part, la cherté des spiritueux constituait le meilleur préservatif contre les abus.

Dans la première moitié du dernier siècle, lorsque les médecins rencontraient dans leur pratique un cas d'intoxication par l'eau-de-vis, ils étudiaient avec curiosité ces exemples « d'alcoolisme aigu », presque aussi rares que les attaques de choléra sporadique. Orfila signale dans un de ses mémoires à l'Académie de médecine, deux soldats morts dans l'espace de quelques heures pour avoir bu quatre litres d'alcool. Quant à l'alcoolisme chronique, Trousseau et Calmeil s'en étaient occupés.

Ces savants constataient les troubles intellectuels causés par l'abus des spiritueux.

Ils se rendaient compte des effets de l'alcool sur l'économie, et décrivaient les phénomènes du *delirium tremens*. On négligeait alors l'ivresse ordinaire, pourtant assez fréquente, en la considérant comme une excitation momentanée. Elle était même quelquefois utile, disaient les indulgents ; ils rééditaient les préceptes de l'école de Salerne qui conseillait une débauche d'ébriété mensuelle.

Cette morale relâchée a fait son temps, et les ravages de l'alcoolisme moderne vont nous ramener, par une réaction salutaire, à une sévérité de principes exempte de toute compromission.

III

CAUSES DE L'ALCOOLISME

Le mal qui fait le sujet de cette étude a sa source dans une cause morale qui exerce son action dans toutes les classes de la société : nous voulons parler de la tristesse invincible, du dégoût de la vie, le *tædium vitæ* des anciens ; nous le retrouvons sous la forme du *spleen* moderne que Bourget appelle le spleen âcre et corrosif (1), et dont l'Angleterre n'a pas le monopole. Cette lassitude intellectuelle qui déprime le cœur et l'intelligence, provoque chez ceux qui en sont atteints le besoin de recourir à des agents extérieurs pour abolir la sensation de l'être. Cette amnésie, le Chinois la demande à l'opium, l'Indien la réclame au haschisch : c'est à l'alcool que s'adressent en Europe ceux qui, dévorés par le pessimisme, estiment « *que la vie ne vaut pas la peine de vivre* ». Ces fanatiques du Néant lui demandent le repos « que la vie a troublé » ; mais, en attendant la mort, que, par une heureuse inconséquence, ils ne veulent pas se donner eux-mêmes, on les voit entraînés par les suggestions d'une lassitude qui les conduit à l'abrutissement. Au lieu de lutter avec courage contre l'épreuve, ils se laissent abattre par les premiers revers, et désertent l'arène où résistent les vaillants. Cet état morbide est arrivé à son paroxysme dans les dernières année du XIX* siècle ; il n'a pas toujours pour résultat la folie du suicide, mais il n'est pas étranger aux habitudes qui ont pour but d'étourdir l'âme par des excitations de mauvais aloi.

Si l'existence est un mal intrinsèque, n'est-il pas naturel de l'oublier dans les vapeurs d'un songe provoqué ?

Au fond, l'homme jeune et bien portant ne se plaint pas de vivre ; l'existence est pour lui une libre expansion de force et de joie. L'action, l'effort même, sont un plaisir pour l'être en possession de ses facultés. Comme l'a dit Lamartine, « la vie est un travail imposé pour nous achever nous-mêmes ».

Si l'on veut connaître la cause la plus générale de l'ivrognerie, il faut la chercher dans le désir qu'ont les hommes de se plonger dans

(1) *Essais de psychologie*, p. 22.

un état qui leur fasse oublier les peines de la vie ; aussi l'alcoolisme est surtout le vice de l'âge mûr et de la vieillesse.

C'est en effet lorsque l'homme redescend le versant de la montagne qu'il est ordinairement exposé aux épreuves les plus cruelles. Perte d'êtres chéris, ruines amoncelées par des revers de fortune, évanouissement des rêves de bonheur, tout vient l'assaillir à la fois lorsque la jeunesse est loin, et que la débilité de l'âge énerve son courage. C'est alors qu'il succombe à cette tentation facile d'oublier un instant sa misère, sans calculer le prix de cette décevante faiblesse ! Puis il voit peu à peu s'éclaircir les rangs de ses contemporains ; les enfants se sont dispersés pour chercher des moyens d'existence : la solitude, comme la faim, est mauvaise conseillère.

L'alcool est-il un consolateur ? a-t-il jamais « *noyé le chagrin* » de personne ? C'est là encore un préjugé à détruire.

L'alcool, il est vrai, en troublant le jugement, fait perdre à l'homme la notion exacte des réalités, mais il ne la lui fait pas perdre totalement. En outre, il permet à nos sentiments les plus cachés de se manifester avec plus d'intensité, et le malheureux buveur, qui a cru oublier en s'enivrant, est souvent plus triste après ses libations qu'il ne l'était avec sa seule douleur. Il a de plus la honte intime de recourir à de pareils dérivatifs au lieu de se résigner virilement à ses maux.

Les tristesses, un instant oubliées, reviennent plus intenses : le rêve fugitif a préparé un redoublement de désespoir et paralysé toute résistance à la tentation de suicide.

Est-il vrai de dire que l'alcool donne du courage ? Nous plaignons le soldat qui a besoin pour faire son devoir du tonneau de la cantinière. Que deviendra-t-il le jour où il faudra marcher au combat sans avoir eu le temps de recourir aux spiritueux ? Pour nous le militaire, plus que tout autre, doit conserver dans l'action le sang-froid et le libre arbitre qui le plient à l'obéissance attentive et pondérée.

Dira-t-on, comme dernier argument, que l'acool procure à l'homme des jouissances ? Un vin généreux flatte agréablement le palais ; mais le sage prescrit d'user avec une grande modération des satisfactions légitimes. En suivant ce précepte, on évitera toujours l'alcoolisme ; et ainsi la consommation du bon vin, dans la limite très restreinte où elle doit être contenue, ne peut fournir une arme aux partisans de l'alcool.

Dans notre société raffinée jusqu'à la mollesse, le sensualisme a déjà fait trop de ravages pour que, dans la solution du grand problème qui nous occupe, les motifs gastronomiques soient pris en considération. Ne semble-t-il pas que pour certains philosophes il ne reste plus

« Sous le vide des cieux
« Que l'animalité de l'homme et de la femme » (1)?

D'un autre côté, beaucoup d'hommes, écrivains, romanciers, poètes, journalistes, cherchent par des moyens factices à surexciter leurs forces cérébrales ; ce qui était d'abord un moyen de production plus rapide devint par la suite un élément de décadence intellectuelle. — Trop tendu, le ressort ne tarde pas à s'user jusqu'à ce qu'il vole en éclats.

L'invasion du mal est parfois insidieuse ; et les médecins n'ordonnent pas sans inquiétude le vin de Champagne aux jeunes femmes enceintes, tant sont fréquents les exemples d'accoutumances fâcheuses qui survivent au traitement.

L'homme raisonnable ne doit pas se forger des besoins artificiels qui dénaturent la vie normale ; ses désirs doivent toujours rester conformes à l'ordre naturel.

L'insensé qui veut noyer son chagrin dans l'ivresse, au lieu de le supporter courageusement en cherchant une diversion dans le travail et le culte du bien, s'imagine sans doute qu'il est le seul à souffrir ici bas.

Comme l'a dit Musset :

... Dès que nous avons quelque ennui dans le cœur,
Nous nous imaginons, pauvres fous que nous sommes,
Que personne avant nous n'a senti la douleur ! (2)

La vie morale a ses lois qui sont en harmonie avec les lois de la vie physique. L'estomac ne peut supporter l'alcool comme il supporte l'eau. Quant on y verse un liquide brûlant au lieu d'un frais breuvage, peut-on s'étonner d'avoir allumé dans son corps un foyer d'incendie ?

L'alcoolique invoquera peut-être pour s'excuser la théorie des écrivains naturalistes qui, méconnaissant le libre arbitre, érigent en principe « la fatalité des tempéraments et des milieux ».

Mais l'homme est libre, il a le sentiment intime et profond de cette liberté qui le rend responsable de ses actes, qui lui font considérer la récompense et le châtiment comme deux expressions de l'éternelle justice.

Aussi l'être humain, quand il ne se laisse pas emporter par le torrent des passions, arrive à aimer le devoir et à se complaire dans

(1) Baudelaire, *Fleurs du mal.*
(2) *Nuit d'octobre.*

la régularité de son existence. Il sent que le but de la vie est le culte de la justice et que le vice ou le crime ne sont pas de simples névroses.

L'homme, dans l'ivresse voulue et cherchée, se ravale au rang de la brute : il aspire à supprimer l'âme ; son rêve serait de ne pas être, ou tout au moins de devenir semblable à l'animal et même aux corps inertes. Il voudrait voler comme l'oiseau, ramper comme le serpent, rayonner comme un astre ou s'agiter comme les ressorts d'une machine, devenir en un mot un atome irresponsable.

Tel est le désir suprême des naturistes : un véritable prurit d'anéantissement.

Ainsi l'alcoolisme a pour cause première l'affaiblissement de la volonté chez l'être humain. L'individu se sent envahi par une lassitude morale résultant de capitulations successives ; son âme dégénérée n'a plus de ressort ; pour soutenir le combat de la vie il cherche un auxiliaire, et croit le trouver dans les boissons alcooliques. Cet allié trompeur, loin de le fortifier, le paralyse et l'anéantit après l'excitation factice d'un moment, le malheureux en arrive à un état de léthargie, précurseur de la dégénérescence finale.

L'homme qui veut sérieusement se guérir doit faire appel à tout ce que la foi religieuse ou le sentiment de la dignité humaine peuvent inspirer de résolutions viriles.

Le suicide est une lâcheté, surtout lorsqu'il est amené par une jouissance grossière au moyen de laquelle l'homme épuise dans ses veines la source de la vie.

Voilà donc la vraie cause morale du fléau que nous combattons ; cette recherche de l'oubli des réalités présentes pour un engourdissement volontaire de toutes les facultés de l'âme.

De plus, même chez les personnes les plus honorables, la consommation de l'alcool est passée à l'état d'habitude et d'impérieux besoin. Dans les hôtels luxueux comme dans les appartements les plus modestes, il faut ouvrir, à la fin du repas, la cave à liqueurs pour faire honneur au convive. A peine a-t-il fini de prendre le café qu'une gracieuse jeune fille lui tend le petit verre — Un peu de cognac, une larme ! — Et quelques-uns répondront comme ce personnage de comédie : « Mademoiselle, vous pouvez aller jusqu'au sanglot. » Nous cohabitons avec l'alcool ; nous vivons avec lui sur le pied d'une intimité déplorable.

Ce qui a contribué aussi à vulgariser le besoin des liqueurs spiritueuses, c'est la modicité de leur prix, résultat de l'importation allemande et de la facilité des transports. Autrefois, dans une auberge rurale, on ne trouvait que la boisson du pays : vin, bière, cidre ou poiré. Aujourd'hui le plus infime cabaret possède un assortiment complet de flacons multicolores qui renferment le vermouth, l'absinthe, le curaçao, l'anisette, tout le parterre de la distillation.

L'industrie qui a mis en œuvre les alcools allemands a réussi malheureusement à séduire le goût des masses ; et les économistes ont remarqué que l'alcool a supplanté le vin dans une large mesure.

C'est déjà ce que constatait Lunier en 1872. « Dans les départements, dit-il, qui ne récoltent que peu ou pas de vin, la consommation des vins ordinaires qui commençait à y pénétrer ne peut plus soutenir la concurrence avec les alcools du Nord dont le bon marché tend à en généraliser la consommation. »

Ainsi l'amour du changement, la recherche de sensations nouvelles, ont peu à peu répandu l'usage des boissons distillées.

Autrefois l'ouvrier travaillait ordinairement dans son lieu d'origine, soit chez lui, soit, s'il exerçait un métier comme maçon, charpentier, dans une localité rapprochée ; et, dans ce cas, le patron se chargeait de sa nourriture. Actuellement, à part de rares exceptions, le patron ne se charge plus de la nourriture de ses ouvriers, qui d'ailleurs ne l'accepteraient point. Ceux-ci travaillent loin de chez eux, la facilité des communications leur permettant de se rendre rapidement et économiquement d'un bout à l'autre de la ville. Ils s'expatrient même pour exécuter des travaux de longue durée. A peine leur labeur leur laisse-t-il quelques instants de liberté qu'ils courent à la pension. L'établissement du marchand de vin est leur salon, leur cercle ; c'est là qu'ils viennent se pervertir le sens moral, oubliant leur intérieur délaissé.

Considérons l'effrayante multiplication des cabarets. Presque à chaque porte, dans la plus humble bourgade, les yeux du passant sont éblouis par les reflets argentés du comptoir et l'arc-en-ciel des fioles tentatrices.

On a cité des maisons rustiques qui avaient une auberge au rez-de-chaussée et une autre au premier étage.

Il faut bien l'avouer, jusqu'à ces derniers temps, la France, faute de lumières, était imprégnée du préjugé alcoolique. Chaque enfant, dès qu'il était en âge de réfléchir, ne trouvait dans son entourage rien qui le mît en défiance contre le danger des spiritueux ; il était mentalement alcoolisé par une ignorance traditionnelle. A l'un de nos plus zélés propagandistes une femme d'ouvrier disait un jour : « Vous m'avez appris à boire de l'eau ; mais auparavant, si l'un de mes enfants m'avait refusé de l'eau-de-vie je l'aurais frappé, car je croyais l'alcool nécessaire à la santé. » Et cette femme était l'épouse d'un ivrogne qui la maltraitait ; elle aurait donc battu ses enfants, s'ils avaient refusé d'imiter leur père. Peut-on pousser plus loin l'aveuglement !

Nous avons à examiner maintenant les causes d'ordre physique qui entretiennent le fléau. L'ouvrier se figure aisément que l'alcool, mieux qu'une nourriture salubre, stimulera ses forces, et augmentera sa puissance de travail. La science prouve que les spiritueux ne possèdent nullement ces vertus qu'on leur prête ; mais le préjugé reste malheureusement plus fort que les démonstrations, surtout lorsque la sensualité trouve son compte à cette aberration sans excuse.

« Chez nous, a dit fort justement Montaigne, tout mal vient d'Anerie. » L'ignorance des effets de l'alcool est certainement pour beaucoup dans l'abus que l'on en fait : bien des gens de très bonne foi lui attribuent des vertus merveilleuses, qui sont purement imaginaires.

« Les spiritueux, dit-on, sont utiles et même indispensables : ils réconfortent, donnent du courage, de la vigueur ; remplacent une nourriture plus substantielle et plus chère, que le travailleur ne peut se procurer ; le vin noie le chagrin et fait voir les choses en beau ; par les temps froids, l'alcool réchauffe ; avant le repas, un verre d'absinthe ouvre l'estomac ; un petit verre de cognac après active la digestion, etc. »

Que chacun se remémore ce qu'il a entendu et probablement pensé et dit lui-même, et il nous dispensera de faire plus longue cette liste des prétendus bienfaits des liqueurs fortes : il semble que ce soient des panacées universelles contre les maux du corps et de l'esprit, des sources de jouissances incomparables.

Eh bien ! non, il n'en est point ainsi, et ce sont là de purs sophismes que la passion fait prendre pour des réalités, ou bien des préjugés tellement enracinés que personne n'ose les attaquer en face.

C'est aussi par une absurde pratique que certaines mères donnent du vin à des enfants de six mois, sans vouloir comprendre que ce breuvage est pour eux la mort à bref délai.

Il y a des nourrices qui, croyant avoir besoin de se réconforter, se laissent aller à prendre quelques boissons alcooliques, sans se douter qu'elles peuvent nuire à leur nourrisson ; puis la passion les envahit et les domine elles mêmes.

Passons donc en revue tous ces préjugés dont la persistance est une des causes de la propagation du fléau.

On croit, avons-nous dit, surtout dans les milieux populaires, que l'alcool est un fortifiant.

L'eau-de-vie ne doit-elle pas procurer vie et santé ? Les liqueurs fortes ne sont-elles pas les liqueurs des forts ? Quand un enfant hé-

site à boire un petit verre, ne se trouve-t-il pas quelqu'un pour dire :
« Bois, cela fortifie » ?

Rien n'est plus faux que ce raisonnement. Lorsqu'un cheval, traî-
nant un lourd camion, arrive, presque fourbu, au sommet d'une
longue côte, le conducteur le voit prêt à s'abattre A ce moment il
lui assène un vigoureux coup de fouet : la bête repart aussitôt, comme
mue par un ressort, pour retomber à quelques pas de là.

Ainsi fait l'alcool, il nous *excite* : il ne nous donne pas de force,
mais un coup de fouet, et, avec lui, l'*illusion de la force*. Il serait
vain de nier cette excitation apparente engendrée par l'alcool, mais il
n'en est pas moins vain de considérer cette excitation comme salutaire et efficace. Sous l'influence des spiritueux, on constate, en
effet, que l'organe central de la circulation, le cœur, accélère ses
battements, le pouls est plus fréquent, le visage s'anime, le système nerveux vibre dans son ensemble. Mais cette excitation
n'est qu'un trompe-l'œil ; car, suivant les expériences des physiolo-
logistes, l'alcool agit en réalité en paralysant les centres nerveux, qui
sont les régulateurs de la machine humaine. Dès qu'ils sont paralysés, qu'arrive-t-il ? ce qui arrive à une horloge dont les ressorts
viennent à se rompre. Les aiguilles tournent avec une rapidité verti-
gineuse ; mais cette vitesse intempestive prouve que la machine est
brisée et qu'elle ne peut plus marquer les heures. Ainsi l'action du
coup de fouet est passagère, mais la réaction est durable.

De nos jours, les occasions d'apprécier avec exactitude la force
physique, la résistance et l'endurance à la fatigue, se sont multi-
pliées ; ce sont des courses à pied, à vélocipède ; des assauts de
boxe, des luttes, etc. Les concurrents se soumettent à l'entraînement, c'est-à-dire à un régime sévère. Or, de ce régime, l'alcool
est soigneusement exclu, car on a constaté qu'il diminue la force
physique.

Quand le cycliste Terront exécuta en 71 heures et demie le voyage
aller et retour de Brest, il évita de prendre la moindre parcelle d'alcool.

En 1901, son émule Garin refit la même course de 1.900 kilomètres, en 53 heures, soit plus de deux jours et deux nuits sans repos,
sans sommeil. Or, Garin, durant l'entraînement et pendant la course,
s'est abstenu d'alcool : « Et cependant, a-t-il dit à un journaliste, on
a essayé de me tenter. »

Du reste, toutes les personnes qui font de la bicyclette savent que
l'alcool coupe les jambes. — Weston qui parcourut à pied 445 kilomètres en cent jours, et le capitaine Webb qui traversa la Manche
à la nage, évitèrent aussi les boissons alcooliques.

C'est dans les mêmes conditions que Adam Ayles, l'explorateur polaire, endura des fatigues inouïes pendant une course en traîneau de 110 jours.

Les Boxeurs ne boivent pas non plus d'alcool. Les guides dans les montagnes déconseillent également aux touristes d'emporter des liqueurs fortes (1). Ils prennent du café noir et du thé froid pour leurs pénibles ascensions.

Des expériences précises ont été faites sur des travailleurs ordinaires. Elles ont toujours prouvé que l'alcool diminue les forces. Et quand les ouvriers des champs ou des usines voudront faire sérieusement ces essais, ils arriveront aux mêmes résultats.

Au surplus, les animaux, dont beaucoup ont une puissance musculaire extraordinaire, ne prennent pas d'alcool, et, si l'on est assez mal avisé pour leur en faire absorber, l'effet est tout différent de celui que l'on espère.

En 1892 eut lieu entre Berlin et Vienne une course d'officiers allemands et autrichiens ; les premiers partaient de Berlin, les seconds de Vienne. Il s'agissait de savoir qui arriverait le premier à la capitale étrangère. Quelques concurrents eurent l'idée de mêler de l'alcool à la nourriture de leurs chevaux. Ils arrivèrent les derniers.

On a donc tort de croire que l'alcool fortifie, et nous démontrerons plus loin qu'il déprime au contraire la force vitale.

C'est encore une pure illusion de croire que l'alcool réchauffe, et pourtant cet indéracinable préjugé fait encore bien des victimes.

L'alcool brûle le gosier ; mais il ne réchauffe pas les veines. Comme l'alcool paralyse les nerfs qui s'opposent à l'extension, à la dilatation des petits vaisseaux superficiels, ces vaisseaux se gonflent par un afflux de sang d'où il résulte comme une bouffée de chaleur au visage. Mais le sang qui serait resté à l'intérieur du corps, si les vaisseaux n'avaient pas augmenté de capacité, vient à la surface et se refroidit.

L'alcool ralentit les combustions intimes dont notre corps est le siège et qui produisent la chaleur animale.

On sait de plus qu'il existe à la surface de notre épiderme une évaporation incessante destinée à lui enlever l'excès de chaleur emmagasiné dans le corps par l'effet de ces combustions.

Plus la température de la peau est élevée, plus l'air ambiant s'é-

(1) Le Dʳ Emily, médecin-major de la mission Marchand, dit dans son rapport officiel : « J'avais recommandé à notre cuisinier de ne présenter sur la table des Européens, comme boisson, que du thé léger, c'est-à-dire de l'eau bouillie. » Durant cette longue et pénible marche, un seul Européen fut atteint de la fièvre.

chauffe ; et plus la température ambiante est froide, plus l'emprunt de chaleur fait à la peau est considérable. Or, sous l'influence de l'alcool, la peau devient plus chaude ; mais comme, dans le même temps, les combustions sont ralenties par l'alcool lui-même, il s'en suit que l'air ambiant emprunte à la peau, dans un temps donné, plus de chaleur qu'elle ne saurait en fournir normalement. La conséquence finale est un *refroidissement* de notre corps. Ainsi donc, *non seulement l'alcool ne réchauffe pas, mais il refroidit*. Et il est facile de comprendre maintenant que, plus les temps seront froids, plus l'alcool aura de tendance à refroidir le corps, parce que l'évaporation à la surface cutanée est plus violente, et que la différence de température des deux milieux (celui du corps humain et celui de l'air), est tellement sensible que l'air ambiant prendra plus de chaleur à l'être vivant que dans une température élevée.

Donc l'alcool refroidit définitivement et d'une façon durable ; aussi, dans la saison rigoureuse, il est nécessaire, plus qu'à tout autre moment, de s'en interdire l'usage.

Ces effets réfrigérants de l'alcool sont bien connus des médecins qui l'ordonnent dans certaines fièvres aiguës pour abaisser la température.

Les habitants des pays froids, les Lapons, les Esquimaux le savent aussi, car ils s'alimentent non avec l'alcool, mais avec des graisses et des huiles.

Les baleiniers, qui sont obligés de chercher les cétacés dans les régions polaires, s'abstiennent également d'alcool, et absorbent des matières sucrées.

Enfin, le grand explorateur Nansen n'emporta pas d'alcool pour son voyage au Pôle. Il eut la satisfaction de ramener son équipage en excellente santé après un séjour de trois ans dans les régions les plus froides du monde, malgré des fatigues et des dangers inouïs. Les expéditions antérieures avaient agi moins sagement ; les hommes, sur la calotte glacée du Pôle, avaient cru se réchauffer avec de longues rasades d'alcool. Les maladies et la mort les avaient toujours décimés.

Lors de sa dernière compagne, qui dura de juin 1893 à septembre 1896, Nansen subit les plus rudes fatigues et supporta les froids les plus rigoureux, 30° à 40° sous zéro. Durant les trois hivers qu'ils passèrent dans ces régions glacées, Nansen et ses compagnons réussirent à se maintenir en bonne santé. Or, dans la composition de leur ordinaire, il n'indique en fait de boissons que *du thé, du café et du chocolat*. Même durant les quinze mois de son voyage et de son hivernage au delà du 81° degré avec son camarade Johansen,

Nansen était *absolument dépourvu de boissons alcooliques*. Cela n'empêcha pas ces deux héros d'arriver au point le plus septentrional qui ait été atteint jusqu'à ce jour, soutenus par une endurance à la fatigue et au froid dont personne n'avait encore fait preuve.

Les religieux du Saint-Bernard affirment que les voyageurs qu'ils trouvent enfouis sous la neige sont ceux qui avaient pris de l'eau-de-vie.

La plus haute sommité des Andes, l'Anconcagua, a été gravie par M. Fitz-Gérald, accompagné du guide Matthias Zurbriggen, originaires de Saas-Fée en Valais.

Zurbriggen a fait plusieurs fois l'ascension du mont Rose ; il a passé quatorze mois dans les hautes régions de l'Himalaya et a parcouru à deux reprises les montagnes de la Nouvelle-Zélande. Interrogé sur le régime qu'il suivait pour accomplir ces grandes ascensions, il a déclaré ceci :

« Une des premières choses à faire, c'est de s'abstenir de toute boisson alcoolique. »

N'oublions pas que Chevreul, l'illustre naturaliste, qui a vécu 104 ans, ne prenait jamais d'alcool.

Comment expliquer la persistance de ce préjugé vulgaire qui consiste à attribuer à l'alcool une vertu réchauffante ? Nous ne pouvons trouver la cause d'une erreur si grossière que dans la sensation de brûlure, pénible pour le tempérant, agréable pour l'ivrogne, que l'alcool, en sa qualité de caustique, produit dans la bouche et dans les viscères. L'idée de brûlure engendre celle de feu ; or le feu ne donne-t-il pas la chaleur ? Voilà comment raisonnent les « sublimes » qui font du cabaret l'antichambre de l'atelier.

Mais c'est tout simplement un sophisme enfantin qu'un bon enseignement anti-alcoolique ne permettra plus bientôt de formuler. Il est également démontré que l'alcool n'est pas un digestif, malgré la croyance généralement répandue sur ce point. Ingéré dans l'estomac soit avant, soit après le repas, il a pour seul effet de surexciter un organe déjà corrodé par des absorptions antérieures. Si l'on peut lui attribuer l'effet momentané d'exciter la faim, ce phénomène ne tarde pas à s'user par l'habitude, et les amateurs d'apéritifs sont obligés d'avouer qu'ils ont épuisé très rapidement l'illusoire vertu de ces breuvages.

Mais, disent les partisans de l'alcool, on a vu des buveurs émérites atteindre un âge très avancé. N'est-ce pas la preuve que l'alcool est inoffensif, au moins pour les tempéraments vigoureux ?

On citerait facilement, pour répondre à l'objection, les cas plus fréquents de centenaires buveurs d'eau. Pour un vieillard buveur d'alcool, on pourrait facilement compter 10.000 buveurs d'alcool frappés de mort avant l'âge. Les exceptions, toujours facilement explicables d'ailleurs, ne détruisent pas la règle édifiée sur l'expérience de chaque jour et sur le plus élémentaire des raisonnements scientifiques.

Dans les vieux châteaux du moyen âge, a dit un orateur du Congrès de 1903, on aperçoit quelques pans de murs restés debout. Mais, si le temps n'a pas tout détruit, il n'en a pas moins fait des ruines.

Autrefois l'usage des spiritueux dans toutes les classes, était une exception, et ceux qui s'abstenaient de vin et de liqueurs n'étaient pas réputés moins forts que d'autres. Certains peuples, les Arabes, par exemple, ont dû incontestablement leur force à l'abstention systématique de toute liqueur fermentée. Faut-il rappeler l'influence démoralisatrice et dissolvante qu'a exercée la civilisation, armée de l'alcool et des boissons fermentées, sur certaines peuplades, le jour où elle a importé chez elles le vice de l'ivrognerie ?

La question devient peut-être plus délicate lorsqu'on invoque la nécessité pour les travailleurs épuisés par des efforts violents de chercher au moins dans le vin, sinon dans l'alcool, une boisson qui leur semble réconfortante. Un grand industriel, pour terminer une entreprise colossale à la veille d'une exposition qui va s'ouvrir, demande à ses auxiliaires un labeur de jour et de nuit : est-il possible, dit-on, de refuser à ces héros le stimulant qu'ils demandent ?

Sans doute, l'eau pure serait dans tous les cas la meilleure boisson ; mais peut-on le faire comprendre à des hommes épuisés de fatigue ? N'est-il pas admis dans le monde du travail que le vin et l'alcool sont les meilleurs amis de l'ouvrier qui est obligé de chercher un multiplicateur de ses muscles insuffisants ? Ce qu'il ne peut demander à une alimentation substantielle, il l'emprunte aux spiritueux. Peut-on lui en faire un reproche ? Cette latitude est entrée dans les mœurs. Tous les jours les adhérents de nos ligues anti-alcooliques proposent un verre de vin aux commissionnaires ou aux déménageurs à la fin de leur pénible travail. Ils n'oseraient pas leur donner un morceau de pain ; ce serait une aumône déplacée. Tandis que l'offre d'un breuvage alcoolique revêt comme un caractère de noblesse, qui permettra au même ouvrier de l'accepter dix fois dans une matinée. Ainsi l'aliment sain sera un opprobre, et le poison une rémunération honorable. Telle est la force des préjugés auxquels l'alcoolisme doit son influence.

Et le candidat à la députation qui inscrirait sur son programme : guerre à l'alcool ! serait encore considéré comme un ennemi du peuple.

Cent-vingt grammes d'eau-de-vie administrés à un homme robuste occupé à un travail pénible ne produisent aucun résultat appréciable ; une seconde dose, quatre heures après. diminue notablement ses forces ; une troisième le rend incapable de tout travail.

En 1894. aux Etats-Unis, on a réalisé une expérience qui est bien démonstrative. On a fait travailler vingt hommes ne buvant que de l'eau et vingt autres buvant du vin, de la bière et du brandy (eau-de-vie). Au bout de vingt jours, on mesura le travail effectué. Les ouvriers buveurs de liqueurs fortes eurent le dessus pendant les six premiers jours ; puis vint une sorte de période de réaction : *finalement les buveurs d'eau l'emportèrent en effectuant un travail au moins triple.*

On contrôla l'expérience en changeant les rôles. Les buveurs d'eau durent adopter le régime alcoolique pendant vingt jours, et réciproquement, les buveurs de vin et de boissons fermentées furent mis à l'eau claire. Encore cette fois *les ouvriers buveurs d'eau finirent par donner une somme de travail notablement supérieure à celle des buveurs de vin.*

Mati Helenius cite l'exemple suivant :

La *Great Western Raillway Co* avait des voies larges de 7 pieds anglais, tandis que le reste du réseau anglais a des voies larges seulement de 4 pieds, 8 pouces et demi. D'où une grande incommodité qu'on résolut de faire cesser. Mais le trafic ne pouvait être suspendu que pendant 31 heures, les 21 et 22 mai 1892, et il fallait transformer 370 kilomètres.

On estima que pour conserver aux 5.000 ouvriers toute la vigueur musculaire nécessaire à un aussi grand effort. il ne fallait pas leur donner une goutte d'alcool, sous n'importe quelle forme. On est persuadé que cette mesure a contribué au succès de l'opération (1).

La conclusion à tirer de tous ces faits, c'est que, pour un effort prolongé, l'usage de l'alcool diminue la puissance musculaire ; en d'autres termes : la machine humaine alimentée avec de l'eau fournit plus d'énergie qu'avec l'alcool.

Quant au travail intellectuel, l'alcool ne peut jamais lui être utile : s'il surexcite l'imagination pendant son action fébrile, il trouble le jugement et la mémoire, et son usage prolongé ne peut qu'hébéter l'intelligence.

A des personnes qui avaient absorbé de 7 à 60 grammes d'alcool dilué dans de l'eau (on voit que la dose la plus forte n'est pas encore bien considérable), on a fait exécuter différents exercices cérébraux,

(1) Bertillon, *L'alcoolisme.*

tels que additionner des chiffres, en apprendre par cœur, évaluer un laps de temps, etc. Plus la dose d'alcool absorbé était forte, plus ces travaux se faisaient lentement ; en outre, ils étaient mal conduits.

Le plus curieux, dit M. Bertillon (1), c'est que les personnes en observation avaient au contraire la persuasion qu'elles travaillaient très bien et très vite. La boisson leur semblait avoir donné des ailes à leur cerveau, tandis qu'en réalité elle l'avait en partie paralysé.

Est-il même bien certain que l'activité cérébrale reçoive de l'alcool une impulsion vraiment appréciable ? Cet effet, s'il existe, ne serait-il pas dû en grande partie à l'imagination du buveur, à une foi qui le sauve, ou plutôt qui le perd ? On ne peut nier, en toute hypothèse, que la seule action tangible des spiritueux consiste dans le surmenage des unités cellulaires, avec la dépression consécutive qui succède toujours aux excitations artificielles. Puis l'habitude arrive, impétueuse ; car l'élément anatomique, satisfait d'abord par une dose ordinaire, en exige rapidement une quantité plus forte. La conséquence, c'est l'empoisonnement désormais inévitable.

Si donc nous sommes amenés à tolérer la consommation *d'usage*, proclamons bien haut que de l'usage à l'abus la pente est très rapide. Que les concessions accordées n'ébranlent pas le principe dominant ; ne laissons jamais l'alcool, sous aucun prétexte, arracher des flacons qui le renferme le mot *toxique* dont nous demandons qu'il soit ostensiblement revêtu.

Ne nous lassons donc pas de répéter qu'un supplément de nourriture saine est bien plus efficace pour reconstituer nos cellules que l'ingestion d'une ration de vin. Cette assertion fera sourire peut-être ; elle n'en sera pas moins l'expression d'une incontestable vérité.

En résumé, comme nous allons le démontrer dans le chapitre suivant, l'alcool n'est pas un aliment.

Il ne se décompose pas dans le corps de l'homme pour fournir à tel ou tel organe des éléments reconstituants, ni même, comme on l'a prétendu, pour entretenir la chaleur interne, car il *abaisse* au contraire la température du corps. Il se retrouve en nature dans les organes des animaux qu'on tue après les avoir alcoolisés, dans les organes aussi des alcooliques qui succombent au délire aigu : un de ces malades meurt trois jours et six heures après la cessation de tout excès de boisson ; à l'autopsie, on distille son foie et son cerveau, et l'on voit reparaître l'alcool intact.

L'alcool n'est pas un désaltérant. Au contraire, il dessèche, il enflamme les tissus vivants, il leur enlève l'eau dont ils ont besoin d'ê-

(1) *L'alcoolisme*, p. 28.

tro imprégnés : de là la soif ardente des animaux alcoolisés et des ivrognes après excès, de là aussi les inflammations chroniques du larynx et de l'estomac (enrouements, gastrites) qui sont si fréquents chez les buveurs.

L'alcool est un mauvais excitant, parce que, dès qu'on dépasse une très faible dose, il agit comme un stupéfiant qui paralyse le cerveau et qui engendre la tristesse ou la colère.

Ainsi tous ces préjugés, causes de l'alcoolisme, sont mis à néant par des démonstrations irréfutables.

Donc l'usage de l'alcool est toujours dangereux. Il est impuissant contre la chaleur, car il brûle les organes ; contre le froid, car il les congestionne ; contre le surmenage, car il diminue les forces ; il n'est que le pourvoyeur néfaste de la misère, du crime et de la folie.

IV

L'ALCOOL. — LES BOISSONS FERMENTÉES ET DISTILLÉES

Tout liquide sucré, lorsqu'il entre en fermentation, dégage de l'alcool et du gaz carbonique (CO_2).

L'un des principaux alcools, obtenu par la distillation qui arrive à isoler l'élément spiritueux, est dit alcool éthylique ($C_2 H_6 O$).

Il se forme en même temps d'autres principes et particulièrement des alcools propylique, butylique, amylique, etc.

Tous les alcools sont nocifs, qu'il soient exquis ou nauséabonds, que leur origine aristocratique remonte aux meilleurs crus du Bordelais, ou qu'ils dérivent d'une source plébéienne comme le résidu des betteraves ou des plus impures farines.

Si l'on fait absorber par un chien (pesant 10 kilogrammes) 20 centimètres cubes de l'alcool éthylique qui est chimiquement pur, on voit l'animal présenter tous les signes d'une ivresse hilarante ; il saute et jappe gaiement, caresse son maître et chancelle sur ses pattes. Si l'on élève la dose au double, l'animal, bientôt paralysé, anesthésié, les yeux hagards, offrira l'analogie la plus complète avec l'individu ivre-mort. Si l'on double encore, l'animal ne se relèvera plus, le poison a fait son effet. En renouvelant l'expérience sur des animaux d'espèces différentes, on arrive toujours au même résultat. Il est ainsi démontré qu'une certaine quantité d'a'cool, 8 centimètres cubes environ, introduite d'un seul trait dans le sang d'un animal qui pèse 1 kilogramme, le fait promptement mourir.

L'alcool pur est donc toxique, et sa toxicité mesurée pour l'unité de poids, qui est 1 kilogramme, est d'environ 8 grammes, — exactement, selon les uns, 7 gr. 70 ; selon les autres, 7 gr. 78. En multipliant par ce coefficient le nombre de kilogrammes que pèse un animal, nous saurons à quelle dose l'alcool pur provoquerait l'empoisonnement. Un homme pesant 63 kilogrammes, qui réussirait à avaler d'un seul trait un demi-litre d'alcool pur, serait victime d'une intoxication foudroyante.

L'alcool éthylique, dont nous venons de déterminer la toxicité, forme la base de toutes les eaux-de-vie de consommation ; mais il se trouve mélangé, en des proportions qui varient selon l'origine et selon la préparation de ces eaux-de-vie, de diverses impuretés, dont les principales sont les aldéhydes, les éthers, le furfurol et les acides. Toutes ces impuretés sont elles-mêmes toxiques, — et plus toxiques que l'alcool éthylique (1). Leur présence dans une eau-de-vie de consommation augmente son degré de toxicité.

Nous avons à déterminer maintenant de quelle manière ces substances étrangères pénètrent dans les spiritueux.

L'alcool éthylique se sépare de la liqueur fermentée qui le renferme, — ou, pour employer le terme scientifique consacré, a son point d'ébullition à la température de 78°.

Rappelons en effet que tout *liquide pur bout à une température déterminée sous la pression atmosphérique*. L'eau bout à 100°, l'alcool propylique à 97°, l'alcool butylique à 198°, l'alcool amylique à 131°, le furfurol à 161°.

Un mélange d'alcool éthylique (esprit de vin) et d'eau étant chauffé, l'alcool se vaporisera beaucoup plus vite que l'eau ; si l'on condense les vapeurs dégagées, le liquide obtenu par cette *distillation* renfermera tout l'alcool du mélange primitif avec une petite quantité d'eau seulement.

C'est sur ce principe qu'est basée la distillation des boissons fermentées. L'opération se fait dans un alambic : le liquide, soumis à l'ébullition dans la chaudière, émet des vapeurs qui se condensent dans le serpentin, entouré d'eau froide.

Au début, on recueille les *produits de tête*, c'est-à-dire un liquide contenant des substances dont le point d'ébullition est inférieur à celui de l'alcool éthylique (aldéhydes, éthers) ; puis on distille l'alcool éthylique avec l'eau ; enfin passent les *produits de queue* riches en alcools propylique, butylique, amylique, etc., qui sont moins volatils que l'alcool éthylique.

Dans le cas où la distillation s'opère d'un seul coup, on n'obtient qu'une espèce d'alcool, l'alcool brut, *le flegme*, chargé de toutes les impuretés que la distillation a laissé passer. Ces scories sont d'autant plus abondantes que la matière distillée contenait plus d'éléments volatils étrangers à l'alcool éthylique.

On appelle *eau de-vie*, en France, toute boisson distillée. Autrefois ces liquides provenaient tous de la distillation des boissons fermentées

(1) Le coefficient de toxicité des alcools supérieurs est de 1,50, c'est-à-dire que 1 gramme et demi de ces substances occasionne la mort d'un animal qui pèse 1 kilogramme. Celui des aldéhydes est de 1. Celui des éthers est de 4. Celui du furfurol est de 0 gr. 14

extraites des fruits [cognac (raisins), eau-de-vie de cidre (pommes et poires), kirsch (cerises)] ; le rhum était extrait de la canne à sucre ; l'eau-de-vie de marc provenait du marc de raisin.

Aujourd'hui la plus grande partie des eaux-de-vie sont des *alcools d'industrie* extraits des betteraves, des pommes de terre, des grains (de maïs, de riz, de seigle, d'orge, etc.). Les alcools supérieurs dangereux y entrent pour une notable proportion.

L'eau-de-vie de vin bien fabriquée est composée à peu près exclusivement d'eau et d'alcool éthylique pur.

Les *eaux-de-vie de marc*, de *cidre* (calvados), de *prunes* (couetche), etc., renferment, outre l'alcool éthylique, des proportions variables d'alcools supérieurs (2 à 3 0/0 parfois).

Le *kirsch* doit en partie sa saveur à l'acide cyanhydrique (acide prussique), poison des plus violents.

Si nous devons nous montrer défiants à l'égard des eaux-de-vie qui précèdent, de quelle réprobation ne devons-nous pas frapper les alcools d'industrie riches en alcools butylique (eau-de-vie de betteraves), amylique (eau-de-vie de pommes de terre), en *aldéhydes* acétique et pyromucique (*furfurol*), en *éthers*, en *acides organiques* (acétique, propionique, butyrique, etc.), en *bases organiques* que la science arrivera bientôt à déterminer ?

On sait que le vin, le cidre, les marcs contiennent beaucoup moins d'éléments distincts de l'alcool éthylique que les moûts de pommes de terre, de mélasses et de betteraves. *A préparation égale*, les eaux-de-vie dites naturelles sont donc de toxicité moindre que les eaux-de-vie dites industrielles. L'alcool *brut* provenant de la distillation du moût des betteraves contient près de deux fois plus d'impuretés que l'eau-de-vie *brute* provenant de la distillation du cidre, près de trois fois plus d'impuretés que l'eau-de-vie *brute* provenant de la distillation du vin (1).

Si l'on offrait au public l'alcool d'industrie tel qu'il sort de l'alambic, il serait refusé à cause de son âcreté brûlante. Aussi l'industriel *rectifie* ses flegmes : il les soumet à une seconde distillation qu'il prend soin de fractionner, et par laquelle il obtient des alcools de tête et de queue très impurs, qu'il ne livre pas à la consommation, et un alcool de centre très épuré, qu'une nouvelle distillation fractionnée purifie davantage encore, et qui est seul mis en vente.

Les eaux-de-vie naturelles, au contraire, ne valent que par leurs impuretés : en les purifiant on leur ferait perdre leur caractère. Le bouilleur de vins et de cidres, sachant que « rectifier son produit

<hr>

(1) Van Laer, p. 13.

serait le détruire », se garde bien de fractionner sa distillation et de rejeter dans des alcools de tête ou de queue des scories qui ont une pareille valeur ; c'est l'eau-de-vie brute qui passe dans la consommation.

Les expériences récentes du docteur Daremberg ont révélé que les eaux-de-vie de cabaret, fabriquées artificiellement avec l'alcool industriel, renferment dix fois moins d'impuretés que les eaux-de-vie naturelles de meilleure marque et de provenance authentique ; elles ont, en conséquence, un coefficient de toxicité moins élevé.

Des lapins de 2 kilogrammes reçoivent chacun, dans la veine de l'oreille, 10 centimètres cubes d'alcool éthylique neutre. *Ils ne meurent pas.* Après l'injection, ils sont dans une résolution complète, restent étendus sur le flanc et sont essoufflés. Cinq minutes après, ils se redressent, puis marchent en titubant ; bientôt ils reprennent leur allure habituelle.

Des lapins de 2 kilogrammes reçoivent chacun, dans la veine de l'oreille, 10 centimètres cubes d'eau-de-vie achetée sur le comptoir d'un marchand de vins. Après l'injection, ils sont dans la condition des gens ivres-morts, mais, en quinze minutes, *ils reprennent l'usage de leurs mouvements.*

Des lapins de 2 kilogrammes reçoivent dans la veine de l'oreille, l'un 10 centimètres cubes de vieil Armagnac ; le second, 10 centimètres cubes de Cognac vieux de haute marque ayant coûté 60 francs la bouteille ; le troisième, du Cognac de marque ayant coûté 12 fr. la bouteille ; le quatrième, de l'eau-de-vie de marc de Bourgogne ; le cinquième, de l'eau-de-vie de prunes des environs de Paris ; le sixième, de l'eau-de-vie de cidre de Normandie ; le septième et le huitième, du rhum de la Jamaïque et de la Martinique ; le neuvième, du kirsch authentique. *Tous ces lapins meurent.*

A côté des eaux-de-vie plus ou moins naturelles, nous trouvons les boissons alcooliques additionnées d'essences, boissons dont nous étudierons plus loin les effets pernicieux.

On appelle *essences* ou *huiles essentielles* les principes aromatiques que fournissent un grand nombre de simples ; leur saveur est irritante ; quelques-unes sont toxiques même à très faible dose.

Celles qui nous intéressent ici sont les essences d'*absinthe*, d'*anis*, de *fenouil*, de *menthe*, de *mélisse*, de *reine-des-prés*, de *gaultheria procumbens*, etc.

Au point de vue chimique, les essences sont à peu près toutes connues aujourd'hui :

L'essence d'amandes amères est l'aldéhyde benzylique ;

    —   de cannelle est l'aldéhyde cinnamique ;

L'essence de reine-des-prés est l'aldéhyde salicylique ;
— 		d'anis est l'aldéhyde anisique ;
Le menthol, le thymol sont les principes des essences de menthe et de thym ; l'essence de gaultheria est un éther méthylsalicylique, etc.

Aussi les usines de produits chimiques sont-elles aujourd'hui mises à contribution plus que les végétaux eux-mêmes dans la préparation des liqueurs alcooliques, préparation devenue une véritable et néfaste industrie.

Dans la catégorie des liqueurs à essence, on peut citer : l'*absinthe*, le *vermouth*, le *bitter*, les *amers*, les *eaux de menthe, de mélisse*, etc., vraie panoplie de l'intoxication publique.

Ces *apéritifs*, ces breuvages artistement colorés sont des *alcools industriels impurs, aromatisés par des essences convulsivantes ou stupéfiantes, par des bouquets aux effets mortels pour l'organisme humain.*

Si l'on se place au point de vue du goût, l'alcool pur produit une sensation désagréable; il faut une volonté très ferme d'arriver à l'ivresse pour se la procurer sans l'adjonction des matières accessoires qui sont unies à l'alcool dans les boissons excitantes. Mais souvent l'ivrogne commence par le vin ou la bière, supportant avec patience la lente ingestion d'une grande quantité de liquide, jusqu'au jour où pressé d'en finir, c'est-à-dire de perdre la raison, il remplit son verre d'un produit distillé qui lui donne, sous un petit volume, le maximum de l'excitation voulue.

Il est donc vrai de dire que l'ivresse est une passion acquise, et que l'homme n'est pas attiré vers l'alcool par un élan tout spontané.

Comme l'écolier qui, pour imiter ses camarades, surmonte les premières répugnances de la fumée du cigare, le buveur doit faire un effort pour braver cette nausée inséparable de l'excès de boisson.

Voici d'abord le jeune homme de dix-huit à vingt ans. Avec ses camarades d'atelier, il termine la promenade du dimanche au cabaret où il voit les autres se rafraîchir et « prendre un verre ». S'il se contente d'étancher sa soif par une boisson inoffensive, il ne tardera pas à devenir un objet de risée. Pour n'avoir pas l'air d'une fillette, il se laissera verser une rasade de rhum ou d'absinthe. C'est le premier pas sur la route du vice ; le plaisir est nul, l'impression douloureuse ; mais l'adolescent est fier comme un Romain qui vient de revêtir la robe virile.

Le dimanche suivant, il doublera la dose, et si ses parents, s'apercevant de cette désobéissance à leurs sages avis, veulent essayer quelques douces remontrances, il détournera la tête sans rien pronettre. Alors il est perdu ; car il sera bientôt ivrogne sans avoir même conscience du péril.

Malheureusement la répugnance physique inspirée par les boissons spiritueuses fait place trop facilement à une appétence malsaine. On voit le goût des liqueurs fortes se développer chez de très jeunes enfants.

Boissons fermentées.

Les principales des boissons alcooliques fermentées sont le vin, le cidre et la bière. La proportion de l'alcool dans le vin, variable suivant les crus, est en moyenne de 10 0/0: dans le cidre, elle atteint généralement 5 0/0; dans la bière — dans la bière française, du moins, — elle dépasse rarement 3 0/0. Dix litres de vin, vingt litres de cidre, trente trois litres de bière, correspondent à un litre d'alcool pur, c'est-à dire à deux litres et demi d'eau-de-vie.

Si le vin *naturel pris à dose modérée* (1 verre par repas), peut être considéré comme peu nuisible, il n'en est pas de même lorsqu'on en boit trop à la fois ou trop souvent. Dans ce cas les alcools du vin ont des effets véritablement toxiques, ainsi que l'a démontré l'expérience médicale.

L'ouvrier qui offre un verre de vin à son camarade ne sait pas si ce verre de vin n'est pas le premier qu'il absorbe, et s'il ne sera pas suivi de plusieurs autres. Ce verre de vin offert est peut-être celui qui déterminera l'alcoolisme ; cette seule pensée devrait arrêter une proposition qui paraît à tort bien innocente.

Mais si le vin, au lieu d'être naturel, a subi des falsifications telles que le vinage ou addition d'alcool, le danger de l'empoisonnement devient manifeste.

La bière ne renferme que 3 0/0 d'alcool, elle n'est donc pas dangereuse Il en est de même du cidre et du poiré, qui sont légèrement purgatifs et diurétiques, mais dans beaucoup de contrées de production, on fait chauffer le cidre, en y ajoutant environ un quart d'eau-de-vie et en le sucrant. Cette boisson, appelée *flippe*, tourne vite les têtes et doit être évitée : il suffit de quelques verres de *flippe* pour produire l'alcoolisme aigu.

V

L'ALCOOL EST UN TOXIQUE ET NON UN ALIMENT.
TOXICITÉ DE L'ABSINTHE ET DES ESSENCES.

A une époque où l'alcool ne se trouvait pas dans le commerce, quelques médecins le prônaient comme une panacée, préludant par cette erreur aux théories qui ont cours aujourd'hui dans certains milieux.

C'est ainsi, qu'au XVIII° siècle, Moleschott appelait l'alcool « la caisse d'épargne du travailleur » !

Ne semble-t-il pas que, dans leur désir d'amnistier un vice funeste, ces docteurs fermaient les yeux devant la vérité ? A force de plaider « *non coupable* » en faveur de l'alcool, ces professeurs de fausse science n'ont-ils pas imprudemment contribué à l'invasion du fléau ?

Il existe encore des savants et des publicistes qui s'obstinent à considérer l'alcool comme une boisson utile au travailleur pour compléter son alimentation. Mais, heureusement les leçons de l'expérience détachent tous les jours des transfuges qui viennent grossir l'armée de l'hygiène. Ce que l'alcool alimente, c'est la caisse du percepteur et le tiroir du débitant.

On a osé dire au Parlement, sans soulever un *tolle* de protestations, que l'alcool était notre « trésor de guerre » ! Parole imprudente qu'il était facile de réfuter en montrant ce qui serait un véritable trésor pour les luttes futures. C'est la vigueur physique et morale de nos conscrits. Plus encore que l'argent, la santé du soldat est le nerf de la victoire.

Tous les paradoxes qu'on pourra accumuler pour défendre la prétendue innocuité de l'alcool ne tiendront pas devant l'observation des faits.

Si l'on prend deux individus d'âge et de tempérament à peu près semblables, et qu'on suppose l'un sobre et abstinent, l'autre en proie à l'intempérance, il est certain que le premier, au bout de quelques années, l'emportera sur le second de tous les avantages que donne la santé comparée à la maladie.

Des expériences faites ur tous les points du globe, par des savants et des physiologistes qui ne s'étaient pas préalablement concertés, ont démontré ces axiomes sans contradiction possible.

L'alcool pur, comme nous l'avons dit, continue à se mêler au sang et l'accompagne dans la circulation sans se confondre avec lui. On le retrouve, par l'analyse, à l'état naturel, jouant le rôle d'un corrosif qui enflamme les organes avant d'en attaquer la substance. On parvient facilement à isoler l'alcool. dans le foie, dans le cerveau, dans les muscles. On peut l'isoler aussi dans les humeurs, dans les vaisseaux lymphatiques, dans le lait de la femme.

Ainsi l'alcool reçu à faible dose dans le corps humain, loin de s'éliminer, de se brûler, comme le croyaient des expérimentateurs superficiels, est retenu par l'économie qui le garde, à son grand détriment.

Nous savons que ce même alcool éthylique pur, ingéré, mêlé aux aliments dans les voies digestives, amène assez rapidement chez le chien, à la *faible* dose de 30 centimètres cubes par jour, des lésions très importantes des différents viscères. Parfois aussi il arrive que l'animal, comme averti par une sorte de mystérieux instinct, refuse invinciblement l'alimentation alcoolisée qu'il avait acceptée tout d'abord. Et quand il persiste à l'accepter, au bout de quelques semaines on peut voit survenir un état sérieux, grave ; puis la cachexie progressive et finalement la mort.

Ainsi l'alcool ne peut être classé parmi les aliments ; il serait, dans tous les cas, un aliment négatif. Loin d'apporter un contingent utile à l'activité, il ravit à l'homme une portion de sa force.

Non seulement l'alcool ne nourrit pas, mais il empoisonne ceux qui en font usage sous quelque forme que ce soit, même lorsqu'il est pris à doses insuffisantes pour produire l'ivresse, mais assez répétée pour détruire l'équilibre du corps humain.

Le Dr Gréhan a fait, au Congrès de 1903, au moyen de tableaux synoptiques, et de ce qu'il appelle le « plateau », une intéressante démonstration, pour établir que l'ivrogne, lorsqu'il prend le matin un petit verre d'eau-de-vie, est loin d'avoir éliminé le petit verre absorbé la veille, de sorte qu'il est la victime volontaire d'une intoxication qui, comme une chaîne sans fin, ne s'interrompt jamais.

On a constaté que l'alcool fait un assez long séjour dans notre organisme, c'est-à-dire de quelques heures à trente-deux heures, d'après la dose ingérée ; de sorte qu'il est permis de dire que l'individu qui prend des boissons alcooliques tous les jours en quantité assez notable, n'est jamais complètement désalcoolisé : il est condamné à l'empoisonnement perpétuel. Une récente publication américaine dans laquelle la prétendue valeur alimentaire de l'alcool est méthodiquement et scientifiquement étudiée, vient d'attirer l'attention du monde savant sur cette grave question. Le résumé de ces travaux, paru sous la signature de M. Duclaux, lui a donné un très grand retentissement ; mais les expériences qui ont été tentées ont abouti seulement à mettre en lumière quelques phénomènes scientifiques, sans démontrer le moins du monde l'innocuité des spiritueux *habituellement* consommés.

La *Wesleyan Institute*, lorsqu'elle a commencé ses observations, se proposait de rechercher quelle était la force alimentaire de l'alcool et sa puissance de calorique dans le corps humain. Ces expériences ont été minutieusement décrites dans ces traités spéciaux. Elles nous ont paru très peu concluantes, bien qu'elles amènent M. Duclaux à présenter à l'alcool « des excuses » qui ne lui étaient pas dues et dont il aurait dû faire l'économie.

Il est possible qu'une faible quantité d'alcool prise pendant quatre jours par un homme ordinairement sobre produise autant de calories qu'une quantité équivalente de sucre et d'amidon — mais que prouvent ces expériences pratiquées en dehors des conditions de la vie normale ?

Les sujets qui s'y sont prêtés étaient en pleine force de l'âge, de santé robuste ; l'alcool ne leur a été distribué qu'à petites doses, au moment du repas, mêlé à la nourriture ; ils étaient soumis à un exercice physique assez violent qui permettait une assimilation complète ; enfin cet alcool était chimiquement pur.

Le buveur ordinaire, celui qui n'est pas élevé à la dignité de *sujet* dans un laboratoire, remplit son estomac vide de liqueurs corrosives et se livre à des excès qui le conduisent au *delirium tremens* et à la mort.

Qu'est-ce c'est qu'un aliment dont il faut peser les doses à la balance de précision ? Est-ce que l'homme se nourrit en produisant de la chaleur ? Son corps n'est pas un moteur à gaz ou à pétrole : il n'est pas organisé pour brûler à la façon d'un bec Auer.

Les savants doivent être les derniers à oublier que l'homme est un être animé et raisonnable.

Au Congrès de 1903 un orateur a combattu dans un style énergique la théorie de l'alcool-aliment.

« Si le mécanicien, a-t-il dit, met du charbon dans sa chaudière,
« il obtient assez de calorique pour mettre en mouvement la machine
« à vapeur, qui fonctionne régulièrement par l'action d'un combus-
« tible normal. Mais si, au lieu de charbon, le mécanicien emploie
« du soufre, la somme de calorique sera sans doute décuplée ; seu-
« lement, la chaudière sera brisée par l'action délétère de l'acide
« sulfureux. »

L'aliment proprement dit est une substance qui peut, après certaines modifications subies dans le tube digestif, être assimilée et s'identifier à l'organisme pour s'y ajouter et en réparer l'usure.

Or l'alcool n'est à aucun degré assimilable. Non seulement il ne constitue pas un aliment plastique, mais encore il ne saurait, comme les beurres, les graisses, les huiles, être considéré comme aliment respiratoire : bien qu'il contienne 80 °/₀ de carbone, il est inutilisable, ne subissant pas dans l'organisme la combustion physiologique.

Ce qui porte à croire que les liqueurs fortes nourrissent, c'est d'abord qu'elles excitent le système nerveux, et ensuite qu'elles ralentissent la digestion. Mais ce retard n'est en rien profitable à l'économie.

De toutes parts les plus hautes notabilités scientifiques, les Roux, les Richet, les Magnan, les Berthelot, les Landouzy, ont élevé la voix pour affirmer que l'alcool, s'il est comestible, ne constitue pas un aliment recommandable, mais bien un excitant nuisible qu'il faut combattre.

Et les débitants, se prétendant lésés, osent poursuivre devant les tribunaux ceux qu'ils appellent « leurs adversaires ».

Ainsi l'alcool, quelle qu'en soit la forme, est un poison pour l'organisme. Toute boisson, même naturelle, qui contient de l'alcool, contient un poison. On devrait, dans les traités de toxicologie, consacrer un chapitre à l'alcoolisme, comme on le fait pour le saturnisme. En quelque circonstance que ce soit, l'ingestion d'une quantité quelconque de boisson alcoolique équivaut à l'ingestion d'une substance nuisible à la santé. Sous quelque déguisement qu'il se présente, l'alcool est pour le corps humain un intrus et un malfaiteur.

Mais, dit-on, l'arsenic, l'iode, l'éther, sont des poisons ; et pourtant, administrés par un docteur circonspect, à doses très limitées, ils produisent des effets salutaires. Et l'alcool, dont la science reconnaît la toxicité, est employé lui même comme remède Les médecins n'ordonnent-ils pas, notamment dans la pneumonie, pour donner aux organes malades la force auxiliaire dont ils ont besoin, la potion de Todd, dont la base est simplement l'alcool pur ?

La réponse est facile. Les gouttes d'arsenic, de belladone, d'éther, ordonnées par le médecin, guérissent le malade lorsqu'elles sont attentivement dosées. Mais elles n'en sont pas moins des poisons, et ne perdent pas leur caractère. Il faut seulement observer qu'à très petite dose l'action du toxique sera seulement stimulante et par conséquent utile. On s'arrête à la limite où le breuvage commencerait à nuire. C'est ce qui se produit pour l'alcool : il reste toujours un poison : le médecin seul, dans sa prudente sagacité, peut en faire un remède.

A ce titre, l'alcool ne peut être écarté de l'arsenal thérapeutique. Mais il n'en est pas moins vrai que les remèdes alcooliques ne doivent pas être et ne sont pas prescrits à titre de traitement continu. C'est ainsi que la tuberculose est soignée par le repos, l'aération, l'alimentation choisie, et non par l'alcool.

Allons plus loin, et disons franchement que l'alcool-remède, après avoir eu de chaleureux partisans, tend de plus en plus à disparaître de la pratique courante. L'*alcoolâtrie* n'est plus de mise dans les hôpitaux, où quelques docteurs rétrogrades étaient traités autrefois de « distributeurs automatiques de vins », envoyant leurs malades à la pharmacie « prendre leur traitement sur le comptoir ».

Il n'y a pas encore dix ans, on admettait que pour le traitement des opérés les spiritueux avaient à tenir une place importante. Des statistiques récentes ne laissent pas de doute à cet égard.

En 1896, le rhum a été consommé dans les hôpitaux pour une valeur de 89.374 francs, et l'eau-de-vie pour une valeur de 134.283 fr. En 1900, on a usé dans les hôpitaux pour 128.742 francs de rhum et pour 217.000 francs d'eau-de-vie. Il y a dans ces chiffres un excès qui frappe tout observateur impartial.

Evidemment, aux yeux de quelques praticiens, l'alcool a eu ses partisans qui lui ont attribué, au point de vue thérapeutique, une valeur très exagérée.

Quelques-uns en arrivaient à appliquer sérieusement le système que le chansonnier Nadaud célébrait par manière de plaisanterie, en vantant les mérites du vin :

> Le docteur que j'ai
> N'est pas agrégé ;
> Il n'a ni cordons ni grades !
> Il est détesté
> De la Faculté
> (pas assez, malheureusement)
> Il guérit tous ses malades ! (1).

Mais plus les médecins étudient la question, plus ils se persuadent qu'il faut réduire au strict *minimum* l'emploi des potions alcooliques.

Ajoutons que les étudiants en médecine ont pour devoir dans les hôpitaux, comme dans les établissements qu'ils fréquentent, de donner toujours l'exemple de la tempérance, et de mettre leur conduite personnelle en harmonie avec les conseils qu'ils vont être bientôt appelés à donner. Comme on l'a dit au Congrès de 1903, ils entrent dans la carrière quand leurs aînés y sont encore. Qu'ils profitent de

____

(1) *Le docteur Grégoire.*

leurs sages leçons, tant pour leurs malades que pour eux-mêmes.

Indépendamment des phénomènes que produit l'alcool, il y a un autre effet qui se manifeste lorsqu'il est accompagné de certaines huiles volatiles, essentielles, dont la présence est facile à constater, puisque l'alcool mélangé avec ces huiles volatiles devient lactescent ; au contact de l'eau, il la trouble, la rend laiteuse.

C'est précisément ce qui arrive pour l'absinthe, dont nous décrirons plus loin les ravages.

Ces huiles volatiles ajoutent considérablement aux inconvénients de l'alcool ; elles agissent comme un véritable poison, et l'habitude de boire non seulement des liqueurs alcooliques pures, mais encore des liqueurs mélangées de ces huiles, a le double danger de ruiner l'estomac, d'une part, et d'autre part, de préparer à des affections du cerveau qui engendrent fatalement la folie.

L'absinthe, sinistre et tragique, avec son essence qui dissimule le goût fétide de l'alcool industriel, est cinq fois plus toxique que l'eau-de-vie. Et chaque année 220 000 hectolitres de ce feu liquide entrent dans les veines françaises, alors qu'en 1873 la consommation n'en dépassait pas 6.713 hectolitres !

Une immense fabrique d'absinthe a été partiellement brûlée en 1901 ; on s'est empressé de la rebâtir, car *la France consomme plus d'absinthe que tous les autres pays réunis.*

Cette funeste boisson, multipliant la virulence intrinsèque de l'alcool qui lui sert de la base, par l'action convulsivante et meurtrière des poisons *sui generis* qu'elle recèle, peut être considérée comme de *l'épilepsie en bouteilles.*

L'empoisonnement qu'elle produit s'appelle communément l'absinthisme, et, dans la pratique, on étend ce nom à toutes les liqueurs composées.

Tôt ou tard le buveur habituel d'absinthe ou de produits similaires a l'intelligence alourdie : son sommeil est hanté de cauchemars, un tremblement continu agite ses membres ; les hallucinations augmentent, jettent l'effroi dans son esprit ; tantôt il tombe dans un état de *stupeur* ; tantôt, en proie à des visions étranges, il est atteint de *folie furieuse* et commet, avec inconscience, des meurtres sur son entourage, sur sa femme, ses enfants, sur les personnes qui lui sont le plus chères ; tantôt il tombe sans connaissance, les dents serrées, le visage violacé, la bouche écumante, le corps torturé d'horribles convulsions, affecté de brusques secousses : *l'attaque* qui vient ainsi de se révéler pour la première fois se renouvellera fréquemment désormais.

On a vu de pareilles attaques épileptiques se produire au bout de quelques heures et parfois de quelques instants chez des personnes qui, par fanfaronnade, s'étaient engagées à boire une grande quantité de liqueur en un court espace de temps. Les imprudents peuvent même être frappés de mort avant d'avoir tenu leur pari jusqu'au bout.

L'Académie de médecine, dans sa séance du 10 juin 1902, a entendu la lecture que M. Laroche a faite de son rapport sur la toxicité des boissons à essences. Toutes ont été étudiées ; leur composition est très variable. C'est, comme on pouvait s'y attendre, l'absinthe qui tient le premier rang pour la nocivité. Son procès est instruit, du reste, et jugé depuis longtemps ; les ravages qu'elle cause sont connus de tout le monde, et l'absinthisme s'est fait une place bien à lui dans le bilan général de l'alcoolisme. La liqueur dite de noyaux n'est pas, non plus, inoffensive. L'aldéhyde benzoïque, l'acide prussique, en sont, avec plusieurs autres, les redoutables ingrédients, et il y aurait le plus grand danger à respirer seulement l'essence dont on se sert pour fabriquer ce produit.

M. Laborde a rappelé les prescriptions de l'article 13 de la loi du 29 décembre 1900. Aux termes de ce statut, un décret peut prescrire, à l'égard des essences réputées dangereuses, soit l'interdiction absolue de leur fabrication, soit une réglementation particulière, suivant le plus ou moins de toxicité reconnue. Le rapporteur rappelle les antécédents législatifs qui peuvent servir de guides en l'espèce, c'est à savoir :

La loi du 21 germinal an XI ; l'ordonnance du 20 octobre 1846 ; le tableau des substances dangereuses dressé en conformité du décret du 9 juillet 1830, à la suite du rapport de M. Bussy, à l'Académie de médecine, et la loi du 26 mars 1872, dont l'article 4 est relatif à l'essence d'absinthe.

Le 3 février 1903, M. Hanriot prit la parole au sujet des conclusions du rapport de M. Laborde sur les essences toxiques qui entrent dans les boissons. Il fit remarquer que les impuretés de l'alcool qui sert d'excipient à ces essences sont très nuisibles, notamment l'alcool méthylique, toujours ajouté frauduleusement. Il proposa de ne proscrire d'une façon formelle que l'essence d'absinthe et de ne fixer, pour les autres substances, que les doses maximum relatives à un litre de la liqueur.

En résumé, l'alcool est un poison par lui-même, et sa toxicité est augmentée dans une proportion notable par l'adjonction des essences.

Ce que nous disons de l'absinthe s'applique à toutes les autres compositions chimiques que leurs inventeurs offrent au public comme de prétendus stimulants pour les estomacs blasés ; c'est ainsi que l'essence de reine-des-prés sert à composer le vermouth L'apéritif est un vrai fléau social. Il est le mensonge, parce qu'il n'ouvre pas l'appétit ; il est la destruction, parce qu'il annihile l'être humain et le réduit en servitude.

La science, après les tâtonnements que nous avons signalés, n'hésite plus aujourd'hui. Elle considère comme nul le rôle de l'alcool dans l'alimentation, et tend de plus en plus à le remplacer, dans la pratique médicale, par le lait et les antiphlogistiques. Ces conclusions ont été proclamées au Congrès de Bâle, en 1895, sur les rapports de plusieurs sommités de France, d'Angleterre et d'Allemagne.

VI

L'IVRESSE ET L'ALCOOLISME. — EFFETS INDIVIDUELS.

L'ivresse et l'alcoolisme ne doivent pas être confondus. La première est un phénomène passager, le plus souvent dû à une intoxication aiguë par l'alcool, mais dont les symptômes peuvent se produire également sous l'influence de l'intoxication par d'autres substances, par exemple, l'oxyde de carbone ; elle altère, suivant son intensité, l'équilibre de nos facultés, et disparaît ensuite plus ou moins promptement.

Quant à l'alcoolisme, c'est à proprement parler, dans ses manifestations multiples qui varient selon les tempéraments et les idiosyncrasies, un état pathologique résultant d'un empoisonnement graduel qui altère l'économie, cause une dépression des facultés de l'être humain, et le conduit à l'aliénation mentale ou à la mort.

Autrefois les ivrognes, excités par les fumées du vin, étaient exubérants et loquaces. L'alcoolique moderne, le buveur d'eau-de-vie, se renferme plutôt dans un silence morne. Son ivresse ne se manifeste d'abord que par une sorte de prostration. Mais bientôt l'œil s'injecte de lueurs inquiétantes ; le visage devient livide, le *rictus* de la bouche annonce l'invective et la menace ; d'une secousse convulsive jaillira peut-être l'improvisation d'un meurtre.

Senèque a dit que l'ivresse est une folie volontaire : *voluntaria insania* (1).

Cette passion dégradante est le fruit d'un appétit déréglé du vin et des liqueurs spiritueuses, qui conduit l'homme à un suicide partiel, celui qui consiste à sacrifier momentanément sa raison. Il tombe au dessous de l'animal, qui, d'ordinaire, ne mange plus lorsque sa faim est apaisée, et cesse de boire lorsqu'il n'est plus pressé par la soif.

Montesquieu affirme que, dans les pays chauds, l'ivresse fait

(1) Epist. *ad Lucilium*, 84.

tomber l'homme en frénésie, tandis que dans les pays froids, elle le rend stupide ; sous toutes les latitudes elle le dépouille de ses plus nobles attributs.

Par l'action de l'ivresse, les membres sont pesants, la démarche est chancelante, la langue embarrassée, l'esprit est plongé dans la torpeur.

Entraîné dans un nuage de vertige et d'hallucinations, l'homme ivre perd la mémoire, l'intelligence, la volonté ; il devient incapable de maîtriser sa colère. Il retombe dans l'enfance comme le vieillard, avec cette différence que la dépression de l'âge reste inoffensive, tandis que l'aliénation alcoolique peut conduire au crime.

Si humble que soit son rang social, l'homme garde toujours l'empreinte de sa dignité native ; son visage est illuminé par la noblesse de la race. Si sa vie est troublée par des épreuves, ce sont là peines de roi dépossédé. Rien n'est plus vrai que la parole du poète :

> L'homme est un Dieu tombé qui se souvient des cieux.

Maître de ses actes, incliné devant les lois divines et morales, mais conservant avec un soin jaloux le trésor de sa liberté, l'homme perd tous ces biens lorsqu'il se laisse dominer par l'avilissante passion de l'alcool.

Quand les fumées de l'ivresse sont dissipées, il reste affaibli ; et cette faiblesse, entretenue par l'habitude de libations de plus en plus fréquentes, devient une sorte de décrépitude. Etranger à tout ce qui l'entoure, il en arrive à une existence purement végétative.

Le malheureux qui s'est laissé envahir par cette passion fatale a perdu la liberté : vainement il voudrait se reprendre : la tyrannie de l'habitude en fait un esclave, et lui-même, ne sentant plus l'aiguillon du remords, se déclare irresponsable. Mais cette inconscience, il se l'est procurée lui-même par un vice. Comment pourrait-il l'invoquer à sa décharge ? N'est-ce pas le cas de lui appliquer cet axiôme du droit :

> *Nemo auditur propriam turpitudinem allegans ?*

Est-il un spectacle plus répugnant que celui du buveur sortant d'un cabaret, où le débitant sans scrupule a *complété* son ivresse ? S'il tombe assommé, presque léthargique, au pied d'une borne, ouvrant encore ses yeux alourdis à la vision fantastique des maisons qui passent, l'agent de police ou le garde champêtre s'approche et, d'un geste bienveillant, lui offre un appui pour gagner le violon municipal. Et la foule joyeuse l'accompagne de ses quolibets, indulgente à qui l'amuse : plus d'un, sympathique, redit le mot bien connu : « Voilà pourtant comme je serai demain ! »

C'est une vérité banale que ce vice dégénère toujours en une habitude funeste. Qui a bu boira, dit la sagesse populaire. Bien rares sont les intempérants qui s'en tiennent à des excès isolés, disant avec le poète : *Dulce est desipere in loco.*

Ordinairement la surexcitation alcoolique devient un tel besoin pour le buveur qu'il ne peut plus s'en passer.

L'alcoolique invétéré satisfait sa convoitise par tous les moyens. Souvent, après avoir affecté la tempérance pendant le repas, avec sa famille et ses amis, en ayant toujours soin de ne pas boire son vin pur, il se livre dans sa chambre à des libations secrètes, et s'empoisonne volontairement avec les spiritueux qu'il préfère.

On sait que rien ne coûte aux alcooliques pour s'abandonner à leur triste penchant ; ils ont recours à toutes les ruses. Cette disposition se remarque surtout chez les personnes qui s'enivrent au moyen des essences plus ou moins toxiques qu'elles vont chercher non seulement chez les distillateurs, mais chez les pharmaciens ou même dans les magasins de parfumerie.

L'eau de Cologne, produit antiseptique souvent employé par les médecins comme un adjuvant utile, ne semblait pas destiné à figurer sur la liste des liqueurs enivrantes. Tel est pourtant l'usage qu'en font, si l'on en croit des révélations toutes récentes, un certain nombre de dames anglaises.

Au dire de témoins dignes de foi, ces *ladies* l'absorbent comme les hommes boivent du whisky et du gin. Elles n'ignorent pas, d'ailleurs, que c'est là un produit dangereux qui les rend alcooliques. C'est pour cette raison qu'elles rougissent de leur défaut et se cachent pour le satisfaire.

Un docteur d'Oxford nous dévoile quelques-uns des subterfuges employés. Une noble dame, après un accident ayant nécessité l'amputation du doigt, porte un appareil artificiel, en métal, imitant à s'y méprendre un doigt véritable. Mais ce dont on ne se doute pas, c'est que cet appareil est creux et l'ongle est une soupape qui peut s'ouvrir facilement. Elle le remplit d'eau de Cologne et lorsqu'elle est en visite, au théâtre, si on la voit porter négligemment le doigt à la bouche, c'est pour aspirer la liqueur qu'elle affectionne tant.

D'autres mangent délicatement une grappe de raisin — un grain de temps en temps — dont elles rejettent la peau. Or, on est stupéfait en sachant que ces grains de raisin sont de petites ampoules de caoutchouc remplies d'eau de Cologne !

On signale encore d'autres appareils : des éventails possèdent des tranches creuses, remplies de la même liqueur.

Un noble lord, qui connaissait la malheureuse passion de sa femme, se vantait de l'en avoir déshabituée. Il ne se doutait pas que dans le bouquet qu'elle portait toujours au corsage, était dissimulée l'embouchure d'une sorte de petit biberon caché dans sa poitrine ; en feignant de respirer les fleurs, elle absorbait son poison. Poison certain, car la malheureuse femme mourut toute jeune.

Or, le mari, en faisant réparer le piano de sa femme défunte, quelque temps après, y découvrit toute une série de flacons remplis de liqueurs spiritueuses.

Nous avons déjà suffisamment de boissons alcooliques, souhaitons que l'eau de Cologne reste un parfum et un antiseptique ; ce sera tout profit pour l'hygiène.

L'eau-de-vie de cidre produit une ivresse farouche et très dangereuse. L'alcoolisé présente le caractère particulier d'une susceptibilité outrée contre celui qui paraît attentif à ses divagations. On remarque chez les amateurs de « bolées » des troubles de l'ouïe, des vertiges, des fourmillements, de l'affaiblissement musculaire, des crampes, des soubresauts, et parfois de l'épilepsie.

L'eau-de-vie de cidre, beaucoup plus riche en alcool que celle de vin, occasionne souvent le catarrhe chronique de l'estomac et des intestins ; mais il est un effet qui est particulier à l'eau-de-vie de cidre : une suffocation dont le mécanisme est encore inconnu. Le buveur se couche dans de bonnes conditions. Tout à coup il s'éveille avec un trouble indéfinissable, il quitte son lit et s'élance vers la croisée, qu'il entr'ouvre : peine perdue, l'air lui manque. Il essaye des inspirations précipitées : vains efforts, sa figure rougit, il frappe les murs, se déchire les chairs, et s'il pouvait encore penser à quelque chose, nul doute qu'il croirait sa dernière heure arrivée. Enfin, à un moment donné, sans savoir pourquoi, sans qu'il se soit produit quoi que ce soit chez lui, la respiration suspendue redevient entièrement libre, et le malade reste comme pétrifié, aussi effrayé de ce qu'il a éprouvé que surpris de se voir guéri aussi inopinément.(1).

Nous avons distingué l'ivresse qui peut n'être qu'accidentelle de l'alcoolisme qui est une maladie chronique.

L'ivresse fréquente amène fatalement l'alcoolisme ; tandis qu'on peut devenir alcoolique sans jamais s'enivrer.

Il y a aussi, et c'est le plus grand nombre, des alcooliques qui, sans être ivres à propement parler, sont toujours « *sous pression* », dans un état d'excitation maladive.

---

(1) D' Devulsina, *L'Alcoolisme dans les campagnes.*

La science nous enseigne qu'il y a plusieurs manières de devenir alcoolique.

La plus connue, mais non pas la plus fréquente peut-être, c'est l'ivresse répétée. Celui qui s'enivre tous les huit jours, à plus forte raison si c'est plus souvent, ne tardera pas à ressentir les troubles fonctionnels qui caractérisent l'alcoolisme. De même, celui qui boit habituellement des liqueurs fortes à toute heure du jour ; les ouvriers qui, *à jeun*, prennent la goutte, sous prétexte de « tuer le ver » ; ceux qui ont la détestable habitude de ne se mettre à table qu'après avoir absorbé un apéritif : vermouth, amer, bitter, etc. : ceux enfin qui boivent de l'absinthe : tous ceux-là deviennent peu à peu et sans s'en apercevoir des victimes de l'*alcoolisme*.

Pour communiquer à tout son être une hyperesthésie spéciale, plaisir non soupçonné par les tempérants, le buveur choisit la liqueur dont il a pris l'habitude.

Pendant les premières heures qui suivent l'absorption de l'alcool, son cerveau ressent une secousse passagère, une sorte de vitalité d'emprunt. La température s'élève, les yeux brillent, la circulation se précipite, les muscles paraissent momentanément plus vigoureux.

C'est l'état qu'a décrit Montaigne dans son langage imagé :

« Comme le moust bouillant dans un vaisseau pousse à mont tout « ce qu'il y a dans le fond, ainsi le vin fait déborder les plus intimes « secrets à ceux qui en ont pris outre mesure. »

A ce moment apparaît chez l'individu ordinairement taciturne le besoin des confidences, des épanchements qui débordent, des secrets qui s'échappent.

Bientôt arrive l'excitation désordonnnée, par le phénomène qu'un auteur (1) appelle l'*hyperidéation* ; c'est le déluge des paroles sans suite et des pensées incohérentes.

Puis vient la torpeur : le poison terrasse sa victime. L'alcoolisé tombe dans un sommeil comateux, il perd tout sentiment, réduit à une vie machinale. Il est ivre-mort ! Cette expression populaire, dans son effrayant réalisme, ne s'applique pas toujours à une simple apparence : c'est surtout du sommeil de l'ivrogne qu'on peut dire :

Et consanguineus lethi sopor.

Que de morts subites sont dues en effet aux excès alcooliques !

Certaines conditions y prédisposent : un froid intense ou au contraire une chaleur excessive, mais surtout des habitudes anciennes.

Lorsqu'on examine l'estomac et l'intestin d'hommes morts dans ces

(1) Dr Lancereaux.

conditions, on constate que leur surface est parsemée de toutes petites ulcérations. Dans nombre de cas il s'est produit une hémorrhagie cérébrale ou pulmonaire. Mais la cause réelle de la mort doit être cherchée dans le sang, qui est profondément altéré. Les globules rouges sont déformés, crénelés, troués ; un tiers seulement est normal, beaucoup sont complètement dissous.

La rapidité avec laquelle la putréfaction s'empare des cadavres atteste la détérioration profonde de l'organisme. Le vieux maître Guy Patin avait déjà défini l'eau-de-vie : l'*eau de mort*.

Avant de rester inerte comme un cadavre, le buveur, quand il se réveille, est souvent en proie à des sursauts terribles que les anciens auteurs appelaient des cas d'ivresse convulsive. Percy a fait de l'un de ces cas une description saisissante. « Dix hommes peuvent à peine se rendre maîtres du forcené. Son regard est farouche, ses yeux hagards, ses cheveux hérissés, ses gestes menaçants ; il grince des dents, crache à la figure des assistants, essaye de mordre ceux qui l'approchent, imprime ses ongles partout, se déchire lui-même si ses mains sont libres, gratte la terre s'il peut s'échapper et pousse des hurlements épouvantables : c'est, en un mot, une sorte d'enragé. »

Si l'on suppose un individu se trouvant une fois par hasard dans cet état violent, il recouvrera presque toujours la santé ; les accidents sont rares, l'ivrogne gisant à terre avant d'avoir ingurgité la quantité de liquide nécessaire pour amener la mort.

L'alcool, même pris à petites doses, si elles sont souvent répétées, attaque rapidement tous les organes essentiels à la vie. Il modifie d'abord leur fonctionnement, et produit ensuite des lésions plus ou moins profondes, atteignant progressivement tous les grands appareils de l'économie. Le poison s'infiltre peu à peu dans l'organisme, corrode l'estomac, congestionne le foie, dilate le cœur, imprègne les poumons et les bronches, excite le système nerveux.

L'alcool commence ses ravages par l'appareil digestif : la *langue* devient rouge, bosselée ; elle perd le sens du goût ; — la *gorge* s'enflamme ; — l'*estomac* se congestionne, la sécrétion des sucs digestifs se modifie : les glandes stomacales s'irritent d'une façon permanente, et leurs produits perdent de leur puissance digestive ; les tissus s'épaississent, les mouvements sont paralysés ; chez les buveurs de vin et de bière, l'estomac se dilate ; il se rétrécit chez les buveurs d'absinthe.

L'alcoolique perd l'appétit ; il éprouve une sensation de brûlure le long de l'œsophage : il est sujet aux vomissements, à la gastrite chronique, aux ulcères de l'estomac : il s'amaigrit progressivement et devient ataxique.

L'alcool agit sur le foie, comme sur l'estomac, en le congestionnant et en l'enflammant ; mais l'inflammation aboutit, si l'usage des boissons alcooliques se continue, à des complications très graves, telles que la suppuration du foie ou son augmentation de volume, ou quelquefois une dégénérescence graisseuse ou fibreuse du tissu normal (la cirrhose).

L'effet de l'alcool sur le cœur n'est pas moins terrible ; l'excitation qu'il produit, le surmenage qu'il lui impose sans accroître la puissance de ses moyens, provoque à la fois la dilatation de ses cavités et l'amincissement de ses parois. Tout l'appareil circulatoire est d'ailleurs atteint. Les vaisseaux se durcissent. Le sang se raréfie et se corrompt. Le cœur est menacé d'hypertrophie ou de décomposition.

Une grande partie de l'alcool absorbé est éliminé par l'appareil respiratoire. Son action néfaste va se faire sentir ici encore sur tous les organes : le *larynx* perd de son élasticité et la *voix* devient rauque et éraillée ; les *bronches* s'irritent, ce qui provoque une toux quasi-continuelle ; les *poumons* enfin perdent de leur résistance et deviennent un terrain tout préparé pour l'évolution de la tuberculose, ou l'invasion des pneumonies infectieuses.

Les organes des sens, même ceux qui semblent être le plus à l'abri de l'action de l'alcool, sont atteints : la *vue* s'affaiblit ; l'*oreille* est remplie de bruits insolites et de bourdonnements ; la *parole* est embarrassée ; le *tact* s'émousse ; tout le système musculaire est comme paralysé ; les jambes fléchissent, la démarche devient incertaine et titubante.

Les alcooliques sont sujets aux vertiges et aux céphalalgies ; ils éprouvent des crampes et des anesthésies partielles avec fourmillements intolérables.

Chez un homme saturé d'alcool, aucun organe ne demeure indemne ; et l'on retrouve dans toutes les fonctions, depuis les troubles de l'appareil digestif jusqu'aux atteintes les plus graves du système nerveux, telles que la paralysie ou la démence, la trace des immenses ravages exercés par le poison.

« L'alcool, dit Liebig, par son action sur les nerfs, est comme une lettre de change tirée sur la santé de l'ouvrier, et qu'il lui faut toujours renouveler faute de ressources pour l'acquitter. Il consomme ainsi, inévitablement, la banqueroute de son corps. »

Un des résultats les plus fréquents de l'alcoolisme est la paralysie des organes, et à celle-là qui frappe le corps, vient s'ajouter parallèlement celle qui frappe l'esprit. C'est qu'on peut voir et pour ainsi dire toucher du doigt les rapports intimes qui unissent le corps à l'âme, les organes à l'intelligence.

Les observations journalières des médecins prouvent en effet que l'alcool est un *paralysant* ; c'est une substance qui agit sur nos centres nerveux en les frappant en quelque sorte de mort momentanée, d'un engourdissement plus ou moins prolongé, jusqu'à la mort réelle.

Pour bien saisir sur le vif l'action de l'alcool, il suffit d'observer un ivrogne, un de ces hommes (ou une de ces femmes, hélas !) qui titubent dans les rues. Une fois qu'il est tombé à terre, il se retourne en tous sens comme une bête blessée, il lui est impossible de se relever ; c'est tout au plus si, au bout de quelques heures, il commence à se mouvoir ; il se soulève péniblement ; puis, après une série de nouvelles chutes, il parvient à s'asseoir, à se hisser sur quelque marche de monument ou sur quelque bordure de trottoir. C'est l'image d'une paralysie absolue, complète. L'homme est foudroyé, comme coupé en deux.

Puis, au bout de quelque temps, l'alcool est chassé en partie par les reins, par les poumons ; le système nerveux qui commande récupère ses fonctions premières. jusqu'au prochain excès.

L'alcoolique, souvent, croit voir un signe de santé dans la graisse qui, au début de son empoisonnement, envahit ses tissus. C'est là une grave erreur.

L'excès de graisse est le signe d'une nutrition qui s'opère mal. Chez l'alcoolique, les chairs sont flasques, pendantes, la face est bouffie, le ventre est obèse. Suivant une expression populaire caractéristique : « l'ivrogne fait de la mauvaise graisse ».

Cet embonpoint ne représente, du reste, qu'une phase transitoire. N'ayant plus d'appétit, digérant mal le peu qu'il prend, l'alcoolique ne tarde pas à maigrir.

A ce moment, ce qui disparaît, ce n'est pas seulement la graisse, mais la *chair* elle-même, et la force nécessaire à la vie.

Les désordres des facultés mentales présentent une marche assez semblable à celle des désordres sensoriels : simplement perverties dans le principe, elles peuvent être dans la suite plus ou moins complètement abolies.

Avec les spasmes du *delirium tremens* nous voyons apparaître tout un cortège de rêves macabres interrompus par des mouvements convulsifs qui réveillent momentanément l'ivrogne. Dans ces intervalles il souffre horriblement et parle de se suicider. De même que dans les accès de la fièvre chaude, il court aux fenêtres pour se précipiter au dehors.

Le *delirium tremens* est un épisode aigu qui est sous la dépendance étroite de l'alcoolisme chronique.

Après des accès répétés, l'ivrogne en arrive à un état permanent d'hébétude.

Le sommeil de l'alcoolique est troublé par des cauchemars : ses rêves sont peuplés d'animaux qu'il voit courir sur son lit ou dans sa chambre.

« L'alcoolisme n'est qu'une vieillesse anticipée », dit M. Lannelongue, et il ajoute : « Ce qui caractérise le plus le buveur, c'est son défaut de résistance. En présence de tous les fléaux qui assiègent l'homme, en présence du grand nombre de maladies qui le menacent, la véritable caractéristique de l'homme bien portant, c'est sa résistance organique qui lui permet de triompher de tous les assauts que lui donnent, à chaque instant, les infiniment petits, ses ennemis les plus terribles. Or le buveur a perdu toute résistance ; c'est un mauvais blessé, c'est un mauvais malade. A quarante ans, il a les tissus d'un homme de soixante ans au moins. Le vieillard et le buveur se ressemblent ; je me trompe : le vieillard a une résistance plus grande... »

Ainsi l'alcool, d'après des constatations irréfutables, diminue la vitalité de nos organes, et, par là même, leur résistance aux attaques des bacilles virulents ; il est donc, dans le corps humain, un véhicule pour les maladies. Prenons l'alcoolique décent, celui qui se scandaliserait d'apprendre qu'il mérite cette épithète. Comment donc ! Pendant 40 ans il n'a jamais bu plus d'un petit verre de cognac ou d'anisette après son repas ! Et en fait de vin pur, il n'a presque jamais dépassé ce qu'on appelle « le coup du médecin » !

Il se croit en excellente santé, car l'alcool lui a donné un visage coloré et de l'embonpoint. Aussi ne demande-t-il qu'à continuer un régime qui paraît lui avoir réussi et flatte sa gourmandise.

Mais, un jour, il contracte une maladie peu grave, une bronchite, une grippe, par exemple. Sur une personne saine, la maladie évoluerait d'elle-même vers la guérison. Chez l'alcoolique, toutes les complications sont à craindre : avec lui le médecin n'est jamais tranquille. Souvent, en peu de jours, le mal triomphe, au grand étonnement des amis, qui ne comprennent pas qu'un homme si fort ait été si vite enlevé.

La nature a donné à nos organes des moyens de défense suffisants contre les attaques des microbes, causes des maladies contagieuses. Mais c'est à la condition que ces organes soient sains et en bon état.

On a remarqué que, pendant les épidémies, les alcooliques sont particulièrement atteints. Ils succombent facilement lorsqu'ils contractent la fièvre typhoïde, mais c'est surtout la phtisie qui les décime.

L'alcool, comme on l'a dit avec raison, fait le lit à la tuberculose en rendant tous les obstacles vulnérables.

Tout le monde connaît le bacille de Koch, ce petit bâtonnet qui se multiplie par milliards, qui voltige dans la poussière des crachats desséchés, qui vit autour de nous et qui, lorsqu'il peut pénétrer et s'alimenter de notre substance, ne demande qu'à vivre de nous.

Il s'agit pour tous ceux qui veulent conserver leur vie, de fermer la porte à cet hôte dangereux.

Dans le duel qui s'engage entre les bacilles et nos cellules, ce sont ces dernières qui doivent rester victorieuses.

Lorsqu'elles fléchissent, c'est qu'une léthargie acquise les livre désarmées à l'adversaire. Tenons toujours la main sur la garde de notre épée, car c'est l'existence même qui est l'enjeu du combat.

Aussi bien notre corps ressemble à une terre stérile où certaines graines s'épuisent, tandis qu'elles s'élèvent et grandissent aussitôt qu'elles y rencontrent un engrais. Or l'alcool est proprement l'engrais favorable au développement des bacilles, c'est à nous à surveiller notre sol pour ne pas l'affliger de cette fécondité mortelle.

Au Congrès international de Londres qui rassemblait des sommités du monde entier pour combattre la tuberculose, il a été reconnu que l'alcool en était l'un des plus actifs générateurs. La statistique prouve que c'est dans les milieux où il y a le plus d'alcooliques qu'on voit le plus de tuberculeux. Comme on le dit dans les classes populaires, « *la phtisie se prend sur le zinc* ».

Aussi les intempérants qui ne deviennent pas tuberculeux ne sont-ils pas indemnes, car par leur mauvais exemple ils incitent les autres à boire et deviennent indirectement les meurtriers de leurs imitateurs.

Si les médecins n'écoutaient que le vulgaire intérêt professionnel, ils seraient partisans de la diffusion de l'alcool qui est un très actif fournisseur de maladies.

Mais il est inutile d'ajouter qu'aucun membre du corps médical ne s'arrête à de semblables considérations. Tous voient dans l'alcool un ennemi de la santé publique qu'ils ont pour mission de défendre.

Les effets de l'alcool ne ressemblent pas à ceux de l'opium et du haschish, ces stupéfiants si chers aux Orientaux ; mais ils engendrent aussi, par un *processus* fatal, la désorganisation de la vie et la mort à bref délai. Il est vrai que l'alcoolique n'est pas condamné par des lois aussi mathématiques que le fumeur d'opium : ce dernier ne dépasse pas ordinairement le terme de cinq ans, tandis que la victime des boissons spiritueuses, grâce à ses dispositions spéciales ou à certains tempéraments dans le vice, peut résister plus longtemps aux effets de sa passion. Mais l'abrutissement suivra toujours sa marche graduelle, jusqu'à ce qu'il aboutisse au gâtisme et à la mort.

Le monstre alcool règne dans tout l'univers. Pareil à un conqué-rant insatiable, il soumet à sa domination les régions les plus oppo-sées. Ni les glaces du Pôle, ni les rayons ardents de l'Equateur n'ar-rêtent son invasion.

Eau-de-vie en France, whisky en Angleterre, brandy en Améri-que, tafia aux Indes, vodki en Russie, l'alcool affirme sa puissance et défie ses agresseurs.

Il précipite à l'abîme ceux qui se sont laissés prendre à ses trom-peuses séductions. Il est la clef qui ouvre les hôpitaux et les pri-sons ; chaque année il fait dans le monde civilisé plus de deux millions de victimes, sans compter celles que renferment les asiles d'aliénés et les maisons de santé.

Chez les individus qu'il ne voue pas encore à la maladie, l'alcool engendre un vice irrésistible : la paresse.

Déprimé par des excès sans cesse renouvelés, le buveur, dès l'âge de 45 ou 50 ans, ne peut se livrer à un exercice musculaire sans être essoufflé. Il est déjà trop vieux pour se livrer à un travail suivi. C'est alors qu'il s'accoutume aux chômages, aux longues stations dans les cabarets, et au gaspillage du temps ; d'où indolence naturelle qui lui rend difficile tout travail sérieux et rémunérateur : d'où habitudes de paresse qui le rendent à charge à la société.

Cette disposition à la paresse accompagne l'envie, la haine, et le goût des doctrines anarchistes. Aussi les patrons ne tardent pas à évincer les buveurs, parce qu'ils n'accomplissent plus leur tâche et sèment autour d'eux le désordre.

On dit que les abeilles soumises au régime du miel alcoolisé pren-nent vite goût à cette nourriture ; mais elles perdent l'instinct du travail et deviennent paresseuses. L'ivrogne s'alourdit de même pour le travail, et bientôt les jours de chômage se multiplient. Les portes de l'atelier lui sont fermées, et la misère et les privations sont la suite de sa paresse alcoolique.

Non seulement le buveur est paresseux, mais il est triste.

La mélancolie le tient, noire et implacable. L'alcool qu'il prenait pour s'égayer a produit dans son être un effet diamétralement contraire.

Cet éclair de gaieté initiale n'a pu avoir de prix que pour un homme dégénéré, incapable d'apprécier la vraie joie, et obligé d'assaisonner de condiments les naturelles félicités de la vie !

Enfin le buveur est presque toujours égoïste et méchant. Son caractère est altéré par l'alcool : c'est ainsi que dans le peuple on dit familièrement que l'un a le vin bon, et que l'autre l'a mauvais.

Mais c'est *l'autre* qu'on rencontre le plus souvent, car le vice ne produit que très exceptionnellement un semblant de bienveillance, même fugitive. L'ivrogne perd en général les notions de bonté, de gratitude, de douceur, d'affection, d'indulgence, d'humanité. Ne demandez pas à un alcoolique un acte charitable ; son cœur est fermé à tout jamais à ce sentiment. La passion de l'alcool l'absorbe tout entier ; elle a développé en lui un égoïsme féroce qui le laisse indifférent aux souffrances et aux intérêts les plus sacrés de ses semblables.

Après avoir altéré les muqueuses et vicié toute l'économie, l'alcool modifie chez l'être humain les phénomènes de la pensée.

Si le terrible fléau pénètre les tissus, s'il dévore incessamment les organes, il n'est point surprenant qu'il s'attaque au cerveau. Il le ronge en effet, lentement, mais jusqu'au bout.

Tous les médecins qui ont étudié la question sont d'accord pour constater que l'abus de l'alcool entraîne, à la longue, une véritable déchéance intellectuelle. Elle est peu sensible, évidemment, quand l'abus n'est pas considérable. Elle arrive à son apogée quand l'excès prend des proportions inusitées.

Nous étudierons plus loin la folie au point de vue social ; mais nous devions mentionner ici cet effet si terrible de l'alcool sur l'individu auquel il ravit ses plus nobles prérogatives, le libre arbitre et le raisonnement.

Il ne reste plus dans l'alcoolique qu'un misérable débris humain exposé à succomber à toutes les causes de destruction, proie facile offerte à la paralysie et à la consomption.

Les compagnies d'assurances anglaises calculent cette influence de l'alcool sur la résistance organique ; elles accordent à ceux de leurs assurés qui pratiquent l'abstinence absolue de toutes boissons alcooliques, — les *teetotalers*, — des tarifs plus avantageux. Un hygiéniste a eu l'idée de compulser leurs registres, et il a pu constater que, sur 1.000 assurés *teetotalers*, 590 avaient atteint l'âge de soixante-cinq ans, tandis que 453 seulement pour 1.000 assurés ordinaires étaient parvenus à cet âge : soit 137 vies pour 1.000 abrégées par l'usage de l'alcool.

On sait d'autre part que les compagnies anglaises d'assurances sur la vie accordent aux abstinents une réduction de prix qui va jusqu'à 15 0/0.

Ce sont encore les compagnies d'assurances qui nous fournissent des statistiques prouvant que les personnes qui s'abstiennent complètement de boissons alcooliques vivent plus longtemps que celles qui en font un usage modéré (1).

Ainsi, par exemple, dans la *United kingdom Temperance and general provident Institution*, étant donnée la composition par âge des clients non abstinents, mais faisant des boissons alcooliques un usage modéré, la table de mortalité usitée dans les compagnies anglaises (dite Table 2, H. M.) faisait prévoir 11.293 décès ; on en a observé 10.850, soit un nombre à peu près égal (96 0/0).

D'autre part, étant donnée la composition par âge des clients s'abstenant de toute boisson alcoolique, la Table 2, H. M. faisait prévoir 8.442 décès et on n'en a observé que 6.028, soit beaucoup moins (71 0/0).

Les grandes mutualités anglaises confirment ces résultats. *L'espérance mathématique de vie* (ou vie moyenne scientifiquement calculée) à 18 ans, est

Pour l'ordre des Rechabites. . . . . 50 ans 62
   —   — Foresters 44,   74
   —   — Odd fellows 42,   87

Or, l'ordre des Rechabites, fondé en 1835, exige que ses membres — presque tous ouvriers — s'abstiennent de toute boisson alcoolique, tandis que l'ordre des Foresters — fondé en 1834, et également recruté parmi les ouvriers — se contente d'exiger que l'usage de ces boissons soit modéré. Les *Odd fellows* ont une liberté encore plus étendue.

Nous pouvons maintenant tirer les conclusions de tous ces faits : l'alcool affaiblit le corps, le prédispose à toutes les maladies, abrège la durée de l'existence chez ceux qui en font usage Comme la goutte d'eau, en tombant sans cesse, finit par creuser la pierre, l'alcoolisme chronique vient à bout de l'organisme humain.

Nous allons maintenant étudier ses effets désastreux au point de vue de la famille, de la race, et de la Société.

(1) Matti Helenius d'Helsingfsors, *Die al'koholfrage*, Bertillon, p. 41.

VII

L'ALCOOLISME DANS LA FAMILLE

A. — Ouvriers.

Qui n'admire l'intérieur d'un ouvrier honnête et tempérant ? Tout dans son modeste logis, respire l'ordre, la paix, l'harmonie familiale, le culte du devoir.

La femme et les enfants sont décemment vêtus ; la table est frugale, mais saine et suffisante. Point de propos violents, de plaintes amères, de disputes scandaleuses.

Le travail, auquel petits et grands se consacrent avec ardeur, ne procure pas seulement le pain de la famille ; il est une source de joie et de douces expansions ; des éclats de rire s'échappent des lèvres enfantines, et la gaieté fait oublier aux parents les fatigues du jour.

Voilà un artisan qui gagnait sa vie ; son salaire était de 7 ou 8 francs par jour. Toute la famille jouissait d'un vrai bien-être. Le dimanche, la femme mettait ses rubans neufs, les enfants leurs beaux souliers à lacets, et l'on emportait à midi le panier des provisions pour déjeuner dans un bois voisin.

Pendant cette journée de repos, les poumons s'emplissaient d'air pur. Chacun faisait provision de courage et de forces pour la semaine entière ; le soir venu, on regagnait le gîte en chantant de joyeux refrains.

C'était le beau temps ; mais, un jour, à l'atelier, un camarade plaisante « la dînette du bois de Clamart ». Il faut, pour arrêter les sarcasmes, dépenser sa paye sur le comptoir du marchand de vin.

L'ouvrier reçoit alors un brevet d'indépendance ; mais cette « réhabilitation » lui coûte son bonheur et celui des siens. L'expérience démontre que pour l'ouvrier, surtout pour l'ouvrier des villes, l'alcool est un fléau particulièrement redoutable.

L'homme vigoureux et sain aura souvent la ferme résolution de conserver sa santé en s'abstenant de recourir à des excitants nuisibles. Au contraire, il arrivera fréquemment que l'ouvrier débile, croyant avoir besoin d'un supplément de force pour exécuter son travail, sera tenté de chercher dans l'alcool une apparente augmentation de vigueur. Ce sera la station matinale à l'auberge, avant de commencer sa journée ; ce sera encore la « tournée » du soir, après la fin du labeur quotidien.

Il a vidé sa bourse et ruiné son estomac. Il n'a ni préparé, ni réparé ses forces.

Pour la famille est-il un ennemi plus implacable que le cabaret louche où se tient en permanence le débitant, semblable à l'araignée qui tend sa toile pour prendre les mouches et les sucer jusqu'à complet épuisement ?

Chaque verre que boit l'ouvrier sur le comptoir de zinc représente 10 centimes, et l'on sait par expérience qu'un verre en appelle facilement un autre Une bouteille de vin, sortant du laboratoire de l'arrière boutique, revient à 10 centimes environ, même depuis la suppression des octrois.

Le Play avait calculé, il y a 30 ans, que certains ouvriers des grandes villes laissaient, par an, jusqu'à 780 francs au cabaret : de quoi nourrir la femme et plusieurs enfants ! Aujourd'hui il serait au dessous de la vérité.

Il y a des ouvriers qui gagnent 10 et 15 francs par jour et qui n'ont pas de quoi vivre, même s'ils n'ont ni femme ni enfants. C'est souvent le quart, le tiers, quelquefois la moité et plus de son salaire que l'ouvrier laisse chez le marchand d'alcool.

Les statistiques anglaises évaluent au chiffre fabuleux de *deux milliards et demi* la somme des salaires dépensés annuellement au cabaret par les ouvriers des Iles Britanniques. C'est peut-être exagéré ; mais, dans tous les cas, dix petits verres à 10 centimes font 1 franc par jour et 1 franc fait près de 400 francs par an, somme énorme pour le budget d'un ouvrier.

Quel triste spectacle offre le ménage d'un artisan atteint par l'alcoolisme ! Dans son logement règnent le désordre et la confusion. Pendant que l'ivrogne reste au cabaret, les ressources de la maison se restreignent de plus en plus, et bientot la gêne et la misère s'installent au foyer domestique : huche sans pain, chambres sans feu, enfants mal vêtus et grelottants, saisie des meubles, vente à la criée de la dernière armoire du ménage, violentes querelles, meurtres et suicide !

Il est nuit : la femme n'a pas encore ramassé les débris de sièges et de vaisselle répandus sur le sol ; c'est la scène de la veille qui a fait ces ravages, et la scène de demain anéantira le reste du mobilier commun.

Pour s'abandonner à ces excès de fureur, l'ivrogne n'a besoin d'aucun prétexte. Il voit rouge comme l'assassin, et se jette en aveugle sur les êtres vivants et les objets inanimés.

Sa cruauté trouve des raffinements contre ceux qui devraient lui être les plus chers. Les enfants martyrs, dont on lit la navrante histoire dans les chroniques, doivent ordinairement leurs tortures à des parents ivrognes.

Il n'y a pas longtemps, les journaux annonçaient qu'une mère dévorait son enfant à la mamelle. Et le petit frère avertissait le commissaire de police en lui disant ces simples mots : « Venez vite, maman est en train de manger bébé. »

Sans atteindre ces sommets de l'aberration sanglante, l'ouvrier intempérant, voit par une loi fatale, la misère élire domicile dans son foyer.

Comme le brigand qui arrête le voyageur sur la route, le vice a mis sa main pesante sur l'épaule du chef de famille ; et cet attouchement glacé a tué dans son âme ce qui restait de dignité et d'énergie.

Pour assurer l'entretien de la famille et rétablir l'équilibre du budget, il faudrait que l'ouvrier tentât un effort surhumain qui doublerait les produits de son travail ; mais ses membres épuisés lui refuseraient le service.

Aussi, cherchant à se donner le moins de peine possible, il ne va plus à l'atelier que pour y gagner le prix de l'alcool. Étranger sous son propre toit, il laisse à sa femme toutes les charges ; il la contraint à placer ses enfants dans les crèches et à trouver dans les usines l'argent qui fait défaut.

Et quand elle rentre le soir, il lui faut trop souvent défendre contre d'insatiables exigences le morceau de pain péniblement gagné ! Faut il s'étonner si elle succombe aux privations et au chagrin, ou bien si, courbant le front sous une inexorable fatalité, elle devient l'émule de son triste mari, et s'enivre à son tour pour oublier ses douleurs ?

Dans le ménage où l'homme et la femme se livrent tous deux à l'intempérance, on voit arriver très vite la dégradation puis la mendicité sur les chemins publics.

Après les dernières amertumes et les malédictions haineuses, chacun prend de son côté le chemin de l'hôpital. Que deviennent les pauvres enfants moralement abandonnés qui ont grandi dans cette atmosphère ? Plus malheureux que les orphelins, ils ont un père et une mère pour lesquels ils éprouvent moins d'affection que de mépris.

Depuis que l'alcoolisme a souillé la maison, ces pauvres petits êtres n'ont plus entendu de paroles tendres, de conseils affectueux.

Les injures, les mots orduriers, les violences déforment leur sens moral et favorisent chez eux le développement des pires instincts. Ignorants des vertus de l'adolescence, ils ont la science précoce de la débauche. Avides de quitter l'enfer domestique où ils étouffent, on les voit de bonne heure vagabonder sur les places publiques et mériter le nom « d'Arabes des rues ».

Ils ne savent pas le chemin de l'école, et ils n'apprendront pas celui de l'atelier.

D'autres considérations prouvent que l'alcool est le ver rongeur de la famille.

Jamais les salaires n'ont été plus élevés qu'aujourd'hui ; et tous les ouvriers se plaignent des difficultés de l'existence. Ce serait une erreur d'attribuer cette gêne à l'augmentation des loyers, à la cherté plus grande du pain, de la viande, de tout ce qui est nécessaire à la vie. Elle n'est pas davantage le résultat du confort chaque jour plus grand qui tend à régner dans les ménages ouvriers. Les statisticiens ont répondu à ces paradoxes en établissant la proportion entre le salaire et le prix de la vie. Cette gêne est due uniquement à la funeste habitude de l'alcool.

Si les gains de l'artisan sont engloutis au cabaret, comment veut-on que la paix, l'union et le respect de l'autorité existent dans la famille ?

Dans un milieu ouvrier contaminé par le fléau de l'alcool, il n'est point d'augmentation de salaire qui suffise à ramener l'aisance ; on aura beau y créer les institutions d'épargne et de secours mutuel les plus ingénieuses, elles n'auront pas d'objet, et les économies de l'ouvrier seront englouties dans le poison des petits verres. Enfin, au lieu du rétablissement de la vie familiale, indispensable au bon fonctionnement de la société, l'on verra la plupart des foyers détruits par le désordre et la corruption.

Les moralistes qui dénoncent l'alcoolisme comme un des plus terribles fléaux de la classe ouvrière n'agitent pas seulement une question physiologique ; ils défendent l'hygiène des âmes, plus précieuse que celle des corps.

L'ouvrier qui boit se précipite dans un gouffre sans fond.

En remontant quelques degrés dans l'échelle sociale, et en prenant, par exemple, au lieu d'un simple ouvrier manuel, un petit commerçant, qui se trouve à la tête d'un établissement prospère, dont les bénéfices sont assez élevés pour le faire vivre.

Qu'il survienne un accident imprévu, deuil de famille, faillite d'un correspondant, perte de marchandises, et que le commerçant veuille s'étourdir en s'adonnant à l'ivresse ? Les conséquences désastreuses ne se feront pas attendre. Ce sera le relâchement dans la surveillance des employés, les abus non réprimés, la négligence dans les comptes, le gaspillage, le vol. Si le personnel est livré à lui-même ; si le maître prolonge ses stations au café, et ne vient au magasin que pour se débarrasser d'une corvée, l'anarchie prendra le dessus, et la clientèle s'éloignera de la maison ; car la confiance ne va pas où l'ordre a cessé de régner.

A mesure que les embarras financiers s'aggravent, les frais et les dépenses journalières augmentent sensiblement. Le chef de la maison de commerce n'est pas à son comptoir ; il est attablé dans le café voisin. C'est là que, maintenant, ses commis devront venir le chercher, si sa présence est absolument réclamée. Depuis longtemps, son caractère aigri a chassé peu à peu tous ceux des anciens serviteurs qui autrefois concouraient à la bonne gestion des affaires. La maison reste confiée à des gens peu scrupuleux, usant la journée sans profit pour le patron, dans l'unique but de toucher un salaire sans avoir donné une somme équivalente de travail.

Il n'y a qu'un terme à cette situation anormale, c'est la faillite ou même la banqueroute à bref délai.

Et que d'alcooliques ont terminé ainsi par le suicide leur misérable existence !

Le fléau n'atteint pas seulement l'ouvrier des villes : il sévit dans les campagnes.

Le vigneron, qui pourrait boire chez lui, pour se délasser de sa fatigue, une quantité modérée de vin naturel, préfère le vendre au cabaretier du village pour le retrouver ensuite, méconnaissable, sous la tonnelle où il ira s'enivrer avec des amis.

Ainsi la vigne qu'il a cultivée, et qui devait le faire vivre, sera pour lui et pour sa famille une cause de ruine et de misère.

L'ouvrier des champs, plus exposé aux intempéries que l'artisan des villes, est souvent victime d'une congestion causée par le froid à son retour de la foire. Attardé sur la grande route, s'arrêtant aussi dans quelques cabarets ouverts, il offre une proie facile à l'apoplexie qui le guette.

A un moment donné, la route paraît interminable ; les arbres s'allongent démesurément ; le malheureux ivrogne perd ses forces ; si le sommeil vient à le surprendre, il est perdu sans rémission.

B. — Bourgeois.

Bien des personnes prennent comme type du buveur l'artisan mal vêtu qui sort en chancelant d'un cabaret borgne. Mais il serait souvraiment injuste de ne pas faire aussi la part de cet ivrogne élégant qui remplit à un banquet cinq ou six verres de différents modèles, en attendant le moment suprême où le champagne va couler à pleins bords. Après les toasts dont il applaudit machinalement les banalités, on le voit se renverser en ronflant sur sa chaise, et quelquefois s'effondrer sous la table.

Ce n'est donc pas seulement dans le peuple et dans la classe ouvrière que l'alcoolisme exerce son action funeste.

Le bourgeois désœuvré, le boursier, l'homme d'affaires, se laissent aussi facilement entraîner à passer dans les cafés de longues heures où les consommations se succèdent sans répit, où la politesse consiste à offrir du poison à des amis déjà largement intoxiqués. Et ces échanges de « bons procédés » se font sans hésitation, sans inquiétude, comme la chose la plus simple du monde ! Celui qui hasarderait une objection serait considéré comme un censeur morose : les moins malveillants l'excuseraient peut-être comme poitrinaire.

Il est même à remarquer que les bourgeois sont en quelque sorte plus exposés que les ouvriers au danger de l'alcoolisme, parce qu'ils prennent aisément l'habitude de quitter leur foyer pour se rendre au cercle, tandis que l'artisan, soit dans le but de se ménager pour la sécurité du travail, soit par manque d'argent, ne fréquente le cabaret qu'après la paye du samedi.

On dit que la misère en habit noir est plus affreuse que la misère en haillons ; nous en disons autant de l'alcoolisme.

L'homme bien élevé porte un vêtement qui est comme le signe de sa supériorité sur le vulgaire ; plus son extérieur est distingué, plus son ivresse devient honteuse ; en se dégradant, il humilie la classe dont il fait partie et, toute idée aristocratique mise à part, il oublie que « noblesse oblige ».

Comme le dit un personnage de comédie à un seigneur du xviiie siècle :

> .... Vous prenez trop de vin de Champagne
> Puis il faut que toujours quelqu'un vous accompagne
> Pour pouvoir vous montrer votre chemin la nuit,
> Et même quelquefois vous reporter au lit (1).

Il est bien vrai que les représentants des classes élevées, sous l'ancien régime, ne donnaient pas toujours aux humbles des exemples de tempérance.

A côté des familles où toutes les vertus étaient héréditaires, on

____
(1) Regnard, *Le Distrait*, acte IV, scène 6.

voyait trop souvent des prodigues ravaler par des excès coupables le prestige de leur nom.

N'a-t-il pas été longtemps de mode, même dans les milieux honnêtes et bourgeois, de chanter les excès du vin et d'invoquer les souvenirs de Bacchus et de Silène, comme on le faisait au Caveau du Palais-Royal ?

Bien longtemps, à la fin d'un dîner de famille, le fruit de la treille a rimé avec « couleur vermeille », et le vin avec « jus divin ». Ce temps n'est plus, la boisson paraît aujourd'hui dépoétisée; et c'est assurément à bon droit, car rien n'est moins poétique et plus grossièrement trivial que l'excitation malsaine produite par l'alcool. Il n'y a plus que les littérateurs arriérés qui célèbrent l'absinthe en l'appelant « la Muse verte » !

L'alcoolisme bourgeois, ingénieux Protée, se dissimule sous des déguisements élégants et mondains ; nous le retrouvons chez les pâtissiers à la mode, où, sans nécessité, par pure gourmandise, des dames et des jeunes filles du meilleur monde, entre deux repas abondants, se font servir du vin d'Espagne, et n'apprécient les bonbons que pour le rhum dont on les inonde.

Nous avons aussi l'alcoolisme honteux qui s'abrite sous le prétexte des vins réconfortants, de coca et de quinquina, de tisane de Champagne contre les vapeurs et les migraines, d'alcool de menthe et d'eau de mélisse des Carmes, sans aller jusqu'à l'eau de Cologne comme les dames anglaises dont nous avons parlé plus haut.

Quand le poison a fait son œuvre sur ces intempérantes, il faut bien appeler le médecin pour lui demander un soulagement, et l'homme de l'art, s'il veut conserver la confiance de ses clientes, devra tout d'abord se garder de formuler un diagnostic brutal. Il serait trop malséant de dire, à une belle dame, qu'elle boit ; il faudra se contenter de lui signaler une petite fatigue nerveuse qui cédera bien vite au traitement.

Que conclure de toutes ces observations ? C'est que les boissons spiritueuses, dans tous les milieux, tiennent encore une grande, une trop grande place. Innombrables sont les tributaires de l'alcool, les adorateurs de ce dieu moderne insatiable de sacrifices humains. Le Moloch veut maintenant des pauvres et des riches, des enfants et des vieillards, des femmes et jusqu'à des jeunes filles. Aucune catégorie d'êtres pensants ne doit échapper à ses étreintes.

L'ouvrier se tue en criant qu'il tue le ver ; le commerçant, l'industriel traitent leurs affaires une coupe à la main ; le bourgeois a transporté son salon à la brasserie ; on serait déshonoré en recevant ses amis sans les intoxiquer ; on fait injure à son hôte en refusant ses offres dangereuses ; on ne peut marier sa fille ou célébrer le succès d'un bachelier de seize ans sans faire sauter des bouchons et remplir des verres de vin mousseux ; à la terrasse des cafés, le collégien prépare son absinthe avec autant de soin que le professeur de chimie combine plusieurs substances dans les cornues du laboratoire. Quant à l'étudiant, il lui semble que sa tête ne serait plus digne de porter le béret de velours si elle ne s'échauffait souvent dans les brasseries latines. L'alcool est l'accompagnement obligé des fêtes, des rires, de l'amitié, du mariage, de l'éloquence des affaires, des contrats ! Il envahit la vie publique et la vie privée des citoyens ; Bacchus veut encore des autels au xx° siècle. Il est temps de rendre à la Mythologie cette divinité malfaisante.

Sommes-nous alcoolisés ? demandait le Dr Jacquet, à une assemblée de la Croix-Blanche.

Si nous le sommes, quelle est la modalité, quels sont, pour ainsi dire, les rites de notre alcoolisation ? Et avons-nous, contre l'alcoolisation intensive de la classe prolétarienne fait l'effort tutélaire qui s'imposait à nous, et rempli notre devoir social ?

Beaucoup de bourgeois Français auraient besoin de lire un bel ouvrage d'André Couvreur : « *La Source fatale.* » Voici, en résumé, les propositions qui sont mises en lumière par l'auteur :

Le Français est actuellement l'être le plus alcoolisé du monde, si l'on additionne, comme il le faut, la consommation de l'alcool contenu dans les liqueurs et apéritifs à celle de l'alcool contenu dans les boissons dites hygiéniques ;

Le négoce de l'alcool et les branches commerciales qui s'y rattachent englobent au moins le *dixième* de l'activité nationale ;

L'alcool remplit la moitié de nos asiles d'aliénés et la presque totalité de nos prisons ;

L'alcool fait le quart ou le tiers de la mortalité générale ;

L'alcool fait la moitié de la tuberculose ;

L'alcoolisme des parents crée la moitié de la mortalité infantile.

Dans cet effroyable bilan, on ne saurait méconnaître la part notable de l'alcoolisation bourgeoise ou modérée. Le gourmand qui se flatte en s'appelant gourmet par euphémisme, sort de table après avoir entremêlé de vins généreux les nombreux services d'un repas succulent pour l'arroser enfin d'un petit verre de vieux cognac. Ce gourmand est un alcoolique tout comme le viveur des bars et des cabinets particuliers, l'étudiant des music-halls et des brasseries, disons-mieux, les mondaines des « *five o'clocks* ».

Nous devons stigmatiser en passant l'alcoolisme absurde des enfants et des nourrices. On n'arrose pas les fleurs avec de l'alcool, dit Mgr Latty. Les fleurs d'enfants, si tendres, si délicates, qu'il ne faudrait nourrir que de lait, de rosée, et d'amour, trop souvent on les arrose avec le liquide empoisonné qui les fane et les étiole. Des mères applaudissent, à la fin d'un repas, le début alcoolique de la petite fille qui n'a pas « grimacé ».

Il faut donc, à tout prix, cesser de favoriser la « soif nationale » et les intérêts alcoolisateurs.

S'il est vrai que la classe ouvrière est plus ravagée par le fléau que la classe aisée, cela ne prouve point du tout que la consommation d'alcool y soit plus abondante.

En effet, l'ivresse de l'homme du peuple est généralement publique et, partant, plus connue. Le malheureux, qui sort en titubant d'un estaminet de dernier ordre et s'en va échouer sur le trottoir, est ramassé par la police, enfourné au violon, traîné devant les tribunaux. Mais quand un bourgeois s'enivre après un souper fin, sa honte échappe à la publicité.

Plus connue, l'ivresse du malheureux est aussi plus dangereuse et plus prompte. Au lieu d'être amenée par des liqueurs fines bien préparées, elle est produite ordinairement par des mixtures inavouables. Mais que l'alcool empoisonne l'artisan ou le bourgeois, il est la plaie du monde civilisé : comme l'a dit Gladstone : « l'alcoolisme fait de nos jours plus de ravages que ces trois fléaux historiques, la famine, la peste et la guerre ». Il atteint l'individu, la race, la société. Il ruine les santés, les intelligences, les volontés. Il absorbe les ressources des travailleurs et le réduit à la misère physique et morale.

VIII

EFFETS DE L'ALCOOLISME SUR LA SOCIÉTÉ

A. — Conséquences générales.

L'alcoolisme arrive à détruire chez l'homme le sens de la moralité. Or, si l'individu perd la notion du juste et de l'injuste, il en résulte pour le corps social une irrémédiable dépression. Comment la collectivité ne serait-elle pas atteinte, si un grand nombre de ses éléments sont viciés ? Il ne suffit pas à une nation que la richesse abonde, que le commerce et l'industrie se développent, que les moyens de transport se multiplient. Les vertus sociales sont encore plus nécessaires à un peuple que la prospérité matérielle. Or quelles vertus sociales peut-on attendre d'un homme dégradé par l'alcoolisme ? La justice et l'honneur ne sont plus à ses yeux que des images confuses. La bête humaine déchaîne alors ses instincts, et l'alcoolique, dans son délire, ne ressent même pas la crainte du châtiment.

Quand le buveur n'est pas dangereux, il est au moins inutile. Cet être qui reste impassible devant le spectacle de sa femme et de ses enfants réduits par sa faute à la mendicité, sera-t-il capable de comprendre ses devoirs de citoyen ? Que lui importent les destinées de sa Patrie ? N'a-t-il pas borné son horizon aux murs du cabaret ? Et s'il se réveille un instant de sa torpeur malsaine, ce sera peut être pour vendre son vote et ce que lui reste d'influence au prix de quelques verres de vin frelaté.

Ce dommage public est si inquiétant pour l'avenir des nations civilisées, qu'il a été invoqué, dans la seconde moitié du dernier siècle, comme un des principaux motifs de la répression pénale de l'ivresse. C'est ainsi que l'auteur d'une pétition déposée au Sénat le 13 mars 1861 disait que « lorsqu'un homme a contracté un lien sacré, et qu'il a une famille sur laquelle la loi lui donne autorité, on ne doit pas lui laisser la liberté de compromettre cette autorité par le spectacle hideux de l'ivresse, avec ses désordres et ses violences, et de dissiper la subsistance de la famille dans les dépenses du cabaret ».

Au lieu d'apporter sa pierre à l'édifice social, l'alcoolique contribue à l'ébranler jusque dans ses fondements.

Ainsi le fléau qui désorganise la famille est aussi pour la société une cause de destruction. L'ensemble de la fortune publique représente la somme des efforts individuels et l'accumulation de l'épargne réalisée par les hommes laborieux.

Le mal dont nous déplorons les ravages produit fatalement la déperdition du travail et la perte des salaires qui en sont la contrepartie ; il faut ajouter à ce triste bilan les frais occasionnés par la maladie et l'invalidité ; autant de causes de déchet dans la richesse nationale.

Quand le chef de la famille, dégradé par un vice extérieur qui affiche sa déchéance, ne peut plus avoir d'autorité dans sa maison et inspirer le respect aux siens, il n'apportera plus à la société le tribut que lui doit tout homme vivant sous sa protection, et sera au contraire pour elle un fardeau.

Ainsi l'abus des boissons spiritueuses est une cause d'appauvrissement : 1° en diminuant l'aptitude professionnelle du travailleur qui devient impropre d'abord à un ouvrage délicat, et plus tard à toute espèce de travail ; 2° en amenant le chômage ; 3° en excitant l'ouvrier à des dépenses inutiles.

Ce sont là les conséquences générales, mais il faut y ajouter les *faillites* dues à l'inexécution des contrats ; les *maladies*, non plus de l'alcoolique lui-même, mais *de ses enfants*, maladies dues à son vice ; les *accidents* que l'état d'ivresse occasionne si fréquemment.

On a remarqué que sur 100 *mendiants* ou vagabonds, 80 sont des alcooliques.

Actuellement de nombreuses sociétés, dites *des logements à bon marché*, cherchent à rendre l'ouvrier propriétaire de sa demeure. Ce rêve de « la maison à soi » il suffit, pour le réaliser, de verser pendant quelques années une annuité souvent inférieure à 450 francs. Or l'ouvrier qui consomme en apéritifs ou en eaux-de-vie quelconques seulement 75 centimes par jour perd ainsi inutilement 275 francs par an. Il s'interdit, par le fait même, les avantages des diverses *mutualités* (sociétés de consommation, assurances vie, accidents, incendie, syndicats professionnels), c'est-à-dire l'indépendance dans la dignité.

On peut dire de la sobriété qu'elle est une épargne, tandis que l'alcoolisme est la dépense sans profit du capital humain. Il y a longtemps que la mutualité et les compagnies d'assurances, intéressés au premier chef dans ces questions, ont établi par des tables certaines que les ivrognes sont plus sujets aux maladies et vivent moins longtemps que les tempérants. D'après les calculs dont nous avons parlé plus haut pour l'Angleterre, les buveurs ont un nombre de jours de maladie quatre fois plus grand que les non buveurs (1) ; ils vident la caisse des sociétés de secours mutuels ! En outre, les non-buveurs vivent bien plus longtemps que les buveurs, et paient, par conséquent, plus longtemps leur prime aux compagnies d'assurance. Aussi ces dernières font-elles aux hommes sobres des réductions de 20 à 25 0/0 (2).

Ajoutons que l'alcoolique ne songe pas souvent à s'assurer s'il tombe malade ; c'est l'hôpital qui recueillera cette non-valeur, inutile à la famille et à la société.

Une cause fréquente de la ruine des ménages d'alcooliques, c'est la vente à crédit du vin et des liqueurs distillées. Lorsque les cabaretiers ne peuvent arriver à se faire payer la note souvent grossie qu'ils ont présentée à la fin du mois, ils n'hésitent pas à recourir à la saisie-arrêt, procédure désastreuse pour le travailleur qu'elle déconsidère en le signalant à la défiance des patrons.

Voici un exemple particulier donné par une verrerie de Fresnes :

Un ouvrier gagnant 70 à 80 francs par quinzaine a été saisi en 1000 par un débitant de boissons pour une somme de 97 francs. Depuis lors, neuf nouveaux créanciers se sont présentés, de sorte qu'à l'heure actuelle le total des créances est de 1.892 francs, somme dans laquelle cinq débitants figurent avec une créance totale de 1 533 francs. Les onvriers endettés de cette façon, à Fresnes, on les appelle des « planteurs de drapeaux ».

On a vu, à la Bourse indépendante de Valenciennes, un ouvrier gagnant 65 francs par mois, père de cinq enfants, à qui un représentant en vins a vendu presque de force une pièce de vin de 70 francs. Ne pouvant la payer à présentation de la traite, il eut plusieurs protêts, assignations, jugements, dénonciations, qui firent que ses salaires furent saisis pour 175 francs. Ce cas se présente continuellement.

Par suite de l'actuelle difficulté d'écoulement de leurs produits, les brasseurs multiplient les cabarets de tous les côtés, et l'on voit dans les grands centres ouvriers comme Anzin, Denain, etc., de longues rues dont toutes les maisons sont transformées en cabarets. Dès qu'un ouvrier a amassé quelques économies, vite arrive un brasseur qui installe chez lui un débit de boissons. La concurrence est telle que, si le nouveau cabaretier ne transforme pas sa maison en lieu de débauche, il ne peut gagner suffisamment pour payer la patente, la licence et autres impôts plus facilement votés que perçus.

(1) Sérieux et Mathieu, p. 92.
(2) *Ibid.*, p. 90.

Après un an ou deux, les économies de l'ouvrier sont mangées, la note du brasseur reste impayée, et forcément la saisie-arrêt vient détruire un foyer de plus en le plongeant dans la misère.

Ainsi l'alcoolisme, sous toutes ses formes, compromet la prospérité économique d'une nation, et prépare sa décadence en accumulant les désastres particuliers.

Le docteur Rochard a évalué le budget de l'alcoolisme à plus d'un milliard et demi, comprenant la dissipation des salaires et les frais imposés au Trésor public :

Prix de l'alcool consommé.	128.278.384
Journées de travail perdues (à 2 fr. la journée).	1.340.147.000
Frais de traitement et de chômage	70.842.000
Frais de traitement pour les aliénés	2.652.012
Frais de répression pour les crimes.	8.894.500
Suicides	4.022.000
	1.555.730.796

Et il s'agit de la consommation *abusive* des alcools, sans tenir compte de la consommation des boissons fermentées (vin, cidre et bière).

Le même calcul a porté l'évaluation, en 1895, à 1 milliard 752 millions de francs, ainsi répartis d'après la statistique publiée par M. Ch. Dupuy dans la *Revue politique et parlementaire* (numéro du 10 novembre 1896) :

En 1895, 1.549.045 hectolitres d'alcool ont coûté aux buveurs (prix d'achat, impôt, octroi) .	320.658.850 fr.
Dépenses	
pour les alcooliques aliénés.	8.114.000 fr.
pour la répression des crimes des alcooliques	9.000.000 fr.
de l'Assistance publique	70.000.000 fr.
Salaires perdus par maladies, chômages divers.	1.340.000.000 fr.
Pertes résultant des suicides et des morts accidentelles	5.000.000 fr.
Total	1.752.772.850 fr. (1)

Dans un travail fort intéressant paru dans *La Tempérance*, M. Riémain, s'appuyant sur des bases judicieuses, refait les calculs de Rochard et arrive à un total minimum de 3 milliards, ainsi répartis :

---

(1) M. Pelmann, professeur à l'Université de Bonn, cite le cas d'une femme alcoolique, vivant en Allemagne au siècle dernier, qui a eu 834 enfants, petits-enfants et arrière-petits-enfants ; cette famille n'a été composée que de vagabonds, mendiants, criminels, etc. ; elle a coûté à l'État *plus de 6 millions de francs* pour frais d'entretien, de procédure, de garde, etc.

Prix de l'alcool consommé 1.200.000.000
Journées de travail perdues 960.000.000
Mortalité par tuberculose alcoolique 400.000.000
Journées de travail employées à produire le
 poison. 300.000.000
Frais de traitement et de chômage. 70.000.000
Frais de répression des crimes, etc. 10.000.000

Et les chiffres seraient encore bien plus élevés si l'on faisait entrer en ligne de compte toutes les répercussions indirectes du fléau. Comment évaluer la perte des volontés, des intelligences, des activités qui auraient été fécondes et qui sont paralysées dans un hospice ou dans une prison ?

Le ministre des affaires étrangères des Etats-Unis disait, il y a quelques années : de 1860 à 1870 l'alcool a coûté à l'Amérique une dépense directe de 15 milliards et une dépense indirecte de 3 milliards. Il a envoyé 100.000 enfants dans les établissements de charité ; 150.000 condamnés dans les prisons : 10.000 aliénés dans les asiles ; il a causé 1.000 assassinats, 2.000 suicides, fait 200.000 veuves et 1 million d'orphelins (1).

L'alcoolisme entraîne des pertes et arrête des profits ; ses effets se produisent dans une proportion qu'il est impossible de fixer.

Si nous nous plaçons maintenant au point de vue de l'usage, en écartant toute idée d'excès de boisson, nous devrons reconnaître encore que s'abstenir de boissons fermentées, c'est réaliser une économie, et qu'au contraire, s'astreindre à la consommation journalière de ces denrées, c'est grever le budget de famille d'une dépense inutile.

Supposons une famille moyenne composée du père, de la mère et de trois enfants. A chaque repas, cette famille n'absorbe pas moins d'un litre de vin à 0 fr. 60. Soit par an 730 litres de vin, coûtant 438 francs. Joignons-y les tournées au cabaret qui atteignent, pour certains ouvriers, d'après le Play, jusqu'à 700 francs par an, et je laisse à penser quel profit les ménages ouvriers pourraient tirer de pareilles épargnes !

Et encore, si les débitants mettaient toujours à leur disposition du vin naturel ! Mais il serait superflu de démontrer que la plupart des vins vendus au détail dans nos grandes villes n'ont du vin que le nom.

Nous ne ferons pas même d'exception en faveur de la bière qui, dans certains pays, passe pour un aliment indispensable, si bien que pour s'excuser d'en absorber des quantités énormes, on lui donne la qualification de *pain liquide*.

(1) Sérieux et Mathieu, *L'alcool*, p. 91.

Sans doute la bière nourrit un peu plus que le vin, mais c'est dans une proportion encore bien minime.

Un centimètre cube de fromage est plus nourrissant qu'un litre de la meilleure bière. Un morceau de pain de 200 grammes est plus réconfortant que 3 ou 4 litres de cette boisson.

Pour mieux faire comprendre l'avantage qu'aurait une famille à supprimer l'alcool, et même les boissons fermentées, nous allons donner un aperçu de l'équivalence en argent des valeurs nutritives respectives des spiritueux et des aliments. Prenons, pour terme de comparaison, le vin naturel à 0 fr.50 le litre.

Pour 0 fr. 50, nous avons tout juste *un gramme* de matière alimentaire.

Pour le même prix, on se procurerait 2 kilogrammes de légumineuses (soit 540 grammes de matières plastiques et 900 grammes de substances carbonées) ;

Ou 2 kilogrammes 1/2 de pain (soit 170 grammes de matières plastiques et 1.125 grammes de substances carbonées) ;

Ou 7 kilogrammes de pommes de terre (soit 150 grammes de matières plastiques et 825 grammes de substances carbonées) ;

Ou 250 grammes de fromage (soit 147 grammes de matières plastiques et 12 grammes de substances carbonées) ;

Ou 250 grammes de viande de première qualité (avec 50 grammes de matières plastiques et 27 grammes de substances carbonées) ;

Ou 6 œufs (avec 50 grammes de matières plastiques et autant de substances carbonées) ;

Ou 2 litres de lait (avec 100 grammes de matières plastiques et 120 grammes de substances carbonées).

Jules Simon avait signalé en 1862 qu'il se consommait à Amiens 80.000 petits verres d'eau-de-vie par jour ; c'est une valeur de 4.000 francs qui représentent 3.500 kilos de viande ou 12.121 kilos de pain (1). Il n'est donc pas de dépense plus funeste, plus improductive, pour l'individu comme pour la Patrie, que celle dont profitent les débitants de boissons.

L'alcoolisme nous coûte annuellement près de **2 milliards** ; cette énorme somme ne pourrait-elle être plus utilement employée pour la réfection de notre outillage industriel, la création de nouveaux centres de production en France et dans nos colonies, l'extension de nos ports, le développement de notre marine de commerce, l'amélioration de nos procédés d'exploitation agricole, la création de refuges pour les infirmes et les vieillards, la multiplication des asiles pour

(1) **Sérieux et Mathieu**, *L'alcool*, p. 90.

les enfants tuberculeux et ceux qui sont moralement abandonnés ?

Au lieu de surcharger la dette publique par l'exagération des impôts, ne serait-il pas plus rationnel de combattre l'alcoolisme, et de tarir ainsi progressivement la principale source de nos dépenses ? Sans doute l'alcool paraît, au premier abord, rapporter au Trésor des sommes considérables ; mais ce n'est là qu'une apparence trompeuse. En réalité, le fléau coûte plus au pays que son exploitation ne lui donne de bénéfices. Avant de représenter une taxe, l'alcool a été l'occasion de prodigalités et de désordres incalculables.

Quelques économistes objectent que la guerre à l'alcool priverait un grand nombre d'ouvriers d'un travail rémunérateur.

« L'*Annuaire belge* de 1895 répond que les 319 distilleries du pays occupent 1.840 *ouvriers*.

« Cette industrie procure-t-elle beaucoup de main-d'œuvre ?

« Non ; car avec des capitaux égaux, l'industrie cotonnière emploie 16.654 *ouvriers*, et celle de la bonneterie, avec des capitaux beaucoup plus restreints, occupe 3.550 *ouvriers*.

« Mais cette industrie procure-t-elle au moins de gros salaires ? Des 1.840 ouvriers qu'elle emploie, 57 gagnent de 4 à 5 francs, 690 gagnent de 3 à 4 francs, 874 gagnent de 2 à 3 francs, 150 gagnent de 1 à 2 francs, 1 *seul gagne 5 francs ou plus*.

« Et enfin, l'industrie de l'alcool donne-t-elle un travail sain, hygiénique ?

« Non, c'est le contraire qui est vrai, à tel point que les mutualités pour garçons de cafés, serveuses, etc., ne peuvent vivre longtemps.

« La statistique nous donne à ce sujet de curieux renseignements.

« Sur 10.000 hommes adultes de 25 à 65 ans, il ne meurt que 90 ouvriers agricoles ; 125 ouvriers du bois ; 135 ouvriers mineurs ; 147 ouvriers forgerons et maçons ; 181 ouvriers du verre ; 192 ouvriers du transport ; 207 ouvriers brasseurs ; 231 ouvriers hôteliers ; 335 ouvriers *cafetiers et ouvriers distillateurs*.

« L'industrie de l'alcool n'a donc aucune des qualités requises pour en faire une industrie bienfaisante et favorable aux classes ouvrières. »

Il n'est pas téméraire d'affirmer que si tous les Français étaient assez éclairés pour arrêter, du jour au lendemain, la consommation de l'alcool, cette résolution virile aurait pour conséquence prochaine une économie capable d'équilibrer le budget, en permettant la réduction de tous les impôts. L'abolition de l'alcoolisme serait le salut du Trésor, et, modifiant légèrement une parole célèbre, nous pouvons dire avec certitude : propageons la sobriété, et nous ferons de bonnes finances.

L'alcoolisme nous donne des générations malingres et déprimées, des adolescents tuberculeux, des jeunes femmes névrosées et des conscrits marqués pour la réforme.

C'est pour se préserver de cette dégénérescence, et pour se donner une vigueur nouvelle, que les races anglo-saxonnes et scandinaves combattent l'alcoolisme avec un redoublement d'ardeur.

Il faut reconnaître que, pour l'Allemagne au moins, ce n'est pas sans motif que cette lutte est engagée ; car notre voisine dépense en spiritueux 2 milliards 750 millions, soit par tête de 50 à 60 marks (le mark vaut 1 fr. 25) et, par famille, de 250 à 300 marks (1). Et, dans cette somme, ne sont pas comprises, les autres pertes qui sont dues à l'existence de l'alcoolisme lui-même.

Pour certaines régions de la France, les conseils de révision remarquent une diminution dans la taille des jeunes gens appelés au service militaire.

Ainsi, dans le département de l'Orne, les cantons où l'on boit le plus d'eau-de-vie sont aussi ceux où la taille est le plus abaissée ; c'est dans ce département que les conseils de révision réforment 57 0/0 du contingent annuel.

Les syndicats agricoles devraient se donner pour mission d'inspirer à tous leurs adhérents l'aversion des boissons alcooliques.

Il est regrettable de constater que l'augmentation des salaires, dans les campagnes, est le plus souvent la cause d'une augmentation d'alcoolisme, et que les laboureurs, notamment en Normandie, sont disposés à dépenser au cabaret les bénéfices imprévus qu'ils réalisent. C'est sous la forme de l'alcoolisme agraire que le fléau exerce de très sensibles ravages.

Ce vice est aussi l'un de principaux facteurs de l'anarchie, du désordre, et des grèves révolutionnaires.

Devant le spectacle des richesses et du luxe, l'ouvrier murmure et s'irrite contre les inégalités de la fortune. Des ambitieux viennent attiser ces colères et soufflent le feu de la révolte, sans faire la part des nécessités inéluctables que les utopistes ne pourront jamais supprimer. Il est bon d'adoucir les souffrances de la classe laborieuse ; mais pour que cette entreprise si légitime ait quelque chance de succès, pour que le sort des travailleurs soit utilement amélioré, il faut commencer par enrayer la marche de l'alcoolisme qui fait de l'ouvrier un mauvais producteur.

Lorsque par la grève, il arrive, malgré l'infériorité de son travail,

______

(1) Wilhelm Bode, *Kurze Geschichte der Trinksitten in Deutschland.* — Münich, 1896.

à se faire attribuer une augmentation de salaire, cet avantage factice ne sera qu'un leurre passager. Si ce relèvement n'a pas pour base et pour garantie un accroissement équivalent de bénéfices, il n'aboutira qu'à un désastre et enveloppera dans une commune ruine le capital et le travail, le patron et les ouvriers. La facilité des échanges et le développement illimité de l'industrie ayant déchaîné sur tous les marchés du globe une concurrence sans frein, des bénéfices ne sont assurés qu'à ceux dont l'intelligence et l'activité réalisent à la fois, dans la production, des progrès et des économies.

Or, avec des ouvriers alcooliques, l'industriel marche à une ruine inévitable. Il faut donc, avant tout, terrasser l'alcool, si l'on veut arriver à des transformations utiles. En vain on augmentera le salaire en allégeant le travail des ouvriers ; les débitants de boissons s'enrichiront seuls de cette réforme ; mais la famille, l'atelier, l'usine, resteront un foyer de désordre et de haine.

Un ministre belge, M. Lejeune, qui connaît bien les problèmes économiques, a dit avec grande raison :

« Les questions sociales dont la solution inquiète notre époque nous enveloppent ; vous ne réussirez pas à les résoudre avant d'avoir vaincu l'alcoolisme ; par lui, toutes les réformes sont vouées d'avance à la stérilité. »

B. — Hérédité.

L'alcoolique, qu'il soit ou non ivrogne, s'avilit moralement et physiquement : tout en déplorant le triste état où l'a réduit cette passion mauvaise, on peut dire qu'il subit le juste châtiment de ses excès ; mais la malheureuse victime d'une intoxication volontaire n'a pas le pouvoir de limiter à sa personne les effets du poison. Le virus se glisse dans les veines de ses descendants. Tout le hideux cortège de l'alcoolisme, faiblesse de constitution, rachitisme, idiotie, tuberculose, affaiblissement de l'intelligence et de la mémoire, est transmis à la progéniture du buveur, et les enfants portent la peine des fautes de leur père. Terrible punition qui devrait faire réfléchir les intempérants !

L'alcoolique tombe à la charge de la société et laisse des enfants scrofuleux qui vont peupler les hôpitaux ; car les maladies trouvent chez ces pauvres êtres un terrain de culture fécond et comme ensemencé par le venin. Cette génération abâtardie donnera naissance à une génération plus viciée encore, jusqu'au jour où la nature refusera de transmettre la vie à ceux qui ont paralysé ses forces.

Et non seulement la postérité de l'alcoolique charrie dans son sang le germe de toutes ces maladies, mais elle hérite du fatal penchant qui l'a perdu lui-même.

En effet, le buveur devenu alcoolique acquiert une seconde nature ; il est transformé, ou plutôt déformé. Cette nature nouvelle se transmet à ses enfants des deux sexes, et leur inocule d'emblée l'instinct spécial de l'ivrognerie.

Le célèbre Goll vit, dans une famille russe, le père et le grand-père devenir de bonne heure victimes de leur passion pour l'ivresse, et le petit-fils manifester dès l'âge de cinq ans un goût extraordinaire pour les liqueurs fortes. Sans doute, la mère vigilante, qui se rappelle les jours de larmes et de violences soufffertes, ne négligera rien pour épargner à ses enfants l'opprobre de l'alcoolisme. Au souvenir et à l'exemple d'un père indigne, elle saura opposer de sages leçons. Ce sera le salut moral pour ces pauvres petits êtres ; mais leur santé restera toujours menacée.

Un jour, au collège, sur les bancs de l'étude ou dans la cour de récréation, on voit un écolier pâlir, perdre connaissance, s'affaisser pendant que sa bouche est frangée d'écume... C'est l'épilepsie qui apparaît foudroyante.

On appelle la mère qui accourt en toute hâte ; elle regarde son fils et retrouve l'attaque qui terrassait le père. A partir de ce jour la malheureuse, torturée par des angoisses continuelles, ne connaîtra plus le repos.

L'hérédité alcoolique est donc une des plus terribles conséquences du fléau que nous combattons.

Le plus souvent les enfants d'alcooliques naissent souffreteux et chétifs ; leur teint est pâle, leur peau est ridée ; ils ont l'air de petits vieux et ils contractent des maladies avec la plus grande facilité. Ce sont des clients pour les convulsions et toutes les maladies du jeune âge. La mortalité de ces pauvres êtres est effrayante.

Une autre conséquence de l'hérédité alcoolique c'est la malformation des organes chez les descendants ; les lésions consistent dans un arrêt de développement de certaines parties vitales, notamment des *hémisphères cérébraux.* Tantôt un seul de ces hémisphères est atteint, et la déformation n'existe que d'un seul côté, tantôt elle est générale et se manifeste par la *microcéphalie.* Le résultat des altérations du cerveau est l'épilepsie, qui, *trois* fois sur *quatre* cas, est due à l'intempérance des parents.

Dès la plus haute antiquité, les auteurs signalaient le danger de l'ivrognerie au point de vue de la race. « *Ebrii gignunt ebrios* », écrivait Plutarque, et le vieil Amyot lui faisait dire, dans sa langue pittoresque : « L'ivrogne n'engendre jamais rien qui vaille ».— « A père ivrogne, fils idiot » : ainsi s'exprime un vieux diction populaire.

Hippocrate mentionnait les funestes effets de l'ivresse sur les produits de la conception (1).

Ruer a fait la statistique de la Westphalie; il a signalé la très grande fréquence de l'idiotie chez les enfants des ouvriers mineurs. Or, il faut dire que ces hommes vivent éloignés de leurs femmes pendant la semaine entière, et qu'ils n'ont généralement de rapports avec elles que le dimanche, jour consacré par eux aux excès de boissons. « On a trouvé en Amérique, dit M. Dumesnil, que les enfants issus de parents ivrognes sont dix fois plus que d'autres exposés au crime, à l'emprisonnement et à l'échafaud ; tristes conséquences de la misère, de l'entraînement, de l'exemple, de l'abandon, de la naissance même. »

L'individu qui hérite de l'alcoolisme est en général marqué du sceau d'une dégénérescence qui se manifeste tout particulièrement par des troubles des fonctions nerveuses. Sa physionomie est hébétée, son regard sans expression ou stupide. Une susceptibilité ou une mobilité nerveuse plus ou moins accentuée, un état névropathique voisin de l'hystérie, des convulsions épileptiformes, des idées tristes, de la mélancolie ou de l'hypocondrie, tels sont ses attributs. La tendance à l'immoralité, à la dépravation, au cynisme, tel est en somme le triste héritage que laissent à leurs descendants un nombre malheureusement trop grand d'individus adonnés aux boissons alcooliques.

Une statistique fournie par le docteur Lonnet, pour la Bretagne, prouve l'influence du fléau sur la maternité. Ce praticien a observé que sur 107 jeunes femmes mortes avant 20 ans des suites de l'alcoolisme, 8 ont été stériles. Des 99 autres, il ne reste comme postérité que 6 enfants maladifs et estropiés. Et la contrepartie est vraiment remarquable, car ces mêmes femmes avaient eu 28 enfants avant de s'adonner à des excès alcooliques. Ces enfants sont très vigoureux et montrent ce qu'eussent été les autres si les parents ne s'étaient pas livrés à la boisson.

Ajoutons que l'allaitement amène souvent pour les enfants l'alcoolisme *indirect*. L'alcool ingéré passe dans le lait de la nourrice un quart d'heure après l'absorption, trois quarts d'heure au maximum.

On entend encore soutenir qu'il faut donner aux nourrices le vin et la bière à discrétion, pour que le lait soit plus abondant et plus tonique. Parce que le Béarnais a bu à sa naissance une goutte de

(1) 2. 8, p. 501. Traduction de Littré.

vin de Jurançon, il semble que les nouveau-nés doivent être abreuvés du produit de nos vignobles ! Or, la pratique médicale démontre que des enfants atteints de dartres, de convulsions, de vomissements, ont repris leur santé normale aussitôt que leur nourrice a été soumise à un régime antialcoolique.

Que les femmes ayant la charge d'un nourrisson ne prennent donc jamais de boissons spiritueuses sous prétexte de se donner des forces.

Les classes élevées n'étant pas à l'abri de la tentation, l'alcoolisme infantile tend à se généraliser.

C'est une plaie dont il importe d'arrêter l'extension.

Interrogeons les statistiques et nous serons frappés des ravages que l'alcoolisme exerce sur la race.

« Un interne de la Salpêtrière étudie quatre-vingt-trois enfants idiots ou épileptiques ; soixante étaient fils d'alcooliques. Le docteur anglais Kerr recueille, dans sa clientèle, cette observation : un homme bien portant, sobre, avait eu successivement deux enfants, un fils et une fille, bien portants aussi tous deux. Le père tombe ensuite dans l'ivrognerie ; il a encore quatre enfants : le premier est faible d'esprit, les trois autres idiots... Douze ménages d'intempérants, étudiés aux États-Unis, ont donné le jour à cinquante-sept enfants : vingt-cinq sont morts dès la première semaine, six sont idiots, cinq mal conformés, cinq épileptiques, cinq malades, deux alcooliques ; neuf seulement, soit un sixième, échappent à la malédiction. »

Le docteur Legrain a suivi la descendance de quelques familles de buveurs pendant deux et même trois générations. A la première génération, il a fait des observations sur deux cent-quinze familles comptant cinq cent-huit individus malades. Il a trouvé cent soixante-huit *dégénérés*, se subdivisant comme suit :

63 déséquilibrés, névropathes, etc. ;

88 faibles d'esprit ;

32 cas de folie morale ;

13 cas d'impulsions dangereuses : instinct de rébellion, d'agression, de meurtre.

Au point de vue physique, un grand nombre de ces dégénérés sont atteints de déformations crâniennes, de strabisme, de blésité, de surdité, de surdi-mutité, de tuberculose, etc. Sur les deux cent-quinze familles observées, Legrain a pu noter cinquante-deux cas où il y avait des épileptiques, seize des hystériques et cinq des individus atteints de méningite. Un autre fait capital, c'est le nombre des ivrognes, des fous et des tuberculeux. Dans cent-huit familles sur deux cent-quinze, la tendance à l'*ivrognerie* a été bien constatée ; la folie dans cent-six, et la tuberculose dans trente-deux.

En résumé, à la première génération, les fils de buveurs sont *dégénérés, épileptiques, ivrognes, fous, tuberculeux*, dans une forte proportion.

Le docteur Legrain a pu poursuivre ses études sur la deuxième génération de quatre-vingt-seize de ces familles, représentant deux cent quatre-vingt-quatorze personnes atteintes par le mal.

Les *états dégénératifs* tiennent encore le premier rang : *il n'y a presque pas de famille qui ne compte des aliénés ;* les imbéciles et les idiots proprement dits sont beaucoup plus nombreux qu'à la première génération. Le taux de la moralité a également baissé, dans vingt-trois familles : sur quatre-vingt-seize, il y a des membres affligés de *folie morale* ayant apparu dès le jeune âge ; la *dégénérescence physique* est très prononcée et la mortinatalité, ainsi que la mortalité précoce, est extrêmement fréquente. Dans quarante-deux familles les enfants ont été atteints de convulsions ; dans quarante, c'est-à-dire dans près de la *moitié*, l'épilepsie s'est manifestée, tandis qu'à la première génération elle atteignait à peine *un quart* ; dans soixante-trois, les prédispositions à l'ivrognerie étaient très marquées ; l'observateur a compté quatorze cas de méningite sur quatre-vingt-seize familles, contre cinq sur deux cent-quinze à la première génération ; enfin, vingt-trois cas d'aliénation, onze de paralysie générale et neuf de suicides.

A la troisième génération, les observations n'ont pu porter que sur sept familles ayant un total de dix-sept enfants. *Tous ces enfants, sans exception, sont plus ou moins marqués de la tare héréditaire.*

Tous sont arriérés, faibles d'esprit ; quelques-uns sont complètement imbéciles ou idiots :

2 (l'un de quatre et l'autre de onze ans) sont atteints de folie morale : instincts du vol, de mensonge, de l'ivrognerie, des passions bestiales, etc. ;

2 sont hystériques ;

2 épileptiques ;

4 ont des convulsions ;

1 a eu une méningite ;

3 sont scrofuleux.

Sur ces 215 familles de buveurs, nous trouvons, au total :

427 alcooliques	50 0/0
Dégénérés	60 0/0
Fous moraux, criminels	14 0/0
Enfants atteints de convulsions	22 0/0
Épileptiques	27 0/0
Aliénés	10 0/0

Ainsi l'alcoolisme éternise son mal en faisant souche de buveurs, d'idiots, de malades et de non-valeurs de toute espèce.

Mais jetons un coup d'œil sur les victimes héréditaires qui, fort heureusement, ne vivent pas. Nous trouvons, sur 814 descendants :

Mort-nés	16
Nés avant terme.	37
Morts prématurément	121
	174

Soit 1/5 environ.

Par ces études, le docteur Legrain a prouvé l'*influence néfaste de l'hérédité alcoolique*.

Nous ne saurions nous étonner maintenant du nombre croissant des criminels à peine sortis de l'enfance, intelligences déprimées par l'abus des alcools, souvent affectées d'une tare originelle, mal armées pour combattre leurs détestables penchants.

Le père de famille est justement comparé au tronc d'un arbre dont la sève produit une abondante frondaison. Les enfants et les petits-enfants en sont les rameaux et les fruits. Chez l'alcoolique il en est tout autrement. L'arbre est altéré dans sa moelle, et la postérité du buveur, semblable à des branches desséchées et à des feuilles mortes, dégénère, tombe dans le marasme et ne tarde pas à périr.

C. — Dépopulation.

L'alcoolisme diminue la natalité et doit être rangé parmi les causes les plus directes de la dépopulation qui menace la France de descendre au rang d'une puissance de troisième ordre.

Le rapport sur le mouvement de la population de la France en 1904, adressé par la Direction de la statistique au ministère du commerce (*Officiel* du 16 novembre 1905) le prouve une fois de plus, le nombre des naissances baisse sans discontinuer dans notre pays. « En 1904, l'accroissement proportionnel de la population calculé en rapportant l'excédent des naissances au chiffre de la population légale est de 0,15 0/0, taux inférieur à ceux de 1903, 0, 19 0/0 ; de 1902, 0, 22 0/0 et de 1901, 0, 19 0/0. » La balance des naissances et des décès s'est soldée en 1894 par un excédent de 57.028 naissances, inférieur d'un quart à celui de 1903, 73.100. La diminution du nombre des naissances est donc un fait constant et a pu être observée dans cinquante-six départements.

Pour apprécier à quel point ces chiffres sont navrants, il suffit de les comparer aux statistiques de l'étranger.

L'Angleterre a enregistré en 1903 plus d'un million de naissances

(1.183.601) et a grandi par l'excédent des naissances sur les décès de 815.042 habitants, soit un chiffre dix fois plus fort que le nôtre. L'Autriche-Hongrie à peu près d'autant : 514.442.

L'Allemagne enfin avec deux millions de naissances (1.983.078) et un million de décès (1.170.905) s'est augmentée de 812.103 habitants. En deux ans, ce pays s'accroît pacifiquement d'une population égale à celle de l'Alsace-Lorraine.

En 1850, la population de la France et celle de l'Allemagne étaient à peu près égales : 35 millions environ pour chacun de ces deux pays. Aujourd'hui, l'Empire d'Allemagne compte 60 millions de sujets ; la France n'a encore que 39 millions de citoyens ! C'est qu'en Allemagne la fécondité des mariages est à peu près le double de celle des unions françaises. Tandis qu'en France on ne compte pas en moyenne trois naissances par couple, en Allemagne, chaque mariage produit plus de quatre enfants, presque cinq (exactement 4,4). « Dans vingt ans, dit Rommel, les trois robustes garçons de la famille allemande attaqueront le fils de la famille française et ils en viendront facilement à bout. » Puisse cette prédiction demeurer un mauvais rêve, mais ce n'est pas en nous admirant mutuellement, que nous servirons le mieux notre Patrie. C'est en apprenant à connaître le danger et en étudiant les moyens de l'éviter.

Disons-le sans hésiter, notre infériorité vient de la guerre déclarée au Christianisme qui est au contraire honoré chez nos voisins.

Les projets des commissions seront impuissants à guérir une plaie qui ravage de plus en plus notre état social.

Il n'y a qu'un remède efficace. C'est l'observation des lois du Décalogue. Nous reconnaissons bien que la dépopulation tient à d'autres causes que l'usage des spiritueux, et que le malthusianisme, si répandu même dans les campagnes, en est un important facteur ; mais de ce que l'alcoolisme n'est pas le seul coupable, ce n'est pas une raison pour lui décerner, sous ce rapport, un bill d'indemnité.

Si l'on considère par exemple la Normandie, où s'est introduite la funeste habitude de mêler l'alcool à l'alimentation des enfants, on peut dire que c'est là une des principales sources de la dépopulation dans cette riche province. La Manche, depuis un quart de siècle, a perdu 75.000 habitants.

Il est prouvé que le nombre des naissances diminue rapidement dans les familles qui comptent plusieurs générations d'alcooliques. Les géographes ont observé que de nombreuses peuplades d'Afrique sont en train de disparaître, empoisonnées par les alcools de tout genre qu'on leur livre (1). Ce fait est une expérience qui montre avec quelle rapidité un peuple entier est tué par l'alcool.

(1) Sérieux et Mathieu, p. 101.

Des statistiques que nous avons citées plus haut il résulte que, parmi les familles d'alcooliques, plus d'un cinquième ont disparu avant de vivre ou de dépasser l'âge de l'enfance. Vainement nous objectera-t-on que les alcooliques ont des enfants, et même en assez grand nombre ; mais qu'importe s'ils ne sont pas viables ?

Quand on médite sur ces tristes constatations, on se demande comment de malheureux égarés peuvent sacrifier l'avenir de leur Patrie pour une grossière jouissance.

D. — Folie.

Nous avons signalé plus haut, parmi les plus funestes effets de l'alcoolisme, l'altération des facultés mentales chez ceux qui abusent des spiritueux. On ne saurait trop insister sur cette conséquence terrible du fléau, en se plaçant au point de vue social.

Rappelons d'abord que les alcooliques sont en proie à des hallucinations terrifiantes. Presque tous se croient en butte aux persécutions d'ennemis imaginaires.

Tantôt ce sont des hommes armés de piques que le malheureux aliéné redoute ; il entend des cris de mort qu'on profère contre lui ; il est suivi par des ennemis qui l'insultent.

Bien souvent l'alcoolique est atteint par la folie des grandeurs ; il se croit roi, empereur ou Dieu ; ou bien il a l'idée fixe de l'homicide et veut tuer quelqu'un.

Souvent ces malades, soumis à l'asile à un régime d'où l'alcool est exclu, se guérissent assez rapidement. Mais leur volonté est diminuée par l'action de l'alcool. Ils se laissent aller à la première tentation, retombent dans leur funeste habitude, et reviennent à l'asile.

Il est donc indéniable que l'abus des boissons spiritueuses est une cause directe de perturbations cérébrales ; et les désordres qui se rattachent à la sphère intellectuelle sont nombreux et de nature diverse.

Mais néanmoins, malgré leur grande variété, ces troubles, lorsqu'on vient à les comparer entre eux, peuvent être rapportés à certains types et rentrer dans quelques-unes des formes morbides connues, la manie, la lypémanie, l'imbécillité et la démence.

L'alcoolique est bientôt réduit à cet état auquel l'expression populaire d'*abrutissement* convient mieux que toutes les dénominations scientifiques ; la tristesse, la stupidité, sont peintes sur la physionomie du malheureux malade ; chez lui les conceptions sont lentes, les idées difficiles, la conversation traînante, incertaine, ou souvent monosyllabique. Irritable, querelleur, bientôt impatient, il frappe sans le vouloir, et pourtant il a encore conscience de son infériorité, il se rend en partie compte des choses qui l'entourent ; sa mémoire et son attention ne sont pas notablement altérées, il conserve encore des désirs et des sympathies. Il reste obtus sans devenir indifférent. Cependant son peu d'énergie disparaît bientôt ; il tombe dans un état de profonde hébétude.

On a vu, à propos de l'hérédité alcoolique, combien étaient fréquents les cas de *folie morale* : perte de tout sentiment, aberration de la conscience, impulsions quasi-irrésistibles vers le mensonge, le vol, le meurtre, le suicide, le vagabondage, la perversion des mœurs, et cela dès le jeune âge.

Ce sont surtout les buveurs d'absinthe qui sont prédisposés à la folie. Chez eux le délire furieux débute souvent par un coup de foudre ; leurs convulsions épileptiques dégénèrent très rapidement en troubles cérébraux qui détruisent le sens moral et l'intelligence.

Les poètes et les peintres nous ont souvent représenté, sous la forme d'une sirène, cette « fée verte » qui offre au malheureux halluciné le suc vénéneux de la plante cueillie pour sa mort. « Viens, lui dit-elle, je te donnerai des langueurs délicieuses en échange de tes forces, de ton libre arbitre, des ardeurs éteintes de ta jeunesse ! »

Un brillant officier d'Afrique en était arrivé, par l'abus de l'absinthe, à une dégradation invraisemblable. Ne pouvant plus parler, réduit à émettre quelques sons rauques en murmurant des mots incompréhensibles, il marchait à quatre pattes pour aller chercher sa nourriture, et, dans une écuelle qu'il voulait placée sur le sol, allait laper sa soupe comme un chien poussant des grognements sourds. Et cet homme de 28 ans, qui avait tenu l'épée, était descendu au-dessous de la brute !

Le peuple connaît bien l'effet de l'absinthe sur le cerveau ; il appelle ce breuvage fatal « une grande vitesse pour Charenton ».

Le 27 juin 1861, un rapporteur du Sénat se déclarait déjà « effrayé des progrès de la consommation de l'absinthe, dont l'abus a pour résultat d'altérer la santé publique et de peupler nos maisons d'aliénés ».

Au commencement du siècle dernier, la proportion des alcooliques dans les maisons d'aliénés était de 20 0/0 environ ; en 1862, d'après M. Contesse, elle s'élevait à 23, 24 0/0.

En 1840, les départements n'entretenaient que 11.800 aliénés. Il existe en France à l'heure actuelle, 80.000 aliénés reconnus et traités dans les asiles.

Sur ce nombre, un quart, c'est-à-dire 20.000 environ, ont dû leur folie soit directement, soit indirectement, à l'influence de l'alcool.

Dans la seconde moitié du xixe siècle, le chiffre des aliénés s'est constamment accru, et partout la courbe de l'aliénation mentale est parallèle à celle de l'alcoolisme. D'où il suit qu'il faut attribuer l'accroissement du nombre des fous à l'usage de plus en plus généralisé que l'on fait des boissons alcooliques (1). Dans la Seine, le tiers de la population qui devient folle le devient parce qu'elle a bu. En Normandie, on a compté, en 1894, jusqu'à 40 0/0 d'aliénés séquestrés pour cause d'alcoolisme. Dans certains départements où le fléau fait des ravages peu sensibles, le mouvement de l'aliénation n'a presque pas changé (augmentation d'un quart seulement en 20 ans dans la Charente-Inférieure).

Pour son propre compte, la Seine entretenait, fin 1894, 12.000 aliénés.

Dans la province d'Alger, où la population arabe est de 1.238.000 et la population française seulement de 113.000, la moyenne des Arabes devenus fous est de *deux* contre *quatorze* Français (2).

Nous savons que la folie se produit souvent chez des enfants d'alcooliques, eux-mêmes buveurs très précoces. Les admissions de 15 à 25 *ans* représentent à Marseille le *quart* du contingent annuel des asiles.

Ces observations sont confirmées par les études minutieuses de la commission sénatoriale chargée de faire un rapport sur la consommation de l'alcool en France. « Ce qui ressort d'une façon très nette de ces recherches, dit le rapporteur, c'est la marche ascendante de l'aliénation alcoolique, pendant les vingt-cinq dernières années. Au début de cette période, la proportion des malades hospitalisés dont l'affection venait de l'alcoolisme était de 8 à 9 0/0 entrées ; elle a atteint 16 0/0 depuis. Mais ces chiffres ne sont que des moyennes d'ensemble. Si nous considérons en particulier les proportions afférentes à chacun des quarante-six asiles sur lesquels ont porté nos recherches, nous distinguerons immédiatement des asiles qui accusent une beaucoup plus forte proportion d'alcooliques, tandis que d'autres présentent une proportion très faible ; et les plus forts contingents alcooliques se trouvent précisément dans les départements où la consommation de l'alcool est la plus intense » (2). Ainsi, tandis que dans la Seine-Inférieure, le Calvados, l'Orne, départements français qui consomment le plus d'alcool, on compte jusqu'à 40 0/0 d'aliénés séquestrés par suite d'alcoolisme, on en compte à peine 1,01 dans les Basses-Pyrénées, 4,09 dans la Haute-Garonne,

(1) Dr Legrain, *Des rapports de l'aliénation mentale et de l'alcoolisme. Chiffres statistiques.* (Congrès de Bâle, 1895.)
(2) Dr Bouley.

4,35 dans la Lozère, départements où la consommation alcoolique est très faible (2).

« Quant à la conclusion générale qui se dégage de mes observations particulières, dit le docteur Brouardel, elle se résume en ceci : depuis 1830, le nombre des aliénés criminels, des fous, des suicidés, est en croissance parallèle avec la consommation de l'alcool. »

En évaluant à 1 franc, en moyenne, l'entretien de chacun des 10,000 aliénés séquestrés dans les asiles départementaux, on établit que l'alcoolisme coûte déjà, pour la province, 7,300,000 francs, et pour la Seine seule, un minimum de 2 millions ; près de dix millions au total.

Nous avons dit que la marche de l'aliénation mentale suit l'accroissement de la production de l'alcool. Voici, quelques chiffres à l'appui de cette observation. En 1865, alors que cette production n'était évaluée qu'à 873,007 hectolitres, on ne comptait que 13,083 aliénés ; dix ans après, la production alcoolique avait dépassé le million d'hectolitres, et le nombre des fous atteignait le total de 21,062. En 1885, on trouvait d'un côté 1,444,342 hectolitres d'alcool et, de l'autre côté, 51,207 individus frappés de folie. Enfin, en 1892, le chiffre des aliénés se monte à 58,783, tandis que celui des hectolitres d'alcool arrive à 1,735,367.

L'abus de l'alcool a donc sa très grande part dans le progressif envahissement de l'aliénation mentale.

Au témoignage du professeur Raymond, sur 2,000 malades qui se sont présentés en une année à la consultation de la Salpêtrière pour maladies nerveuses, 70 0/0, hommes et femmes, étaient alcooliques.

Pour toute la France, de 1866 à 1875, il y avait en moyenne 713 fous alcooliques par an ; en 1893 il y en a eu 3.386. Or la consommation d'alcool, qui était de 2 litres 63 par habitant et par an, s'est élevée à 4 litres 32. La consommation d'alcool ayant *doublé*, le nombre des fous a plus que *quadruplé*.

D'une manière générale, le nombre des aliénés-hommes est sensiblement égal à celui des aliénées-femmes. Cependant ces dernières donnent une proportion d'alcooliques *cinq fois plus faible* que celle que l'on rencontre chez le sexe masculin, où l'abus des spiritueux est beaucoup plus fréquent.

(1) Claude (des Vosges), *Rapport*, p. 250.
(2) Claude (des Vosges), *Rapport*, consulter tableaux, pp. 244 et 249.

E. — Suicides.

La fréquence des suicides est une calamité dont l'alcool est certai·
nement responsable pour une large part. L'homme, même dégradé,
n'a pas le droit d'attenter à sa vie et de déserter les luttes de l'existence ; il doit rester à son poste pour essayer de se relever dans la
mesure du possible. Nous avons donc le droit de reprocher à l'alcoolisme cette impulsion détestable qu'il excite, sans considérer le faible
avantage que peut retirer le corps social de la disparition de quelques membres indignes.

On peut dire que le sixième des suicides relève de l'alcoolisme.

Vers 1840, on comptait un suicide pour 13.000 habitants ; aujour-
d'hui il y en a un pour 4.400, environ 22 pour 100.000.

Quant aux suicides d'enfants de dix à quinze ans, dont la cause
est le plus souvent l'hérédité alcoolique, le nombre en augmente
tous les jours.

Voici la statistique des suicides en moyenne et suivant les périodes :

On en a compté :

En 1865,   4 661, dont   430 *certainement* dus à l'alcoolisme.
 — 1870,   4 680,   —   616
 — 1875,   5 276,   —   564
 — 1880,   6 259,   —   788
 — 1885,   7 981,   —   868
 — 1891,   8 884,   —   954
 — 1893,   9 008,   — 1 053

Dans les départements du Nord, où l'alcoolisme fait des progrès
extraordinaires, le nombre des suicides a *sextuplé* de 1874 à 1888, il
est allé de 137 à 808 par an !

Ainsi la proportion des suicides manifestement dus aux excès de
boissons est, comme pour la folie, d'autant plus forte que la consommation en spiritueux est plus considérable.

Le Royaume-Uni et la Norvège sont les pays de l'Europe où les
suicides sont le moins fréquents, l'Espagne et l'Italie mises à part.

En ce qui concerne les suicides classés d'après le sexe, on trouve
une proportion de 85 0/0 chez les hommes et de 15 0/0 seulement
chez les femmes. Sur 100 suicides d'hommes, 36 sont dus aux excès
de boissons, tandis que sur 100 suicides de femmes, à peine 3 sont
imputables à l'alcoolisme.

Le Danemark, la Saxe et la Suisse sont les pays qui présentent la
plus forte proportion de suicides. Les cantons de Neufchâtel et Vaud
en particulier ont une proportion qui dépasse même 40 pour 100.000

habitants. Dans le premier canton, on fabrique et on consomme beaucoup d'absinthe, dans le deuxième, on cultive la vigne et on boit surtout du vin blanc.

Il faut remarquer que les hommes offrent une proportion de suicides *sept* à *huit* fois plus considérable que les femmes.

Le nombre des suicides accomplis par l'absorption de liqueurs fortes a également augmenté. Il était de 10 en 1873; il s'est élevé à 72 en 1892.

On pourrait citer mille exemples de désespérés qui se donnent la mort par l'alcool, sans compter ceux qui, en exécutant des paris stupides tombent frappés d'une mort ignominieuse après avoir absorbé d'énormes quantités de spiritueux.

F. — Criminalité.

L'alcool développe chez l'homme la violence et la méchanceté ; il oblitère tout ce qui lui reste de sens moral, il le conduit, par une force impulsive, aux actes les plus redoutables et les plus immoraux.

C'est là une conséquence fatale d'un vice qui obscurcit la raison, en voilant l'intelligence et en énervant la volonté.

Aussi l'alcoolisme, dans sa marche ascendante, suit parallèlement l'augmentation du nombre des crimes et des délits.

En France, la criminalité a doublé depuis trente ans, et les crimes, dont le nombre s'accroît de jour en jour, sont précisément ceux qu'engendre l'alcool : les meurtres, les attentats aux mœurs et les incendies.

M. Marambat, greffier d'une des plus importantes prisons de Paris, Sainte-Pélagie, a eu l'idée de rechercher combien de ses 2 950 pensionnaires étaient signalés par les renseignements de police comme « s'adonnant à l'ivrognerie ». Il en a trouvé 2.124, ou près des trois quarts (72 0/0).

Les départements où l'on constate la plus forte consommation alcoolique sont les mêmes qui figurent au premier rang de la criminalité. Si l'on excepte les départements qui, par l'importance de leur population flottante, sont exposés à des poursuites et à des condamnations plus nombreuses, comme la Seine, le Rhône, les Bouches-du-Rhône, le Nord, — on voit que la criminalité se mesure exactement sur l'alcoolisme. Les trois départements de Normandie qui sont les plus grands consommateurs d'alcool, la Seine-Inférieure, le Calvados et l'Eure, comptent près de 80 condamnés pour 1.000 habitants. Les trois départements qui ressortissent de la cour d'appel d'Orléans, l'Indre-et-Loire, le Loir-et-Cher, le Loiret, et dont la consommation al-

coolique se rapproche de la moyenne, ont un peu moins de 50 condamnés pour 1.000 habitants. Les trois départements du ressort de
Limoges, Creuse, Corrèze et Haute-Vienne, où l'alcool rencontre le
moins de faveur, sont aussi les moins criminels, et n'offrent que 35
condamnés sur 1.000 habitants.

A la suite des prédications enflammées de l'apôtre de la tempérance,
la ville de Dublin en Irlande supprime une prison faute de pensionnaires ; 237 débits de boissons ferment leurs portes faute de consommateurs. En même temps le chiffre des délits graves tombe de 64.000
à 47.000 ; au lieu de 59 exécutions capitales il n'y en a qu'une seule.

En Écosse, la loi ordonne aux débits de fermer le dimanche : aussitôt le nombre des condamnés détenus à la prison d'Édimbourg diminue de moitié : à Glascow, il fléchit de 80 0/0. Il en est de
même en Norvège.

Ces faits prouvent jusqu'à l'évidence que l'alcool pousse au vol et
au crime.

C'est l'alcool qui peuple les prisons et qui est le grand pourvoyeur
de l'échafaud.

Sur 100 détenus pour assassinat, il y a 53 alcooliques.

—	incendie,	—	57	—
—	vagabondage,	—	70	—
—	coups et blessures,	—	90	—

Soit une moyenne des deux tiers.

(323 sur 500 condamnés) (1).

M. Serré, ayant étudié 1.500 cas de folie alcoolique [dont 1.200 chez
les hommes et 300 chez les femmes], a évalué à 40 0/0 en moyenne
le nombre des actes dangereux commis pendant ces accès [les attentats contre les personnes ont été les plus nombreux].

Voici un fait qui paraît de nature à démontrer avec évidence la part
active de l'alcool dans la progression des délits.

Le département des Côtes-du-Nord est séparé en deux régions
distinctes. Dans l'une de ces régions on parle le français, et le pommier y est abondamment cultivé. Le cidre est la boisson du pays.
Il faut noter que la proportion de l'alcool dans le cidre est faible
(7 0/0) ; on boit avec excès, mais l'ivresse produite par le cidre est
plutôt abrutissante, et, à part quelques rixes qui conduisent leurs
auteurs en correctionnelle, l'intervention des gendarmes est rare.

Dans l'autre région, la langue bretonne est seule employée. Le
pommier est très rare, on boit de l'eau, mais on boit aussi le gwin,
— c'est-à-dire l'eau-de-vie. Or c'est dans cette région que les crimes

(1) Docteur Legrain.

contre les personnes sont beaucoup les plus nombreux et les plus graves.

« Depuis cinquante-cinq ans, la criminalité enfantine a presque triplé, comme la consommation alcoolique : il y avait 13,418 enfants criminels en 1841 ; en 1896, il y en a eu 36,036.

« Au mois de janvier 1897, un assassin de treize ans disait, pour s'excuser d'avoir tué son camarade : « J'étais ivre ».

« En Allemagne, où l'attention des statisticiens s'est portée plus spécialement sur l'influence de l'alcool, on a eu l'idée de classer, en 1895, selon les différents jours de la semaine où ils avaient été commis et en tenant compte de cette influence, les délits pour lesquels avaient été condamnés les détenus de la prison de Düsseldorf-Derendorf. Sous l'action de l'alcool, 5 crimes avaient été commis le jeudi, 11 le vendredi, 12 le mercredi, 13 le mardi, 33 le samedi, 51 le lundi et 132 le dimanche. Preuve sans réplique de l'influence de l'alcoolisme dans l'effrayante progression du nombre des crimes en France aussi bien qu'en Allemagne » (1).

Presque tous les enfants martyrisés par des parents cruels sont des victimes indirectes de l'alcoolisme,

Aussi, au VIe Congrès international contre l'abus des boissons tenu à Bruxelles en 1897, M. le docteur Mottet, membre de l'Académie de médecine, président de la Ligue nationale de Paris, après avoir démontré les effets désastreux de l'alcoolisme, rappelait ces paroles de M. Lejeune, ministre d'État en Belgique, et président du Congrès : « Chaque heure de retard vient ajouter de nouvelles victimes par milliers à la multitude des victimes du fléau : familles déshonorées et ruinées, femmes dont la vie est un martyre, enfants maltraités, enfants que la contagion du vice dégrade, enfants que la tare alcoolique destine à la débauche, au crime, à la démence. »

La France dépense par an une moyenne de 9 millions pour la répression des crimes engendrés par l'alcool, crimes dont le nombre augmente chaque année, tandis que l'on constate en Norvège, parallèlement à la diminution de la consommation de l'alcool, un abaissement : 1° dans la criminalité (180 condamnés au lieu de 250 par 100.000 hab.) et 2° dans les frais d'assistance publique (33 assistés au lieu de 40).

Voici l'alcoolique dont les cheveux se hérissent sous l'action d'un terrible accès de colère. Ses yeux s'injectent de sang, sa bouche vomit l'écume, c'est l'absinthe qui a fait son œuvre. Un jour il entend des voix lui crier : allons, misérable lâche, égorge ta femme, elle ne

(1) Prosper Lajoie, *L'alcoolisme et la statistique.*

t'aime pas : tu pourras te tuer ensuite ! Et le criminel tire sur sa femme cinq coups de revolver, et il tranche le cou à ses deux enfants endormis dans leur berceau ! (1)

L'absinthique obéit à une impulsion soudaine, souvent irrésistible, inconsciente, automatique, et, sous l'influence d'hallucinations terrifiantes, il tue le premier homme que ses interprétations délirantes lui montrent comme l'agresseur (2). Quand l'alcoolique ne va pas jusqu'au meurtre, il devient facilement malhonnête pour satisfaire sa passion ; il se familiarise avec l'idée du vol, et s'il passe quelques mois en prison, son premier mouvement, à l'expiration de sa peine, est de courir au cabaret, où l'ivresse le mettra, souvent dans la même journée, en état de récidive.

Chaque matin les journaux consacrent une colonne aux méfaits de l'alcoolisme. Il faudrait des volumes pour retracer ces tristes faits divers. Nous en citerons au hasard quelques-uns.

A Chalon-sur-Saône, en 1903, un jeune alcoolique de dix-neuf ans a massacré trois personnes à coups de hache, sans aucun autre mobile que la fureur sauvage de l'ivresse.

« Il était redouté dans le pays », disent les journaux. — Et on le laissait librement circuler !

Il faut un épouvantable attentat pour appeler l'attention sur celui qui doit infailliblement le commettre, et pour s'assurer de sa personne. Tout alcoolique étant un criminel probable, il semblerait naturel de le soumettre au moins à une surveillance très active. Il n'en est rien. Les débitants lui vendent à boire, malgré la loi contre l'ivresse, et l'on s'assure de sa personne quand il a fait des victimes.

Il serait aussi logique de laisser librement errer les chiens hydrophobes, sous prétexte qu'à l'Institut Pasteur on guérira ceux qu'ils auront mordus.

Le 5 avril 1904, à Anvers, un ouvrier ivre entra dans un cabaret : sans aucune provocation, il sortit un couteau et frappa à tort et à travers. Un jeune homme de dix-huit ans, atteint au cœur, tomba raide mort. Sept autres personnes furent blessées.

Voici l'effrayant récit que rapportent les journaux de Paris du 14 juin 1904.

Un drame terrible, ayant pour cause l'alcoolisme, vient de se dérouler dans le quartier Montparnasse. Un père de famille, dans un accès subit de folie, a tenté de tuer sa femme et a assommé le plus jeune de ses enfants, âgé de deux mois.

(1) Dr Laborde, *L'Alcoolisme*, p. 72.
(2) *Ibid*.

Mme S.., qui n'avait été que légèrement blessée, remonta courageusement chez elle ; mais, au moment où elle pénétrait dans la chambre à coucher, un affreux tableau s'offrit à ses yeux : son mari, dont la fureur alcoolique s'était accentuée, tenait par un pied le petit C... et le faisait tourner en l'air ; la tête du pauvre bébé heurtait à chaque instant un meuble. Aux genoux du fou la petite A... se traînait suppliante :

— Papa, ne fais pas de mal à C.., il ne criera plus, je le câlinerai encore davantage ; va, papa laisse mon petit frère !

Plus l'enfant suppliait, plus le dément semblait s'irriter.

En présence de cet épouvantable spectacle, Mme S... poussa des cris qui furent entendus par les voisins.

Il fallut engager une lutte terrible avec le forcené pour le maintenir en attendant l'arrivée des agents.

Conduit au commissariat, S... fut dirigé de là sur l'infirmerie spéciale du Dépôt.

Quant au petit C... porté à l'hôpital des Enfants-Malades, il y est mort dans la soirée.

Les blessures de Mme S... ne sont pas graves, mais sa douleur est immense et à plusieurs reprises depuis le drame elle a tenté de se suicider ; aussi est-elle étroitement gardée à vue.

L'aventure qui amenait le charpentier G... devant la Cour d'assises de la Seine est bien tragique. Un soir que, pris de boisson, il était rentré au domicile conjugal, il se querella avec sa femme, au sujet de la façon d'administrer une potion à son bébé malade. Dans un mouvement de colère, il jeta le verre à la figure de sa femme ; mais un éclat alla frapper le bébé au crâne, et le pauvre petit être mourut le lendemain.

Le jury, estimant que G... avait été suffisamment puni de son acte de violence inconsciente par la mort de son enfant, a rendu en sa faveur un verdict d'acquittement (décembre 1904).

Et ces attentats sont tellement nombreux que les lecteurs n'y attachent plus qu'une attention distraite !

G. — Accidents.

L'alcoolisme est la cause directe d'un grand nombre de catastrophes.

Les morts accidentelles qui, en 1850, étaient au nombre de 5.000, ont triplé aujourd'hui. Or, dans ce nombre, beaucoup sont imputables aux excès de boisson.

En Allemagne, les cas de mort attribués à l'ivrognerie étaient, en

1877, au nombre de 1.077 pour les hommes et de 88 pour les femmes ; en 1896, ils ont atteint, pour les hommes, le nombre de 1.212 et de 121 pour les femmes.

En Suisse, 1 homme sur 10 meurt des suites de l'alcoolisme, et si, de la mortalité générale on passe à la *mortalité professionnelle*, on est obligé de constater que les professions les plus exposées sont précisément celles qui ont pour mission de produire, de fabriquer ou de vendre des boissons alcooliques.

D'après le 45ᵉ rapport de la « *Registration generale* » pour l'Angleterre, la mortalité moyenne est de 15,5 pour mille. La mortalité des garçons de café est la plus élevée, soit *34,1* pour mille. Puis vient celle des tenanciers d'auberge avec *23,5* pour mille ; celle des brasseurs *21,5* pour mille. Les agriculteurs ont seulement *9,8* par mille.

Ces proportions auraient pu être admises *a priori*. En effet, les garçons de café vivent dans une atmosphère surchargée de *vapeurs alcooliques*, viciée aussi par la fumée et par la respiration des consommateurs. Ajoutons à ces mauvaises conditions hygiéniques un travail soutenu, les veilles, une insuffisance de repos, *la privation complète du repos domini al*, et il sera facile de comprendre que la mortalité, dans cette catégorie de travailleurs, soit plus du double de la mortalité générale. En Ecosse, on a fait la même observation : proportion *2,3* contre 1, moyenne de la mortalité.

En France, la proportion des *morts accidentelles* spécialement dues à l'alcoolisme passait de 226 en moyenne pendant la période de 1836 à 1840, à 538 en 1890. Cette progression est parallèle à l'accroissement de la consommation alcoolique qui est montée, par tête, de litre 1,4 à litres 4,36 (alcool à 100°).

En Suisse, 7,5 0/0 des accidents mortels sont causés par l'alcoolisme.

Les statistiques du gouvernement fédéral établissent que le mercredi, le jeudi et le vendredi sont les jours ouvrables où la fréquence des accidents est la plus faible, parce que l'ouvrier a eu le temps de *s'entraîner* à son travail sans cependant que la fatigue physiologique éprouvée à la fin d'une semaine de labeur se soit encore fait sentir. Ces jours-là également l'ouvrier n'a pas la bourse bien garnie et la consommation alcoolique est moins forte.

Les journaux ont cité les faits suivants. Dans un atelier de 150 ouvriers, à Rouen, le patron n'en connaît que 5 qu'il puisse envoyer faire des réparations en ville avec sécurité. Dans un autre établissement, sur 200 ouvriers, il en est 15 de relativement sobres. Dans un débit voisin d'un atelier, le Dʳ Tourdot a vu vendre 150 apéritifs en dix minutes.

On rencontre dans les usines des ouvriers sobres littéralement persécutés par leurs camarades, qui vont jusqu'à jeter de l'eau-de-vie dans leurs boissons, les déclarant déshonorés s'ils ne participent pas aux tournées ruineuses que la coutume impose.

Aux environs de Rouen, les 500 ouvriers d'une seule usine dépensent annuellement 120.000 francs en alcool (soit 0 fr. 60) par tête e par jour).

La statistique universelle des chemins de fer attribue aux excès de boisson 43 0/0, presque la moitié, des accidents.

Il est certain que l'alcool enlève aux ingénieurs, aux mécaniciens, aux chauffeurs de machines, chargés de la sécurité d'un grand nombre de personnes, le sang-froid qui leur est indispensable.

« Un conducteur de train racontait, dans une enquête, qu'en une seule journée on lui avait offert à boire trente et une fois. Sans son ruban bleu (il était d'une ligue de tempérance) il lui eût été bien difficile de résister à tant de sollicitations.

« A l'occasion de la perte du *Drummond Castle*, dans la passe d'Ouessant, le *Journal de Cork* (juin 1896) écrivait : « L'ivrognerie est la cause certaine de la perte de 70 0/0 des navires anglais.

On a fait la remarque qu'un grand nombre d'accidents de chemin de fer se sont produits le dimanche et surtout le lundi.

Un haut fonctionnaire de la Compagnie de l'Ouest a raconté qu'il *évitait de voyager les jours de fête et le lundi.* Il a vu trois grands accidents sur dix-huit ou vingt voyages faits en deux ans. C'était le lundi. Dans cette catégorie, on peut citer la catastrophe de Charenton, près Paris, le lundi, 5 septembre 1881, 20 tués, 170 blessés, et celle de Zollikofen, près Berne, le lundi 17 août 1891.

Le dimanche, les accidents de chemin de fer sont encore plus fréquents. Rappelons ceux de Versailles, le 8 mai 1842, 80 tués, 30 blessés ; du pont de la Tay en Écosse, le 28 décembre 1899, 200 victimes ; de Saint-Mandé, sur la ligne de l'Est, le 26 juillet 1891, 49 tués sur le coup et 221 blessés.

Le Dr Brunon, de Rouen, a constaté que beaucoup de mécaniciens et de chauffeurs deviennent alcooliques. Il raconte comme suit leur manière de vivre. Gagnant de gros salaires, 3.600 francs environ, ils vivent bourgeoisement et ne se privent de rien. Cela veut dire, en style du pays, qu'ils prennent un café bien « consolé », bien arrosé d'eau-de-vie. Les provisions nécessaires pour le voyage sont contenues dans un panier et comprennent un demi-litre d'eau-de-vie ou de rhum. Vins et boissons sont consommés en route à des endroits déterminés et invariables. Arrivés à destination, les mécaniciens, les chauffeurs et les conducteurs de train ont un rendez-vous dans un café où ils prennent des liqueurs telles que le cassis, le rhum, le cognac et quelquefois du vin. Quand l'alcoolisme s'empare d'un de ces employés, on peut toujours craindre un accident. Les troubles de la vision, le daltonisme, les hallucinations, le délire, peuvent apparaître tout à coup chez les alcooliques.

Au point de vue social, l'alcoolisme des employés de chemins de fer peut avoir des conséquences terribles. Aussi les Compagnies s'efforcent-elles de choisir un personnel sobre et modéré, et préfèrent-elles, en Amérique et en Angleterre surtout, engager des conducteurs abstinents.

En *Angleterre*, sur 470,000 employés de chemins de fer, on compte plus de 20,000 abstinents, membres de l'*Union de tempérance des chemins de fers anglais*. Ces abstinents exercent sur leurs collègues une heureuse influence, de telle sorte qu'il y a peu d'ivrognerie parmi le personnel. D'après le témoigagne des chefs de gare, la Société de tempérance a produit un mouvement d'entrainement vers la sobriété, et il en est résulté plus de régularité dans le travail et une notable économie de matériel.

En *Amérique*, il y avait, en 1894, plus de 370 Compagnies de chemins de fer qui interdisaient à leurs employés toute espèce de boissons alcooliques pendant les heures de service.

Au *Canada*, les plus grandes Compagnies sont en voie de licencier les mécaniciens et les chauffeurs qui boivent même modérément ; elles n'acceptent plus que les employés qui ont pris l'engagement d'abstinence totale (1).

La direction générale des chemins de fer d'État saxons vient d'édicter des mesures sévères contre l'alcoolisme. Elle a décidé que tout employé qui sera trouvé en état d'ivresse dans l'accomplissement de son service sera ou sévèrement puni ou renvoyé. Celui qui s'enivrera en dehors du service sera mis d'office à la retraite avec pension, quand cette consommation exagérée de l'alcool sera constatée à plusieurs reprises durant un certain temps. Mais quand cet abus dépassera certaines limites, les autorités des chemins de fer devront en aviser la Direction afin qu'elle rompe le contrat qui la lie vis-à-vis de l'employé fautif et que celui-ci soit privé de sa pension.

Il serait bon de donner des instructions précises dans les Compagnies de chemins de fer pour l'application plus exacte des règlements relatifs à l'ivresse. Alors qu'il est défendu par les ordonnances d'admettre les ivrognes dans les trains, l'on voit tous les jours sur les

---

(1) Jules Denis, *Alcoolisme*.

quais des gares des employés qui consentent à hisser, comme des colis, dans des wagons de troisième classe, des individus privés de sentiment par suite d'excès de boisson.

En résumé, l'alcoolisme a une grande part dans l'augmentation du nombre de morts accidentelles et de catastrophes de toute nature.

IX

L'ALCOOLISME DANS L'ARMÉE ET DANS
LA MARINE

Le soldat de l'ancienne école était représenté comme un soudard, un diable à quatre qui se donnait du cœur contre l'ennemi en avalant force rasades. Bassompierre, dit-on, vidait d'un seul trait sa botte remplie jusqu'au bord ; les vétérans du Premier Empire demandaient souvent du renfort à la cantinière qui parcourait les rangs avec son élégant tonnelet porté en sautoir. C'est possible ; mais si nos pères ont abusé du « fil-en-quatre », ils ont appauvri notre sang. Pour être digne de nos aînés, il faut refaire, par l'abstinence, une race dont les libations ancestrales ont diminué la sève.

Au reste, sous l'ancien régime, l'ivrognerie était considérée comme un fléau dans l'armée. Louvois avait engagé contre ce vice une lutte énergique, ainsi qu'en témoigne l'ordonnance suivante du « sieur Jacques de la Grange », conseiller du roy en ses conseils, intendant de la justice, police et finances en Alsace et en Brisgau, qu'une revue spéciale vient de découvrir :

« Sur ce qui été représenté au roy que l'usage de la boisson du brandevin est pernicieux à la santé des soldats...

Nous défendons très expressément à toutes sortes de personnes, de telles qualitez et conditions qu'elles soyent, et aux magistrats des villes où il y a garnison, d'establir aucunes cantines d'eau-de-vie, et d'en faire vendre aux cavaliers, dragons et soldats, à tel prix et sous quelque prétexte que ce puisse être, à peine de cent cinquante livres d'amende, et de tous dépens, dommages et intérêts, moitié applicable aux dénonciateurs, et l'autre aux couvents des Capucins.

Fait à Strasbourg, le 3 février 1683. »

Si nous franchissons maintenant deux siècles pour suivre des yeux, un jour de tirage, la théorie des jeunes soldats reconnus bons pour le service, combien n'apercevons-nous pas de poitrines étroites, de visages hâves, de regards éteints ! Dans les manœuvres ces pauvres dégénérés pourront-ils suivre au moins la première étape ? Non, leurs yeux hagards se tournent anxieusement vers la voiture d'ambulance qui va tout à l'heure servir de refuge à leur épuisement.

Les ministres qui se succèdent prescrivent de sages mesures pour protéger les jeunes conscrits contre l'habitude des spiritueux. Les cantiniers reçoivent à ce sujet de sévères consignes ; l'alcool doit être exclu de leurs comptoirs, mais le débitant est là, qui, aux heures de permission, donne au pauvre soldat, pour son obole, le fruit défendu... et quel fruit ! mixture terrible où tout se rencontre, sauf le jus de la vigne !

Les officiers doivent se faire une loi de la sobriété, et prêcher d'exemple. Il faut interdire aux sergents d'encourager chez leurs inférieurs cette détestable habitude de « tournées » qui s'imposent au moindre prétexte. Si, par exemple, dans la cavalerie, un homme reçoit une lettre où il est qualifié, de « soldat » ce qui, parait-il, est malséant, le destinataire, sur la déclaration du vaguemestre, doit offrir plusieurs bouteilles de vin à ses camarades, pour apprendre à sa famille qu'il est indispensable de l'appeler dorénavant « cavalier ». Puis on arrose l'arrivée des « bleus », les nouveaux galons du caporal, le cor de chasse du bon tireur, le départ du libéré : tous les motifs sont bons pour entretenir cette affreuse coutume de boire à jeun des boissons fermentées. Sous ce rapport, le service obligatoire a été une source de réels progrès : la majorité tempérante finira par imposer sa loi à la minorité qui reste esclave de pratiques surannées.

Aussi doit-on favoriser la création de cercles militaires où domine un bon esprit et où les habitudes de tempérance soient scrupuleusement observées.

L'officier comprend mieux chaque jour sa mission d'éducateur et de moraliste.

L'alcool éclarcit les rangs de l'armée en nécessitant des renvois anticipés de soldats qu'il a rendus impropres au service. En temps de guerre, il diminue la vigueur des combattants et, dans nombre de campagnes, des épidémies, des défaillances inexpliquées jusqu'ici ont été causées à coup sûr par l'usage de l'alcool.

La tempérance seule peut assurer la solidité d'une troupe.

Au régiment, l'alcoolique est mou à l'exercice, au gymnase et à la salle d'armes ; dans les marches, les manœuvres, il dépense jusqu'au dernier sou pour boire de l'alcool, croyant qu'il « tiendra bon » ; au contraire, ses jambes fléchissent, c'est un traînard, tandis que ses compagnons plus sobres allongent le pas en chantant de gais refrains. Sans entrain, l'alcoolique est aussi sans amour-propre et raisonneur. Il se fait punir souvent, et la majeure partie des infractions graves contre la discipline jugées par les conseils de guerre ont été commises sous l'influence de l'ivresse (1).

(1) Allengry, *Conférence sur l'alcoolisme.*

L'interdiction de vendre des spiritueux dans les cantines et les peines sévères qui frappent les hommes surpris en état d'ivresse ont diminué l'alcoolisme dans l'armée. Ses manifestations sont maintenant une cause peu fréquente d'admission dans les hôpitaux militaires, mais les statistiques montrent que cette passion est encore l'origine de la plupart des cas de suicides et d'aliénation mentale observés chez les soldats.

On retrouve aussi l'influence de l'alcoolisme dans l'énumération des causes des châtiments militaires. Ici, comme pour les civils, la gravité de l'acte augmente avec l'ivresse habituelle. Les refus d'obéissance, le tapage dans les chambrées, les violences sur un supérieur, sont le plus souvent des fautes provoquées par plusieurs verres d'eau-de-vie, bus au cabaret. Les journaux ont relaté, d'autre part, des crimes commis par des soldats rentrés ivres à la caserne et qui se trouvaient dans une période d'hallucination.

Pendant la campagne de 1870, le général de Courcy défend un jour la vente de l'absinthe ; aussitôt le nombre des traînards et des malades diminue. L'armée anglaise qui est aux Indes, sur 75.000 hommes, compte 25.000 non-buveurs qui supportent admirablement la fatigue.

Le général Joubert interdisait aux Boërs, qui ont donné un si bel exemple de patriotisme, la vente et la distribution de toute espèce de spiritueux pour les combattants. Au cours de la dernière campagne de la Russie contre le Japon, l'amiral Alexeïef défendit sur tout le parcours du chemin de fer transsibérien, la vente de l'alcool, même en quantité minime. Grâce à cette mesure, la sécurité des transports fut assurée sur cette immense voie de communication.

En France, des instructions ministérielles récentes ont invité les chefs de corps ou les officiers à combattre l'alcoolisme ; mais si les sergents continuent à accepter des rasades pour alléger le service des recrues, si l'éducation anti-alcoolique des hommes n'est pas convenablement et fortement faite, toutes ces réformes militaires resteront inefficaces et deviendront caduques.

De plus en plus les officiers voient l'importance de cette question vitale.

« Jusqu'en 1887, a écrit M. le général Gallieni, je buvais du vin, des liqueurs, comme tout le monde. J'avais même la conviction que, sous le climat débilitant des colonies, il fallait réagir contre la faiblesse et l'anémie par un régime comportant l'usage modéré, mais constant, de vins de choix, de liqueurs apéritives ou digestives, comme le cognac, la chartreuse, etc. Il me semblait cependant que mon estomac ne se trouvait pas très bien de ce régime.

« Bref, en juin 1887, au Soudan, à la suite d'une campagne très pénible qui m'avait laissé l'estomac dans un état pitoyable, je renonçai complètement aux vins, liqueurs, bières, etc., et je me mis entièrement à l'eau. Je n'ai jamais eu dans mon existence une meilleure idée. Depuis cette époque, l'eau a été ma boisson exclusive, mon estomac s'est complètement remis, et j'ai pu supporter dans les meilleures conditions possibles les pénibles campagnes et voyages que j'ai dû faire depuis douze ans, au Soudan, au Tonkin et à Madagascar. Je n'ai jamais bu que de l'eau, et non pas de l'eau filtrée, de l'eau bouillie, non, mais l'eau qui se trouvait à ma portée : au Soudan, de l'eau provenant souvent de ruisseaux marécageux et ayant souvent une odeur peu agréable ; au Tonkin, de l'eau des rizières, des mares rencontrées au cours de nos opérations ; à Madagascar, de l'eau de Tananarive et d'autres localités, qui, cependant, passe pour mauvaise.

« Mieux vaut une mauvaise eau qu'une liqueur alcoolique quelconque » (1).

La lutte entreprise par l'éminent général contre le fléau fut tellement active que le commerce des alcools a complètement cessé dans certains districts de la colonie.

Ce qu'il y a de particulièrement intéressant au sujet de la propagande conduite à Tananarive, c'est qu'elle a, pour diriger certaines sections de la Ligue, comme celle du 13° d'infanterie coloniale, par exemple, des soldats qui remplissent les fonctions de président, de trésorier et de secrétaire du bureau.

Le général Gallieni, écrivant au directeur de l'Union antialcoolique pour lui annoncer les mesures qu'il a prises contre les marchands d'alcool et contre les ivrognes indigènes, se félicite des heureux résultats déjà obtenus parmi les troupes et entrevoit le moment prochain où nous arriverons, dit-il, à chasser le honteux fléau qui ravageait la population aussi bien que le corps d'occupation.

D'autres officiers supérieurs, avec une louable émulation, ont entrepris contre l'alcoolisme dans l'armée une campagne énergique dont on peut déjà apprécier les heureux résultats.

Le commandant Driant écrit à ce propos :

Je n'ai plus, au 1er bataillon de chasseurs, sur un effectif d'un millier d'hommes, qu'une punition d'ivresse *par mois*. La compagnie qui a le moins de cas d'ivresse dans le courant de l'année peut disposer de permissions supplémentaires ; celle qui en a bénéficié n'avait eu que trois cas en 1900 ; les chasseurs ont ainsi intérêt à faire la police entre eux, c'est-à-dire la chasse aux ivrognes.

(1) Rapport de M. le général Gallieni, gouverneur de Madagascar.

On sait que la funeste habitude de l'absinthe a pris naissance pendant la conquête de l'Algérie.

Les colonnes expéditionnaires lancées dans des régions désertes, arides, sous un ciel brûlant, ne trouvaient le plus souvent que des mares d'eau croupie ou des puits d'eau saumâtre. Afin de rendre supportable cette eau nauséabonde et chaude, on eut l'idée d'y mêler quelques gouttes d'absinthe.

L'idée fit fortune trop complètement, hélas ! Aujourd'hui ce n'est plus quelques gouttes d'absinthe que l'on met dans l'eau, même quand elle n'est ni chaude ni saumâtre, c'est quelques gouttes d'eau que l'on met dans l'absinthe. De l'armée, l'usage en est passé dans la population civile ; de la colonie il est venu dans la métropole, et c'est donc une salutaire revanche que prennent aujourd'hui les officiers en combattant l'usage de cette fatale boisson.

Au mois de décembre 1891, le colonel du 70ᵉ régiment de ligne a installé une société de tempérance pour ses soldats. La liste d'adhésion est à la salle d'honneur. La cotisation est de 1 franc par an.

Les compagnies qui n'auront pas eu un jour de punition pour ivresse auront trente jours de congés, répartis par les capitaines aux hommes les plus dignes. Les titres de permissions porteront la mention : *Concours de sobriété*, à l'encre rouge.

A Nîmes, dans le régiment d'artillerie, la propagande antialcoolique a fait de nombreux progrès, grâce aux officiers qui en ont pris la direction.

Un capitaine a placé dans la bibliothèque de sa batterie les brochures qui lui avaient été envoyées par l'Union française antialcoolique et a orné le réfectoire avec les placards et le tableau mural en quatre couleurs que la Ligue lui avait fait parvenir. Des étiquettes qui rappellent les conséquences funestes de l'alcoolisme ont été collées sur les casiers, les portes et jusque sur les bouteilles dans lesquelles on sert tous les deux jours le vin aux canonniers.

Dans la même ville, le commandant de l'école d'artillerie a répandu les publications de même genre dans les trois postes placés sous ses ordres : à la poudrière, au champ de tir et aux docks.

A l'école de Saint-Maixent, le commandant a invité un docteur en médecine à faire aux sous-officiers élèves une conférence sur la question.

Le colonel du 131ᵉ de ligne à Orléans a successivement demandé des conférences sur le même objet à un médecin, au directeur de l'école normale et à un avocat de la ville.

A Vitré, tout l'état-major du régiment de ligne s'est affilié à l'Union française antialcoolique.

Au Mans, une section de cette société est en formation dans les rangs du 31° d'artillerie par les soins du capitaine Scilweger.

Les députés, les conseillers généraux qui, pour faire plaisir aux électeurs, déposent des propositions de lois ou des vœux afin que l'on distribue régulièrement des rations de vin aux soldats se tailleront une popularité facile dans les régions vinicoles, mais ils rendront à l'armée et à la nation, s'ils réussissent, un détestable service.

Au mois de juillet 1902, le colonel Carbillet, commandant le 62° régiment d'infanterie, déclare, dans un ordre du jour, qu'à l'avenir tout homme puni pour ivresse sera immédiatement mis en prison. Son capitaine devra faire un rapport établissant de quelle manière et dans quelles circonstances l'homme s'est enivré.

De plus, le colonel avisera lui-même la famille du soldat puni pour ivresse.

Le général Coronat, commandant supérieur de nos troupes en Indo-Chine, est résolu à combattre énergiquement le fléau de l'alcoolisme.

Il décide que le soldat puni de prison pour un cas d'ivresse recevra une tenue spéciale qui le désignera pendant quelques jours aux débitants de boissons.

Ceux-ci, étant prévenus, ne devront plus favoriser l'ivrognerie de ces hommes, sous peine de voir leurs établissements consignés à la troupe.

Ce sont là de sages mesures, que l'on ne saurait trop approuver.

En Indo-Chine, en effet, l'ivresse peut avoir les conséquences les plus graves pour la santé des soldats. Sous ce climat peu salubre, l'alcool est une cause de mort pour celui qui en use sans modération.

Pendant la campagne franco-allemande, le commandant Gallimard avait pris des mesures très sévères contre l'ivrognerie.

Quelques jours avant la bataille de Coulmiers, son bataillon, quittant Vendôme, dut défiler devant deux magnifiques pièces de vin offertes par la ville et que le commandant avait impitoyablement refusées en punition de quelques actes d'intempérance des jours précédents. La leçon porta ses fruits ; les hommes devinrent abstinents par crainte du supplice de Tantale.

Dans la marine, il y a beaucoup de réformes à proposer au sujet de la tempérance. La routine d'anciens préjugés a malheureusement consacré ce que l'on pourrait appeler l'alcoolisme officiel. On peut citer des décrets, notamment ceux qui concernent la pêche du thon et du hareng, aux termes desquels chaque marin a droit à 26 centilitres d'une eau-de-vie qui est, en réalité, un trois-six malfaisant. On embarque dans les bateaux pêcheurs l'alcool et l'esprit de bois à côté de la boëte et de la morue. Le patron du brick est souvent débitant de boissons, et c'est lui qui emmène les hommes à son auberge. La loi doit défendre aux inscrits maritimes de tenir un débit d'alcool, et d'encourager ainsi ce qu'on peut appeler « l'alcoolisme collectif dans la marine ». Ceux qui ont étudié les mœurs des marins savent qu'ils vendent bien souvent leur poisson à vil prix pour dépenser au cabaret le produit de leur pêche.

Il existe un usage déplorable dans les marchés de poissons, c'est que les acheteurs de la pêche donnent aux marins, par chaque bateau, un litre d'eau-de-vie, et quelle eau-de-vie !

Une ordonnance de 1752 interdisait formellement l'embarquement des boissons spiritueuses sur les bateaux armés pour la pêche de la morue.

Tout capitaine convaincu d'avoir désobéi à cette prescription était impitoyablement privé de son commandement.

On a le grand tort aujourd'hui d'exonérer de certaines taxes l'alcool embarqué pour la grande pêche, et notamment pour les îles St-Pierre et Miquelon. La taxe, dans ce cas, n'est que de 50 francs au lieu de 250.

C'est une bien triste prime que l'Etat donne ainsi à ces admirables travailleurs de la mer ; leur courage mériterait d'être mieux récompensé.

Au lieu du biscuit dur et de la morue sèche dont on les nourrit, ne vaudrait-il pas mieux mettre à leur disposition des aliments plus substantiels en les préservant du danger de l'alcool ?

Dans les ports comme Caen, le Havre et Rouen, le commerce a été longtemps complice d'un véritable système d'alcoolisation obligatoire ; à Rouen, par exemple, les ouvriers déchargeurs de bateaux n'étaient point payés individuellement, mais une seule pièce d'argent était remise à deux débardeurs, si bien qu'ils étaient obligés d'entrer dans un débit pour obtenir de la monnaie. Des abus analogues subsistent au Havre où les ouvriers des quais, au lieu de toucher le salaire promis, reçoivent un jeton donnant droit à cette somme. Et quel est alors le comptoir de change, sinon le zinc du débitant, qui prélève sur les travailleurs, frustrés de leur dû, un escompte dont le montant se chiffre par plusieurs petits verres.

Dans ces derniers temps les autorités maritimes, ne pouvant abolir entièrement l'alcoolisme, ont cherché a entraver le fléau dans une certaine mesure. Alors qu'en France tous les ports armant pour la grande pêche à Terre-Neuve et en Islande cherchent, sans succès, le moyen de combattre l'alcoolisme à bord des navires pêchant la morue,

M. Couturier, gouverneur de Saint-Pierre et Miquelon, vient de prendre à ce sujet un arrêté intéressant.

Cet arrêté fixe à un litre 75 de liquide par homme et par semaine, soit 25 centilitres par homme et par jour, la quantité d'alcool pouvant être embarquée à bord des goëlettes coloniales et se base sur une durée moyenne d'absence de deux mois. Cet alcool ne devra pas dépasser 45 degrés.

Les capitaines ou patrons détiendront les quantités de liquide embarquées et la distribution devra être faite quotidiennement sous leur responsabilité. Les contrevenants seront punis d'une amende de 15 francs et pourront l'être en outre d'un, emprisonnement de 2 à 5 jours. En cas de récidive, la peine de l'emprisonnement sera toujours prononcée.

X

LA CONSOMMATION DE L'ALCOOL

On a calculé qu'il se consomme annuellement, sur notre planète, pour 11 ou 12 milliards d'alcool. Dans toutes les parties du monde, de l'Equateur aux deux pôles, mais plutôt dans les régions froides, les populations s'empoisonnent en absorbant l'élixir de mort.

Tous les peuples de la terre, qu'ils soient civilisés ou sauvages, sont, aujourd'hui, les tributaires de l'alcool.

Le tyran reçoit les hommages de ses esclaves aussi bien dans des temples dorés que sous la tonnelle du cabaret rustique. Vainqueur toujours prêt à dicter la loi, peu lui importe le choix du quartier général. Des amphores ciselées ou des frustes brocs d'étain, il fait couler le poison dans les veines de ses victimes.

Depuis cinquante ans, la consommation de l'alcool a augmenté dans des proportions effrayantes. Sans doute la mauvaise qualité des spiritueux et des essences a sa part dans les ravages de l'alcoolisme ; mais c'est la quantité considérable du liquide consommé qui est la cause principale du fléau. Les statistiques financières nous apprennent que l'impôt était perçu :

En 1850, sur 585 200 hectol., représentant 1 lit. 46 par tête.
— 1855,   714 813   —   —   2   00   —
— 1860,   851 825   —   —   2   27   —
— 1865,   873 087   —   —   2   34   —
— 1870,   882 790   —   —   2   32   —
— 1875,   1 019 052   —   —   2   82   —
— 1880,   1 313 828   —   —   3   64   —
— 1885,   1 444 332   —   —   3   86   —
— 1800,   1 662 801   —   —   4   35   —
— 1895,   1 549 045   —   —   4   07   —

En 1898, la production de l'alcool en France atteignait 2.412.400 hectolitres. C'est-à-dire que pour un demi-siècle l'augmentation a été de près de 1.800.000 hectolitres, et seulement depuis la guerre — en trente ans — d'un million d'hectolitres.

Et, comme si ce n'était pas assez de cette marée toxique, nous importons encore 138.359 hectolitres d'alcool étranger.

Il est vrai que nous exportons 299.355 hectolitres d'alcool national.

En admettant que l'industrie prenne 300 ou 350.000 litres de l'alcool, on voit ce qui reste pour la consommation.

D'ailleurs, sur cette quantité attribuée aux emplois industriels, on trouve la trace de 146.529 hectolitres seulement ayant été authentiquement appliqués à cet usage. Restent donc 150.000 ou 200.000 hectolitres qui ne se sont certainement pas volatilisés dans l'atmosphère, et qui ont été bus clandestinement.

Pendant que notre pays s'abandonne de plus en plus aux excès de l'alcoolisme, on constate que les autres nations font appel à toute leur énergie pour se préserver de cette plaie.

En 1833 la France venait presque au dernier rang, — avant l'Italie, — avec une consommation d'un litre et demi d'alcool par tête. Elle était dépassée par l'Angleterre, par la Norvège, par la Hollande, par la Belgique, par la Suisse, par l'Allemagne, par les États-Unis, qui venaient en première ligne avec une consommation de près de *cinq* litres par tête.

En 1895, elle n'était plus dépassée que par la Belgique, dont la consommation était de *six litres et demi* par tête ; elle était sur le même rang que la Hollande et que l'Allemagne, avec une consommation de *quatre* litres par tête. Aujourd'hui, le citoyen des États-Unis ne consomme plus que *trois* litres. Le Suisse, qui avai* pris un moment la première place, ne consomme plus que *deux litres et demi*. Le Suédois se contente aujourd'hui de *quatre* litres. Le Norvégien, enfin, figure au dernier rang, avec une consommation de *moins de deux litres*, — dans le pays où le fléau de l'alcoolisme a pris naissance… La France est montée au quatrième rang, après la Belgique, à quelque pas derrière la Hollande et l'Allemagne, où la consommation décroit chaque jour et qu'elle va bientôt dépasser.

D'après l'étude savante de M. Van Laër, ce chiffre de 1.500.000 hectolitres qu'accuse la statistique, est loin de représenter la quantité d'alcool réellement consommée. La statistique n'enregistre que l'alcool sur lequel a été perçu l'impôt. Il faut ajouter, au chiffre qu'elle constate, celui de l'alcool qui, d'une manière avouable ou frauduleuse, échappe aux perceptions du fisc. Cette quantité est supérieure à 500.000 hectolitres. L'évaluation la plus modérée porte à 2 millions d'hectolitres, à plus de cinq litres par tête, la consommation annuelle de l'alcool en France.

Cinq litres par personne et par année, — c'est, en réalité, un chiffre terrifiant.

Il s'agit en effet de cinq litres d'alcool à 100 degrés, l'alcool-type auquel le fisc ramène tous ceux qu'on lui présente. Avec cinq litres d'alcool à 100 degrés, on fait *treize* litres d'eau-de-vie. Treize litres d'eau-de-vie représentent *quatre cents* « petits verres » de 30 grammes l'un.

Cinq litres, c'est une moyenne qui comprend tout le monde. Or, combien y a-t-il, parmi les 38 millions de Français, de personnes qui ne boivent pas ce petit verre quotidien que la statistique leur attribue !

Les femmes, dans beaucoup de régions, ont perdu, sous ce rapport, toute réserve ; on en voit se livrer, par troupes, à des libations presque sur la voie publique.

Dans certaines fabriques, des jeunes filles qui refusent de boire journellement de l'eau-de-vie sont montrées au doigt et parfois persécutées par leurs compagnes. Ce vice déplorable se développe surtout parmi les femmes des ouvriers de nos usines.

Le mal atteint les enfants eux-mêmes, non seulement par l'hérédité, par les maladies effroyables que transmettent à leur descendance les parents alcooliques, mais on fait boire de l'eau-de vie, des spiritueux de tout genre aux enfants, dès leurs premières années. Arrêtez ce petit garçon ou cette petite fille de six à douze ans, qui se rendent à l'école ; ouvrez le panier dans lequel a été placé leur déjeuner, vous y trouverez de l'eau-de-vie et du pain. Déjà peut-être, avant de sortir de la maison, ces enfants ont bu de l'eau-de-vie ou mangé du pain trempé dans quelque boisson spiritueuse.

Quant aux hommes, les progrès de ce vice sont effrayants dans la France entière : « Le mal en est venu à ce point, disait, il y a quelque temps, un grand entrepreneur rouennais de transports par eau, que si nous avons à embaucher un ouvrier, un contremaître, un surveillant, du moment qu'on nous dit d'un homme : « Il ne boit pas », cela nous suffit pour lui donner la préférence, quel qu'il soit. Il a mauvais caractère, il est bête, peu importe : s'il est bien vrai qu'il ne boit pas, on ne le laisse jamais échapper, tant le cas est rare. En un mot, voici la vérité : nous sommes en train de devenir un peuple d'alcooliques » (1).

(1) L'alcoolisme n'est pas un vice exclusivement masculin. En Normandie, d'après une étude récente d'un médecin de l'Orne, le docteur Pierre, les femmes s'alcoolisent tout autant que les hommes. Sur dix paysannes normandes, on nous affirme qu'il y en a bien neuf qui ne pourraient se passer de ce qu'elles appellent leur petite goutte quotidienne, c'est-à-dire de 100 à 200 grammes d'eau-de-vie. Aujourd'hui, dans bien des villages, on cite les femmes qui n'ont jamais été surprises en état d'ivresse, et même on les tourne en dérision comme la bonne vieille qui a conservé sa coiffe montante ou tout autre souvenir du vieux temps. Ces dames ont même leurs réunions spéciales où elles se rendent quand les maris sont aux champs, chacune un litre d'eau-de-vie sous leur tablier ; ou bien, quand elles vont à la lessive, il est entendu qu'on

On a calculé, en s'appuyant sur des bases certaines, que le dixième de notre population consomme à lui tout seul les trois quarts de la consommation totale ; et que, pour les 4 millions de Français qui sont compris dans ce dixième, le chiffre de la consommation annuelle moyenne d'alcool atteint près de *quarante* litres, — quarante litres d'alcool à 100 degrés, c'est-à-dire, *cent* litres d'eau-de-vie, *quatre mille* « petits verres ». Si même on suppose que ces 4 millions d'individus, se contentant de leurs petits verres » quotidiens, ne prennent point leur part des vingt-cinq litres d'eau-vie que chaque Français consomme annuellement (1) dans la bière, dans le cidre et dans le vin (ce qui est d'ailleurs contraire à la réalité des choses), on ne peut se dissimuler que l'intoxication alcoolique contamine toute une race et ne se borne pas à sévir sur des individus isolés. C'est donc bien un fléau national contre lequel nous devons engager une lutte à outrance.

Ainsi, dans l'espace de cinquante ans, la production alcoolique en France a plus que triplé. Si, du moins, la population de notre pays, pendant la même période. avait suivi cette marche ascendante ! Nous avons dit plus haut combien nous sommes loin d'un pareil accroissement. Nous nous laissons paisiblement distancer, quant au nombre des habitants, par tous les peuples voisins ; et nous nous bornons à les dépasser par nos progrès dans la voie de l'alcoolisme.

Car nous sommes les seuls, ou peu s'en faut, parmi les nations de l'ancien et du nouveau monde, à constater chez nous cette augmentation.

En France, les classes dirigeantes, celles qui forment l'élite de la société, ne sont pas, sauf quelques exceptions, adonnées à l'ivrognerie. Il n'en est pas de même en Angleterre, ou le spectacle d'un noble lord terrassé le soir par l'abus du pale ale ou du claret ne cause pas plus de surprise qu'une partie de wisth ou de foot-ball. Il y a donc, chez les anglo-saxons, de véritables ivrognes dans les classes supérieures ; mais si ce triste phènomène est rare dans notre pays, nous n'en avons pas moins à déplorer notre défaut de résistance.

Et nous ne saurions trop le redire : il entre quelquefois plus d'amour

ramènera sur la brouette à linge celle qui sera la plus ivre (*Réforme sociale* du 16 novembre 1896). On lit dans une monographie de la ville de Roubaix que « les femmes elles-mêmes gaspillent en boissons une partie des ressources de la famille ».

M. G. Bianquis, président du Comité national de la Croix-Bleue.

(1) Chacun des trente-six millions de Français consomme en effet une moyenne de 23 litres de bière représentant 69 centilitres d'alcool à 100° ; 18 litres de cidre représentant 90 centilitres d'alcool à 100° ; 70 litres de vin représentant 7 lit. 90 d'alcool à 100° ; ensemble 9 lit. 49 d'alcool à 100°, ou 23 litres d'eau-de-vie.

propre que d'intempérance dans cette profusion des spiritueux sur la table des bourgeois aisés. Un riche industriel pourrait-il laisser supposer que ses bénéfices ne lui permettent pas d'acheter les meilleurs vins ? mais son crédit serait ruiné ; on parlerait tout bas de sa faillite prochaine. D'ailleurs, veut-on supprimer ce qui, dit-on, répare les forces et donne un peu de gaîté à une vie de labeurs ?

C'est avec ces paradoxes qui nous arriverons à dépasser les pays du Nord dans l'échelle de la consommation alcoolique.

Depuis les mesures énergiques récemment adoptées en Suède et en Russie, la consommation de l'alcool, qui, atteignait un chiffre énorme, a considérablement diminué. On est loin de l'époque où les Suédois, si l'on en croit le témoignage de Magnus Huss, absorbaient 200 millions de litres d'eau-de-vie, soit 80 litres par habitant ! Aujourd'hui la consommation ne dépasse pas quatre litres.

En Angleterre, jusqu'en 1751, d'après l'historien Smollet, l'intempérance était portée à un tel point, que les débitants mettaient sur leur enseigne que pour la modique somme d'un penny on pouvait s'enivrer, pour deux pennys devenir ivre-mort et avoir, par-dessus le marché, de la paille pour dormir jusqu'au retour à l'état normal.

Un amateur de ces calculs de statistique, dont on aime, en Angleterre, les form… bizarres, établissait, dès 1832, dit le docteur Dumesnil, que la m… des liqueurs fortes bues chez nos voisins, pendant une année, aurait pu former une rivière de 9 kilomètres de long sur une largeur de 3 m. 50 et une profondeur de 4 m. 60 environ.

On peut affirmer qu'en Angleterre, chaque année, le gin empoisonne cinquante mille hommes.

L'Italie, la Grèce et surtout l'Espagne ont moins à déplorer les suites des excès alcooliques.

Bien que l'usage du haschich et de l'opium soit la passion dominante des peuples de l'Asie, l'alcoolisme n'en ravage pas moins ces contrées.

Dans l'Inde, le peuple n'oublie que trop souvent sa misère pour se livrer avec excès à l'usage du vin de palmier.

Pendant longtemps l'alcoolisme a sévi avec intensité en Amérique.

Au Mexique, dans certains États de l'Union, le gouvernement s'est attribué le monopole, non seulement des eaux-de-vie de canne et d'aloès, mais de la chica et du pulqué, de ces dernières boissons surtout. La vente en est louée à des fermiers appelés *estanqueros*, qui fabriquent des liqueurs détestables et empoisonnent littéralement les Indiens ; il a été établi dans les moindres localités des estancos ou débits ; là vont s'enivrer des malheureux qu'on y attire. Cependant toutes les races ne possèdent pas également le goût des liqueurs spiritueuses. A ce point de vue, les races germanique, anglaise, chinoise et nègre, sont réputées pour avoir au plus haut degré la passion de l'alcool ; les habitudes d'intempérance persistent en général chez elles, quelle que soit leur position topographique.

L'Allemagne paie un tribut annuel de quarante mille victimes.

La Suisse avoue, dans un rapport officiel, deux mille huit cent quatre-vingt-neuf décès annuels, c'est-à-dire plus d'un décès sur cent habitants.

Sans être aussi ravagée que les nations dont nous venons de signaler la situation lamentable, la France peut attribuer tous les ans dans ses statistiques environ quatre mille cinq cents décès à l'action directe de l'alcoolisme.

Voici les chiffres de la consommation des alcools dans les principaux pays du monde. Il s'agit d'alcool pur, à 100°, et d'une consommation moyenne par habitant :

Suède	1829 . . . . 23 litres	
	1890	3 l. 25
Norvège	1833 . . . . 9 l. 50	
	1891	1 l. 82
Allemagne	1886 . . . . 9 l. 50	
	1894	4 l. 40
Angleterre	1852 . . . . 2 l. 86	
	1893	2 l. 22
Suisse	1885 . . . . 5 l.	
	1892	3 l. 20
Belgique	1854 . . . . 2 l. 94	
	1893	4 l. 76
France	1830 . . . . 1 l. 12	
	1900	4 l. 88

Ce tableau montre clairement que tous le pays luttent avec fruit contre le fléau, la France exceptée (1).

Voici depuis 1830, de dix ans en dix ans, les progrès en France de la consommation de l'alcool :

1830 — 1 l. 12 d'alcool pur.	1870 — 2 l. 32 d'alcool pur.	
1840 — 1 l. 55 —	1880 — 3 l. 64 —	
1850 — 1 l. 46 —	1890 — 4 l. 35 —	
1860 — 2 l. 17 —	1900 — 4 l. 88 —	

M. le docteur Darembcrg nous donne, pour le moment présent, des chiffres plus alarmants encore. Depuis 50 ans, dit-il, tandis que

(1) Actuellement la consommation de l'alcool en Belgique tend plutôt à diminuer.

la population de notre pays n'augmentait que de 100 à 112, la consommation de l'alcool passait de 100 à 334.

Aujourd'hui, chacun de nous absorbe annuellemenment 18 litres 21 d'alcool.

Parcourez ce tableau sinistre. On boit :

En France.	18 litres 21		En Autriche. . . .	8 litres 57
En Suisse.	12 — 21		En Hollande	6 — 09
En Belgique. . . .	10 — 42		Aux Etats-Unis. . .	5 — 19
En Italie	10 — 23		En Suède.	4 — 97
Au Danemark . . .	10 — 21		En Norvège	2 — 06
En Allemagne. . .	9 — 25		En Finlande	2 — »
En Angleterre. . .	8 — 91		Au Canada.	1 — 94

d'alcool.

On peut établir ainsi l'échelle décroissante de la consommation alcoolique en France.

DÉPARTEMENTS	Nombre de litres par habitant
De 14 à 9 litres	
1. Seine-Inférieure . .	14.04
2. Oise	11.73
3. Calvados.	10.70
4. Somme.	10.18
5. Eure.	9.84
6. Manche	9

Hors rang : La Corse, où la consommation est très grande, mais la vente étant libre, le contrôle n'est pas possible.

De 9 à 6	
7. Aisne.	8.72
8. Seine.	8.18
9. Seine-et-Oise	7
10. Eure-et-Loir. . . .	7.77
11. Pas-de-Calais. . . .	7.48
12. Orne	7.39
13. Marne.	6.72
14. Seine-et-Marne. . . .	6.31
15. Mayenne	6.08
16. Finistère	6.02

De 6 à 4	
17. Ille-et-Vilaine	5.36
18. Sarthe.	5.11
19. Ardennes.	5

20. Bouches-du-Rhône. .	4.99
21. Vosges	4.94
22. Haut-Rhin.	4.68
23. Nord	4.67
24. Côtes-du-Nord. . . .	4.60
25. Aube.	4.57
26. Meuse.	4.55
27. Rhône	4.29
28. Morbihan	4.07
De 4 à 2	
29. Var.	3.87
30. Gard	3.73
31. Doubs	3.71
32. Gironde.	3.69
33. Loire-Inférieure . . .	3.69
34. Côte-d'Or.	3.54
35. Loiret.	3.47
36. Loire	3.44
37. Haute-Marne.	3.31
38. Haute-Saône	3.30
39. Alpes-Maritimes. . .	3.22
40. Loir-et-Cher.	3.18
41. Hérault.	3.15
42. Jura	3.12
43. Meurthe-et-Moselle. .	3.04
44. Pyrénées-Orientales .	3.01
45. Vaucluse	3
46. Drôme	2.85
47. Isère	2.85

48. Maine-et-Loire	2.79		67. Charente	1.94
49. Indre-et-Loire	2.62		68. Ain	1.93
50. Haute-Loire	2.58		69. Deux-Sèvres	1.87
51. Cher	2.54		70. Puy-de-Dôme	1.86
52. Saône-et-Loire	2.49		71. Cantal	1.83
53. Basses-Alpes	2.45		72. Dordogne	1.79
54. Indre	2.33		73. Basses-Pyrénées	1.77
55. Nièvre	2.23		74. Lot-et-Garonne	1.68
56. Haute-Garonne	2.17		75. Aude	1.67
57. Hautes-Alpes	2.13		76. Savoie	1.63
58. Allier	2.12		77. Aveyron	1.60
59. Ardèche	2.10		78. Creuse	1.60
60. Tarn	2.10		79. Vendée	1.50
61. Yonne	2.02		80. Hautes-Pyrénées	1.45
62. Tarn-et-Garonne	2		81. Ariège	1.32
63. Haute-Vienne	2		82. Corrèze	1.30
			83. Lozère	1.27
			84. Haute-Savoie	1.02

Moins de 2

64. Vienne	1.99		85. Landes	0.96
65. Lot	1.99		86. Gers	0.90
66. Charente-Inférieure	1.95			

Le ministre des finances a publié une statistique très instructive
et très affligeante sur la consommation de l'alcool en France.

Il résulte des chiffres officiels qu'à Paris, la consommation d'alcool
par habitant, en 1898, a été de 8 lit. 26 centilitres ; à Lyon, de
6.14 ; à Marseille, de 7.93 ; à Versailles, de 9.43 ; à Rennes, de 9.37.
Chose singulière, les pays essentiellement vinicoles, qui, autrefois,
consommaient peu d'alcool, payent aujourd'hui un large tribut au
fléau. Ainsi à Cette, où le vin ne coûte presque rien, la consommation de l'alcool s'élève à 10 lit. 49 et, à Dijon, elle est de 9.37 et
de 8.65 à Tours. Dans cette nomenclature, la ville de Cherbourg
occupe le premier rang avec une consommation moyenne de 17 lit.
87 centilitres. Le Havre vient après avec une consommation de 17.22,
Rouen 16.74, Caen 15.44, Lorient 11.14, Amiens 11.70. A Poitiers,
la consommation n'est que de 4 lit. 13, et de 3.99 à Roanne.

En comparaison de ces chiffres, il est curieux de constater combien la consommation de la bière est pour ainsi dire insignifiante. A
Paris et à Lyon, la consommation moyenne n'est que de 9 litres par
habitant, de 10 à Toulouse, de 8 à Tours, de 5 à Bordeaux, de 4 à
Rouen. A Lille, la consommation s'élève à 381 litres et est de 304
à Roubaix.

Quant à la consommation du vin, Saint-Etienne tient la tête avec
une moyenne de 262 litres. A Paris, elle est de 179 litres, de 176 à

Lyon, de 168 à Marseille, de 192 à Dijon, de 203 à Saint-Denis, de 225 à Boulogne-sur-Seine et de 253 à Nice. La consommation du cidre est nulle à Lyon, Marseille, Bordeaux, Lille, Toulouse, Saint-Etienne, Roanne, Avignon et Cette. A Paris, elle n'est que de 2 litres, de 3 à Amiens, à Orléans et à Tours. Par contre elle s'élève à 322 litres à Rennes, à 211 litres à Caen et 229 à Cherbourg. Dans cette dernière ville, la consommation moyenne de vin, cidre, alcool et bière atteint le chiffre de 288 litres par habitant. A Paris, la consommation de ces divers produits n'est de 139 litres et, à Lyon, de 102 litres.

En 1864, le *Bottin* de Paris contenait 39 colonnes consacrées à l'énumération des débits de vin de la capitale. En 1902, 164 colonnes sont employées pour la même rubrique. L'alcoolisme poursuit, sa marche en avant... et la santé publique son mouvement hélas ! rétrograde.

Les débits d'alcool de la ville de Caen, qui, il y a dix ou douze ans, étaient au nombre de deux cents environ, atteignent aujourd'hui le formidable chiffre de huit cents, soit, en moyenne, un cabaret pour soixante-dix habitants.

Dans le département du Calvados, il faut que le Normand soit absolument sans ressources d'aucune sorte, pour ne pas prendre, à midi, une tasse de café noir qu'il arrose généreusement d'eau-de-vie de cidre. Cette eau-de-vie revient en moyenne au producteur à 1 fr. 50 ou 2 francs, suivant le cours des pommes.

Suivons un journalier, un ouvrier quelconque qui entre à Caen, par exemple, dans un des débits renommés pour ses spiritueux à bon marché, et nous verrons qu'on lui sert pour 40 centimes et parfois même pour 30 centimes, un *café* escorté de sa *demoiselle*. On nomme ainsi un flacon contenant cinq petits verres, pas un de moins, car il faut : un premier verre que l'on mélange à la tasse pleine pour faire le *gloria*; puis un second petit verre, avec lequel on remplit la tasse après l'avoir vidée à moitié, c'est le *pousse-café* ; un troisième petit verre sert à ramasser les dernières gouttes des premiers mélanges, c'est la *rincette* ; le quatrième achève le nettoyage, c'est la *sur-rincette* ; enfin on prend le cinquième et dernier petit verre pour noyer le chagrin de voir le café fini, et c'est la *consolation*.

Cinq petits verres, une tasse de café, du sucre pour 30 ou 40 centimes, cela remet le litre de calvados à *un franc* environ. Par quel prodige le débitant, qui paye un loyer, qui paye une patente, qui acquitte les droits de l'État et ceux de l'octroi, peut-il vendre un litre d'eau-de-vie au-dessous de ce que coûte ce même litre au propriétaire ou au fermier qui brûle sa propre récolte, dans un alambic à lui, chauffé avec du bois pris sur sa propre terre, sans frais et sans droits?

C'est un problème de la chimie industrielle, habile à combiner des mélanges aussi nuisibles pour le consommateur que fructueux pour le débitant.

Un entrepreneur de constructions, dirigeant d'importants travaux en Normandie, déclare que ses ouvriers gagnent de 5 à 6 francs par jour et que chacun d'eux ne dépense jamais moins de 1 franc ou 1 fr. 50 en boissons spiritueuses. « Je suis obligé de les surveiller étroitement, dit-il ; car, dès que j'ai le dos tourné, ils quittent leur travail pour aller boire, tant qu'ils ont quelques sous dans la poche. » L'alcool se prend avec le café. Voici ce que demandent après déjeuner deux ouvriers entrant dans un débit : « 4 sous de café et 1 franc de goutte ! » On leur apporte deux tasses de chicorée et trois quarts de litre d'une eau-de-vie atroce.. Les débitants font de l'eau-de-vie industrielle à 30 degrés ou 35 degrés seulement, et ils y ajoutent un peu de vitriol !

L'alcool entre dans le ménage à titre de consommation courante. L'ouvrière, que la fabrique appelle le matin très tôt et retient très tard le soir, simplifie de plus en plus la cuisine du mari et des enfants. Le pain, le café et l'alcool en font la base régulière. Quelquefois le café même est absent. Le matin, la femme coupe des tranches de pain dans la soupière, y verse un litre ou un demi-litre d'eau-de-vie : c'est la soupe des jours de fête et des jours pressés. Que devient la jeune génération mise à ce régime ? Où sont les beaux gars normands d'autrefois ? On ne voit plus défiler dans la rue que des enfants chétifs, scrofuleux, malingres, que guette la tuberculose et qu'emporte la première bronchite. Aussi bien la mortalité infantile est-elle épouvantable.

Si l'on reproche à certaines ménagères normandes de tremper, le matin, la soupe à l'alcool, et de verser de l'eau-de-vie sur des tranches de pain pour les donner aux enfants, elles répondent naïvement que l'alcool tue les vers et constitue le meilleur remède pour toutes les maladies.

Dans certaines écoles, c'est l'instituteur lui-même que la mère charge de verser le poison à son enfant. On voit des femmes qui achètent à cet effet une « demoiselle » pour que leurs petits garçons la fassent remplir avec de la « bonne ».

Aussi le maître soucieux de ses devoirs fait la chasse à la « topette de blanche » qui se glisse dans le panier de l'écolier. M. Leroy a interrogé des bambins de huit à dix ans se rendant à l'école ; la moitié environ prenait à la maison, comme premier déjeuner, du pain trempé dans une tasse de café mêlé d'eau-de-vie. Les lendemains de fêtes, les instituteurs constatent que « les enfants sont malades en classe à peu près sûrement, pour avoir absorbé la veille une trop grande quantité de spiritueux ».

M. Deries, sur des devoirs d'élèves décrivant le battage du sarrasin, retrouve partout la même phrase finale : « A minuit, à l'heure du départ, tout le monde est *pompette*. » Cela leur paraît tout naturel; c'est la conclusion nécessaire de toute réunion familiale. Dans une fête de ce genre, un instituteur note que onze personnes ont vidé une barrique de cent-quatre litres de cidre, plus cinq litres de calvados !

Ce que devient un jeune cerveau ainsi imbibé, on peut le prévoir. L'instituteur d'une commune de 1.600 habitants écrit : « Nous avons une dizaine d'élèves, dont certains ont huit ans, dans les tableaux de lecture depuis deux ans, et nous nous demandons si nous pourrons leur apprendre à lire. »

Le fléau sévit également dans la campagne. L'ouvrier des champs gagne 5 à 6 francs par jour. Il boit environ 8 litres de cidre et six ou sept verres d'eau-de-vie ; mais ce ne sont pas des verres à liqueur. Le dimanche se passe tout entier au cabaret. Le soir, on voit les hommes ivres-morts égrenés le long des fossés, dans les herbages, ou même au seuil de leur porte, qu'ils n'ont pu franchir. Les jours de marchés, qui reviennent deux ou trois fois par semaine, le paysan passe son temps au cabaret et absorbe, à propos de ventes à conclure, ou même sans aucun prétexte, de vingt à quarante tasses de café avec les accessoires alcooliques. Dans le Calvados, à Flers et à Falaise, les travailleurs boivent jusqu'à un litre d'eau-de-vie de cidre par jour, et ils la boivent à grands verres, comme nous ferions de l'eau.

Comment s'étonner, après cela, que la population de ce département, l'un des plus beaux et des plus riches de France, diminue d'un recensement à l'autre depuis vingt ans, que la race la plus vigoureuse de notre pays dégénère et s'abâtardisse, que la misère augmente, que les maisons d'aliénés deviennent insuffisantes, que les prisons débordent, que la criminalité s'aggrave et que l'industrie normande soit toujours moins capable de lutter avec l'industrie anglaise, dont les ouvriers remplacent de plus en plus l'alcool, qu'ils buvaient autrefois et que maintenant ils laissent aux nôtres, par le thé, le beurre et le rosbif saignant ? Y a-t-il une question politique ou financière qui intéresse plus la prospérité nationale que celle-là ? (1)

Le Dr Brunon, directeur de l'Ecole de médecine de Rouen, a présenté au Congrès contre l'abus des boissons, tenu à Paris en 1899, un

______

(1) *Le Temps.*

rapport sur l'*alcoolisme ouvrier en Normandie*. Nous extrayons de ce travail les lignes suivantes relatives aux beuveries du dimanche :

« Du samedi soir au lundi, les vieilles rues de Rouen offrent un spectacle attristant. On ne peut pas parcourir 100 mètres sans rencontrer un ivrogne titubant, au milieu de l'indifférence générale : tantôt il est seul, tantôt il est soutenu par un camarade, ou accompagné patiemment par sa femme. C'est le plus souvent un ouvrier qui a déjà bu une grande partie du salaire de la semaine. J'ai vu des vieillards horriblement ivres s'accrocher aux murs, suivis ou précédés de leurs fils ou de leurs petits-enfants, qu'un tel spectacle ne scandalise nullement.

« Pendant la nuit du samedi au dimanche, et jusqu'au petit matin, des groupes d'ouvriers vont de café en café. Ils tapotent discrètement à la porte entre-bâillée. Les agents ferment les yeux. Un d'eux, en haussant les épaules de pitié, disait aux noctambules : « Vous n'en avez donc pas assez ? » Il était deux heures du matin.

« Le lundi, des groupes descendent des hauteurs de Rouen, ils crient à tue-tête des chansons sentimentales. Le père, la mère, les enfants, les amis se tiennent par les bras, se remorquent les uns les autres ; les ivrognes du samedi et du dimanche chantent en titubant.

« Un dimanche soir, vers neuf heures, un homme proprement vêtu descend la rue de la République. Ses sept enfants se tiennent par la main, et il donne lui-même la main au plus âgé. Cette file d'enfants le suit dans ces évolutions, comme une queue de cerf-volant. Les passants sont nombreux. Personne ne s'émeut de ce spectacle.

« Voilà ce que les habitudes locales d'alcoolisme laissent voir à la superficie. Si l'on cherche à aller un peu au fond des choses, on s'aperçoit immédiatement que parmi les *ouvriers des villes*, il faut établir plusieurs catégories : les plus intelligents, les ouvriers de l'imprimerie, par exemple, ne se grisent pas ostensiblement, « ils s'imbibent » sans scandale, comme les employés. Ils boivent de préférence l'absinthe, les amers, les apéritifs et les autres boissons « distinguées ».

« Autrefois, continue le Dr Brunon, l'ouvrier ne commençait pas son travail sans avoir mangé une soupe préparée par sa femme. Aujourd'hui, il commence sa journée par boire, en mangeant quelquefois un morceau de pain. Cela s'appelle casser une croûte, avaler une mitrailleuse, un chasseur, un kolbach, siffler une blèche, souffler une chandelle. Les cabarets pullulent à Rouen. La tentation est trop forte. On prend un verre chez ceux qui sont sur la route. Au cabaret voisin du chantier ou de l'atelier, tous se rassemblent pour trinquer.

« La coterie s'amasse et, sous peine de se voir exclu de l'Association, chacun paye sa tournée de rhum ou de cognac, sans aucune hésitation. Ils sont dix, dix tournées. En entrant au chantier, ils sont déjà « émus ». Et malheur à celui qui « regimberait » et ferait bande à part ».

Dès 1860, le docteur Dumesnil, dans un rapport très étudié, signalait une petite ville de Normandie où on avait constaté que les 9 000 habitants avaient consommé, en une seule année, 2.000 hectolitres d'alcools de toute espèce.

« Après cela faut-il s'étonner, continue M. Dumesnil, de l'encombrement des hôpitaux, des hospices, des maisons d'aliénés et des autres établissements de bienfaisance, malgré l'élévation croissante des salaires, puisque cette élévation est un motif du dévergondage ? Ne savons-nous pas qu'il est certains corps de métiers dont les ateliers sont à peu près fermés le lundi, et que parfois la débauche se prolonge tellement que ce n'est que le mercredi et même le jeudi qu'ils commencent à se repeupler?

Dans le département de l'Eure les ravages de l'alcoolisme sont particulièrement terribles.

On estime à 96 litres d'eau-de vie commune la consommation annuelle d'un habitant de l'Eure, ce qui, à 40 petits verres par litre, fournit le total de 3,800 petits verres par an et par tête. M. Leroy cite un village de 300 habitants où les débitants vendent 1,000 litres d'eau-de-vie par mois.

Il n'est pas besoin d'ajouter que les débitants foisonnent dans l'Eure. En 1898, le chiffre des débits de boissons atteignait 4,689, soit un débit pour 70 habitants. En ne comptant que la population adulte, on arrive au chiffre de 23 personnes pour entretenir un cabaretier. Voici un extrait du carnet de dépenses d'un ouvrier normand :

17 janvier :

3 gouttes.	» 30
Café, eau-de-vie.	» 55
2 absinthes.	» 50
2 amers	» 50
1 madère	» 40
Omelette, pain, fromage.	1 10
Boisson, café, eau-de-vie.	» 75
2 absinthes, 2 verres.	1 20

Quatre francs vingt de boissons alcooliques pour une seule journée, et seulement un franc dix de nourriture. Cet ouvrier doit être un adepte de M. Duclaux ; il ne met pas en doute la puissance alimentaire de l'alcool.

Un député faisait remarquer au Parlement, à la séance du 13 mars

1902, que le département du Nord ne livre pas au pays moins de 2,500,000 hectolitres d'alcool par an, ce qui, même au taux réduit actuel, représente environ 75 millions à l'Etat de matières premières, et plus de 200 millions après leur transformation en alcools.

Quant à la viticulture, elle occupe 2 millions d'hectares reconstitués dès aujourd'hui. Sa production figure dans les revenus agricoles du pays pour une somme de près d'un milliard.

Les eaux-de-vie naturelles de vin et de fruits entrent en ligne pour 500.000 hectolitres, taxés ou non, d'une valeur vénale d'une centaine de millions à l'origine, fournissant à la consommation une valeur marchande triple : c'est donc au total une valeur d'un milliard et demi de francs que représentent les boissons spiritueuses naturelles ou industrielles (1).

Pour donner un aperçu de la consommation actuelle de l'alcool, nous empruntons à un statisticien suédois, M. Sundbärg, les données précises qu'il a soigneusement recueillies, et que cite M. Bertillon.

Nombre de litres d'alcool absolu consommés en un an par un habitant, soit sous forme d'eau-de-vie, soit sous forme de bière, soit sous forme de vin (1891-1895) (2).

Suède	4.43
Norvège	2.66
Danemark	10.87
Finlande	1.84
Iles Britanniques	8.17
Pays-Bas	6.30
Belgique	12.58
Allemagne	9.25
Autriche-Hongrie	7.99
Suisse	10.73
France	15.87
Italie	10.30
Espagne	12.05
Portugal	10.10
Russie	5.51 (approxim.)
Roumanie	9.74 (approxim.)
Serbie	8.46 (approxim.)
Moyennes générales — Europe occidentale	10.39
— orientale	6.29
— entière	8.83
Etats-Unis	5.81

(1) *J. Officiel*, 14 mars 1902.

(2) L'auteur prévient que, pour construire ce tableau, il a admis que le vin contenait 10 0/0 et la bière 4 0/0 d'alcool.

Nous constatons avec douleur que la France présente déjà, dans ce tableau, le chiffre de 15 litres 87, qui est le plus élevé de tous. Encore faut-il remarquer que M. Sundbärg ne fait pas état de la consommation du cidre, boisson très alcoolique, et dont nos départements de l'Ouest font un usage quotidien. S'il tient compte de l'alcool produit par les bouilleurs de cru, il néglige la fraude qu'il ne peut connaître mais qui se pratique sur une grande échelle.

D'après les tableaux de M. Sundbärg, il est démontré que le seul pays où la consommation ait considérablement augmenté est la France.

Elle a été à peu près stationnaire en Allemagne (malgré le développement de l'industrie), dans les Pays-Bas et dans les États-Unis. Pour la Russie, etc., nous n'avons que des chiffres approximatifs.

Elle a légèrement diminué en Danemark et en Angleterre ; elle a subi une dépression considérable en Suède et en Norvège. Nous verrons plus loin que ce résultat est dû aux systèmes prohibitifs qui suppriment pour le débitant l'intérêt dans la vente des boissons, contrairement à la France qui favorise la liberté de l'enrichissement pour les vendeurs de spiritueux en gros et en détail.

D'après ce que nous venons d'exposer, la France est une des nations qui consomme le plus d'alcool.

Si l'on met à part la consommation de l'absinthe et des apéritifs à essences, on constate avec une profonde tristesse que notre pays absorbe, à lui tout seul, plus *d'absinthe que le reste du monde entier*, et que *l'absinthisme est une passion presque exclusivement française.*

Années	Consommation d'absinthe en France
1885.	85.000 bouteilles
1892.	171.000 —
1896.	256.000 —

En l'espace de 11 ans, l'absorption annuelle d'absinthe a plus que triplé.

Voici, à ce sujet; les chiffres relevés par M. Catusse. En 1880 on consommait 18.000 hectolitres. — En 1884 : 50.000. — En 1888 : 72.000. — En 1893 : 108.000. — Avec ces chiffres pris en 1898 on s'étonnera moins, mais on se désolera de voir la France passer du cinquième rang au premier rang parmi les nations ravagées par l'alcoolisme (1).

Autrefois l'absinthe était bue seulement dans les villes. Aujour-

(1) Sérieux et Mathieu, *L'alcool,* p. 96, 110.

d'hui elle se consomme dans tous les villages. Les femmes et les enfants en réclament au cabaret.

Prenons, dit M. Lannelongue, un voyageur qui descend de la gare Saint-Lazare vers 5 heures du soir. Il suit la rue Tronchet, arrive à la Madeleine, va jusqu'à la Bastille, prend ensuite l'avenue qui mène à la gare d'Orléans, reprend le boulevard Saint-Germain pour revenir presque à son point de départ. Il est effrayant de voir qu'il y a sur la voie publique une masse considérable de gens qui, de 5 à 7 heures, empêchent même le passage des piétons dans beaucoup d'endroits. Savez-vous ce qu'ils boivent ? Ils consomment en masse de l'absinthe, boisson doublement dangereuse.

Et je ne parle que des débits brillants, je ne parle pas des débits clandestins, ils en trouvent au lavoir, chez le charbonnier : les enfants peuvent en acheter ; tout le monde peut aller en prendre, car le gouvernement est, à cet égard, d'une tolérance à nulle autre pareille.

Le bon marché fait qu'on en consomme davantage, et dans les grandes villes, dans les centres ouvriers, l'accélération de l'alcoolisme est d'autant plus grande que des ouvriers vont boire avant leur repas, dans les intervalles de travail.

C'est avec raison que des plaintes s'élèvent de toutes parts contre cette funeste liqueur. N'y eût-il à reprocher à l'absinthe que l'attrait que, paraît-il, elle donne à l'alcool, qu'il faudrait contre cet attrait prendre des mesures défensives. Mais la substance elle-même de cette plante ne contient-elle pas quelque élément dangereux, le mode de fabrication de la liqueur n'est-il pas, dans un but honteux de spéculation, devenu un mode pernicieux, sur lequel conséquemment l'autorité doit exercer une plus exacte surveillance ? On le comprend, il faut, à tout prix, en face d'un péril social comme celui que tout le monde semble aujourd'hui vouloir combattre, prendre des mesures radicales contre la vente des spiritueux à essences.

Dans sa séance du 5 mars 1895, l'Académie française a entendu un rapport duquel il résulte que la consommation de l'absinthe et des boissons similaires progresse chaque année surtout parmi les femmes qui, par goût, s'y trouvent naturellement portées, et chez lesquelles le besoin ne tarde pas à se faire sentir et à devenir impérieux.

Les conséquences de cette situation sont faciles à comprendre. L'absinthe n'est pas seulement la ruine de la santé, elle est encore la ruine des économies ; et lorsqu'elle devient une habitude chez les deux principaux membres de la famille, celle-ci se désagrège bien vite, si elle ne s'éteint par la continuation des excès. De là ruine du travail, diminution de la richesse, de la population, et, en un mot, de la puissance nationale.

Nous applaudissons de tout cœur à l'heureuse décision du Parlement belge qui vient d'interdire absolument la vente de l'absinthe dans tout le Royaume (1).

Tel est le triste bilan de la consommation des spiritueux en France et à l'étranger. Nous ne pouvons plus douter maintenant que l'alcoolisme habituel ne s'étende aux femmes et aux enfants.

Autrefois l'ouvrier ne contractait des habitudes d'ivrognerie que vers la quarantaine, et s'il s'était marié jeune, ce qui arrivait souvent, ses premiers enfants étaient indemnes de l'hérédité alcoolique, car la femme ne buvait que de l'eau et s'abstenait habituellement de vin pur, n'approchant jamais ses lèvres de l'eau-de-vie. Si l'ouvrier des fabriques buvait avec excès, sa descendance s'éteignait au bout de quelques années, et les cultivateurs restés sobres faisaient souche d'hommes sains et robustes ; aujourd'hui l'alcoolisme sévit jusque dans les hameaux les plus reculés.

Les chiffres parlent bien haut et ne permettent pas l'illusion. Nous avons maintenant la certitude que toutes les classes de la société contribuent à grossir ce total de l'alcool consommé. Et nous ne saurions trop nous appuyer sur cette vérité d'expérience qu'il faut redouter non seulement l'alcoolisme des bars et des restaurants de nuit, mais celui qui élit domicile au foyer et dont on se défie moins parce qu'il se cache dans l'ombre.

Dans sa marche insidieuse il n'en est pas moins redoutable ; chaque jour, s'étendant comme une tache d'huile, il envahit lentement tous nos organes, les prédisposant à toutes les influences morbides, et les labourant en quelque sorte pour en faire un terrain de culture où s'implanteront, sans résistance, les plus vénéneux parasites.

Nous avons établi cette vérité scientifique que l'alcoolisation chronique, par l'absorption journalière de spiritueux à petites doses, produit des effets nocifs dont il est impossible de nier l'existence.

Ainsi faisons la guerre à tous ces repas précédés de l'absinthe et suivis du cognac avec la *fée verte* pour ouvrir l'estomac, et la *fée d'or* pour le fermer.

Ne laissons pas le champ libre à ces jouisseurs qui se croient tempérants parce qu'ils n'ont jamais roulé dans le ruisseau et qu'on n'a pas cherché une civière pour les ramener à leur domicile ! Pauvres ignorants, qui ont commencé, encore vêtus de la tunique du collégien, à s'asseoir aux terrasses des cafés en se desséchant par un âcre cigare la gorge déjà brûlée par le bitter ou l'amer Picon. Jeunes gens

____

(1) En Suisse, dans le canton de Vaud, au mois d'avril 1906, la prohibition de l'absinthe vient d'être proposée.

ils ne comprennent pas ce qu'ils appellent la « fête » sans un accompagnement obligé de libations malsaines !

Ne voyons-nous pas des dames du meilleur monde, de jeunes femmes auxquelles le docteur a prescrit l'usage du Champagne ou de la Bénédictine pour soutenir les défaillances de la grossesse, et qui en arrivent à user du remède quand le mal n'est plus qu'un souvenir ?

Et les femmes se plaignent de vapeurs et de neurasthénie ! Il suffirait, pour trouver la cause de leurs névroses de remonter à la source... qui ne serait pas une source d'eau limpide.

En résumé, tous, peuple ou bourgeois, nous buvons avec excès. Et comme les classes dirigeantes ont charge d'âmes, et doivent l'exemple aux masses, elles ont le devoir de veiller sur elles-mêmes et de bannir tous ces excès indignes d'une nation civilisée.

XI

REMÈDES CONTRE L'ALCOOLISME

La prohibition.

Après avoir montré les ravages causés par l'alcoolisme, nous devons maintenant examiner quels sont les meilleurs remèdes à proposer pour arrêter les progrès du mal.

Les moralistes et les philosophes ont passé en revue toutes les mesures fiscales, les actes législatifs, les œuvres de propagande et d'enseignement populaire auxquelles on peut avoir recours. Mais il est des esprits simplistes qui vont nous arrêter au seuil de notre étude. A quoi bon, diront-ils, se mettre l'esprit à la torture pour chercher des solutions incertaines, quand il est facile de résoudre le problème par un moyen radical, la prohibition ?

Voici, en effet, comment raisonnent les partisans de ce système.

L'alcool, disent-ils, est un toxique. Son nom, tiré de la langue arabe (al-cohol), veut dire subtil.

Poison subtil en effet, qui ne révèle pas à l'analyse chimique de germes directement mortels, mais qui cause dans l'organisme humain des perturbations profondes.

Il est donc, en réalité, beaucoup plus *bacillicole* qu'on ne le croit généralement; il constitue une substance éminemment nuisible. Donc il faut prohiber la fabrication de cette liqueur malfaisante, en interdire la circulation et la vente en dehors des usages industriels et des prescriptions médicales.

Aux grands maux il faut opposer les remèdes héroïques ; et si les pharmaciens ne peuvent débiter librement l'opium, l'arsenic ou l'éther, on ne voit pas pourquoi il serait loisible à tous de répandre à flots l'absinthe, le curacao, le vermouth, et toute la gamme des poisons spiritueux.

Les sociétés de tempérance américaines ont organisé un vaste pétitionnement pour obtenir des lois prohibitives. Ce *desideratum* constitue, dans beaucoup de régions, une vraie plate-forme électorale : le candidat inscrit sur son programme la suppression absolue de la fabrication, de la vente, de l'importation, de l'exportation de toutes les boissons alcooliques.

Le parti prohibitionniste, fondé le 1er septembre 1869 dans une réunion que tinrent à Chicago cinq cents délégués des sociétés de tempérance, présente son candidat depuis 1872 dans toutes les élections présidentielles ; et le nombre des voix obtenues par ce candidat a toujours été en s'accroissant : il était de 5.608 en 1872, montait lentement à 9.522 en 1876 et à 10.305 en 1880, atteignait en 1884 le chiffre de 151.809, s'élevait encore en 1888 à 249.907, pour arriver ensuite à près de 280.000.

Si l'on objecte que c'est peu sur 12 ou 13 millions de suffrages, nous ferons remarquer que le programme des prohibitionnistes comprend d'autres articles qui peuvent n'être pas approuvés par des électeurs très hostiles à l'alcoolisme.

La lutte contre le fléau se poursuit d'une manière plus tangible dans les élections législatives.

Divers États ont inscrit dans leur statut fondamental, ou introduit dans leur législation, le principe de la prohibition. L'Etat du Maine a été le premier et est resté le plus fidèle adhérent du système. En 1827, le général Appleton, président d'un comité législatif chargé d'examiner une pétition sur la loi des licences dans cet Etat, fit un rapport dans le sens de la prohibition totale. Ce fut seulement après une longue agitation politique et un travail infatigable de propagande que la prohibition fut introduite dans cet Etat, par la loi du 2 juin 1851, dite *loi du Maine*. Depuis, afin de perpétuer la nouvelle législation, on l'incorpora à la Constitution de l'État. L'exemple du Maine a été suivi par 7 États ; le New-Hampshire, le Vermont, l'Iowa, le Kansas, le South et le North Dakota. Ces trois derniers ont inscrit la loi prohibitive dans leur Constitution.

A l'heure actuelle, les principales dispositions du système du Maine ou de la prohibition totale par *referendum*, sont les suivants :

Défense absolue de fabriquer et de vendre aucune espèce de boissons *distillées* ou *fermentées*, sous peine de mille dollars d'amende et de 2 mois de prison pour le fabricant, de trente dollars d'amende et d'un mois de prison pour le négociant. Les pharmaciens ont seuls le droit de délivrer de l'alcool et seulement sur prescription du médecin. La vente de l'alcool pour les besoins scientifiques se fait sous la surveillance de fonctionnaires officiels, salariés et responsables vis-à-vis de l'Etat. Les liquides sont expertisés par un agent, dont le bénéfice ne doit pas dépasser 6 0/0.

L'alcool industriel ne peut circuler qu'après dénaturation. L'importation est autorisée pour les particuliers, la législation de l'Union comportant la liberté du transit entre Etats.

L'ivresse est punie d'une amende de dix dollars et de trente jours
de prison. Il y a remise de la peine pour le délinquant s'il dénonce
le débitant clandestin qui lui a vendu à boire. Lorsqu'un homme
ivre a lésé dans leur personne, leurs biens ou de toute autre manière,
sa femme, ses enfants ou ses parents, ceux-ci ont le droit de poursuivre en dommages-intérêts ceux qui ont encouragé le délinquant à
boire, ainsi que le propriétaire de la maison où l'ivresse s'est produite.

La prohibition *locale* est en vigueur dans seize États de l'Union.
Comme son nom l'indique, cette forme de prohibition n'est appliquée qu'aux subdivisions territoriales, comtés et communes, chacune
de ces subdivisions ayant le droit d'adopter ou non, après referendum, la prohibition totale sur son territoire.

L'application de ces règles sévères n'est pas facile à réaliser.

Un ironiste bien connu, Mark Twain, racontait un jour l'anec-
dote suivante : « Il y a quelques années, un brave homme de
chez nous débarquait dans une ville *prohibée*. Il demande une auberge, mais on lui dit : « Vous ne trouverez à boire que chez le
« pharmacien ». Le brave homme se rendit alors chez le pharmacien
et lui exposa sa demande ; il reçut cette réponse : « Je ne puis rien
donner à boire sans une ordonnance du médecin ». Le malheureux
insista : « Je meurs de soif, je n'ai pas le temps d'aller voir un médecin. — Cher monsieur, je ne puis servir à boire d'urgence qu'aux
infortunés qui ont été mordus par un serpent ». Alors l'homme altéré demanda : « Où est le serpent ? » Et le pharmacien lui donna
l'adresse du serpent, et le brave homme y courut. Mais il revint au
bout d'un instant, plus altéré que jamais, murmurant dans un râle :
« Pour l'amour de Dieu, à boire ! à boire !!! Le serpent est retenu
pour six mois à l'avance. »

Il est toutefois possible de tourner la loi sans recourir à des expé-
dients aussi étranges.

Les Etats prohibitionnistes sont entourés d'Etats où l'on fabrique
et où l'on vend des boissons alcooliques. Or il n'est pas permis à un
Etat de s'opposer à l'importation des produits d'un Etat voisin.

Comment concilier cette règle de constitution fédérale avec le
droit, revendiqué par chaque Parlement, de légiférer en toute liberté
sur son territoire, et d'adopter telles lois de tempérance qu'il juge
nécessaires ?

Jusqu'en 1890, la Cour fédérale conciliait ces intérêts opposés en
décidant qu'aucun Etat ne pouvait refuser l'entrée aux boissons fabriquées, mais que, les frontières franchies, ces boissons devaient
subir la même réglementation que les boissons fabriquées dans l'Etat

lui-même... Au mois d'avril 1890, un changement de cette jurisprudence, dans une espèce qui passionna le public, vint menacer la prohibition de devenir tout à fait illusoire.

Des brasseurs de l'Illinois avaient expédié dans l'Etat d'Iowa des tonnelets de bière soigneusement cachetés. Ces barils étaient reçus par un de leurs agents, qui les vendait sans briser les cachets ni les mettre en perce. L'Etat d'Iowa est prohibitionniste : on n'y peut vendre de boissons alcoolisées. Un constable saisit les barils. Procès s'en suivit devant la Cour d'Iowa, qui donna tort aux brasseurs ; mais la Cour suprême, devant laquelle fut évoquée l'affaire, rendit après beaucoup d'hésitations un arrêt, lequel déclarait inconstitutionnel le statut de l'Etat d'Iowa, en tant qu'il prohibait la vente des boissons alcooliques par un étranger *dans l'emballage même de l'expédition,* — contrairement à l'article de la Constitution qui réserve au Congrès la réglementation du commerce international.

C'est en invoquant cette décision que les brasseurs purent expédier en masse leurs fûts et leurs bouteilles dans les États prohibitionnistes. On vit aussi des tavernes qui portaient pour enseigne : *original pakage* ou *Supreme court saloons...* D'où protestation solennelle des sociétés de tempérance, qui s'adressent au Congrès, et obtiennent, le 8 août 1890, une loi fédérale qui règle la question en ces termes :

Toute boisson alcoolique, transportée dans un État ou un territoire, ou placée pour l'usage, la consommation, la vente, sera, dès son arrivée dans cet État ou dans ce territoire, assujettie aux lois de l'État ou du territoire, et soumise aux dispositions de police, au même titre et dans la même mesure que si elle avait été fabriquée à l'intérieur de l'État ou du territoire, sans qu'il faille avoir égard à la manière dont elle a été introduite, à l'emballage, ou à toute autre circonstance (1).

Bien que cette règle paraisse absolue, on l'interprète dans ce sens qu'elle n'enlève pas au citoyen de l'État prohibitioniste le droit de se fournir, où il lui plaît, des boissons nécessaires à sa consommation et à celle de sa famille ; qu'en conséquence, il lui reste permis d'acheter dans un autre État les boissons alcooliques, de les faire transporter dans son domicile et de les y consommer.

A la faveur de cette réserve, les débits clandestins ont pu se fonder et se multiplient chaque jour, dans les États où la vente de l'alcool est interdite.

Un fait, en tout cas, n'a pas été contesté, c'est que les « permis fédéraux » délivrés aux pharmaciens et pseudo-pharmaciens, ont servi

____

(1) *Annuaire de législation étrangère,* 1890, p. 795 et suiv.

à couvrir des débits clandestins, lesquels, dans certaines villes prohibitionnistes, sont proportionnellement plus nombreux que les débits à licence des États non prohibitionnistes.

L'idée de la prohibition locale, acheminement vers la prohibition nationale, a fait de grands progès en Angleterre, où elle fut soutenue par Gladstone sous le nom d'*option* locale. Elle est défendue par une puissante société, *The united kingdom alliance for the legislative suppression of the liquor traffic*, fondée en 1853. Son champion au Parlement a été l'infatigable sir Wilfrid Lawson, qui, de 1864 à 1879, chaque année, présenta toujours sans découragement et toujours sans succès, un bill de prohibition. Elle a été reprise par William Harcourt, dans son bill du *veto local*.

L'option locale a été la cause d'une vive agitation politique et, comme en Amérique, est devenue une plate-forme électorale. Le premier pas dans la voie de la prohibition a été fait en Angleterre à l'occasion du procès « Sharp contre Wakefield ». Dans ce pays, les concessions de débit ne valent que pour un an, et le pouvoir de les renouveler appartient à des magistrats spéciaux, lesquels, de tout temps, laissaient les licences se renouveler tacitement. La tenancière d'un cabaret de village, Susannah Sharp, s'étant vu refuser le renouvellement de sa licence par un magistrat acquis à la cause de la prohibition, lui intenta un procès qu'elle perdit devant toutes les juridictions du Royaume-Uni (1891), malgré l'influence du puissant parti des « liquors lords ».

En Hollande, le débit au détail des boissons spiritueuses est soumis à l'autorisation préalable des autorités communales ; mais il y existe encore de nombreuses licences à vie.

L'option locale a été adoptée par la Nouvelle-Zélande et elle a triomphé dans la votation populaire (femmes comprises) du 29 septembre 1898, par 20.000 voix de majorité.

Le système de la prohibition est évidemment, en théorie du moins, des plus aptes à satisfaire aux desiderata de l'hygiène et de la morale. Quant à l'exacte estimation des résultats qu'il a produits aux Etats-Unis, le seul pays qui en ait fait une expérience suffisamment étendue et prolongée, les données manquent pour la fixer.

Nous savons, par exemple, que récemment le régime de la prohibition obtenait la majorité des suffrages au Canada, sauf en la province de Québec. Mais, pas plus dans cette partie de l'Amérique qu'aux Etats-Unis, l'essai n'a jamais été fort heureux. Partout où ce système était mis en vigueur, la fraude atteignait des proportions inouïes, et les débits clandestins se multipliaient. Sur dix-sept Etats, dix ont dû renoncer à la proscription de l'alcool ; et, dans les autres, on consomme à peu près autant de spiritueux qu'auparavant.

On doit reconnaître que la prohibition, cet idéal des *teetotalers*, n'a que peu de chances de succès dans nos contrées, où, par tempéramment, l'on penche vers les solutions moyennes.

On a imaginé aussi d'employer la prohibition comme un moyen d'astreindre les débiteurs réfractaires à payer leurs impôts. C'est ce qu'on pourrait appeler la contrainte par abstinence. Ceux qui s'y exposent sont trop doucement traités, puisque leur mauvais vouloir trouve une véritable récompense au lieu d'une punition. Mais ils n'en jugent pas ainsi, malheureusement pour leur santé.

Au mois de mars 1906, la municipalité d'Orlamude (Suisse) a décidé que l'entrée des cafés et des débits de schnaps sera désormais interdite à tout contribuable qui n'aura pas payé ses impositions dans le délai légal. C'est une mesure qui existe depuis de nombreuses années dans le canton de Berne, où elle a produit d'excellents résultats.

L'état de nos mœurs et la nécessité d'équilibrer notre budget rendraient impossible en France l'ostracisme absolu qui a pu être exceptionnellement imposé par certaines législations. Mais ce qui est praticable, c'est de préférer la santé publique aux excédents de recettes.

Pour conclure, on doit reconnaître qu'en France la prohibition de l'alcool resterait lettre morte et soulèverait malheureusement un *tolle* formidable.

L'industrie des boissons alcooliques a pris chez nous une telle extension, intéresse un si grand nombre de personnes qu'il faut engager contre elle une lutte prudente et ne pas craindre d'employer la guerre des tarifs.

XII

REMÈDES FISCAUX CONTRE L'ALCOOLISME

Dégrèvement des boissons hygiéniques.

On peut classer en trois catégories les remèdes contre le fléau de l'alcoolisme :

1° *Remèdes fiscaux ;*
2° *Remèdes légaux ;*
3° *Remèdes moraux.*

Ce n'est pas trop de réunir toutes ses ressources pour combattre un ennemi aussi redoutable. Les forces sociales doivent se grouper en un faisceau compact, afin de diriger la lutte et d'assurer la victoire ; car l'alcool fait autant de victimes que les Attila, les Gengis-Khan et autres massacreurs d'hommes (1).

Au Parlement, dans la séance du 23 janvier 1873 (2), M. Laboulaye faisait un énergique appel à l'esprit public. « Toutes les fois, disait-il, qu'on attaque un vice social, le jeu, la débauche, l'ivrognerie, il est évident qu'il n'y a pas un moyen unique, une panacée pour se débarrasser de ce vice. La religion dit : Je modérerai l'homme, je lui apprendrai la sagesse. Elle a raison. L'éducation dit : Je lui donnerai des goûts plus élevés. Elle a raison. Les économistes disent : Nous organiserons des associations de tempérance. Ils ont raison. L'hygiène dit : Il faut donner de meilleurs aliments, offrir de bons vins, supprimer les octrois. Elle a raison. Mais la loi vient à son tour et dit : Je mettrai mon poids dans la balance, et je saurai bien imposer ma volonté. Elle a raison ».

Seulement la loi doit être sage, tenir compte des nécessités contingentes, et ne pas outrepasser le but par des rigueurs extrêmes.

Depuis longtemps on a songé à faire servir le fisc à la moralisation ; les lois *somptuaires* de l'ancienne Rome n'avaient pas d'autre but. Il ne faut donc pas s'étonner si les législateurs de presque tous les pays ont frappé l'alcool d'impôts très élevés ; car, comme le fait

(1) V. E. M. de Vogüé, article : « Le Faubourg », *Figaro*, 9 juillet 1895.
(2) V. *Journal officiel*, 24 février 1853.

observer Claude (des Vosges), dans son *Rapport sur la consomma-tion de l'alcool en France* : « ici l'intérêt du Trésor se confond avec celui de la santé et de la moralité publiques ; *une matière est d'autant plus imposable que sa consommation est reconnue plus dangereuse* (1).

Plusieurs solutions ont été proposées : certains hygiénistes et moralistes demandent des droits élevés sur les *alcools fermentés* (2).

D'autres veulent que l'État fasse pour l'alcool ce qu'il a fait pour les poudres, les allumettes, les tabacs : qu'il en monopolise la fabrication et la vente ; — d'autres demandent seulement que l'État frappe de droits très élevés les *boissons distillées*, si pernicieuses à la santé publique, et que l'on dégrève les *boissons fermentées*, dites *hygiéniques* : vin naturel, bière, cidre, poiré, hydromel ; — quelques-uns enfin proposent un remède plus radical encore, qui est de taxer aussi les *boissons fermentées* et de dégrever le *sucre*, le *thé*, et le *café*, ces dernières boissons étant les seules *hygiéniques*, avec l'*eau*, bien entendu.

Un point sur lequel tout le monde s'accorde, — sauf les intéressés, — c'est la suppression du *privilège des bouilleurs de cru*, et une plus sévère répression de la *fraude* dans la fabrication et la vente clandestines des alcools (3).

L'action de l'État vient de se manifester par la promulgation de la loi du 29 décembre 1900, votée par les législateurs après bien des difficultés.

Les boissons hygiéniques ont été exonérées de divers droits auxquels elles étaient assujetties.

« Les vins, cidres, poirés et hydromels restent, quelle que soit la quantité, soumis au droit général de circulation dont le taux, décimes compris, est fixé uniformément à un franc cinquante centimes par hectolitre pour les vins, et à quatre-vingts centimes par hectolitre pour les cidres, poirés et hydromels. »

Le droit de fabrication des bières a été réduit de moitié.

Réservant pour des chapitres ultérieurs les questions d'augmenta-

---

(1) Claude (des Vosges), *Rapport*, p. 3.

(2) On distingue les boissons alcooliques fermentées : vin, bière, cidre, poiré, etc., dans lesquelles l'*alcool* est très étendu, et les *boissons alcooliques proprement dites*, dans lesquelles l'alcool entre au moins pour la moitié : eau-de-vie, 50 à 60 0/0, absinthe 60 à 70 0/0, trois-six, 85 0/0, kirsch, rhum, genièvre, etc.

(3) Voir M. Vanlaer, *Alcoolisme et ses remèdes* ; Alglave, *Monopole de l'alcool* ; Guillemet, *Projet de loi sur le monopole de l'alcool* ; Claude (des Vosges), *Rapport de la commission sénatoriale.*

tion de taxes et de monopole, nous allons nous occuper d'abord du dégrèvement des boissons dites hygiéniques.

Tout le monde reconnaît que le danger provient surtout des liqueurs spiritueuses distillées — et que, sauf l'abus, il ne serait pas produit par les boissons alcooliques fermentées telles que le vin, la bière ou le cidre, qui sont appelées communément boissons hygiéniques, leur usage modéré pouvant s'accorder avec les prescriptions de l'hygiène.

Depuis bien des années, les économistes ont étudié les mesures à prendre pour réduire les taxes qui frappent le vin, notamment les octrois.

M. Théophile Roussel développa une proposition tendant à ne soumettre au droit de détail les quantités de vin, cidre et poiré, achetées chez le marchand en gros et chez les récoltants que lorsqu'elles sont inférieures à 10 litres, en supprimant la fixation faite en 1852 du chiffre de 25 litres comme limite de la vente en gros.

L'ouvrier aurait pu ainsi aller chercher du vin par petites quantités, de manière à assurer la consommation de sa famille pour une semaine.

Cette proposition ayant été rejetée, M. Roussel essaya de faire adopter le texte suivant : « Dans la ville de Paris, ainsi que dans les villes où les droits d'entrée et de détail s'ont convertis en une taxe unique aux entrées, les tarifs seront remplacés par des tarifs proportionnels établis d'après la quantité d'alcool contenu dans les vins. »

Ce projet, si conforme à l'équité, avait pour but de restreindre la consommation de l'alcool dans les classes pauvres, et d'y favoriser l'usage du vin naturel.

La partie relative à l'abaissement à 10 litres de la limite entre la vente en gros et la vente en détail intéressait les populations pour lesquelles on exerce le droit de détail ; l'autre était la compensation équitable qui devait procurer un avantage analogue aux populations des villes dites rachetées.

M. Roussel ne voulait pas, comme on le lui a reproché, supprimer la consommation du vin ; sa seule pensée était « d'appliquer à l'impôt des boissons qui se paie par les moins riches les principes de la justice dans un but de santé publique et de moralisation ».

En 1880 le gouvernement fit procéder à une enquête pour établir par des chiffres si la consommation du vin diminue celle de l'eau-de-vie, et dans quelles proportions.

Le D' Lunier, qui le premier a affirmé l'existence de ce fait économique, donna comme argument principal, à l'appui de sa thèse, cette remarque que les régions de la France où le vin est la boisson ordinaire, consomment incomparablement moins d'alcool que celles où le vin est peu répandu (1).

Considérant comme acquise la démonstration de l'antagonisme entre l'alcool et les boissons fermentées naturelles, Lunier a poursuivi son ardente campagne en faveur du dégrèvement des boissons hygiéniques ; il est toujours resté convaincu que si l'usage du vin naturel, de la bière, du cidre, se généralisait davantage, la vogue des liqueurs distillées subirait une heureuse décroissance. Mais le savant praticien ne voulait parler que du vin ne titrant pas plus de 10 à 11 0/0 d'alcool, sans aucune addition de trois-six.

On peut ajouter, à l'appui de cette thèse, que les taxes imposées aux boissons hygiéniques n'ont pas uniquement pour effet d'en restreindre la consommation ; elles constituent, par elles-mêmes, une incitation à la fraude. Si la bière est grevée d'un impôt trop lourd, le fabricant peu scrupuleux y fera entrer plus de buis que de houblon, sans compter l'alcool de betteraves qui lui donnera cette saveur brûlante recherchée par certains buveurs.

D'autre part, il semble rationnel de placer le dégrèvement des boissons hygiéniques en face des surtaxes imposées à l'alcool. Le législateur ne doit pas encourir le reproche de réserver certains produits, fussent-ils nuisibles, aux seuls privilégiés de la fortune.

Les ruines occasionnées par le phylloxera, l'oïdium et le mildew ont contribué pour une large part au développement de l'alcoolisme ; car les populations habituées au vin, ignorantes de la bière ou du cidre, n'ont pas eu le courage de revenir à l'eau, et se sont laissé tenter par des mixtures de couleur plus ou moins rose qui leur donnaient une illusion du vin disparu, illusion bien chèrement achetée.

En même temps que le vin diminuait en quantité, il diminuait en qualité ; les vignerons, pour relever la valeur de leur marchandise, employèrent largement les coupages, le vinage au moyen d'alcools inférieurs. En outre, on eut recours aux vins étrangers, qui, ordinairement très montés en couleur et en alcool, devinrent l'objet de manipulations destinées à les déposséder de leur excédent de qualités, pour en faire profiter les crus français trop défectueux.

(1) Il ne faut pas confondre les quantités *imposées* et les quantités *consommées* dans chaque département. Les deux chiffres se ressemblent le plus souvent, mais ne sont pas identiques, et diffèrent assez sensiblement dans quelques départements.

Les quantités *imposées* dans un département, sont celles qui y ont payé les droits. Mais il peut se faire qu'ensuite elles soient expédiées et consommées dans un autre département.

Les quantités *consommées* sont calculées en tenant compte de ces déplacements. De plus, on y ajoute la consommation des bouilleurs de cru (simplement évaluée).

Comme le dit M. Roussel au Parlement, « le Nord et le Midi, l'un avec son alcool, l'autre avec ses vins très chargés en couleur, se donnèrent la main pour empoisonner la population ».

Puis on commença à fabriquer des vins de raisins secs. Ces innovations étaient plus inspirées par un esprit de lucre que par le désir de remédier aux disettes vinicoles. Leur conséquence directe a été de faire passer presque partout le vin naturel à l'état de mythe. On boit du vin dans toute la France, ou plutôt on croit boire du vin, ce qui est bien différent. Dans cette situation, le retour à la consommation des boissons fermentées hygiéniques ou prétendues telles n'est pas évidemment un remède assuré contre l'alcoolisme ; c'est un moyen, bon en théorie, mais dont la base pratique fait défaut de jour en jour à cause de la sophistication du vin, fraude bien plus difficile à combattre que celle du cidre ou de la bière, boissons dont l'usage est, en somme, limité à quelques régions du Nord et de l'Ouest.

Supprimer tout impôt sur les boissons hygiéniques, c'est une mesure qui doit néanmoins être tentée et dont on peut attendre de bons résultats ; mais ce qui est encore plus urgent, c'est de faire la guerre aux vins frelatés, alcoolisés, car ces mélanges sont aussi nuisibles que certaines eaux-de-vie. C'est avec raison que la loi du 6 août 1905 a frappé avec rigueur la falsification des vins, trop faiblement réprimée par la loi de 1851 et l'article 423 du Code pénal.

Encourager la culture des vignobles, protéger le commerce de vins exempts d'alliages, ce n'est pas, si l'on veut, attaquer de front l'alcoolisme, mais c'est lui faire une guerre indirecte.

En effet, l'alcoolisme est avant tout un empoisonnement ; si les boissons offertes aux populations sont saines et ne nuisent que par l'abus, on aura fait un grand pas dans la voie du progrès.

Des plants détruits par le phylloxera ont été reconstitués dans tout le Midi et dans beaucoup de départements du centre.

Pour atteindre le but que nous signalons, les pouvoirs publics doivent avoir en vue trois moyens d'action :

1° Encourager les viticulteurs ;

2° Multiplier les moyens de destruction contre les maladies de la vigne ;

3° Propager l'emploi des plants américains.

Plusieurs systèmes pourraient être préconisés en vue d'encourager la viticulture. Le premier, le plus important, serait d'accorder au viticulteur certains privilèges, le dégrever, pour un certain temps, par exemple, de tout ou partie de l'impôt sur le sol. Il serait bon même que l'État entrât pour sa part de frais, si minime fût-elle, dans le repeuplement des vignes. Des primes, des récompenses seraient accordées à tout viticulteur dont les essais auraient produit un bon résultat.

A l'étranger, cette question préoccupe vivement les esprits. Un projet, modifiant la loi du 3 juillet 1883, vient d'être soumis au Parlement allemand pour la protection des vignobles (1).

Tout en étant protégé contre les maladies de la vigne, le viticulteur devrait être assuré de l'écoulement de ses produits par deux procédés : 1° augmentation de l'impôt sur l'alcool et sur les boissons spiritueuses fabriquées ; 2° obstruction faite à l'importation des vins étrangers et à la fabrication des vins de raisins secs, à la condition toutefois que le degré d'obstruction varierait chaque 'année et augmenterait en raison directe de la production des vignobles français.

Il serait utile d'ailleurs de favoriser l'importation des vins étrangers dans les années où la recette des vignobles serait peu abondante en France. Nous ne parlons que de vins reconnus naturels et irréprochables ; encore ne faudrait-il leur accorder aucun avantage assez important pour justifier les plaintes de nos viticulteurs. En toute hypothèse, le gouvernement devrait établir sur les vins étrangers une taxe d'entrée plus élevée que celle imposée aux vins de France, en maintenant sur l'alcool des taxes majorées.

Quant à l'exportation de nos vins à l'étranger, elle ne saurait être encouragée, bien que le haut commerce y trouve la source de bénéfices considérables. Un droit de sortie protégerait utilement l'intérêt national ; et n'eût-il pour conséquence que d'amener une légère diminution dans la consommation de l'alcool, il faudrait préférer cet avantage à la prospérité de certaines grandes maisons.

En ce qui concerne le vin de raisins secs, ce serait une erreur de le proscrire systématiquement. Il n'est pas nuisible, et peut rendre de grands services dans les classes pauvres. Pendant que l'ouvrier le boit, il s'éloigne des spiritueux. Mais, pour que ce vin soit ainsi dans le commerce, il importe qu'il soit bien fabriqué en restant exempt de tout mélange suspect. La tolérance de l'administration comportera l'obligation pour le producteur d'indiquer l'origine de son vin, et de se soumettre à une surveillance tendant à éviter les sophistications au moyen d'alcools insalubres. D'autre part, les droits d'entrée pour les raisins étrangers devraient être suffisamment abaissés pour permettre la fabrication du vin sans nuire pourtant à la vente des produits de nos vignobles.

Il serait à désirer que les familles peu aisées reprissent l'habitude

____

(1) *Journal officiel* du 25 mai 1904, p. 3140.

ancienne de fabriquer elles-mêmes des boissons inoffensives, telles que la piquette, le poiré, le cidre, la bière de ménage.

La piquette, cette boisson du pauvre, ne contient pas 3 0/0 d'alcool : elle doit rester exempte de droits. Ceux qui récoltent l'orge et le houblon doivent être autorisés à fabriquer librement, pour leur usage personnel, la bière dite au four ou au chaudron.

C'est ce qui se pratique en Angleterre.

Mais combien d'hommes déclarent aujourd'hui trop fades ces boissons anodines dont se contentaient leurs pères ! Ils trouvent même que les vins naturels ont trop peu de montant, et c'est pour satisfaire ces goûts dégravés que des industriels sans scrupule pratiquent l'affreux vinage à l'alcool du Nord.

C'est là une des fraudes les plus dangereuses pour la santé publique.

Si nous tenons pour une donnée probable que la consommation du vin naturel diminuerait le fléau de l'alcoolisme, il faut tout mettre en œuvre pour combattre les parasites, ennemis de la vigne, et activer le remplacement des plants détruits. L'Etat doit multiplier les récompenses à ceux qui trouvent des agents destructeurs du phylloxera, et surtout favoriser le repeuplement des vignobles qui est encore l'objet de répulsions inexplicables, malgré les immenses services rendus par les cépages américains.

On a constaté que les pays produisant le plus de vin fabriquent le moins d'eau-de-vie et réciproquement.

Cette situation a été observée particulièrement en Autriche, mais les données de la statistique ne peuvent être absolues, et les adversaires de M. Lunier formulent ainsi leurs objections.

On sait, disent-ils, que les récoltes de vin sont très irrégulières soit comme qualité, soit comme quantité. D'un autre côté, la consommation des boissons distillées suit une marche presque fatalement progressive.

Si une mauvaise récolte peut augmenter la consommation de l'alcool, il serait téméraire d'affirmer qu'une année prospère pour la vigne a pour conséquence une diminution dans l'usage des spiritueux. Quand le vin se fait rare, le buveur absorbe de l'eau-de-vie ; mais il ne se défait pas aisément de ses habitudes d'intempérance ; son gosier, après avoir goûté des sensations plus âcres, n'a plus le même goût pour la saveur naturelle du vin. Tout ce qu'on peut craindre, c'est qu'à la première disette vinicole, il n'augmente la dose des liqueurs distillées.

Il faut se rappeler que la récolte du vin s'annonçant en mai et se faisant en septembre, c'est seulement vers la fin de l'année et surtout pendant l'année suivante que la rareté du vin se fait sentir quand la récolte est mauvaise. On doit donc s'attendre à ne voir augmenter la consommation d'eau-de-vie que pendant l'année qui suit la mauvaise récolte.

Deux grandes crises viticoles signalent la deuxième moitié de xix° siècle, celle de l'oïdium et celle du phylloxera. Celle de l'oïdium (1851-1857), beaucoup plus grave que celle du phylloxera, s'accompagne d'une augmentation sensible de la quantité d'alcool imposée qui passe de 622.805 hectolitres en 1851 à 842.691 en 1858 (malgré la diminution du nombre des cabarets et malgré l'augmentation des droits en 1855), soit une augmentation moyenne d'environ 31.000 hectolitres par an.

Cette augmentation reste ensuite un fait acquis, que ni les récoltes passables de 1858-1862, ni les excellentes récoltes de la période de 1863-1878 ne modifient pas. Pendant cette longue période de vingt et un ans, la quantité d'eau-de-vie imposée s'élève de 842.691 hectolitres à 1.161.649 hectolitres en 1879, soit une augmentation moyenne de 15.000 hectolitres par an (malgré l'augmentation des droits en 1850, 1871, 1873).

Vient ensuite la généralisation du phylloxera, qui fait sentir ses effets surtout de 1879 à 1892, c'est-à-dire pendant treize ans. La quantité d'eau-de-vie imposée s'élève de 1.161.649 hectolitres à 1.733.307, soit une augmentation considérable qui atteint 44.000 hectolitres par an.

Les années suivantes ont présenté une légère amélioration. A la suite de l'excellente récolte de 1893, on a constaté une baisse dans la consommation de l'alcool (en mettant à part la question des bouilleurs de cru).

Si l'année exceptionnellement prospère de 1875 fut suivie d'une imperceptible diminution de la quantité d'alcool imposée, la récolte extraordinairement abondante de vin en 1900 et 1901 a été suivie d'une très remarquable diminution dans la quantité d'eau-de-vie *imposée* en 1901 et 1902 : celle-ci est revenue, pendant ces deux années, à ce qu'elle était il y a vingt ans.

En admettant que la fraude ait sa part dans cette diminution, il faut néanmoins la retenir comme un heureux symptôme.

Les statistiques permettent de formuler quelques propositions générales.

Tout d'abord, les départements où le vin est la boisson habituelle consomment beaucoup moins d'eau-de-vie que ceux où le vin n'est pas de consommation courante.

Les crises viticoles de longue durée, par exemple celles qui ont été

causées par l'oïdium et par le phylloxera, augmentent la consommation de l'alcool. Mais celle-ci ne diminue pas lorsque la crise viticole
est passée. L'eau-de-vie n'abandonne pas facilement ses positions.

La France est peut-être le seul pays où l'on puisse observer l'antagonisme du vin et de l'eau-de-vie. En Italie et en Espagne l'eau-de-
vie est trop peu répandue ; dans les autres pays le vin est trop rare
pour qu'on puisse comparer leur action.

M. Claude (des Vosges) a cherché s'il y a de même lutte en
Angleterre entre l'eau-de-vie et les boissons réellement hygiéniques
telles que le thé. Voici les données qu'il a recueillies :

	QUANTITÉS ABSOLUES				PAR TÊTE (1)			
	1852	1862	1872	1882	1852	1862	1872	1882
Alcool pur (hectol.)...	787.760	629.580	961.440	965.620	2.86	2.15	2.95	2.73
Vins (hect.).	288.148	443.285	761.130	650.990	1.01	1.51	2.39	1.84
Bières (hect.).	27.440.000	31.531.000	46.060.000	44.177.000	99	108	144	125
Thé (kilogr.).	24.840.000	35.740.000	57.980.000	74.820.000	898	1221	1818	2121
Café (kilogr.).	15.846.000	15.250.000	14.126.000	14.190.000	547	534	442	401
Cacao (kilog.)	1.511.000	1.643.000	3.512.000	5.411.000	54	55	110	153

Ce tableau accuse, pour la bière et surtout pour le thé, une augmentation considérable ; le thé est devenu une boisson nationale (en
France, la consommation moyenne par tête est d'environ 15 grammes).

Quant à l'alcool, la consommation est restée stationnaire.

Le café a perdu du terrain, mais la consommation en est faible ;
celles du vin et du cacao sont des quantités négligeables.

Certains adversaires du dégrèvement tiennent un langage encore
plus absolu. Cette mesure, disent-ils, satisfait sans doute les producteurs de vin, de bière ou de cidre ; elle peut sauver de la ruine le dé-
biteur menacé ou atteint par la surtaxe de l'alcool ; mais elle est
incapable d'abaisser la consommation de l'alcool total, ce qui est le
vœu des hygiénistes. Partout où l'on a frappé les spiritueux en favorisant les boissons fermentées ou simplement en maintenant vis-à-vis
d'elles le *statu quo*, la consommation de ces dernières augmentait
plus rapidement que ne diminuait celle des premières ; même, en
certains pays, l'on a pu voir l'une et l'autre croître parallèlement.

« En Suède, dit le Dʳ Wieselgrein, la digue que l'on a cru opposer

(1) En litres pour l'alcool, les vins et bières ; en grammes pour le thé, le
café, le cacao.

à l'abus des boissons enivrantes a été maintenant rompue non pas en faveur de l'eau-de-vie, mais par la bière. Tandis que les arrestations pour ivresse d'eau-de-vie ont diminué pendant les quinze dernières années, celles qui résultent de la consommation de la bière ont augmenté par contre d'une manière effrayante. »

Les partisans du dégrèvement ignorent sans doute que plus de 20 °/₀ des alcooliques internés se sont exclusivement intoxiqués avec le vin, la bière ou le cidre, boissons dites hygiéniques ! (1).

En réalité, le dégrèvement est simplement une sorte de prime donnée à l'usage des boissons fermentées, à l'alcoolisme officiel par boissons sucrées hygiéniques.

Pour nous, nous nous tiendrons entre les deux extrêmes ; et, sans attribuer au dégrèvement des boissons hygiéniques ni une vertu exagérée, ni une impuissance radicale, nous proposerons de maintenir ce moyen, dont les conséquences n'ont pas encore été bien clairement exprimées par des chiffres.

Il est vrai que la brusque suppression des droits d'octroi a forcé les débitants à baisser leurs prix ; mais si la consommation du vin a nécessairement augmenté par la loi du bon marché, il n'est pas certain que l'alcoolisme ait beaucoup perdu à cette révolution économique.

Boira-t-on moins d'alcool parce qu'on boira plus de vin, plus de cidre et plus bière ?

Sans doute, les départements où prédomine la culture de la vigne consomment beaucoup moins d'alcool que les autres ; ou du moins le chiffre de l'impôt perçu sur les boissons distillées est beaucoup plus faible dans la Gironde, par exemple, que dans le Nord. De même le rendement fiscal de l'alcool est sensiblement inférieur à la moyenne dans les années où la production du vin est abondante, mais nous verrons, en parlant des bouilleurs de cru et de leur privilège, si difficile à déraciner, que la surproduction du vin se transforme souvent en surproduction d'alcool franc et quitte de tout impôt.

A l'encontre de Lycurgue, qui ordonnait d'arracher les ceps de vigne, favorisons la production du vin, de manière à écarter les boissons nuisibles. Le vin n'est dangereux que par l'abus ; son dégrèvement pourrait amener de bons résultats ; il en serait de même de l'exemption d'impôts accordée au cultivateur de vignobles pendant les quatre années d'attente de la récolte d'un nouveau plant.

Le bon marché du vin augmente la consommation, de même que la diminution du timbre-poste développe la correspondance, au grand profit du Trésor. Le vin cher favorise le règne des boissons malsai-

<hr>

(1) Forel, *Statistique d'Ellikon*, 1793.

nes ; c'est aussi le signal d'un débordement dans la fraude et la sophistication. Affaibli par l'eau, le vin n'est pas nuisible comme lorsqu'il est fortifié par l'alcool ; mais la fraude est toujours odieuse, surtout lorsqu'elle porte préjudice aux déshérités de la fortune.

On pourrait créer des primes pour vulgariser la consommation des boissons hygiéniques sans alcool, telles que le thé, le café, le moté. Pour toutes ces substances, capables de détrôner l'eau de-vie et les apéritifs maudits, nous voudrions que le législateur eût le courage d'en arriver au dégrèvement le plus large possible.

L'Anglais aime le thé pour lui-même ; beaucoup de nos compatriotes apprécient trop le rhum qu'on y verse. Pour le café, il n'est que trop souvent additionné d'eau-de-vie pour mériter le nom de *gloria* ou de bistouille. Ce n'est pas ce que nous appelons de nos vœux ; nous souhaitons que l'usage de ces boissons salutaires sorte du domaine des consommations de luxe pour entrer dans les habitudes courantes. En les dégrevant, on arriverait à les répandre, comme en Russie, au grand profit de l'hygiène publique.

Déjà la grande diminution de l'impôt sur le sucre a été un pas en avant fait dans cette voie.

Plus les alcools et tous les spiritueux à essences doivent être écartés de la consommation, plus il importe de favoriser les boissons naturelles que l'alcool d'industrie ne viendra plus dénaturer lorsqu'elles seront vendues à un prix normal.

La cure de l'alcoolisme peut trouver un élément précieux dans une différence sensible de prix entre le vin naturel et la liqueur pimentée qui pervertit le goût et brûle les entrailles.

« Voulez-vous empêcher qu'on n'aille à l'alcool ? disait M. Fr. Passy au Congrès de l'alcoolisme en 1878. Mettez le vin, le vin naturel et sain, sur le chemin des populations que l'alcool dévore. Tout ce qui sera fait pour faciliter à tous l'usage des boissons saines sera autant de fait contre l'usage et contre l'abus des boissons malsaines. Mettez à la portée des populations, par une surveillance sérieuse et par la réduction des droits de toutes sortes qui grèvent les transports, les boissons saines qui lui sont indispensables. »

Il faut donc établir une barrière fiscale entre les travailleurs et l'empoisonnement qui les menace. Si, par le fait de surtaxes nécessaires, le budget se trouve en déficit, qu'on cherche ailleurs des ressources ; qu'on impose le luxe sous toutes ses formes, mais qu'on cesse de tarir la vraie richesse de la France, la santé, la vigueur de ses enfants ; qu'on leur conserve le plus précieux des trésors, *mens sana in corpore sano* !

Comment a-t-on procédé jusqu'à ce jour ? C'est ce que nous avons maintenant à exposer.

Les taxes établies sur le vin comprennent : un *droit de circulation* de 1 à 2 francs l'hectolitre suivant les régions, payable toutes les fois qu'il y a déplacement de vins à destination directe du consommateur ; un *droit d'entrée*, de 0 fr. 40 à 3 francs, exigible toutes les fois que le vin pénètre dans une ville de plus de deux mille âmes ; un *droit de détail*, dû seulement par le débitant, et s'élevant à 12 fr. 50 pour cent du chiffre de ses ventes. Dans un très grand nombre de villes, — et notamment, depuis 1875, dans toute ville de plus de dix mille âmes, — le droit de détail était remplacé par une augmentation du droit d'entrée.

Depuis trois ans le droit d'octroi sur le vin est supprimé à Paris.

La législation du cidre est la même que celle du vin, avec un tarif moins élevé. La bière enfin, imposée sur des bases différentes, ne paye qu'un seul droit, un *droit de fabrication*, s'élevant à 3 fr. 75 par hectolitre de bière forte, et à 1 fr.25 par hectolitre de petite bière.

Le dégrèvement proposé — tel que la Chambre des députés l'a voté — ne serait pas total. « La suppression complète de tout droit sur le vin, a-t-on dit, aurait pour effet d'établir une immunité au profit des produit frelatés. L'intérêt fiscal seul peut garantir la surveillance hygiénique. Le fisc protège le consommateur. » Et le législateur doit sauvegarder les droits du Trésor. Il n'y a pas, comme on l'a écrit, d'impôt plus naturel que l'impôt sur les boissons, parce qu'il n'en est pas de plus productif ; ni (à condition d'être modéré) de moins injuste, parce qu'il frappe des objets qui sont de consommation générale sans être de nécessité absolue.

Mais, en le maintenant, on le diminuera et on le simplifiera. Il n'y aura plus, pour le vin et pour le cidre, qu'un droit, le même pour toute la France et très peu élevé, un droit de circulation, qu'on fixera à 1 fr. 50 l'hectolitre pour le vin, à 0 fr. 80 l'hectolitre pour le cidre. La bière sera dégrevée dans une proportion équivalente.

Il eût été rationnel de dégrever deux autres boissons qui sont hygiéniques sans être alcooliques : le café et le thé. Le fisc continuera à percevoir, comme par le passé, sur le thé un droit de douane de 2 fr. 08 ; sur le café, un droit de douane de 1 fr. 50, par kilogramme. Et pourtant, en Angleterre, en Amérique, en Russie, en Suède et en Norvège, la lutte contre l'alcoolisme a trouvé un très précieux auxiliaire dans ces deux boissons, qui ont le double avantage de ne pas contenir d'alcool, et de ne renfermer que de l'eau stérilisée par l'ébullition.

Il n'est pas possible de mesurer à l'heure présente l'effet produit par les lois nouvelles qui ont dégrevé les boissons hygiéniques. On a voulu faire passer dans la pratique les conclusions de l'enquête de 1880 : affranchir complètement les vins, cidres, bières, et faire payer leur rançon par l'alcool, en modifiant toutefois son mode de perception.

Léon Say, au contraire, dans le rapport de la Commission extra-parlementaire nommée en 1887, exprime la pensée que la loi peut agir de deux façons, pour restreindre la consommation : diminuer le nombre des débits, et rendre la boisson plus chère.

Nous avons à étudier ces deux moyens d'action ; mais au point où nous en sommes arrivés, il nous suffira de dire que le dégrèvement des boissons hygiéniques, s'il peut produire de bons effets temporaires et partiels, est loin d'être une panacée contre le fléau de l'alcoolisme.

XIII

TAXES SUR L'ALCOOL

Le régime fiscal de l'alcool repose sur des bases tout à fait différentes de celles qui sont adoptées pour les boissons hygiéniques.

Des édits et règlements de l'ancien régime, promulgués en 1680, 1717 et 1718, établissaient déjà des taxes sur l'eau-de-vie, « afin d'en empêcher la grande consommation ». La Révolution supprima ces impôts qui furent rétablis en 1804.

L'alcool est aujourd'hui frappé d'un double droit : un *droit de consommation* perçu à la sortie de la distillerie, un *droit d'entrée* perçu à l'entrée des villes d'au moins deux mille âmes : et ces droits sont calculés,non pas sur la quantité des spiritueux (sortie et entrée), mais en raison de l'alcool pur à 100° contenu dans ces spiritueux.

Le droit d'entrée, variable selon l'importance des villes, est relativement peu important. Le droit de consommation au contraire est considérable. Il s'est élevé, dès sa création en 1824, à 50 francs l'hectolitre. Abaissé en 1830 à 37 fr. 40, il a été porté à 60 francs en 1854; à 90 francs en 1860 ; en 1871, à 156 fr. 25 ; à 175 fr. en 1893, à 220 francs en 1900 « sur les eaux-de-vie, esprits, liqueurs, fruits à l'eau-de-vie,absinthes et autres liquides alcooliques non dénommés». Les décimes sont compris dans ce chiffre. L'impôt sur l'alcool pur a été élevé jusqu'à 275 francs. Il a donc été majoré dans de notables proportions, mais insuffisamment au gré de l'hygiéniste qui aurait voulu voir une taxe plus considérable,particulièrement sur les alcools aromatisés d'essences (absinthe, bitters, vermouth, amers, etc.). Le gouvernement s'est réservé seulement le droit d'interdire « par décrets la fabrication, la circulation et la vente de toute essence reconnue dangereuse et déclarée telle par l'Académie de médecine ».

En Russie, où la consommation moyenne s'est abaissée de 6 litres à 2, 5 en 30 ans :

L'alcool de vin paie. . . . . 50 fr. d'impôt par hectolitre ;
L'alcool pur d'industrie. . . . . . . 215 fr.   —
Les liqueurs. . . . . 435 fr.   —

En Angleterre, l'alcool pur est taxé à 503 francs par hectolitre.

A Paris, dans la séance du 20 mars 1906, le ministre des finances a combattu et fait repousser de nombreuses propositions, toutes dictées par l'intérêt électoral, et tendant à l'abaissement des droits sur l'alcool.

Les unes les réduisaient de 220 francs à 200 francs par hectolitre. D'autres faisaient descendre l'impôt à 180 francs, à 175 francs, voire même à 156 francs. En outre la question des taxes différentielles était de nouveau soulevée.

C'était la porte ouverte à tous les abus, une nouvelle prime donnée à l'empoisonnement public. Par 339 voix contre 171, la Chambre a prononcé, en bloc, la disjonction de tous les amendements relatifs à la taxe sur l'alcool.

Peut-être ce bon mouvement a-t-il été inspiré surtout par la crainte d'ébranler les bases si instables du budget ; mais il n'en a pas moins donné satisfaction à ceux qui voient comme nous un remède efficace au fléau dans l'augmentation des droits à percevoir sur l'alcool, avec affectation spéciale au soulagement des victimes de l'aliénation et de la tuberculose alcoolique.

La puissance des surtaxes doit certainement attirer tout particulièrement l'attention du législateur.

Surélever le prix d'un breuvage tentateur, c'est le placer hors de la portée des convoitises ; c'est le reléguer en quelque sorte dans une région inaccessible.

Le pauvre renoncerait à s'alimenter avec la pomme de terre, le jour où elle atteindrait le prix de la truffe ; de même, s'il faut payer l'alcool son pesant d'or, la passion de l'ivrogne sera réfrénée par la force majeure. Mais il est nécessaire que l'élévation des droits ait pour conséquence une majoration correspondante dans les prix de vente ; et l'expérience démontre que, par suite des cours et des mouvements du marché, les surtaxes n'amènent pas toujours la hausse du prix de la denrée imposée.

En France, par la loi du 14 juillet 1855, l'alcool est surtaxé de près de 25 francs, — le droit passe de 37, 40 à 60 francs ; — mais, au même moment, le prix de l'hectolitre d'alcool tombe de 145 à 111 francs ; la consommation ne subit aucune baisse, et s'accroît au contraire dans une proportion notable.

Une surtaxe de 30 francs, établie en 1860, arrive à un moment où le prix de vente de l'alcool reste ferme ; la quantité d'alcool imposée tombe immédiatement, en 1861, de 850 à 831 millions. En 1871, l'impôt est porté d'un seul coup de 90 à 150 francs ; de 1 million, la quantité d'alcool imposée tombe à 750.000 ; la consommation par tête descend de 2,81 à 2,09 litres.

N'oublions pas que depuis cinquante ans la production de l'alcool, avec toutes ces surtaxes, est montée de 714.813 hectolitres à près de 2 millions !

La majoration de la taxe de l'alcool est justifiée par ce fait que l'alcool n'est pas une denrée nécessaire à l'homme. Par l'habitude, il est vrai, l'ivrogne se crée un besoin factice qui lui fait sacrifier son moral, sa santé, le bien-être de sa famille à la satisfaction d'un appétit déréglé ; mais il s'arrêtera devant l'impossible ; s'il consacrait son superflu à se procurer un verre d'eau-de-vie, il se réduira à un demi-verre lorsqu'il verra le prix des spiritueux monter au double.

Les individus qui sont dévorés par la passion de l'alcoolisme ont souvent des ressources pécuniaires dépassant les nécessités de l'existence quotidienne. Ceux-là n'hésiteront pas à augmenter leur dépense pour ne pas diminuer la dose de leur poison favori.

C'est par cette raison que l'augmentation du droit n'entraîne pas, dans la pratique, une diminution proportionnelle de la consommation.

Et lorsque l'augmentation reste dans de faibles limites, c'est le fisc qui en profite, au détriment des consommateurs incorrigibles. Après la surtaxe de 1860, les quantités imposées diminuent de 20.000 hectolitres ; mais l'impôt produit immédiatement, et malgré cette diminution, 16 millions de plus. Après la surtaxe de 1871, l'alcool consommé diminue de près de 300.000 hectolitres ; le produit de l'impôt augmente de 9 millions.

Ainsi le relèvement de l'impôt, sans être inefficace, n'est pas à lui seul une barrière contre le mal. Par ailleurs, son action peut être de courte durée.

Le consommateur, d'abord effrayé, s'arrête et réfléchit. De viriles résolutions sont prises ; l'usage de la boisson distillée sera désormais restreint ou supprimé. Mais bientôt l'habitude, plus forte que la raison, reprend son funeste empire ; l'alcool est plus cher, c'est vrai ; mais on ne peut en accepter la privation tant qu'il reste un centime au fond du porte-monnaie. Au foyer la misère sera plus noire, la détresse plus lamentable ; mais l'ivrogne aura repris son accoutumance. Au lieu d'un sacrifice, il rêvera d'une augmentation de salaire qui lui permettra d'entrer plus vite à l'hôpital.

Ainsi l'alcoolique se décourage très difficilement, tant que les surtaxes restent dans des proportions modérées.

Deux ans après les mesures fiscales prises en 1860, la consommation ayant d'abord un peu vacillé, avait reconquis ses chiffres, et le fisc encaissait 20 millions de plus qu'avant la surtaxe. En 1875, quatre ans après l'énorme surtaxe de 1871, la consommation était redevenue la même, mais l'impôt était de 70 millions plus productif qu'avant l'augmentation.

Bien que l'expérience donne ainsi des mécomptes à ceux qui verraient dans le relèvement d'impôts un remède puissant contre l'alcoolisme, rien n'est plus légitime que d'imiter l'exemple de la Suède, et de frapper l'alcool au point d'essayer de faire baisser sensiblement sa consommation. Les adversaires de cette théorie invoquent la désaffection, l'impopularité, la résistance peut-être qui se produirait chez les contribuables. On allègue aussi le danger de provoquer l'extension de la fraude.

Ce péril est d'autant plus à craindre, disait un député à l'une des dernières sessions de la Chambre, qu'avec le développement scientifique, avec le progrès de l'instruction, il est facile de faire aujourd'hui de l'alcool et de le produire dans des conditions où personne ne pouvait supposer qu'il pût être produit il y a quelques années. Ce n'est plus seulement avec le sac de glucose qu'on va acheter à la halle ou chez le marchand de couleur, ni au moyen du petit appareil Besnard si portatif, qui devient presque un meuble de luxe dans une salle à manger ; c'est avec le vulgaire pain de sucre blanc et raffiné, acheté chez l'épicier, qu'on peut faire aujourd'hui de l'alcool qui revient à 1 fr. le litre dans Paris. Il faut prendre garde qu'en élevant par trop le droit de consommation on n'arrive à surexciter une fraude qui pourrait causer de graves mécomptes au Trésor public.

Il y a des orateurs qui ont toujours présente à l'esprit cette pensée que l'alcool, comme le tabac, rapporte au fisc un million par jour.

Des économistes distingués, tels que MM. E. Rostand, Lejeune et Ladame, n'attribuent qu'une efficacité très médiocre à la surtaxe des alcools ; ils sont même convaincus que ses effets n'entreraient pas en ligne de compte pour la guérison du fléau. Dans leur pensée, si la marche ascendante de la consommation a paru quelquefois entravée par la majoration de l'impôt, c'est que le consommateur s'était rabattu soit sur les boissons spiritueuses non surtaxées, soit sur les boissons fermentées, ou que la fraude avait pris un plus grand développement.

En Angleterre, l'énorme droit de 503 francs par hectolitre a fait à peine fléchir la consommation des spiritueux, et il a en revanche favorisé l'usage des bières fortes, si bien que, depuis 1889, la consommation de l'alcool total a notablement augmenté, et qu'en 1898 les Anglais ont dépensé en boissons spiritueuses 1/12 de plus qu'en 1895.

Aux Etats-Unis, en 1865, l'impôt sur l'alcool fut élevé de 103 francs à 545 francs. La consommation tomba de 1.582.000 à 322.000 hectolitres ; mais on s'aperçut bientôt que la fraude, avec la complicité des employés de l'Etat, livrait clandestinement les 1.200.000 hectoli-tres disparus des statistiques officielles (1).

Si les surtaxes ne diminuent pas la consommation des spiritueux et surtout celle de l'alcool total, elles constituent un encouragement certain, non pas seulement au mouillage exagéré, — ce qui n'est pas pour déplaire aux hygiénistes, — mais encore aux sophistications malsaines. D'autre part, elles grèvent le maigre budget du prolétaire buveur. En somme, elles ne sont qu'un *adjuvant* des différentes mesures dirigées contre l'alcoolisme.

Il n'est nullement démontré, dit Claude (des Vosges), que l'exagé-ration des droits ait une action réellement restrictive sur la consom-mation. Tout au plus peut-on dire qu'elle en a, et par moments seu-lement, *ralenti* l'augmentation. Mais le fait certain, c'est que la ma-joration de l'impôt, en offrant chaque fois une prime plus forte à la fraude, ce qui est un mal pour le Trésor, offre également une prime plus forte à la falsification, à l'adultération, ce qui est un mal bien autrement grave, puisqu'il touche à la santé publique.

C'est déjà beaucoup de reconnaître que la consommation de l'alcool subit un léger ralentissement. Ne voit-on pas que cet effet salutaire peut s'accroître par une sage réglementation ?

On a multiplié bien d'autres objections contre l'impôt ; elles sont toutes inspirées soit par des expériences insuffisantes, soit par le sou-ci d'intérêts particuliers. On a dit, par exemple, que chaque fois que les droits sur l'alcool ont été surélevés, la qualité des alcools qui se débitaient dans les cabarets d'ordre infime baissait dans la même proportion, et que le nombre des alcooliques augmentait. L'élévation de l'impôt sur l'alcool donnerait donc une impulsion nouvelle au plus redoutable des fléaux, porterait un coup sensible à la santé pu-blique, et pousserait les populations pauvres sur la pente de l'abru-tissement.

Ces craintes nous paraissent fort exagérées. Sans considérer les majorations de taxes comme des procédés infaillibles, nous estimons qu'il importe de ne pas négliger leur emploi. En admettant même que la surtaxe n'ait qu'un effet momentané, on pourrait, en la soute-nant énergiquement par d'autres mesures, lui faire produire des résultats durables.

Si quelques faits paraissent démontrer une augmentation de l'al-coolisme parallèlement à l'augmentation de l'impôt sur l'alcool, ils ne prouvent pas qu'il y ait rapport de cause à effet entre ces deux termes. On oublie que depuis quarante ans l'alcoolisme a fait des

(1) Verhaege, p. 71-76.

progrès incessants, sans qu'il soit besoin de faire intervenir, pour les expliquer, une autre cause que l'appétence croissante pour les liqueurs fortes, favorisée surtout par la dissémination de l'alcool, sa fabrication en quantité exagérée, et son prix trop inférieur malgré les impôts qui le frappent. Si, en même temps que s'accroissait l'impôt, l'alcoolisme semblait augmenter, c'est qu'à ce moment la demande, en réalité, dépassait l'offre, et que, pour y faire face, l'industrie recourait à la distillation rapide et imparfaite de toutes espèces de produits ; c'est que la sophistication des spiritueux se pratiquait sur une grande échelle, et que toute récolte, même avariée, semblait destinée à être convertie en alcool.

Et les pouvoirs publics n'ont pas alors pris les moyens de punir inexorablement les coupables qui mettaient en œuvre les ressources d'une chimie pernicieuse pour répondre aux convoitises de la multitude. C'est seulement le 6 avril 1897 qu'une loi a interdit la fabrication et la circulation en vue de la vente des vins de marc et des vins de sucre ; et il a fallu attendre jusqu'au 6 août 1905 pour que la loi soumît à certaines conditions le droit d'avoir plus de 50 kilogrammes de sucre en même temps que des vins destinés à la vente, des vendanges, moûts, lies ou marcs de raisin (1).

Au reste, lorsque les statistiques nous parlent d'une augmentation du nombre des alcooliques, les chiffres qu'elles fournissent n'expriment pas l'accroissement du total des buveurs d'alcool, mais celui des buveurs qui se font remarquer par des *accidents d'alcoolisme*. Rappelonsnous que l'on peut boire en excès pendant fort longtemps sans qu'il y paraisse, à la condition que les boissons consommées soient de bonne qualité, ou à la faveur de dispositions spéciales. Mais le jour où ces boissons sont frelatées, où les alcools sont devenus plus toxiques, où enfin l'imprégnation de parents déjà buveurs a paralysé la résistance cérébrale des enfants, alors on voit éclater des accidents en beaucoup plus grand nombre. Si l'on compte, on trouve un chiffre plus élevé qui peut donner l'illusion d'un accroissement du nombre des buveurs. D'ailleurs n'a-t-on pas pris soin de remarquer que si le nombre des alcooliques augmentait, on voyait parallèlement aussi la qualité des alcools débités décroître d'une façon notable ?

Il serait très injuste, à notre sens, d'accuser l'augmentation de l'impôt sur l'alcool de favoriser la consommation. Pourquoi, au sujet de cette liqueur nuisible, toutes les lois économiques seraient-elles renversées ? Est-ce que les majorations de taxes sur le tabac ont jamais pour effet d'en augmenter l'usage ? Veut-on soutenir qu'à l'inverse

(1) *Journal officiel* du 8 août 1905.

on boirait moins d'alcool, si, par malheur, on revenait au système de l'exemption des taxes ?

La meilleure preuve que les surtaxes peuvent avoir leur utilité, au point de vue de la consommation, ce sont les craintes qu'elles excitent chez les économistes dont les préoccupations visent avant tout les recettes du Trésor.

M. Fleury-Ravarin disait à la tribune de la Chambre des députés, dans la séance du 3 novembre 1900, à propos de la majoration proposée par M. Caillaux, ministre des finances :

« En 1872, au lendemain de la guerre, l'Assemblée nationale a voté une surtaxe de 60 fr. sur l'alcool. Quel en a été le résultat ? Aussitôt la consommation est tombée de 917.000 à 755.000 hectolitres, soit une diminution immédiate de 8 p. 100. ... M. Catusse, ancien directeur général des contributions indirectes, disait que, lorsque le droit d'octroi est relevé dans les villes, le ministère des finances constate régulièrement ce fait : si une augmentation légère de taxe n'exerce qu'une influence légère sur le rendement de l'impôt, en sens inverse, à toute surélévation brusque et importante correspond toujours un arrêt de la consommation.

« Il n'est donc pas douteux que ce relèvement du droit sur l'alcool de 63 fr. 75, édicté d'un seul coup, aura pour résultat fatal une diminution dans la consommation de l'alcool en France. Les moralistes s'en féliciteront, mais en ce moment nous ne faisons pas de la morale, nous faisons des finances, et je crains fort que le droit nouveau qui vous est proposé n'exerce une répercussion des plus fâcheuses sur les recettes de l'Etat. »

Nous paraîtrons peut-être bien peu pratiques aux yeux des organisateurs de budgets ; mais nous estimons que les législateurs ont pour devoir, sinon de faire de la morale, du moins d'en observer toujours les lois. Or préférer les recettes du Trésor à la destruction d'un fléau, c'est perdre de vue les principes qui doivent présider au gouvernement des nations civilisées.

Au fond, l'intérêt du Trésor se confond avec celui de la santé publique. En supposant une baisse de quelques millions dans les recettes des contributions indirectes, que serait ce faible déficit en comparaison des pertes incalculables causées par l'alcoolisme en France ? Le pays devrait accepter de gaieté de cœur, pour atteindre ce but, de nouveaux impôts, fussent-ils très onéreux. Il ne devrait pas calculer si le dégrèvement des boissons hygiéniques serait compensé par l'accroissement des droits sur l'alcool pur. Lorsque la Patrie est en danger, marchande-t-on les crédits pour organiser sa défense ?

L'alcool n'est-il pas un ennemi qui nous fait la guerre, une guerre d'extermination ?

Parmi les économistes, les plus compétents, et à leur tête Léon Say, ont défendu la surtaxe des alcools.

M. Magnan, dans ses cours de 1890 sur l'alcoolisme, s'est rallié au même principe. Enfin, dans la discussion qui s'est ouverte à l'Académie sur les causes de la dépopulation en France, M. Hardy s'exprimait ainsi : « Les contributions indirectes atteignent surtout les objets qui ne sont pas de première nécessité, les liqueurs alcooliques et le tabac ; or l'alcool fait plus de mal que de bien ; le tabac ne fait que du mal. Loin de les supprimer, je crois qu'il conviendrait plutôt d'augmenter les droits supportés par ces matières. » L'alcool imposé fortement ne servirait plus à falsifier les boissons hygiéniques, surtout si ces dernières, par leur prix modique, étaient mises à la portée des petites bourses.

Il est vrai que la surtaxe encouragerait les bouilleurs de cru, si l'on ne prend pas contre eux les mesures énergiques dont nous parlerons plus loin, à redoubler d'ardeur dans la fabrication et la vente occulte de produits échappant aux droits. Mais la répression de ces fraudes n'est pas au-dessus de la puissance d'une loi bien étudiée.

Dans la solution de ces problèmes, trois éléments se trouvent engagés :

1° L'intérêt du Trésor ;

2° Celui de la santé publique ;

3° Celui des industriels.

L'intérêt du Trésor doit être sacrifié à celui de la santé publique, et si les réclamations des industriels tendaient à compromettre l'état de nos finances, le législateur n'aurait pas à en tenir compte. On emploierait par exemple la betterave à la fabrication du sucre ou à la nourriture des bestiaux, au lieu de la distiller.

C'est ainsi que l'on réduira l'alcool à son minimum de nocuité, en multipliant les moyens d'en éloigner les consommateurs pour les porter vers les boissons hygiéniques, en se proposant l'abstention comme idéal.

S'il est vrai que l'impôt est en général supporté plutôt par le consommateur que par le producteur, celui-ci peut être atteint indirectement par la diminution du débit de sa marchandise. Mais qu'est-ce que cet intérêt privé, si on le met en regard de la santé publique !

Une commission, dont M. Laborde était rapporteur, a proposé, en 1903, de frapper d'une surtaxe très élevée les liqueurs de la deuxième catégorie instituée par la loi du 28 mars 1872. Voici la liste des essences particulièrement toxiques dont cette commission réclame la prohibition absolue :

Absinthe grande et petite, génépi, hysope, badiane, rue, noyaux d'amandes amères, etc.

Parmi les essences de la seconde catégorie, nous relevons les suivantes : menthe, sauge, fenouil, mélisse, thym, anis, coriandre, baie de genièvre, muscade, laurier, aloès, girofle, etc.

L'Académie de médecine a examiné la question, après avoir entendu une lettre de M. Daremberg qui se prononçait en faveur d'une surtaxe énergique.

On ne s'est pas arrêté aux objections de M. Joffroy exprimant la crainte qu'une réglementation ne paraisse donner le patronage de l'Académie à toutes les liqueurs qui ne seront pas visées, alors que toutes sont dangereuses à un degré quelconque.

Il ne faut pas craindre, pour réaliser un bienfait aussi précieux que la diminution de l'alcoolisme en France, de léser au besoin les producteurs d'alcool, qui se retourneront vers d'autres industries plus utiles au bien public. Voici les moyens à mettre en œuvre tout d'abord : établir sur les alambics des droits très élevés, d'après leur capacité et l'évaluation de leur rendement ; faire surveiller et inspecter fréquemment la distillation pour éviter les fraudes si communes pendant cette opération ; punir ces fraudes avec une sévérité extrême et soutenue par la fermeture, au besoin, de l'usine pendant quelques jours ou par la suppression d'un alambic ; élever les patentes des bouilleurs autorisés. Ce qu'il faut obtenir, c'est de restreindre la production, en rendant très difficile l'exercice de la profession de distillateur. Pour arriver à ce résultat, il importe de veiller à ce que le prix courant de l'alcool ne soit pas augmenté en raison des entraves apportées à sa production.

Dira-t-on qu'il est malaisé de fixer exactement le prix de revient d'un petit verre d'alcool ? mais on ne manque pas de bases pour faire ce calcul. On n'a qu'à procéder à l'évaluation du prix des matières premières, de la main-d'œuvre, des droits, et de tout ce qui peut faire varier ce prix en plus ou en moins de la moyenne. Rien ne s'oppose à ce que l'Etat établisse un tarif pour la vente des alcools, comme il en existe pour d'autres produits de consommation. Un tel tarif peut être constitué de manière à ménager les intérêts des producteurs, du fisc, et du consommateur ; il peut être gradué, par exemple, suivant le degré de concentration de l'alcool. Conséquemment le producteur ou le débitant seraient tenus, sous peine de répression, d'inscrire sur les récipients le degré de l'alcool qu'ils contiennent, degré qui pourrait être facilement vérifié et contrôlé par les intéressés. Pour la qualité du produit, elle serait assurée par une autre réglementation.

La fraude, objectera-t-on encore, sera difficilement empêchée, même par ces mesures restrictives ; elle peut s'exercer de mille manières.

Nous répondrons que la fraude ne résistera pas à une surveillance de tous les jours, à une inquisition rigoureuse. Ne reculons pas devant le mot, puisqu'il s'agit de sauver une nation en péril !

La limitation de la fabrication des alcools d'industrie a été préconisée par Lunier dans son travail sur « la production et la consommation des alcools en France ». Cette limitation directe, en vertu de laquelle un producteur serait tenu de ne pas dépasser un certain taux de production, serait plus restrictive encore que la diminution indirecte dont nous parlions plus haut, et qui est basée exclusivement sur les obstacles officiels et légaux que l'on mettrait à la fabrication. Très utile incontestablement, elle serait peut-être plus difficile à mettre en pratique.

Un autre système proposé par M. X. Roques consiste à donner à l'impôt sur les boissons un caractère progressif ; de cette manière tout l'alcool sera imposé, et cela d'autant plus, qu'il sera offert au consommateur sous une forme plus concentrée et par conséquent plus nuisible. Il ne serait pas impraticable d'établir un tel impôt basé sur la connaissance du degré des boissons alcooliques. Tous les fabricants, tous les distillateurs connaissent exactement le degré alcoolique des boissons qu'ils vendent ; dans le commerce des vins, c'est aujourd'hui une coutume constante de déterminer et d'indiquer le degré alcoolique.

Ainsi ne négligeons pas les surtaxes sur l'alcool, alors même que des économistes les déclareraient vexatoires. Quelquefois il faut savoir porter le fer et le feu dans les plaies quand on espère la guérison du malade. Gardons-nous bien surtout d'encourager la production de l'alcool, et d'accorder des récompenses aux propriétaires qui distillent ou font distiller leurs vins. L'allocation d'une prime aux viticulteurs qui traitent ainsi leur récolte a été proposée à la Chambre dans la séance du 20 mars 1906. L'amendement qui consacrait ce « gaspillage » a été heureusement disjoint, c'est-à-dire, nous l'espérons, définitivement condamné.

XIV

LES BOUILLEURS DE CRU

Si les taxes peuvent rendre de grands services dans la lutte contre l'alcoolisme, il est certain d'autre part que l'absence d'impôts produit comme conséquence directe un encouragement à l'abus des spiritueux ; aussi devons-nous signaler en première ligne, comme un ennemi redoutable, ce qu'on appelle le privilège des bouilleurs de cru, c'est-à-dire la libre production de l'alcool, abritée sous le prétexte fallacieux du droit de propriété.

On nomme bouilleurs de cru les propriétaires agricoles ou les fermiers qui distillent, ou sont censés distiller *pour leur usage personnel*, les vins, marcs et fruits provenant *exclusivement* de leur récolte.

Il s'agit de ce qu'on pourrait appeler, comme en Suisse, les « bouilleries domestiques. »

Rien n'est plus injuste et plus nuisible que ce privilège dont aucune considération ne peut expliquer le maintien. En effet, si le propriétaire consomme réellement le produit qu'il distille, l'immunité qu'on lui laisse favorise l'intoxication familiale ; si au contraire il vend cet alcool à des étrangers (ce qui arrive le plus souvent), il est souverainement inique de lui concéder un moyen de lucre illicite. Ainsi le bouilleur de cru, s'il est sincère, encourt le reproche d'intempérance ; s'il ne l'est pas, il demeure convaincu de fraude.

Mais il est très difficile de faire pénétrer dans l'esprit des cultivateurs la véritable notion du prétendu droit qu'ils réclament. L'intérêt couvre leurs yeux d'un épais bandeau et les rend tellement aveugles que leur erreur arrive presque à la bonne foi chez la plupart d'entre eux.

Ils en viennent à se persuader que leur privilège sacro-saint n'est, en réalité, que le droit commun, l'exercice d'une faculté nécessaire, et qu'on porterait atteinte à la liberté du domicile, de la culture et de la propriété, en le supprimant.

On a poussé la démonstration jusqu'à mettre en parallèle le blé, la farine et le pain.

A ce sophisme, un des plus célèbres économistes de notre pays, M. Léon Say, président de la Commission extraparlementaire des alcools, en 1887, a répondu très judicieusement dans son rapport sur les travaux de cette Commission :

« On a nié que la situation faite par la loi aux bouilleurs de cru constituât un privilège. On a prétendu que les agriculteurs avaient un droit naturel à produire et à consommer l'eau-de-vie provenant de leur vin et de leurs fruits, comme le pain fait avec leur blé et la viande fournie par les bestiaux abattus.

« Il y a pourtant entre l'eau-de-vie d'une part, le vin et la viande d'autre part, cette différence que l'eau-de-vie est assujettie à un droit de consommation, tandis que le pain et la viande en sont exempts.

« Or, s'il est un principe fiscal qui soit généralement admis et qui ait été appliqué dans la mesure la plus large dans tous les temps et dans tous les pays, c'est que les taxes de consommation doivent être universelles. On les a même employées, dans les temps de privilège, pour atteindre les citoyens qui étaient parvenus à se soustraire aux impôts directs. Les impôts de consommation frappent les produits, indépendamment de leur origine et du mode de leur production. Qu'ils soient consommés sur place par celui-là même qui les a créés chez lui dans son domaine, ou qu'ils entrent, n'importe dans quel lieu ou n'importe comment, dans la consommation de celui qui les achète, les objets et les denrées frappés de droit de consommation sont assujettis à l'impôt. Le nom même « d'impôt de consommation » montre qu'il ne s'agit ni d'un droit sur la vente, ni d'une taxe sur la circulation. C'est comme un prélèvement qui se fait au profit de l'État sur ce qui se consomme. »

Cette exemption, en faveur d'une seule classe de consommateurs d'alcool, des charges qui pèsent sur les autres, constitue donc bien un *privilège* comme le serait, par exemple, l'exemption d'une classe de citoyens du service militaire. C'est un axiôme facile à démontrer par des exemples.

Les planteurs de tabac ne peuvent détourner pour leur usage aucune feuille des plantes qu'ils cultivent sur leur sol, et sont obligés de représenter aux inspecteurs des manufactures de l'État toutes les tiges venues sur leur terrain. A-t-on jamais réclamé un privilège pour ceux qui s'appelleraient alors des « fumeurs de cru » ?

Les possesseurs de salines n'ont pas le droit de disposer du sel qui se trouve sur leur propriété, qu'il s'agisse de mines ou de marais salants : ils payent les droits sur les sels qu'ils consomment.

Le propriétaire habitant sa propre maison n'est pas exempt de l'impôt mobilier qui est à la charge de tous les citoyens de la ville où il réside.

Est-ce qu'au surplus le bouilleur de profession ne distille pas aussi *ses* betteraves ? *ses* céréales ? Pourquoi donc ne jouirait-il pas de la franchise ? Et pourquoi le simple acheteur ne pourrait-il distiller aussi les raisins ou les pommes qu'il s'est procurés au marché ? Ne sont-ils pas aussi strictement devenus *siens* ?

Qu'on cesse donc d'invoquer ici un prétendu *droit* de propriété (1).

En admettant, par hypothèse, que le propriétaire récoltant ait droit à la valeur *propre* de son produit, il n'a pas droit à la valeur *artificielle* et *relative* que lui confère l'impôt. Que vaut un hectolitre d'alcool par lui-même ? 30 ou 40 francs, selon les cours ; mais il revêt par l'impôt de consommation qu'il supporte, *à savoir 220 francs par hectolitre aujourd'hui*, une valeur SEXTUPLE. Pourquoi faire bénéficier une catégorie de citoyens de cette énorme plus-value ? Rien de semblable n'existe pour le pain, pour la viande, qui ne sont soumis à aucune taxe de consommation.

D'ailleurs cette faculté, que les déclamations électorales représentent comme droit naturel, s'exerce en fait de manière à fournir aux buveurs une quantité considérable d'alcool affranchie de tout impôt. On estime la fraude pratiquée à 80, 100, et même 200 millions. Ce déficit et la proportion d'alcool ainsi offert aux consommateurs vont toujours en augmentant, puisque le nombre des bouilleurs de cru s'accroît sans cesse.

De 60.869, en 1869, leur nombre s'est élevé à 925.910, en 1900.

1869 Bouilleurs de cru :	60.869
1874	278.135
1879	146.655
1884	468.056
1889	563.545
1893	678.131
1894	750.805
1895	957.032
1896	918.403
1897	822.462
1898	823.000
1899	781.280
1900	925.910

Il faut croire que la distillation à huis clos ne manque pas d'avantages, puisque le nombre des bouilleurs de cru s'est élevé dans des proportions aussi considérables.

Depuis longtemps les cultivateurs « brûlant », *pour leur compte,*

(1) Dr Jacquet.

les vins, cidres ou poirés, marcs et lies, cerises, prunes et autres fruits *provenant de leur récolte* réclament vis-à-vis du fisc une situation privilégiée autre que celle des propriétaires distillant les jus de betteraves, les pommes de terre ou les grains de leur culture.

Au commencement du siècle dernier, les bouilleurs de cru acquittaient un droit de licence de 10 francs (loi de 1806) ; mais ils n'étaient pas soumis, comme les bouilleurs de profession, à l' « inventaire » ordonné par la loi de 1804. C'était la liberté presque absolue.

Dans les lois et décrets de la Restauration, le droit de licence demeure lettre morte, et, jusqu'en 1872, ce fut pour les bouilleurs la franchise sans restriction.

La loi du 2 août 1872 exempta les bouilleurs de la licence, ainsi que du droit général de consommation, dans la limite de 50 litres par an. Elle ordonna encore qu'ils cesseraient d'être soumis aux visites et à la vérification de la Régie, dès qu'ils n'avaient plus en compte que de l'alcool exempt ou libéré d'impôt.

La plupart des bouilleurs affirmèrent qu'ils se trouvaient dans le cas d'exception : 241.000 sur 278.000. Aussi la loi ne produisit-elle pas de résultat utile.

Pour essayer de porter remède aux abus, la loi du 21 mars 1874 abaissa la limite à 20 litres ; il y eut encore, pour réclamer le bénéfice de l'exception, 224.000 bouilleurs.

Cette législation nouvelle souleva, de la part des intéressés, les plus vives protestations, si bien que, malgré les efforts de M. Léon Say, ministre des finances, et du rapporteur de la Commission du budget, l'Assemblée nationale vota, le 14 décembre 1875, une loi conçue en ces termes :

Article unique. — Les propriétaires et fermiers qui distillent les vins, marcs, cidres, prunes et cerises provenant exclusivement de leurs récoltes, sont dispensés de toute déclaration préalable et sont affranchis de l'exercice.

Les conséquences de cette loi furent l'extension de la fraude et la propagation de l'alcoolisme dans les milieux ruraux.

En effet, dit Claude, « les bouilleurs, loin de se contenter de brûler leurs propres récoltes, achètent des fruits, quelquefois même des graines et des racines, pour les brûler à l'abri de l'immunité accordée »... « Les produits obtenus sont en partie jetés clandestinement, affranchis de tous droits, dans la consommation, où ils font une redoutable concurrence aux eaux-de-vie de commerce soumises à l'impôt. »

Ce rétablissement du « privilège » a constitué un véritable désastre pour les finances françaises. A peine les bouilleurs de cru avaient-ils reconquis leur immunité que la progression cessait dans les quantités d'alcool soumises à l'impôt, s'arrêtant net dans les départements à bouilleurs.

Quand l'impôt fléchissait, en 1872, dans les départements sans bouilleurs, sous le poids de la surtaxe, les départements à bouilleurs, au contraire, où le privilège n'existait plus, donnaient des augmentations.

En 1875, le privilège est rétabli, la progression s'arrête dans la majorité des départements à bouilleurs de cru et une forte dépression s'accuse dans les départements qui comptent le plus de bouilleurs (1).

Ainsi, le rétablissement du privilège a bien produit des effets correspondant, en sens inverse, aux effets de sa suppression.

Tandis que, dans les départements sans bouilleurs la progression continue, tandis que dans les 32 départements où il n'y a qu'un chiffre peu important de bouilleurs, les chiffres accusent un état stationnaire — au contraire, dans les 26 départements dont se composent les principaux centres de production, la diminution est constante.

Ainsi les Charentes tombent de 5.400 hectos à 5.100. — Diminution : 6 0/0.

Le Sud-Ouest, de 18.900 hectos à 17.700. — Diminution : 6 0/0.

Le Midi, de 15.100 hectos à 10.800. — Diminution : 28 0/0.

Nous pouvons tenir comme certain que pendant les quatre années où les bouilleurs de cru n'ont plus bénéficié de leur privilège, les produits de l'impôt sur l'alcool ont augmenté en moyenne de 14.36 0/0 dans les départements sans bouilleurs.

L'augmentation a été de 60.91 0/0 dans les départements à bouilleurs.

De 67 0/0 dans les départements qui comptent le plus de bouilleurs. De 76 à 111 0/0 dans certaines régions de production.

Dans tous les départements où le nombre des bouilleurs de cru est exceptionnel, l'augmentation pour chaque région dépasse considérablement la moyenne ; elle a été de :

67 0/0 dans l'Orne ;

73 0/0 dans le Calvados :

82 0/0 dans le Gers ;

84 0/0 dans l'Yonne ;

93 0/0 dans la Côte-d'Or ;

106 0/0 dans la Haute-Saône ;

(1) Taquet, *Une fraude de 100 millions*, p. 60.

118 0/0 dans le Jura ;

200 0/0 dans l'Hérault ;

230 0/0 dans les Vosges.

Il existe donc une loi de relation entre l'augmentation de l'impôt et l'importance des départements au point de vue du nombre des bouilleurs de cru.

La suppression du privilège a pour conséquence immédiate de faire progresser l'impôt, pour les départements à bouilleurs de cru, dans une proportion d'autant plus élevée que la région ou le département comptent plus de bouilleurs.

Le produit de l'impôt augmente parce que le privilège est supprimé. Il augmente d'autant plus qu'il existe un nombre plus grand de bouilleurs dans la région.

La loi de 1875 fut considérée par les esprits sages comme une erreur et un anachronisme.

De tous les droits terriens qu'on pouvait songer à rendre aux possesseurs du sol, le droit de distillation était bien le plus dangereux.

Depuis lors, dans les nombreux projets sur le régime des boissons, ceux de MM. Tirard, Sadi-Carnot, Léon Say, Rouvier, Poincaré, Ribot, etc., l'abolition ou du moins la réglementation plus ou moins stricte du privilège a presque toujours tenu une certaine place.

Le 13 mars 1886, M. Carnot, ministre des finances, prit courageusement l'initiative de proposer l'abolition du « Privilège ».

Il s'exprima sur ce point avec une vigueur extrême.

La commission du Sénat qui fut nommée à cette époque pour examiner la question déclara que le « Privilège » devait être rangé au nombre des causes principales de l'alcoolisme ; aussi conclut-elle énergiquement à l'abrogation de la loi de 1875.

Une commission extra-parlementaire se réunit en 1887 ; elle exigea la « repasse » ou redistillation des flegmes de distillerie agricole. Elle réclama aussi, d'une part, la surveillance de la fabrication, de la vente et de l'emploi des alambics ; d'autre part, l'abolition du privilège des bouilleurs de cru en ce qui concerne la surveillance, tout en leur laissant la franchise pour une quantité maxima de 10 litres d'alcool.

Donc, faire rentrer les bouilleurs de cru dans le droit commun, c'est réduire, dans une énorme proportion, la fabrication de l'alcool; c'est enlever du marché une grande partie des alcools de mauvaise qualité, car si les bouilleurs de cru distillent beaucoup, ils rectifient peu, afin d'échapper plus sûrement aux investigations du fisc, dont un nombre plus considérable d'appareils attirerait l'attention.

M. Tirard, président du Conseil, ministre des finances, s'exprima ainsi, dans son projet de budget, le 12 janvier 1888 :

« Pour les alcools, nous reconnaissons que la surveillance à la production est actuellement insuffisante ; toute une catégorie de producteurs, celle des bouilleurs de cru, y échappe. Afin de faire cesser, dans l'intérêt du commerce, les fraudes que favorise le privilège des bouilleurs, nous demandons que tous les producteurs d'alcool soient astreints aux mêmes obligations, aussi bien les propriétaires ou fermiers qui mettent en œuvre les fruits de leur récolte, que les propriétaires ou industriels qui opèrent avec des matières d'achat. »

Plus tard M. Peytral, succédant à M. Tirard comme ministre des finances, déposait, le 30 octobre 1888, un projet de réformes concluant à la suppression du privilège.

En 1892, M. Rouvier, reprenant le portefeuille des finances, ne se montrait pas moins sévère au sujet de la fraude que nous signalons :

« Notre régime actuel, disait-il, qui laisse à la disposition des bouilleurs de cru, « sans garantie aucune », les quantités d'alcool par eux fabriquées, constitue, eu égard au taux élevé de l'impôt, une anomalie « dont nous n'avons trouvé en Europe qu'un seul exemple, fourni par la Serbie ». Partout ailleurs, si quelques concessions sont faites aux bouilleurs de cru et aux distillateurs agricoles, du moins la situation de ces deux sortes de producteurs est partout soumise à un contrôle. »

Et M. Rouvier proposait la réglementation au lieu de la suppression, voulant maintenir, conformément au projet de la Commission extra-parlementaire de 1887, l'immunité de l'impôt sur la consommation de famille des récoltants, jusqu'à concurrence de 10 litres d'alcool pur par an, soit environ 25 litres d'eau de-vie.

La loi du 27 février 1900 a rétabli, dans un but électoral, le privilège des bouilleurs de cru ; et le ministre des finances n'a pas eu l'énergie de maintenir ses opinions si hautement manifestées à plusieurs reprises. C'est que malheureusement beaucoup de députés sont plus occupés des intérêts locaux que du bien général. La loi nouvelle avait été précédée, le 27 décembre 1903, d'une amnistie en faveur des contrevenants en cette matière.

Ainsi, pendant que les pays sages combattent les progrès de l'alcoolisme et que la Belgique interdit la fabrication et la vente de l'absinthe, la France rétablit un privilège et une exemption d'impôts en faveur des bouilleurs de cru. A la veille des élections, le gouvernement, qui les avait frappés d'un droit égalitaire, recule devant la résistance de cette nouvelle féodalité, et, à partir du 1er mars 1900, tous les buveurs ont le droit de s'enivrer, eux et leurs voisins, avec leur propre eau-de-vie, esquivant les droits qu'ils devraient payer au Trésor.

En suivant de près les agissements des bouilleurs de cru, des observateurs attentifs n'ont pas tardé à comprendre qu'ils étaient de véritables marchands d'alcool ; lorsque, serrés de trop près, ils alléguaient avoir donné à des tiers l'alcool qu'ils n'avaient pu consommer en famille, il était facile de découvrir que ces tiers, en échange de la libéralité reçue, avaient de leur côté, par une inévitable coïncidence, apporté généreusement des espèces au bouilleur, comme M. Jourdain, qui ne vendait pas du drap, mais en donnait pour de l'argent.

La loi du 29 décembre 1900, qui était hier encore en vigueur, ne supprimait pas le privilège des bouilleurs de cru ; elle se contentait de le réglementer, en distinguant entre les gros et les petits ; ceux qui distillent pour la vente et ceux qui distillent pour leur consommation.

Voici les principales dispositions de cette loi :

« Les bouilleurs de cru, qui distillent exclusivement les produits désignés par la loi du 14 décembre 1875, continuent à être affranchis de la déclaration de leur fabrication, sauf les exceptions prévues à l'article 10. »

Ces exceptions sont les suivantes :

ART. 10. — Sont soumis au régime des bouilleurs de profession les bouilleurs de cru qui, dans le rayon déterminé par l'article 20 de la loi du 17 mars 1852, exercent par eux-mêmes ou par l'intermédiaire d'associés la profession de débitant ou de marchand en gros de boissons.

Sont également soumis au régime des bouilleurs de profession les bouilleurs de cru qui font usage d'appareils à marche continue pouvant distiller par vingt-quatre heures plus de deux cents litres de liquide fermenté, d'appareils chauffés à la vapeur ou d'alambics ordinaires d'une contenance totale supérieure à cinq hectolitres. Il leur est toutefois accordé une allocation en franchise de vingt litres d'alcool pur par producteur et par an pour consommation de famille.

Par dérogation au paragraphe précédent, les alambics ambulants peuvent avoir une contenance de plus de cinq hectolitres sans que les producteurs qui en font usage perdent le privilège des bouilleurs de cru.

Les bouilleurs de cru, convaincus d'avoir enlevé ou laissé enlever de chez eux des spiritueux sans expédition ou avec une expédition inapplicable, indépendamment des peines principales dont ils sont passibles, perdront leur privilège et deviendront soumis au régime des bouilleurs de profession, pour toute la durée de la campagne en cours et de la campagne suivante.

En conséquence, perdent leur privilège de bouilleurs de cru les propriétaires ou fermiers qui distillent :

1° Des prunes *sauvages*, des pêches, des abricots, ou autres substances telles que betteraves, sorgho, grains, etc. ;

2° Des vins de première ou de deuxième cuvée, ayant reçu une addition de sucre ;

3° Des marcs directement et séparément additionnés de sucre.

Les récoltants qui ont distillé soit des boissons de leur récolte mélangées à des boissons d'achat, soit des fruits de leur récolte mélangés à des fruits d'achat, sont en état de contravention s'ils n'ont pas eu le soin de prendre une licence de bouilleur. Les alcools provenant de cette distillation sont saisissables.

Le bouilleur de cru est dispensé de toute déclaration, de la licence et du cautionnement. Il n'est soumis ni à l'exercice des employés des contributions indirectes, ni à la prise en charge des produits fabriqués. Ces immunités lui sont acquises, soit qu'il distille lui-même, soit qu'il fasse effectuer cette distillation, à son domicile, avec des appareils de louage. Tant qu'il ne déplace pas ses eaux-de-vie, *il peut les consommer en toute quantité, sans paiement d'aucun droit*. Il tombe, au contraire, sous le coup de l'impôt, lorsqu'il déplace ses eaux-de-vie ou qu'il les vend, soit en gros, soit en détail.

Le bouilleur de cru peut vendre ses eaux-de-vie en *gros* sans acquitter le droit de licence ; mais, au fur et à mesure des ventes, il doit se rendre à la recette buraliste pour y faire la déclaration d'enlèvement et se munir soit d'un *congé* entraînant le paiement du droit de consommation au départ, soit d'un *acquit-à-caution* garantissant le paiement de ce droit à l'arrivée.

Cette déclaration d'enlèvement peut également être faite par l'acheteur, et ce dernier serait responsable des contraventions relevées, si le transport était effectué par ses soins.

Le bouilleur qui vend ses eaux-de-vie *en détail* doit se munir d'une licence de détaillant. Les eaux-de-vie sont prises en charge, sous la déduction de 3 0/0 accordée aux détaillants par l'article 66 de la loi du 28 avril 1816.

Lors de la déclaration de cesser, les quantités restantes sont exemptes de droit, si la vente a été opérée sur les lieux mêmes de la production ; elles sont au contraire passibles de l'impôt, si les eaux-de-vie avaient dû être déplacées pour être amenées dans le magasin de détail.

Ainsi, pour établir une ligne de démarcation entre les *gros* et les *petits* bouilleurs, la loi de 1900 prenait comme *criterium* la capacité et la nature des alambics. Mais il suffit de lire attentivement le texte pour constater que ces bouilleurs, petits au sens légal, peuvent être, en réalité, de très gros producteurs, et que nous aurions, sous la dénomination de petits bouilleurs exempts de la surveillance administrative, de très gros producteurs d'alcool, des gens qui légalement auraient la faculté de produire, de consommer ou de faire consommer de grandes quantités d'alcool.

Quant à la surveillance établie, elle était peu gênante. La loi oblige les bouilleurs à déclarer qu'ils sont détenteurs d'un appareil. La réglementation ne va pas au-delà. Et puis on leur dit : « Si vous laissez échapper de votre maison une quantité d'alcool sans papier, sans formule d'expédition, vous serez frappés de confiscation, d'amende.

Vous serez privés du droit de distiller, non seulement pendant la campagne, mais encore pendant la campagne prochaine. Voilà la sanction ; mais pour qu'elle soit efficace, il faudrait un gendarme à la porte de chaque brûlerie.

La déclaration de mise en feu, l'indication des quantités placées dans l'alambic, avec perception de l'impôt — sous réserve d'une consommation familiale, toutes ces mesures protectrices, adoptées d'abord par la Chambre, ont été abandonnées. On a supprimé les règles de contrôle que le Sénat avait jugées indispensables.

Le Parlement est littéralement hypnotisé par cette idée fausse qu'il ne peut organiser des visites fiscales chez les propriétaires sans commettre une violation de domicile.

Nous trouvons la trace de cette préoccupation dans l'exposé des motifs de la loi de 1900.

Voici comment s'exprime le rapporteur, pour établir que les bouilleurs de cru ne doivent pas être soumis à l' « exercice ».

Il faut aussi avoir égard aux conditions de la production, aux usages consacrés par le temps. On ne saurait soumettre les petits récoltants qui se bornent à transformer en eaux-de-vie une partie de leurs récoltes, aux mêmes formalités, aux mêmes sujétions que les distillateurs industriels. Le voulût-on, qu'il y aurait à le faire une impossibilité matérielle...

Sans doute l'assujettissement de tous les bouilleurs de cru à la *déclaration* n'aurait pas détruit la fraude, mais il l'aurait rendue infiniment plus difficile et moins préjudiciable à l'intérêt public.

La loi de 1900 n'a été qu'un compromis, et les bouilleurs ont obtenu d'excessives concessions. Suivant l'heureuse expression de M. Laborde, l'hygiène du Trésor n'a pas été mieux sauvegardée que l'hygiène de la nation.

Sans parler de l'imperfection des eaux-de-vie distillées de façon primitive dans des alambics à feu nu, nous ne pouvons fermer les yeux à cette lumineuse évidence : c'est la production des spiritueux dits « de famille », entraînant comme conséquence l'*alcoolisme chez soi*, l'alcoolisme domestique, plus dépravant que l'alcoolisme public.

La production qu'on a tolérée excède dans des proportions exagérées, même lorsqu'elle se conforme aux dispositions légales sur les matières premières, les « besoins » du bouilleur. Les 40 litres accordés par la loi de 1872 représentaient déjà pour une famille de quatre personnes, 8 litres d'alcool à 100° par tête et par an.

N'est-ce pas une proportion abusive, si l'on considère qu'une famille comprend des femmes et des enfants ?

Et pourtant les bouilleurs, qui se prétendaient lésés, n'ont cessé d'exhaler leurs inlassables réclamations.

« Il nous faut, s'écriaient-ils, distinguer entre la seconde cuvée -- faire des déclarations différentes — payer cher le sucre de vendange — et encore l'Etat impose un maximum : **10** kilogrammes par **8** hectolitres de vendange en première cuvée, **40** kilogrammes pour la même quantité en seconde cuvée, et par membre de la famille.

La récolte du vigneron nécessite-t-elle une *quantité supérieure à* **50** *kilos*, il faut inscrire quotidiennement l'emploi qu'il en fait !

Un morceau de sucre jeté dans la cuve fait perdre jusqu'au débris du privilège resté au bouilleur — il devient **bouilleur de profession**, et par conséquent il n'a plus droit qu'à **20** litres d'alcool pur, et seulement les années où il pourra distiller ; mais, par contre, *il devra payer les droits sur les quelques vieilles bouteilles d'eau-de-vie qu'il avait pu mettre en réserve pour un baptême ou un mariage.*

Et si le villageois distille des marcs ayant servi à la fabrication des vins de sucre, on lui refuse la qualité de bouilleur *récoltant* !

En vérité les bouilleurs sont de bien intéressantes victimes de la tyrannie ; mais ils sont moins à plaindre que la société, livrée à la plaie de l'alcoolisme rural par la timidité de ses législateurs.

Malgré les capitulations du Parlement, le pays commence à réagir contre un préjugé si contraire à toutes les notions de la justice et du droit.

Bien rares sont aujourd'hui les assemblées départementales qui osent émettre furtivement un vœu pour le maintien du « Privilège ».

Les législations étrangères se montrent en général très réservées en ce qui touche le prétendu droit des bouilleurs domestiques.

Aux Etats-Unis, les bouilleurs de cru sont dispensés de certaines formalités imposées aux distillateurs industriels (plan de l'usine, etc.), mais ils supportent intégralement la taxe générale de fabrication.

En Allemagne, les obligations imposées aux détenteurs d'alambics s'appliquent aussi bien aux bouilleurs de cru qu'aux bouilleurs de profession. Pendant la durée de leur mise en activité, les appareils sont soumis à la surveillance des agents du fisc.

En Autriche, les bouilleurs de cru sont obligés aux déclarations de fabrication et au paiement de l'impôt, sous déduction de 50 litres pour consommation de famille.

En Italie, les bouilleurs de cru, distillant des fruits ou des vins de leur récolte, des marcs ou d'autres résidus de leurs vendanges ou bien leur miel, ou encore certaines racines, étaient admis, jusque dans ces derniers temps, à fabriquer, en franchise, une quantité maxima de 50 litres d'eau-de-vie, ne dépassant pas 70°, pour leur propre consommation.

Cette immunité partielle vient de leur être complètement retirée par une loi récente. Et voici comment s'exprimait sur les bouilleurs de cru, en Italie, le ministre des finances :

« Par l'abrogation du privilège « dont il a été fait un énorme abus », disait-il à la Chambre, vous couperez court résolûment aux plaintes nombreuses et justifiées des distillateurs soumis à la taxe. Vous supprimerez une cause permanente de fraude et de pertes considérables pour les finances publiques. Sous le couvert de l'immunité partielle qui leur est concédée, les bouilleurs de cru ne se font pas faute de distiller des quantités de matières bien supérieures aux limites de la tolérance légale... La production en exemption de la taxe a été vivement stimulée. Elle ne se poursuit plus, comme autrefois, en vue de la propre consommation du bouilleur. Maintenant on s'y adonne, au contraire, pour vendre clandestinement l'eau-de-vie en détail, trafic que les hauts prix des spiritueux taxés en fabrique rendent fort lucratif. »

Le Parlement italien n'a pas considéré que la consommation de l'alcool en franchise par le bouilleur de cru fût la conséquence nécessaire de son droit de propriété, et il a supprimé même l'allocation pour l'usage familial.

L'abolition du « Privilège » est une des armes les plus puissantes contre l'alcoolisme des campagnes, bien moins parce qu'elle mettrait obstacle à la consommation de produits obtenus par les bouilleurs (ils ne sont guère plus dangereux que les autres), que parce qu'elle ferait cesser une production clandestine que le législateur, malgré ses bonnes intentions, est impuissant à limiter en fait.

Il en résulte que le père de famille peut s'abrutir, lui, sa femme et ses enfants, sans que l'autorité publique ait à s'en émouvoir, pourvu que ce soit dans sa maison, et avec l'eau-de-vie qu'il a fabriquée lui-même.

Le seul obstacle qui empêche encore le « Privilège » de produire tous ses funestes effets, c'est que l'eau-de-vie de vin, de cidre ou de fruits coûte plus cher, même pour son producteur, que l'eau-de-vie de betteraves et de pommes de terre ! Le droit qui frappe aujourd'hui l'alcool, si élevé qu'il soit déjà, est encore inférieur à la différence du prix de revient des deux sortes d'eaux-de-vie : l'eau-de-vie naturelle coûte 1 fr. 50 le litre, sans l'impôt ; l'eau-de-vie industrielle ne coûte pas 1 fr. 50, avec l'impôt. Mais le jour où l'on surtaxerait l'alcool, en maintenant le privilège du bouilleur de cru, on donnerait une prime considérable à son produit.

L'appât du gain rendrait le propriétaire plus sobre de cette eau-de-vie précieuse qu'il vendrait à un prix élevé ; mais l'hygiène n'y gagnerait pas beaucoup, car le produit de la vente de la bonne eau-de-vie, si tant est qu'il y en ait de « bonne », irait au cabaret payer le prix de la mauvaise (1).

Il y a des années où la production du vin, ou celle du cidre, sont si considérables, qu'on ne peut ni tout consommer ni tout vendre, et qu'on est obligé de « brûler » une partie de la récolte pour l'utiliser. L'eau-de-vie qu'on retire de ces distillations nécessaires est si abondante qu'elle dépasse les besoins de la consommation de famille, si étendus qu'on les suppose.

On cherche à en tirer quelque profit ; et tous les moyens sont bons, qui permettent de les faire passer dans la consommation étrangère, sans acquitter le moindre droit. Dans plus d'une commune des pays de vignes et de pommiers, les salaires des ouvriers sont payés moitié en argent et moitié en eau-de-vie.

Voici ce que disait M. Salis, dans le débat parlementaire de 1890, sur le paiement des ouvriers en alcool dans les campagnes :

« Dans certains départements, de nombreux propriétaires, qui se font de la morale une étrange idée, ne craignent pas de payer leurs ouvriers moitié en argent, moitié en alcool.

« De sorte que les malheureux ouvriers se trouvent dans cette cruelle alternative, ou d'exercer le métier honteux et déshonorant de contrebandier, ou de boire eux-mêmes leurs propres salaires, et ces victimes de la plus infâme rapacité n'ont pour leurs vieux jours que deux perspectives : la correctionnelle ou l'hôpital. »

(1) M. Van Laër.

Un député d'une circonscription viticole affirmait d'autre part à la Chambre : « ce sont les femmes qui, cachant l'alcool sous leurs formes, le font pénétrer dans les cabarets des villes voisines ». Mais, souvent, la fraude a une organisation plus complète : il existe, dans les caves de plus d'un bouilleur, de véritables dépôts d'alcool, dont la régie n'a le droit de connaître ni l'existence ni l'importance, et où le commerce interlope vient, par des achats et des transports clandestins, réaliser des gains inavouables.

Ainsi les bouilleurs de cru fabriquent annuellement plus de deux millions d'hectolitres d'alcool qui échappent aux droits et qui doivent venir en sus de la production officielle. Or que sont ces bouilleurs en général ? Ce sont des vignerons sans vignobles, dit Magnan. On ne distille plus de vin, et pour cause. Tandis que de 1840 à 1850 l'alcool de vin comptait dans la fabrication totale pour 815.000 hectolitres, en 1885, il ne compte plus que pour 23.240, soit 1/80 seulement de la production totale. En réalité, sous le couvert du privilège, les industriels emmagasinent toutes espèces de substances fermentescibles qu'ils distillent, et ils répandent à profusion dans le commerce leurs détestables alcools.

C'est le système du « *tout à l'alambic* » ; on y jettera pêle-mêle les vins et cidres altérés, les marcs arrosés d'alcools de qualité basse, les légumes et les céréales de nos climats, mais aussi les produits les plus exotiques, les figues, les dattes, le mowra, les bananes ! N'a-t-on pas même osé dire qu'il serait possible de s'adresser à la maison Richer, et de distiller le produit de ses nocturnes récoltes !

Et nous entendons, à la Chambre, des députés réclamer l'immunité pour presque tous les fruits cultivés ou sauvages, la pêche, la mûre, la prunelle ! et ce sera de la part du législateur, dit sérieusement M. Fachard, accomplir « *une œuvre vraiment démocratique, et prouver sa sollicitude pour les humbles, les pauvres et les déshérités* ».

Rien n'est plus commun ni plus facile que de faire circuler les alcools libérés de tous droits ; leur écoulement est, d'ailleurs, assuré en raison de leur prix peu élevé. C'est là une perte énorme pour le Trésor en même temps qu'une prime offerte à l'alcoolisme. La liberté de la fabrication est la licence donnée à l'empoisonnement du public.

En outre, comme tout privilège, celui des bouilleurs de cru est une violation flagrante du principe d'égalité.

Pourquoi, au moment où la guerre doit être déclarée à l'alcool qui paye les droits, épargnerait-on l'alcool qui les fraude ?

Est-on jamais sûr que les bouilleurs de cru observeront la règle qui leur défend de fabriquer des eaux-de-vie *avec des matières d'achat*, ni de vendre *à des consommateurs étrangers* le produit de leur distillation ? N'ont-ils pas à leur service mille ruses pour éviter les investigations du fisc ? Nous avons vu au Salon de peinture de 1904 un tableau remarquable ayant pour sujet « *l'Inquisition chez les bouilleurs de cru* ». Que cette peinture n'est-elle une réalité !

Par exemple, la récolte de cidre, en 1893, fut exceptionnelle : elle donna 31 millions d'hectolitres. De ce chiffre, 15 millions furent distillés sans payer de droits, ce qui, à 4 degrés, représente 600.000 hectolitres d'alcool, soit 93 millions de francs de moins pour le Trésor, et, en comptant les pommes, les cerises, les lies, les marcs, c'est un chiffre d'au moins 150 millions, pour une année, que perd l'Etat. En effet, l'année suivante, c'est-à-dire en 1894, l'impôt sur l'alcool accusait un déficit de 34 millions.

Il est certain que toute fabrication exempte de la déclaration et de l'exercice engendre d'inévitables abus. Et l'on défend ce privilège au nom de la liberté ! Mais l'esclavage aussi a eu ses défenseurs, au nom de la liberté d'avoir des esclaves.

Malheureusement, dès qu'il est question de supprimer le privilège des bouilleurs de cru, c'est une levée de boucliers, et l'on vient nous parler des intérêts de l'agriculture; de ces pauvres gens qui gagnent à peine, en cultivant la terre, de quoi payer les impôts, motif pour lequel on leur confère le droit d'empoisonner leurs semblables et eux-mêmes.

Si l'on ne remonte pas à la source, si on ne reconnaît pas franchement que le droit concédé aux gens des campagnes de fabriquer librement de l'alcool est cause de tout le mal, on n'arrivera à aucun progrès.

Nous rappelons quels ont été sur cette question les avis de nos anciens ministres des finances. Voici l'opinion de M. Léon Say :

« L'immunité accordée aux seuls propriétaires de vignes et vergers est bien un privilège ».

De M. Tirard :

« Au nom de l'égalité devant l'impôt, et afin de faire cesser, dans l'intérêt du Trésor comme dans l'intérêt du commerce, les fraudes que favorise le privilège des bouilleurs de cru, nous demandons que tous les producteurs d'alcools soient astreints aux mêmes obligations. »

De M. Jules Simon :

« Le privilège des bouilleurs de cru est l'organisation en grand de la fraude avec estampille légale. Quand cette énorme entreprise contre la fortune de la France aura pris fin, on se demandera comment elle a pu s'établir, durer, se développer et trouver d'éloquents défenseurs qui invoquent, pour cette spéculation, les droits de la liberté et de la propriété. »

De M. Charles Dupuy :

« J'espère que, dans une nouvelle nuit du 4 août, les bouilleurs de cru feront sur l'autel de la patrie le sacrifice de leur exorbitant privilège ».

Il est à croire que ce généreux sacrifice aura besoin, pour être accompli, d'une bonne loi qui empêche le cultivateur d'être le cabaretier de lui-même.

Dira-t-on que la concession du privilège est une prime à l'agriculture ?

En réalité, comme le fait observer Joffroy, nous voyons pourtant l'agriculture ne pas se porter beaucoup mieux depuis que la bouillerie est florissante. Ce ne sont point en tout cas les produits de la petite distillation privilégiée qui peuvent servir ; ils sont à peu près inutilisables, tandis que par contre les produits de la grande distillation industrielle, soumise à l'impôt, les drèches, les pulpes, sont des matières riches en gluten, fort nutritives pour le bétail, sous réserve d'ailleurs de la nocivité, surtout pour les jeunes animaux, que peuvent leur conférer des résidus d'alcool.

Il n'y a donc pas ici de prime à l'agriculture, mais simplement une prime à l'alcoolisme familial et à la fraude.

Le bouilleur de cru favorise l'ivrognerie dans les campagnes ; il procure à la ménagère le flacon tentateur qui lui sert à s'intoxiquer elle-même et à perdre la santé de ses enfants.

M. Berthault nous affirme que les départements à bouilleurs sont ceux qui ont le plus petit nombre de débitants ! Sans doute, ces derniers feraient double emploi avec les propriétaires.

Il est aussi très intéressant de rappeler l'opinion de MM. Léon Say et Magne qui furent tous deux ministres des Finances ; le premier nous dit : « Nous avons mis la main sur une quantité d'alcool qui nous a permis d'encaisser 40 millions de plus. » Et le second : « La loi sur les bouilleurs de cru a produit des effets extraordinaires ; avec cette loi, j'ai du pain sur la planche, et un ministre des Finances n'est heureux que lorsqu'il a du pain sur la planche. »

Le docteur Plicque a proposé un système qui paraît ingénieux au premier abord. Il accorderait aux communes le droit d'abolir le privilège de leurs habitants, soit au moyen d'une somme fixe payée à forfait, soit à l'aide d'une indemnité annuelle prolongée pendant un certain temps. Ces allocations de l'État, globales ou périodiques, seraient versées dans la caisse de la commune et employées pour moitié à des dépenses d'intérêt général ; l'autre moitié serait consacrée à des dégrèvements ou à des avantages en faveur des bouilleurs de cru dépossédés.

Ce système ne peut être admis dans la pratique, car il se heurte au principe que la loi doit être égale aussi bien pour les citoyens que pour les collectivités. Et puis où s'arrêterait la convoitise des bouilleurs ? à quelles indemnités formidables n'oseraient-ils pas prétendre ? Aucun jury ne serait assez prodigue pour leur donner satisfaction, et l'on verrait se renouveler pour eux l'aventure des dix millions de Gennevilliers.

Sur cette question des bouilleurs de cru, le Nord et le Midi descendirent dans l'arène. Ce fut un combat épique et mémorable.

Tandis que les députés du Nord attribuaient l'alcoolisation du peuple aux produits mal rectifiés des bouilleurs méridionaux, les hommes du Midi voyaient au contraire le péril dans les alcools industriels du Nord. Comme ils avaient tort de se jeter la pierre !

Il nous paraît donc indispensable de supprimer le privilège des bouilleurs de cru.

Il faut que la surveillance des pouvoirs publics s'exerce sur tous les producteurs d'alcool, même les plus petits, et que toute distillation cachée soit déclarée illicite. Il le faut, pour combattre la fraude dont les moyens resteront encore très puissants.

L'État a bien le droit d'imposer le règlement qu'il juge nécessaire à la production de l'alcool, puisque nul ne lui conteste celui de l'interdire tout à fait et de s'en réserver le monopole, *si l'intérêt public commande cette mesure !*

Après la guerre de 1870 nous avons supprimé le privilège des bouilleurs de cru. Ce régime a duré quatre ans ; il a produit de bons résultats. N'hésitons pas à le restaurer par une loi définitive.

XV

LE MONOPOLE DE L'ALCOOL

L'Etat peut exercer le monopole selon trois modes distincts ou combinés entre eux : monopole de *vente*, monopole de *fabrication*, monopole de *rectification*.

Le monopole de vente a été proposé plusieurs fois en Europe, mais sans succès.

Quant au monopole de fabrication, il n'est pas d'Etat, à notre connaissance, qui le pratique directement. Nous verrons plus loin qu'en Suède la distillerie est concentrée dans un petit nombre d'usines, qui logent et nourissent un contrôleur officiel payé par l'Etat relevant d'un bureau spécial du département des finances.

§ 1. — Système de M. Alglave.

En France, l'établissement d'une sorte de monopole, étudié dès 1870 et repris en 1887, a été préconisé par M. Alglave, professeur à la Faculté de droit de Paris. La base de ce système serait de diminuer progressivement la consommation des spiritueux, en essayant toutefois d'y trouver un élément de profit pour le Trésor : deux termes peu conciliables, et dont la combinaison risque toujours de faire passer la question budgétaire avant l'intérêt hygiénique, qui, pour nous, est le seul à considérer.

Etudions maintenant le système de M. Alglave, qui a été soutenu par son auteur avec une longue persévérance.

Cette conception repose sur deux idées fondamentales : 1° le monopole n'est pas obligatoire ; 2° il est restreint à la vente des spiritueux. L'Etat n'exproprierait personne : liberté entière serait laissée à la fabrication, à la rectification, et même à la vente par les particuliers.

M. Alglave édicte les règles suivantes : 1° la fabrication et le commerce, en gros ou en détail, des alcools ou liqueurs alcooliques quelconques, resteront libres comme aujourd'hui sous l'empire des règlements actuels ; 2° nul ne sera tenu d'acheter ni de consommer des liqueurs alcooliques provenant du monopole facultatif de l'Etat, par exclusion des liqueurs provenant du commerce libre.

L'Etat sera négociant en alcool ; il donnera sa marque à un produit, tout en supportant la concurrence des grandes maisons et des renommées consacrées par le temps. Est-ce à dire que l'Etat fabriquera l'alcool qui portera son estampille ? Nullement. L'Etat sera simplement obligé d'acheter son alcool, « à des fabriques ou établissements agricoles situés sur le territoire français », sans pouvoir jamais acquérir des produits exotiques. Pourra-t-il au moins faire un choix parmi ses fournisseurs, comme toute maison de commerce qui veut rester à la hauteur de sa réputation ? Pas davantage. « Tous les producteurs d'alcool ou de liqueurs alcooliques qui voudront participer aux commandes de l'Etat se feront inscrire à la préfecture de leur département. Le droit de préférence aux commandes de l'Etat sera réparti entre eux, proportionnellement à la production de chacun pendant l'année précédente. Le prix sera uniformément fixé à... l'hectolitre, pour tout alcool qui présentera le minimum de pureté, — un règlement d'administration publique, en effet, déterminera la quantité d'impuretés qui peut être tolérée dans l'alcool destiné à la consommation, — et augmenté d'une prime de pureté proportionnelle à la pureté supplémentaire constatée par l'analyse. »

L'alcool ainsi acheté par l'Etat sera livré à des marchands en gros, choisis par voie d'adjudication, et, de ceux-ci, ira chez les débitants, épiciers, marchands en détail et particuliers... Nul ne sera lésé ni exproprié ; les prix seront calculés de manière à être rémunérateurs.

M. Alglave, trop imbu de cette idée que l'alcool bien rectifié présente beaucoup moins de dangers que l'alcool impur, fait ressortir l'impossibilité d'analyser tous les spiritueux avant leur entrée chez le débitant. Il n'existe pas de moyen pratique pour vérifier le contenu de 3 ou 400 millions de bouteilles par année.

« Le nouveau régime que je propose, dit le savant professeur, permettrait d'obtenir facilement ce résultat, car l'analyse ne porterait plus sur chaque bouteille, mais sur les livraisons de dix hectolitres au moins qui équivalent à 2.800 ou 3.000 litres de liqueurs. « Dans ces conditions, il suffit de 150.000 analyses au maximum pour que toutes les eaux-de-vie consommées aient été contrôlées d'avance. Il en faudrait même beaucoup moins en réalité, parce qu'il serait effectué souvent une centaine de livraisons de 10 hectolitres, provenant de la même fabrication, que l'Etat a suivie dans l'usine même, et qui peuvent être réunies en un seul échantillonnage. Mais enfin, 150.000 analyses, ce n'est pas bien effrayant. Le laboratoire municipal de Paris en fait 28.000 par an ; il suffirait d'avoir pour toute la France six laboratoires comme celui-là. »

Ainsi, l'Etat achète au producteur l'alcool destiné à la consommation, il en vérifie la composition et ne l'achète qu'autant qu'il est rectifié ; puis il le répand dans le public, en garantissant sa pureté après avoir perçu la taxe.

M. Alglave soutient que le consommateur ne paierait pas plus cher qu'aujourd'hui.

Quant au producteur, il peut vendre son alcool à un marchand en gros ou à l'Etat, « mais lorsque le producteur ou le marchand en gros veut vendre l'alcool à un consommateur ou à un débitant, la régie intervient pour percevoir l'impôt et pour analyser la liqueur, afin de s'assurer que, si elle peut toujours enivrer le buveur, au moins ne peut-elle pas l'empoisonner ». Les alcools non achetés par l'Etat restent en dehors du monopole, ils ne sont soumis qu'à la visite hygiénique qui vérifie leur état de pureté. « Cette preuve faite, le rôle de l'Etat est fini en ce qui les concerne ; le détenteur conserve la liberté de les vendre le prix qu'il veut, soit en gros, soit en détail, chez le débitant ou le cafetier ; il doit seulement payer l'impôt et acquitter une légère surtaxe. »

Mais, pour les alcools qu'il achète, l'Etat se charge de les rectifier lui-même, ou bien il les fait rectifier par des usines privées que ses agents surveillent de près.

La quittance de l'impôt est constituée, dans ce système, par une bouteille d'un quart de litre « *fabriquée de telle sorte qu'elle soit difficile à remplir sans preuve évidente d'effraction*. Cette bouteille est remplie d'alcool par l'Etat qui la vend à un prix déterminé, un franc par exemple. Elle est cachetée et scellée de papier timbré.

Le récipient qui renferme un alcool rendu aussi pur et aussi peu nocif que possible est mis en vente à un prix qui paie l'impôt. C'est seulement lorsqu'il est contenu dans ces bouteilles que l'alcool peut circuler librement et qu'il peut être vendu.

Cette opération, accomplie par les agents de l'Etat, constitue le signe extérieur du paiement des droits ; la fiole timbrée est à l'alcool ce que la bande de la régie est aux allumettes et aux tabacs, ou ce que le timbre de poste est à la lettre.

La bouteille prouvera également que l'alcool livré au public aura été contrôlé par la commission d'hygiène.

Vendu 4 francs le litre, il sera présumé pur et relativement inoffensif.

Ces récipients, clos et revêtus de leur bande, sont vendus à qui veut les acheter : soit aux marchands en gros, soit aux marchands au détail, soit aux particuliers. Personne n'est exclu et ne peut se plaindre.

L'État n'a d'autre dépense à faire que celle de ses bouteilles, ou encore celle des usines de rectification, s'il ne veut pas la confier à l'industrie privée.

« Quant aux eaux-de-vie qu'on voudra soustraire au monopole, la régie leur imposera encore la bouteille fiscale d'un quart de litre (ou une bouteille analogue spéciale à chaque fabricant, s'il le préfère). Elle la vendra vide le même prix qu'elle l'aurait vendue pleine d'eau-de-vie commune monopolisée par l'Etat. » Donc, pour le producteur resté libre, le système admet une double obligation ; la visite hygiénique de l'alcool produit pour garantir la santé publique ; la bouteille fiscale qui garantit l'intérêt du Trésor.

La fiole-quittance de M. Alglave a fourni un thème à des plaisanteries faciles qui n'ont aucune valeur ; car on pourrait aussi tourner en dérision l'as des cartes à jouer et l'étiquette des cigares.

Mais, tout en négligeant des argumentations empruntées aux revues de fin d'année, il se présente une objection sérieuse de nature à faire réfléchir les plus optimistes. Comment pourra-t-on être certain que la bouteille sera toujours remplie par les employés de l'Etat et sous la surveillance de ses agents ?

Ne faut-il pas admettre l'hypothèse d'un débitant coupable, qui après avoir très exactement vendu au prix légal l'alcool garanti que contient la bouteille, n'hésite pas à remplir de nouveau le récipient avec un trois-six grossier dissimulé dans son arrière-boutique ? Et s'il recommence cent fois cette manœuvre ?

Ostensiblement, et pour les statistiques, la consommation de l'alcool sera en baisse ; en réalité, les ravages de l'alcoolisme redoubleront d'intensité.

L'idéal serait de trouver une bouteille qui, par une baguette magique s'envolerait en fumée dès qu'elle serait débarrassée de son contenu.

Et l'on pourrait dire de l'État, en altérant un peu le refrain de Molière :

> Son sort ferait bien des jaloux
> S'il la savait toujours... vidée.

Sans entrer dans le domaine de la féerie, qui n'est pas accessible aux économistes, les commissions d'études demandent au moins s'il ne serait pas possible de leur présenter le modèle d'une bouteille qui soit aussi facile à vider que malaisée à remplir.

« Aux inventeurs de la trouver, répond M. Alglave. Ils ont tant d'esprit qu'ils y arriveront sans peine ! Le siphon d'eau de seltz est déjà un premier type dans ce sens. »

Malheureusement, en attendant la découverte encore problématique, la possibilité d'une fraude journalière et universelle ébranle dans ses fondements le système ingénieux que nous venons d'exposer.

M. Alglave réserve bien à l'Etat un droit de vente ; mais ce n'est pas là un véritable monopole. En effet, la Régie ne dit pas : « je m'empare de tous les produits distillés » ; elle se borne à demander sa place au comptoir des marchands d'alcool. Seulement elle se flatte de devenir, en peu de temps, la maîtresse absolue du marché, en vertu de la maxime « *Ego nominor leo* ». Où trouverait-on, en effet, un distillateur assez audacieux pour affronter cette lutte inégale ?

L'auteur du projet, s'il avait été logique, aurait proposé un monopole absolu, comme celui des tabacs. Mais il n'a pas voulu pousser ses principes jusqu'à leurs dernières conséquences, et il a préféré s'arrêter à moitié chemin. Son monopole facultatif n'est qu'un expédient, une combinaison timide, dont la commission a fait ressortir les défauts.

« Est-ce à dire, écrivait Claude, que lorsqu'il s'agit des grands intérêts moraux, de la vitalité même de la France, au point de vue de ses forces défensives comme au point de vue de ses forces productives, la Commission repousserait *à priori* toute idée de monopole ? En aucune façon. Le monopole de l'alcool, facile à justifier en lui-même, n'est pas moins facile à établir que celui des tabacs. Nous avons voulu montrer seulement que le caractère facultatif imprimé par M. Alglave au monopole qu'il essaye de constituer donne à tout le système quelque chose d'incertain et d'embarrassé qui risque de le faire repousser par toutes les écoles. »

Les objections qui ont été formulées dans le principe par un grand nombre d'économistes n'ont pas découragé M. Alglave. Il a, dans de chaleureuses dissertations, cherché à établir que sa combinaison aurait, si elle était adoptée, deux effets utiles, l'un hygiénique, l'autre fiscal. L'avantage hygiénique, dit-il, consiste en ce que l'eau-de-vie consommée sera aussi pure, aussi peu meurtrière que possible ; l'avantage fiscal sera une grande simplification dans le paiement de l'impôt, puisque l'alcool portera toujours avec lui sa quittance.

Un litre d'eau-de-vie ordinaire se divise en 20 petits verres vendus chacun dix centimes, ce qui porte à 7 fr. 50 le prix d'un litre d'alcool absolu quand il a été vendu par le cabaretier, qui gagne plus de la moitié de cette somme. Si la proposition de M. Alglave venait à être mise en pratique, l'Etat gagnerait une partie de ce que les débitants prélèvent sur le consommateur.

L'alcool, en France, excepté celui qui sortira des maisons universellement connues, sera, disent les défenseurs du système, accaparé en fait par l'Etat, qui, pour attirer les bouilleurs, leur offrira un prix minimum fixé très sensiblement au-dessus des prix courants. Par la vente de 2.500.000 hectolitres à 400 francs, le Trésor bénéficiera d'un milliard, et l'Etat garantira la pureté de l'alcool livré à la consommation.

Le marchand et le débitant, moyennant une commission très élevée, seront, comme par le passé, des intermédiaires obligés et coûteux entre le producteur et le consommateur. Ce dernier paiera très cher la marchandise livrée ; mais, comme le système arrivera à diminuer la plupart des impôts, il chantera les louanges d'un régime qui, par un apparent sacrifice, lui procurera l'aisance rêvée.

Grâce à la bouteille cerclée de métal brillant, disent les partisans du système, les vignerons compteront leurs gains inespérés, les buveurs se réjouiront de contribuer par une légère et insensible surtaxe au développement de la prospérité publique ; les bouilleurs de cru écouleront leurs produits supplémentaires sans être accusés de tromper l'Etat, les débitants seront délivrés de l'exercice et du contrôle insupportable de la Régie, les contribuables ne recevront plus d'avertissements du percepteur, l'Etat verra son budget des recettes augmenter d'un milliard, et les médecins ne défendront plus l'alcool à leurs malades, tant il sera dégagé de toute scorie malfaisante.

Ainsi l'Etat sera, comme l'Empereur de Chine, « le père et la mère du peuple ». On ne l'accusera plus d'empoisonner les masses, victimes de la rapacité fiscale. Pourquoi ne se montrerait-il pas généreux, alors que ses coffres déborderont de pièces d'or ?

Quand on examine de près le système de M. Alglave, on aperçoit que le vice de son prétendu monopole est précisément ce qui lui enlève sa raison d'être, c'est-à-dire la liberté laissée à la fabrication, et la faculté reconnue aux producteurs, malgré l'obligation de se servir de la bouteille fiscale, de répandre dans le commerce des alcools non rectifiés, dont chacun reste libre de faire usage. Le consommateur peut trouver, dans les bouteilles estampillées par l'Etat, un alcool garanti pur, mais il peut aussi, s'il y trouve son compte, s'approvisionner directemennt chez le producteur qui échappe au contrôle de l'Etat et livre à la consommation des produits ultra-toxiques.

En France, tout ce qui est bizarre et compliqué ne résiste pas aux traits d'une satire facile. Le monopole de M. Alglave a pourtant compté dans la presse des défenseurs convaincus.

« On ne s'expliquera jamais, dit le journal l'*Eclair* en 1890, pourquoi les Chambres n'ont pas même daigné aborder l'étude du projet.

Il a suffi de quelques plaisanteries sur les « petites bouteilles », pour faire avorter dans l'œuf, écarter sans examen, une réforme plus importante à elle seule que toutes celles qui s'étalent aux programmes des politiciens, et dont les bienfaits pouvaient être incalculables. »

Le système de M. Alglave n'a pas été adopté par la Commission d'enquête, non pas tant parce qu'elle le trouvait trop limité (car elle n'a pas cherché à lui substituer celui du monopole absolu) que parce qu'il lui a paru coûteux et difficile à mettre en pratique (dépenses énormes de première installation, difficultés de transporter, loger, conserver et vérifier au moins un million et demi d'hectolitres d'alcool pur par an sans compter les réserves, puis transvaser cette quantité énorme d'alcool dans 600 millions de quarts de bouteilles à répartir dans un nombre de dépôts suffisants pour pourvoir, sur toute la surface du pays, à la consommation générale, organisation d'une vaste régie spéciale avec tout son personnel, etc.)

Toutefois le distingué professeur a fourni à M. Léon Say et à la Commission elle-même une occasion de défendre le monopole et de le représenter comme un moyen sérieux de combattre l'alcoolisme.

Avec ou sans la bouteille idéale, M. Bertillon nous apprend que M. Alglave a proposé son système à tous les gouvernements de l'Europe. Le ministère allemand a été séduit par cette idée ; M. de Bismarck en a fait l'objet d'un projet de loi, qui a été attaqué par M. Richter, et finalement a été rejeté par le parlement allemand pour des motifs purement politiques.

§ 2. — Monopole de rectification.

Une proposition de M. Guillemet, relative au monopole de la rectification de l'alcool par l'Etat, remonte au 15 février 1893. Elle figure dans un rapport supplémentaire fait au nom de la Commission chargée d'examiner la proposition de loi de M. Maujan, ayant pour objet la réforme générale de l'impôt. En formulant une pareille proposition, la Commission, dit le rapporteur, a cru pouvoir atteindre un double résultat :

1° Assurer la perception d'un impôt d'un milliard, qui permettrait d'abolir pour une somme égale des taxes injustes, vexatoires et impopulaires ;

2° Enrayer l'alcoolisme, dont on connaît les terribles conséquences.

La Commission estime que le mal est dû plus à la mauvaise qualité qu'à la quantité de l'alcool absorbé.

Il s'agit ici d'un système qui présente la réalité fiscale du vrai monopole de droit, puisque la rectification serait exclusivement réservée à l'Etat : ceux qui préconisent cette idée disent qu'on n'arriverait peut-être pas à diminuer la consommation, de l'alcool, mais qu'on la rendrait moins nuisible.

Si le monopole réalisait la suppression des effets nuisibles de l'alcool, il faudrait le proclamer sauveur de l'Etat, et lui sacrifier toutes les théories économiques les mieux consacrées.

Mais il ne constitue qu'un palliatif ; et, sans méconnaître les quelques bons effets dont il peut être l'occasion, ce serait une erreur de le présenter comme une panacée du fléau.

C'est à la fin de l'année 1899 que le *Journal officiel* a publié le rapport, fait au nom de la Commission de l'alcool, chargée d'examiner la proposition de loi de M. Guillemet tendant à établir, en France, le monopole de la rectification de l'alcool, et à en employer le produit à la création d'une caisse de retraites en faveur des vieux travailleurs de l'industrie, du commerce et de l'agriculture.

Ce rapport débute en constatant que la consommation de l'alcool augmente en des proportions « *réellement terrifiantes* ».

Les eaux-de-vie de vin, qui, jusqu'en 1850, entraient dans la consommation pour 91.40 0/0, sont tombées à 5 0/0 depuis la disparition du vignoble, et malgré sa reconstitution.

Car, pendant la longue disparition du vin, on s'est déshabitué des alcools naturels et du vin lui-même, et on s'est adonné à l'alcool d'industrie. Ce qu'il faut maintenant aux buveurs, c'est l'alcool incandescent à 100 degrés.

Voici comment le rapporteur justifie son projet.

L'alcool d'industrie, qui comprend les fruits et les céréales, depuis les prunes et les framboises jusqu'aux pommes de terre, aux topinambours en passant par le blé, l'orge, les glands verts, les navets, et même la garance et la gentiane, est l'objet d'une fraude universelle.

Sous le nom de menthe, d'absinthe, on écoule des alcools dénaturés.

Grâce à ce qu'on appelle « *le bouquet* », on fait tout supporter au consommateur.

On a calculé que les buveurs d'alcool sont représentés par un huitième de la population.

Ce qui donne une consommation moyenne, par tête, de 100 litres 80 centilitres d'alcool à 37° 1/2, soit 4,032 petits verres par année, 11 verres 1/2 par jour : nous parlons ici de la consommation de l'alcool sous ses multiples formes, kirschs, bitters, absinthes, liqueurs, etc.

Le rapporteur donne ensuite un tableau saisissant de la progression de l'alcoolisme en France.

Il constate qu'en sept ans la consommation des apéritifs a doublé. Elle a passé de 87.000 hectolitres à 171.000.

A elle seule, la France consomme plus d'absinthe que le monde entier.

De là, des désordres physiques et moraux sur lesquels il est banal de s'étendre.

Il faut, à ce point de vue, rendre justice au rapport de la Commission : il n'a pas épargné les couleurs, et le tableau qu'il trace du fléau est vraiment épouvantable.

Et pourtant on n'ose pas proposer l'abrogation de la loi de 1880 ! On répète encore que la prohibition de l'alcool d'industrie est impossible en France, « avec notre régime parlementaire » !

Il faut avouer que nos députés n'ont pas l'épiderme sensible, et ne bondissent pas facilement sous le fouet de la diffamation.

Ecoutez à ce sujet le docteur Richard ; il ne dissimule pas la vérité aux hommes politiques.

« Les distillateurs et les négociants en spiritueux ont des appuis solides dans les sphères gouvernementales ; les marchands de vin tiennent les débitants dans leurs mains, parce qu'ils les commanditent ou qu'ils leur font des avances, et les débitants ont une influence considérable sur les électeurs. Tout ce monde est à la dévotion de l'alcool : les uns parce qu'ils en vivent, les autres parce qu'ils en meurent...Cependant je ne serais pas surpris de voir, dans quelques années, l'opinion publique triompher de la tyrannie que nous imposent aujourd'hui les gens qui fabriquent de l'alcool, ceux qui le vendent et ceux qui le boivent. »

L'alcool rectifié ne sera pas un remède contre le fléau, puisque le rapporteur est obligé d'avouer qu'il ne prévoit pas d'abaissement dans la consommation. Si la réforme se borne à permettre à l'Etat de revendre au public pour 500 francs un produit qui lui aura coûté 40 francs, il est bien superflu, pour un si mince résultat, de mettre en mouvement l'appareil législatif.

Voyons maintenant l'économie du projet de M. Guillemet.

« Aucun liquide alcoolique, dit l'article premier de la proposition, ne pourra être mis en vente, livré à la consommation, employé à des usages domestiques ou industriels, que s'il a été fabriqué avec de l'alcool rectifié provenant des usines de l'Etat. » Telle est la base du système.

L'Etat achète pour revendre. Il achète aux distillateurs français. Les distillateurs français ne peuvent vendre qu'à l'Etat, sauf en cas d'exportation. « Au commencement de chaque trimestre, l'Etat publiera un tableau des quantités de flegmes dont il pensera avoir besoin ; il fixera, à la même époque, et plus souvent si cela est nécessaire, le maximum et le minimum des chiffres entre lesquels pourront osciller les prix d'achat. L'Etat publiera également un tableau du mouvement de ses achats d'alcool brut et de ses ventes d'alcool rectifié. Ces achats devront être répartis autant que possible entre tous les producteurs d'alcool, proportionnellement à leurs productions. Des bonis de fabrication pourront être accordés par l'Etat aux distillateurs agricoles. »

Sur tous ces points M. Guillemet est d'accord avec M. Alglave, et marche de pair avec lui.

La grande différence entre les deux projets, c'est que, dans celui qui nous occupe, l'État doit purifier lui-même l'alcool qu'il achète au producteur. Ce dernier n'a donc plus à se préoccuper de la pureté de sa marchandise ; les appareils qu'il consacrait à cette opération lui deviennent inutiles ; il n'a plus besoin de les conserver.

M. Guillemet pense que pour faire entrer son système dans la pratique, il faut procéder à une expropriation pour cause d'utilité générale.

Il y a en France 190 établissements qui font la rectification de l'alcool, 11 qui sont proprement et uniquement des usines de rectification, 170 qui sont à la fois producteurs et rectificateurs. L'État rachètera immédiatement les 11 usines de rectification, tous les appareils rectificateurs appartenant aux distilleries, — et le monopole s'exercera. Si pourtant cette expropriation paraît trop coûteuse, il sera facile de s'arrêter à une autre solution que prévoit le projet : « L'État mettra en adjudication la rectification de ses alcools. Il n'admettra à ces adjudications que les usines qui auront les procédés de rectification indiqués par l'administration. La rectification sera faite sous la surveillance permanente d'un chimiste de l'État attaché à chaque usine. »

L'État enfin vend ses alcools. « Les conditions dans lesquelles seront expédiés et mis en vente les alcools seront déterminées par un règlement d'administration publique. »

Il y a ici une importante lacune dans le projet Guillemet. C'est la loi elle-même, et non pas un règlement futur, qui devrait nous éclairer sur le mode de vente de l'alcool d'État. Quels seront les agents de ce trafic ? Dans quels locaux, d'après quels tarifs, les produits seront-ils livrés à la consommation ? Selon que ces questions seront résolues dans un sens ou dans un autre, les conséquences pratiques de la proposition apparaîtront sous leur vrai jour.

Au monopole ainsi constitué ne sont pas soumises les eaux-de-vie de vin, de cidre, de fruits, — les eaux-de-vie naturelles, — ni les liqueurs à base d'alcool. « Les rectifier, ce serait les détruire », dit M. Guillemet. Dans une première édition du projet, ce n'était pas leur rectification, mais leur distillation même, qui devait être faite dans les appareils et par les soins de l'Etat, moyennant le prix de vingt-cinq francs l'hectolitre. Ainsi, dit M. Van Laër, l'Etat ne fabriquait pas et vendait les alcools industriels, tandis qu'il fabriquait et ne vendait pas les alcools naturels et les liqueurs !... Une modification du projet primitif a fait disparaître cette anomalie. Les eaux-de-vie naturelles et les liqueurs alcooliques restent en dehors du monopole ; mais l'Etat ne se charge plus de les distiller ou de les fabriquer, il se contente de surveiller leur distillation ou leur fabrication.

Si l'on en croit l'auteur du projet, le monopole de la rectification, bien qu'entraînant des frais d'expropriation, de construction d'usines, d'achat de matériel fort considérables, arrivera à remplir les caisses du Trésor, tout en dégrevant la bourse du consommateur auquel en outre il assurera l'inestimable bienfait de l'hygiène.

Il y a dans les deux projets, celui de M. Alglave, et celui de M. Guillemet, un grand défaut, c'est qu'il est impossible de les faire sortir du domaine de la théorie pour les expérimenter. En effet le monopole ne peut se concevoir comme système hybride ; il est ou il n'est pas.

L'étymologie même du mot qui sert à le désigner exclut l'idée d'un partage. Produire seul, vendre seul, telle est l'essence de tout ce qui est monopole. C'est ainsi que, pour le tabac, l'Etat cultive, fabrique, et met en vente le produit imposé.

Pratiquement l'Etat ne peut vendre l'alcool avantageusement que s'il arrive à le fabriquer lui-même, étant bien entendu que la fabrication comprend la rectification.

Si la production reste dans le domaine public, comment arriver à ce résultat que l'Etat seul doive se rendre acquéreur de tout l'alcool distillé sur le territoire ? Que devient la concurrence, cette loi fondamentale du commerce ?

Pourquoi, si le nombre des producteurs est illimité, l'Etat resterait-il seul acheteur ? Ne serait-il pas forcé d'exercer sur le marché une pression formidable et immorale pour accaparer l'alcool ? Dans ce trust gigantesque il n'y aurait plus qu'une hypocrisie de liberté ; mieux vaudrait cent fois le monopole véritable et intégral.

§ 3. — Le monopole en Suisse.

Le monopole de la vente en gros, tel que l'a conçu M. Alglave, n'a été appliqué dans aucun pays ; mais la Suisse a tenté un monopole partiel qui s'applique seulement aux eaux-de-vie de grains et de pommes de terre. L'eau-de-vie de vin, de marcs, de fruits, etc. est en dehors du monopole. Le privilège des bouilleurs de cru y est beaucoup plus étendu qu'en France.

On peut résumer ainsi les règles du monopole suisse :

a) Le droit de fabriquer et d'importer les spiritueux dont la fabrication est soumise à la législation fédérale appartient exclusivement à la Confédération.

b) La distillation du vin, des fruits à noyaux ou à pépins et de leurs déchets, des racines de gentiane, des baies de genièvre et d'autres matières analogues, est exceptée des prescriptions fédérales concernant la fabrication et l'impôt (art. 32 *bis* de la Constitution fédérale).

c) La Confédération est tenue de pourvoir à ce que les spiritueux destinés à être transformés en boissons soient suffisamment rectifiés.

d) L'Etat n'exerce pas lui-même son droit de fabrication, mais il le concède à des particuliers, à des sociétés.

e) Un quart à peu près de la consommation des spiritueux est fourni par l'industrie privée, par lots de 50 hectolitres au moins et de 1.000 hectolitres au plus, la préférence étant donnée aux distilleries mettant en œuvre des matières premières indigènes et à celles qu'exploitent des associations agricoles.

f) L'importation des spiritueux dits « de qualité supérieure » est permise aussi aux particuliers, aux conditions à fixer par le Conseil fédéral, et moyennant une finance de monopole de 80 francs par quintal métrique, poids brut, en sus du droit d'entrée.

g) De son côté, la Confédération livrera les spiritueux en quantités de 150 litres au moins, contre paiement au comptant. Le prix de vente ne doit être ni inférieur à 120 francs ni supérieur à 150 francs par hectolitre d'alcool pur.

h) L'exportation a droit à un certain dégrèvement. L'alcool destiné à des usages industriels sera dénaturé dans les magasins de la Confédération et livré au prix de revient.

i) Le colportage des spiritueux de tout genre, ainsi que leur débit et leur commerce en détail dans les distilleries et dans les établissements où ce débit ou cette vente en détail ne sont point en connexité naturelle avec la vente des autres articles de commerce, est interdit. Reste réservé le commerce en détail de l'alcool dénaturé.

j) Le 10 pour 100 des recettes du monopole est réparti entre les cantons porportionnellement à leur population, à condition de l'employer à la lutte contre l'alcoolisme.

Les cantons ont chacun en particulier le droit de soumettre par voie législative, aux restrictions exigées par le bien-être public, l'exercice du métier d'aubergiste et le commerce au détail des boissons spiritueuses.

Chaque canton, conformément aux prescriptions de la loi, introduit dans sa législation particulière des dispositions restrictives. Un d'entre eux (Bâle-ville) a organisé le monopole d'après le système de Gothembourg, qui sera exposé plus loin.

Le *dix pour cent* a été en général affecté, sur avis du Conseil fédéral, aux asiles pour ivrognes, maisons de correction et de travail, asiles d'aliénés, établissements pour sourds-muets, aveugles et épileptiques, à l'assistance des enfants abandonnés, à l'alimentation des écoliers et aux colonies de vacances, aux sociétés de tempérance, aux détenus libérés sans travail, etc., etc.

Voyons quels résultats a donnés jusqu'ici le système suisse.

D'après l'administration de la Régie helvétique, la consommation des boissons alcooliques (soumises et non soumises au monopole) au titre de 50 0/0, est descendue depuis le monopole de 7 l. 25 par tête (1885) à 5,7 (1889) : elle aurait donc diminué de 25 0/0 environ.

Les rapports du Conseil fédéral tracent comme il suit la marche de la consommation par tête depuis le monopole :

1882.	9 l.	40
1885.	10	26
1888 (monopole).	5	50
1890.	6	27
1891.	6	32
1892.	6	39
1893.	6	37

Remarquons au surplus que le vin et la bière sont à peu près exempts de taxes et de réglementation.

Avant 1886, seize cantons avaient institué, pour tout ou partie des boissons alcooliques, des douanes intérieures. Pour l'eau-de-vie, cette taxe (appelée *ohmgeld*) variait de 5 à 43 francs par hectolitre. Elle avait pour but de protéger les distilleries du canton contre celles des autres cantons, et elle y réussissait très bien, car, vers 1880, leur nombre atteignait 1.480. La plupart distillaient des pommes de terre, dans les conditions les plus fâcheuses. L'alcoolisme prenait des proportions terribles qui inquiétèrent l'Assemblée fédérale. Il y avait de quoi, la consommation étant à peu près égale à ce qu'elle est actuellement en France (9 litres d'alcool à 50° d'après Broch). Ces bouilleries constituaient pour le pays un véritable fléau (1).

Les gouvernements cantonaux avaient depuis longtemps reconnu tous les dangers de ce régime. Berne en particulier, non sans se heurter à une très ardente opposition, avait, par une loi, fermé des multitudes de petites distilleries. Mais cette mesure courageuse n'avait pas été adoptée par le Conseil fédéral pour toute l'étendue de la République helvétique, et des statuts isolés ne pouvaient produire un résultat appréciable.

En consultant le remarquable rapport que M. Schuler a présenté aux autorités suisses en 1884, nous avons sous les yeux un tableau fidèle de l'alcoolisme par rapport à l'alimentation dans les classes pauvres.

A Bâle (où il y avait pourtant un *ohmgeld* de 10 0/0 *ad valorem*) l'eau-de-vie se vendait 50 à 70 centimes le litre « et se buvait habituellement après d'abondantes libations de bière », d'autant plus que la femme, retenue à la fabrique, n'avait pas le temps de s'occuper de la cuisine ; dans l'Emmenthal (Berne), où l'*ohmgeld* était à son maximum (30 fr. à 43 fr.), l'eau-de-vie domine comme boisson à l'auberge ; les enfants reçoivent de bonne heure des spiritueux. Dans l'Oberland (Berne) l'eau-de-vie de pomme de terre coûte 50 centimes la bouteille, etc.

En même temps diminuait la consommation du vin ; en 1876 il en était entré dans le canton de Berne 254.000 hectolitres ; en 1885 ce chiffre était tombé à 170.000 hectolitres.

La situation est aussi déplorable dans les autres cantons. Est-il certain que plus les pauvres se nourrissent mal, plus ils éprouvent le goût malsain des spiritueux ? Existe-t-il chez eux un besoin réel de suppléer à la bonne nourriture par l'absorption de l'alcool ? Le problème ne peut être résolu, car les statistiques ne fournissent sur ce point que des données très incertaines.

La Régie ne doit mettre en vente que des trois-six bien rectifiés ou de l'alcool brut de pommes de terre ne renfermant pas plus de 1, 50 pour 1.000 d'impuretés alcooliques.

Depuis la mise en vigueur de la loi de 1886, l'Etat a installé, dans de bonnes conditions, 63 distilleries, pour remplacer 1.450 fabriques d'eau-de-vie de pommes de terre, dont les produits étaient considérés comme suspects.

(1) Bertillon, p. 149.

Les mesures adoptées ont donc eu des avantages incontestables au point de vue de l'hygiène.

Le gouvernement a réparé, par de justes indemnités, le préjudice causé aux distillateurs en exercice, mais seulement en raison de la moins-value résultant, pour les bâtiments et appareils servant à la distillation, de l'établissement du monopole. La loi a pris soin de spécifier que « le bénéfice réalisé par la distillation » ne devait pas entrer en ligne de compte. Le montant total des expropriations s'élevait à la fin de 1901 à 4.110.125 francs.

Quoique la loi porte que l'alcool vendu par la Régie doit avoir une pureté suffisante, on a dû se départir, au moins provisoirement, de cette règle.

Il a fallu tenir compte de ce fait incroyable, mais réel, que le peuple suisse avait pris l'habitude de cette eau-de-vie nauséabonde qui exhalait un relent de pomme de terre avariée.

C'est une essence spéciale, produite par la fermentation des solanées, et connue sous le nom de *Fusel*, qui donne à l'alcool cette saveur recherchée dans les cabarets de bas étage.

Pour diminuer la consommation de l'eau-de-vie, la loi suisse en interdit le colportage. Il ne peut être vendu au détail (moins de 40 litres) que dans les débits munis d'une autorisation et payant un droit de patente perçu au profit du canton. Ce droit dépasse généralement 100 francs et atteint parfois 3.000 francs par an.

Toutefois les distillateurs qui ne fabriquent pas dans une seule et même année plus de 40 litres de spiritueux non soumis au monopole (il s'agit de l'eau-de-vie de vin, de marcs, ou de fruits indigènes) peuvent vendre librement la quantité produite à condition de ne pas la livrer par parts inférieures à 5 litres. La loi de 1900 restreint ce privilège aux agriculteurs et pour leur propre récolte seulement.

Les cantons sont chargés (art. 9) de la surveillance sur le commerce des spiritueux livrés par la régie, ainsi que sur la fabrication et la vente de l'eau-de-vie non soumise à l'impôt fédéral.

L'eau-de-vie de vin et de fruits (qui est en dehors du monopole) n'est soumise à un impôt que dans le seul canton de Fribourg. Encore faut-il, pour qu'il y ait lieu de percevoir l'impôt, que les produits mis en œuvre ne proviennent pas du sol du fabricant.

Il ressort de cette législation que le prétendu droit du propriétaire est, en Suisse, l'objet d'un véritable fétichisme. La bouillerie domestique est une arche sainte à laquelle il est défendu de toucher ; c'est plus que le privilège, c'est la franchise proclamée et considérée comme intangible.

Le canton de Bâle-ville a monopolisé la vente au détail. Elle ne peut se faire que dans les débits autorisés (20 au plus). Le mode de préparation des spiritueux ainsi vendus et les prix de vente au détail sont réglés d'une façon uniforme.

Le système suisse peut se caractériser par une formule très simple, c'est le monopole de l'épuration et de la vente.

Le but que se sont proposé ses auteurs a été de provoquer une augmentation du prix des alcools de consommation, afin d'enrayer celle-ci, d'améliorer la qualité par une rectification soignée, et enfin, d'aider à la lutte contre l'alcoolisme en lui consacrant le dixième des recettes.

Voici, d'après M. Bertillon, les conclusions de M. Delamotte, inspecteur des finances, qui a été chargé, en 1896, d'étudier sur place le monopole suisse.

« On ne saurait méconnaître, dit-il, que le monopole suisse a eu pour résultat :

« 1° De diminuer — dans la limite où l'influence de l'Etat peut s'exercer — la consommation de l'alcool au profit des boissons hygiéniques ;

« 2° D'assurer à la plus grande partie des spécimens destinés à servir de boisson un degré de pureté plus élevé que sous l'ancien régime de la libre fabrication indigène ;

« 3° De favoriser l'agriculture en même temps qu'une branche de l'industrie nationale ;

« 4° Enfin de procurer des ressources sans imposer à la population des mesures vexatoires, et en n'ayant recours qu'à très peu de formalités.

On objecte, il est vrai, que le monopole pourrait favoriser le socialisme d'Etat.

Mais, lorsqu'il s'agit de combattre un fléau, il est permis d'être éclectique dans le choix des remèdes. Retenons que la législation suisse a fermé 1.450 petites distilleries, foyers d'intoxication publique; elle a favorisé l'usage des boissons hygiéniques, en diminuant la nocivité des spiritueux. En admettant que la liberté économique soit un dogme, il faut la répudier si elle doit avoir pour effet de favoriser l'empoisonnement du peuple. Ce n'est pas nous qui dirons : Périsse la France plutôt qu'un principe !

Les partisans du monopole, et ils sont nombreux, font remarquer que cette forme de perception est un obstacle presque invincible aux entreprises de la fraude ; de plus, les frais de recouvrement sont relativement minimes.

Ainsi l'Etat frappe l'alcool d'un droit qui équivaut seulement au double de son prix, tandis que le tabac est taxé six fois et demie sa valeur marchande. La fraude sur l'alcool atteint probablement le tiers de la consommation et souvent plus. « Quant à l'impôt du tabac, dit Alglave, on étonnerait assurément la régie, en soutenant qu'elle dépasse le vingtième de la consommation dans son ensemble. »

Le procédé de perception peut seul expliquer une pareille différence. L'impôt du tabac rentre beaucoup mieux, parce que c'est un monopole, et il entraîne à coup sûr beaucoup moins d'investigations odieuses.

Le consommateur le paie sans y penser, pour ainsi dire, bien qu'il soit, au fond, très onéreux.

Le monopole de l'alcool, dit Claude (des Vosges), sera peut-être le terme extrême et la formule définitive des mesures de sécurité nationale. Pourquoi donc pas, si le monopole sauvegarde les intérêts vitaux qui sont en jeu ? Le monopole permet seul d'atteindre le rendement théorique absolu, le rendement sans fraude ni coulage. C'est avec les résultats d'une perception ainsi organisée que l'on pourra, suivant la formule de Pascal Duprat, affranchir complètement les boissons hygiéniques, vins, cidres, bières, en faisant payer leur rançon par l'alcool. Qui donc trouverait à redire à un semblable régime ? »

Pour nous, si le monopole doit être le remède, nous avouons qu'il ne nous inspirerait pas de répugnance, dût-il causer bien des déceptions au point de vue financier.

Il est loisible au législateur de mettre la main sur un produit d'un usage courant et nécessaire, et de lui fermer le marché. Mais cette opération délicate ne peut réussir qu'à la condition de prendre des précautions minutieuses qui n'arrivent jamais à supprimer un redoutable aléa.

Sans doute l'Etat pourra se trouver seul en face de producteurs lui offrant des conditions très différentes.

Sera-t-il omnipotent quant à la quantité des achats, au choix des fournisseurs, aux régions où il puisera ses approvisionnements ?

S'il réserve ses commandes à un cercle de producteurs, on le soupçonnera, non sans raison peut-être, de préférer toujours des amis politiques et de leur procurer des bénéfices exagérés. Au cas où, par crainte d'encourir ces reproches, il voudra réduire le gain de ses clients, ceux-ci, impuissants à se défendre, pourront être acculés à des transactions ruineuses et à la faillite.

Si l'on veut admettre cette utopie de l'Etat contraint d'acheter les quantités d'alcool dont il aura besoin à quiconque les lui offrira (car nous ne supposerons pas que l'Etat soit forcé d'acheter plus d'alcool qu'il n'en pourrait débiter), on se trouvera en face d'une impasse économique. Pour établir son prix, l'Etat, s'il veut rester équitable, devra se baser sur les exigences légitimes du fournisseur qui distille son alcool dans les conditions les plus coûteuses. Ce ne sera plus une moyenne, car la moyenne ne pourrait être offerte à ceux qu'elle ruinerait ; ce sera un prix *maximum*. Ce prix, nécessairement très élevé, sera demandé par les agriculteurs auxquels la main-d'œuvre coûte le moins. Mais, par un contre-coup inévitable, le concours excessif des producteurs réduira à un chiffre minime la part fournie par chacun d'eux ; et, sur cette part restreinte, les frais de production, restant les mêmes que si la part était ordinaire, dépasseront les proportions normales. De sorte que pour rémunérer la production le prix de la denrée devra toujours se maintenir à un taux excessif.

La conséquence fatale de ces observations, c'est que le monopole de l'alcool doit être absolu, c'est-à-dire s'appliquer à la production comme à la vente.

Il serait impossible, en France, de proposer, en faveur de quelques grands industriels, le monopole collectif qui les rendrait maitres de dicter la loi, même à l'Etat. Les syndicats de production ne sont pas dans nos mœurs. Ils auraient pour résultat d'irriter l'opinion, et ce ne serait pas seulement le parti socialiste qui aurait le droit de récriminer contre cet ostracisme des petits producteurs.

La seule solution logique serait celle qui [illegible] en Suisse.

Mais les dépenses auxquelles ce projet [illegible] lieu dans un grand pays comme le nôtre seraient tellement formidables qu'elles risqueraient de conduire l'Etat à la banqueroute.

§ 4. — Conséquences financières du monopole.

Il ne suffit pas, pour soutenir un système, de mettre en vedette les recettes annoncées, sans tenir compte des frais généraux et des dépenses prévues et imprévues.

On a bientôt dit : 250 millions de litres, vendus 4 francs l'un, produiront un milliard.

Mais on oublie ce que coûtera la mise en œuvre du système nouveau. Il sera d'abord nécessaire d'exproprier une industrie qui fait un chiffre d'affaires moyen de plus de 100 millions, et représente un capital que l'évaluation la plus modérée porte à 800 millions. Or l'expérience a prouvé, pour toutes les opérations de ce genre, que les frais d'expropriation dépassent toujours les prévisions les plus larges.

Pour reconstituer le monopole des tabacs, qui avait existé sous l'ancien régime et n'avait cessé de fonctionner que pendant la Révo-

lution, pour exproprier une industrie qui n'avait pas eu le temps de
s'étendre, l'Empire a dû débourser une somme de 70 millions. Le
monopole des allumettes a coûté à la troisième République, non pas
20 millions, comme on l'avait présumé, mais près de 33 millions.
C'est *un milliard* au minimum que demanderait au Trésor l'expropriation de l'industrie de l'alcool. Ajoutez le capital nécessaire pour
aménager le matériel exproprié et adapter l'industrie à ses nouvelles
conditions.

Que dire des frais de production ? L'Etat achètera-t-il moins cher
que l'industrie privée les matières premières de sa distillation ? Don-
nera-t-il de moindres salaires à ses ouvriers ?...

Il ne faut pas oublier les frais de vente et d'administration, qui
seront incalculables. De plus, la fraude, surexcitée, se donnera carrière.

On sait que la production clandestine de l'alcool est facilitée par
des inventions nouvelles, et que l'industrie a créé dans ce but des
appareils perfectionnés.

Ils ne supposent aucun apprentissage et ne demandent d'autre
manipulation que l'ouverture d'un robinet. Le plus petit modèle pèse
6 kilogrammes, est haut de 0 m. 75, distille en vingt-quatre heures
près de 1 hectolitre de liquide, moyennant une dépense de 0 fr. 80
de combustible, et coûte 65 francs.

Pour ceux qui ne peuvent pas faire la dépense d'un tel appareil,
« une cafetière sur laquelle on mettrait un tube en verre, en lutant
le bouchon avec de l'argile, qu'on conduirait dans une marmite placée dans un baquet d'eau froide, fournit tous les éléments d'une distillation ménagère ».

Quelle tentation pour les ménages pauvres et les ivrognes peu for-
tunés (c'est généralement dans cette situation qu'ils se trouvent) de
fabriquer secrètement et à bon compte le liquide précieux que l'Etat
vendrait si cher, sans compter que le consommateur éprouvera une
jouissance double en savourant l'alcool défendu !

Mais, dira-t-on, l'Etat sait bien empêcher la production frauduleuse
du tabac. On oublie que le moyen employé ne peut manquer de produire un effet radical. En défendant de cultiver la plante et en réprimant sans pitié la contrebande, le gouvernement est certain de conserver intact son privilège. Il n'en est pas de même pour l'alcool.
On ne peut l'arrêter dans ses multiples sources, le vin, le cidre,
le sucre, les fruits, les mélasses, les légumes farineux.

Donc la fraude prendrait un développement immense, et le monopole de l'alcool ruinerait le Trésor au lieu de l'enrichir.

En vain citerait-on l'exemple de la Suisse, où le monopole fonctionne dans des conditions toutes particulières.

Dans cette petite Confédération, les neuf dixièmes des alcools consommés viennent des pays voisins et surtout de la France. La Suisse n'a presque pas eu d'expropriations à faire, puisque la production indigène était insignifiante. Elle n'a construit aucune usine et s'est contentée d'acheter l'alcool à tous les producteurs ; son monopole lui produit à peine 5 millions.

L'exemple de la Suisse ne peut donc pas être sérieusement invoqué pour établir les avantages financiers très problématiques du système que nous étudions.

Il importe de ne chercher dans le monopole que l'intérêt de l'hygiène, sans en faire avant tout une source de revenus fiscaux.

Ce qui se passe aux Indes, où le commerce des spiritueux est réservé à l'Etat, prouve combien il est difficile de résister à un entraînement dont les populations sont victimes.

Pour obtenir un bon effet de cette mesure, il faudrait majorer, par un moyen rationnel, le prix de vente de toutes les eaux-de-vie.

La loi, sous peine de rester lettre morte, devrait fixer elle-même un prix *minimum*, que le détaillant ne pourrait réduire sans encourir de pénalités.

Assurément, les intérêts du Trésor auraient à souffrir, dans une certaine mesure, de cette innovation ; mais on pourrait d'abord remplacer le manque de recettes par d'autres impôts. Et qu'est-ce qu'un déficit momentané comparé à la restauration de la santé publique ?

Monopole de la vente de l'alcool au détail.

Nous venons de considérer le monopole de l'alcool au point de vue de la vente en gros ; nous avons étudié les résultats que peut produire ce système. Il nous reste maintenant à examiner plus particulièrement le monopole qui s'exerce sur la vente au détail ; l'analyse de la législation russe va nous fournir sur cet objet des éléments précieux.

Par la mise en vigueur des lois de 1885 et de 1896, la Russie réserve à l'Etat le monopole de la fabrication et de la vente, même au détail, de l'alcool et de tous ses dérivés. Cette réforme ne s'est pas exécutée brusquement ; elle est appliquée peu à peu, par règlements successifs, dans toutes les provinces de ce vaste pays.

C'est dans l'empire des czars que les mesures les plus radicales ont été prises contre l'alcoolisme.

« En Russie, dit un vieil auteur, les   s du commun ne se contentent pas de demeurer au cabaret jusqu'à ce qu'ils y aient laissé leur dernier sol ; ils y engagent bien souvent leurs habits jusqu'à la chemise. » L'émancipation a permis aux anciens serfs d'engager quelque chose de plus que leurs humbles vêtements : les salaires qu'ils n'ont pas encore gagnés !

Pour combattre et pour vaincre l'ennemi, le gouvernement russe n'a pas hésité à user de son omnipotence : il lui défend de vivre. La loi de 1885 prononce la suppression de tout établissement qui cons-titue proprement le cabaret ; elle n'autorise la vente en détail de l'eau-de-vie *en verre* que dans les établissements où l'on sert à manger (en russe, *traktirs*) ; elle crée, pour la vente des alcools *à emporter*, des établissements spéciaux auxquels il est expressément interdit de livrer leur marchandise autrement qu'en des récipients clos, et dans lesquels il est absolument défendu de consommer l'eau-de-vie.

C'était, comme on l'a dit, « décréter la mort légale du petit verre, — dire que désormais, sauf pendant les repas pris au *traktir*, on ne pourrait plus boire que chez soi, là où les encouragements du caba-retier sont remplacés par les remontrances conjugales ».

D'après le langage tenu par les autorités constituées, le système en vigueur profiterait à la moralité publique sans nuire aux intérêts du Trésor (1).

Mais tel n'est pas l'avis de M. Borodine dont les ouvrages sur l'économie politique sont universellement estimés.

Voici comment il appréciait au Congrès de 1899, les effets du sys-tème adopté :

1° Le mode actuel de la vente de l'eau-de-vie a modifié sa con-sommation et provoqué des phénomènes regrettables d'un caractère public (consommation et ivrognerie dans la rue).

2° Depuis la mise en vigueur du monopole, l'alcoolisme à domi-cile a augmenté ; l'ivrognerie a passé du cabaret dans la famille.

3° La réforme du régime des boissons, ayant privé les communes rurales du revenu qu'elles tiraient des licences de débit, a augmenté par là les charges fiscales de la population et abaissé le niveau de l'instruction primaire.

4° La consommation de la bière et des vins russes a augmenté.

5° L'affirmation du ministère des finances, qu'en recourant au monopole il ne viserait pas une augmentation des recettes publiques, son désir principal étant de réprimer l'ivrognerie, est en contradic-tion avec les faits.

En réalité, dans les provinces russes où fonctionne le monopole,

(1) Sachs, *La vérité sur le monopole de l'alcool*, 1897. Verhaeghe, p. 80.

la fabrication de l'alcool a cessé d'être libre. Le gouvernement a réparti la production entre les grands distillateurs.

Les privilégiés ne cachent pas leur satisfaction, et il faut avouer que le gouvernement leur fait la part belle !

Nous avons signalé cette plaie particulière à la Russie : le cabaretier transformé en prêteur à gages et avançant l'argent au malheureux moujik sur sa cabane, sur ses troupeaux, sur ses chaussures, sur ses habits.

Tous ces objets sont gardés par l'usurier à l'échéance, car, la plupart du temps, le paysan ne se trouve pas en mesure de se libérer. On appelle, dans la petite Russie, ce prêteur un Koulàk, ce qui veut dire « poing », mot très expressif et très juste.

Toutefois les victimes de ces vampires ne les ont point en haine. On cite ce proverbe :

« Le *Karàs* (c'est une sorte de poisson) aime à être cuit dans la crème aigre ; ainsi le paysan aime à être dévoré par son *Koulàk* ! ».

M. de Markoff, organisateur du monopole en 1897, veut laisser libre la vente en gros de l'alcool ; mais il attribue exclusivement à l'Etat la vente en détail.

Voici comment ce système est mis en pratique.

A certaine époque, on prévient tous les cabaretiers d'un gouvernement que, dans six mois, leur boutique sera supprimée. Au moment même où tous ces bouges sont fermés, l'administration ouvre un certain nombre de débits tenus par des employés payés à l'année, qui n'ont par conséquent aucun intérêt à pousser à la consommation, et qui, au contraire, sont soumis à des règlements propres à la restreindre.

Les Koulàks étant considérés comme des empoisonneurs publics ; on ne leur accorde aucune indemnité.

L'échoppe du Koulàk n'était ouverte qu'en vertu d'une licence ; on lui retire cette autorisation, et il n'a pas à se plaindre.

La substitution du cabaret officiel à l'ignoble repaire du Koulàk offre des avantages incontestables.

« Le gérant du débit n'est pas usurier, ne vend pas à crédit, et ne pousse pas à la consommation : ce sont déjà trois grands avantages. Il ne vend que de l'alcool rectifié, chose inconnue de l'antique cabaretier...... Mais la différence capitale entre les deux établissements n'est pas là ; elle est bien plus importante ; elle réside dans ce fait que *l'alcool est vendu en petites bouteilles qu'il est interdit d'ouvrir dans le débit* (1).

(1) Bertillon, p. 167.

« C'est là le point important, dit M. de Markoff. Il faut être un peu psychologue pour s'en rendre compte. Ce qui rend le cabaret si dangereux, en Russie comme en France, c'est que les hommes s'y rassemblent pour causer en buvant, s'offrent réciproquement des tournées, jouent leurs consommations aux cartes, et par tous ces procédés ne cessent de s'exciter réciproquement à boire davantage. C'est ainsi qu'on devient ivrogne, sans y penser.

Le paysan russe ne peut boire son alcool que chez lui, sous les yeux de sa femme : et c'est ce qui le détourne du vice.

Ainsi, l'alcool n'est vendu qu'en bouteilles cachetées. Il y en a de trois grandeurs : la plus petite contient peut-être 40 grammes d'alcool ; la plus grande en contient quatre fois plus.

Les débits ne sont ouverts qu'à certaines heures : le dimanche et les jours de fête, ils ne le sont que de midi à sept heures du soir.

Quant à la fabrication de l'alcool, elle reste libre ; toutefois la rectification soit par des usines de l'Etat, soit par des entreprises particulières, est organisée dans les provinces à monopole.

En 1897, le système russe fonctionnait dans 13 gouvernements (4 à l'est, 9 dans le sud-ouest), comprenant 22 millions et demi d'habitants, et on se préparait à l'appliquer dans le nord-ouest et en Pologne. Il y avoit 10,288 débits tenus par les employés de l'Etat.

Le monopole russe a-t-il produit de bons résultats ?

Oui, dit M. de Markoff.

Moins l'alcool produira de recettes, plus le niveau moral s'élèvera.

L'argent que le paysan, entraîné par l'exemple, allait dépenser chez le cabaretier, et que, grâce au monopole, il réserve à un usage meilleur, ne restera pas dans sa poche ; il l'emploiera à d'autres dépenses, et ces dépenses auront, comme l'alcool, un caractère somptuaire ; par conséquent, elles paieront un impôt.

On peut n'accepter que sous bénéfice d'inventaire la compensation du produit des taxes alcooliques avec d'autres contributions frappant certains objets de luxe — mais ce qu'il faut retenir de ces observations, c'est que l'impôt sur les boissons spiritueuses n'est jamais trop élevé. Si, par suite de son chiffre inabordable, le consommateur vient à changer ses habitudes, c'est tout profit pour l'Etat. Les caisses seront moins remplies pendant quelques années ; mais bientôt l'accroissement des forces du pays deviendra la source de richesses nouvelles.

Comme les Russes sont dans le vrai en méprisant les prétendus axiômes du « *laisser faire, laisser passer* » quand ils arrivent, en les violant, à sauver leur vie nationale !

Sans doute il faut réduire au minimum l'action de l'Etat, mais lorsque l'initiative privée ne suffit pas pour combattre un fléau, les pouvoirs publics doivent intervenir, et réagir contre la liberté de l'empoisonnement.

En Allemagne, nous savons que Bismarck avait proposé au Parlement de compléter le monopole de récupération existant au profit du Trésor par le monopole au profit des distillateurs. « Les distilleries, disait un article du projet, pourront continuer à produire les mêmes quantités d'eaux-de-vie que par le passé. » Mais l'opposition s'est élevée avec force contre cet article. « On a quelquefois parlé du droit au travail, a objecté M. Richter. C'est le droit à distiller que vous constituez, le droit pour les distilleries existantes de vendre leurs produits à un prix indépendant des conditions générales du marché, de vendre à ce prix autant d'alcool qu'elles en ont vendu jusqu'ici : droit perpétuel, droit féodal, qui n'est pas accordé à la personne du propriétaire, mais inhérent au domaine et s'incorporant à la terre. Le socialisme d'État, qu'on essaye d'acclimater parmi nous, diffère donc du socialisme révolutionnaire, en ce que l'un ne conçoit l'exploitation par la société qu'au profit de la société, tandis que, pour l'autre, la plus belle partie du monopole doit servir de riche dotation aux grands distillateurs. »

Depuis 1893, le monopole de la vente au détail de l'alcool fonctionne en Amérique dans certains cantons de la Caroline du Nord, de l'Alabama et de la Géorgie, et dans tout l'Etat de la Caroline du Sud.

Bien que cette région comprenne un grand nombre de nègres enclins à l'ivrognerie, et renferme peu de centres habités, on y a remplacé le régime de la prohibition et de l'option locale par le monopole du débit des spiritueux. C'est le « *Dispensary system* », qui est établi sur les bases suivantes :

Aux débits, fermés sans indemnité pour les tenanciers, ont été substitués des *Dispensaires* appartenant à l'État, et chargés de la vente au détail. Ces « dispensaires » achètent les boissons à un commissaire désigné et contrôlé par un bureau de direction (*State board of control*) composé de cinq membres nommés par l'Assemblée générale.

On ne boit pas dans les boutiques des *Dispensaires* ; il est défendu de s'y asseoir. On achète l'eau-de-vie en quantités supérieures à une pinte et inférieures à 5 gallons (1), et on l'emporte. Le premier venu ne peut pas acheter ; il faut, pour en avoir le droit, en faire la

____

(1) Le gallon vaut environ 4 litres 1/2.

demande écrite ; elle n'est pas acceptée, si le sollicitant est notoirement connu comme s'adonnant à la boisson.

Cette législation de la Caroline du Sud se propose d'atteindre deux résultats pratiques : 1° diminuer les maux causés par le trafic des liqueurs en le retirant au commerce privé pour le conférer à l'État ; 2° attribuer à l'État, aux comtés et aux municipalités le profit de la vente (la totalité des bénéfices réalisés par le commissaire d'État — chargé de la vente en gros — appartient à l'État et doit être consacrée aux écoles ; les bénéfices réalisés par les dispensaires chargés de la vente au détail sont partagés par moitié entre le comté et la municipalité).

C'est à l'État qu'appartient le monopole, au lieu d'être réservé, comme en Suède, ainsi que nous le verrons plus loin, à des sociétés particulières ; à la différence du système russe, les caisses de la Caroline ont un intérêt dans le commerce au détail. Le danger consiste en ce que les directeurs de dispensaires sont rétribués en raison du produit de la vente, ce qui les incite à la fraude et à des trafics malhonnêtes.

Le monopole de vente au détail a produit dans la Caroline du Sud les effets suivants :

1° Une réduction considérable du nombre des cabarets ;

2° Une diminution notable du nombre des arrestations pour ivrognerie ;

3° Un profit réel pour le Trésor public.

Les 613 *bars* existants avaient rapporté en 1892 une somme de 1.077.000 francs. En 1901, on atteignit 2.730.000 francs. Le montant des ventes avait été, dans cette dernière année, de 11.645.000 francs (non compris les dispensaires de bière) (1).

Ce gain du Trésor est peu rassurant pour l'hygiène et ne prouve pas un progrès au point de vue de la tempérance.

MM. Rowntree et Sherwell, qui ont étudié ce genre de monopole, résument ainsi leur conclusion : « Les mérites du système des dispensaires sont faciles à voir : il ferme les débits ; il réduit le nombre des lieux de vente et limite les heures de trafic ; il supprime les achats à crédit, et fournit une liqueur pure ; il la vend seulement « pour emporter ». Mais il faut craindre les inconvénients que, tôt ou tard, on doit attendre d'un monopole d'État dans lequel les finances publiques profitent d'un accroissement de consommation et

_____

(1) Ces chiffres sont empruntés en grande partie à MM. Rowntree et Sherwell ; ils sont complétés grâce à M. Dupré La Tour (*Musée social*, juin 1903). — Bertillon, p. 184.

souffrent d'une diminution. Avec tous ses défauts, le système des dispensaires est un grand progrès. »

Nous souhaitons à la Caroline du Sud un abaissement salutaire dans le rendement de l'alcool, estimant que les recettes fiscales sont une quantité négligeable si on les met en regard de la suppression du fléau.

Le système de Gothembourg : régime scandinave.

En Suède et en Norvège, le commerce de l'eau-de-vie au détail fonctionne sous le régime qu'on appelle le système de Gothembourg, du nom de la ville où il a pris naissance.

Les lois suédoise et norvégienne autorisent les conseils municipaux, qui ont dans leurs attributions la concession des licences, à accorder le monopole du débit des boissons alcooliques à une société, dite *samlay* ou *bolag*, organisée ordinairement par actions, mais dont le but est de réagir contre l'alcoolisme.

Comme il existe dans les deux royaumes des associations de tempérance réunissant plus de 200.000 membres, on a eu l'idée de faire appel à leur concours. Pour certaines villes, le monopole de la vente au détail des boissons est concédé à quelques-unes de ces associations, qui s'engagent à surveiller la bonne tenue des cabarets. Inauguré en Suède vers 1865, le système a été étendu à la Norvège en 1871. Il a donné des résultats excellents.

Dès 1840, la Norvège avait supprimé les distilleries particulières en rachetant aux distillateurs leurs alambics. La distillerie industrielle était frappée, d'autre part, d'un fort impôt et placée sous le contrôle de l'Etat. Elle était répartie entre un certain nombre d'établissements qui ne devaient fournir qu'une quantité déterminée d'alcool, ne fonctionner qu'à des époques fixes, et ne livrer que de l'alcool à 38° aussi pur que possible. Les débits ruraux — peu nombreux (2.000) puisque l'alcool était surtout fabriqué à domicile, — étaient du même coup supprimés. Dans les villes, les débits nouveaux étaient soumis à l'autorisation préalable des municipalités, et autorisés pour trois ans seulement. L'adjudication en était faite aux enchères.

Ces dispositions avaient déjà diminué de moitié la consommation des spiritueux, quand, sous la pression des sociétés de tempérance, a loi du 3 mai 1871 inaugura le système de Gothembourg.

Après les ravages effrayants causés par l'ivrognerie dans les Etats scandinaves, le gouvernement avait le devoir impérieux de collaborer avec les moralistes et tous les patriotes pour endiguer le mal. Il y parvint dans une large mesure par cette législation qui a réduit le nombre des débits à 29 dans les campagnes et à 275 dans les villes (non compris les débits de bières et de vins), et qui a fait descendre la consommation de 8 litres à 100° (1830) à 1 l. 8 (1891).

En vertu du système de Gothembourg, le monopole de la vente au détail de l'alcool est concédé à une association de personnes recommandables qui renoncent à tirer de leur argent plus de 5 0/0 d'intérêt annuel.

Tout ce qui dépasse ce taux (et l'excédent produit une somme élevée) est partagé entre la ville, l'État et des établissements de bienfaisance.

Il faut noter que le système repose sur une base très morale : ceux qui administrent la vente au détail de l'alcool n'ont aucun profit personnel à en attendre. Devant le consommateur ils gardent une attitude indifférente et passive. Toujours ils exigeront un paiement immédiat. Le jeu, la prostitution, les paris déloyaux, les rixes, sont inconnus dans leurs établissements. Moins ils réaliseront de gains, plus ils croiront avoir contribué à l'intérêt public. Dans le cas contraire, ils appliqueront les sommes perçues à des destinations charitables.

Ce système a d'autres avantages très appréciables ; il retient les buveurs, en leur inspirant la crainte de s'avilir aux yeux de leurs concitoyens ; en outre, il écarte l'immixtion de la politique dans tout ce qui touche à la vente de l'alcool et la tenue des cabarets.

En effet, la population des villes a le droit de choisir entre cette réglementation et la prohibition absolue de la vente au détail des liqueurs alcooliques.

Le choix se fait par un vote populaire qui a lieu tous les cinq ans, et auquel prennent part tous les habitants de plus de 25 ans, les femmes étant admises à voter ; les abstentionnistes sont comptés comme partisans du *statu quo*. Voici le résultat de ce plébiscite pendant les quatre années 1895-98 : dans 28 villes formant un total de 125.000 habitants environ, la majorité des habitants et des habitantes a demandé l'interdiction absolue du commerce au détail des liqueurs fortes. Les plus considérables de ces agglomérations sont Stavanger et Fredrikstad. Dans 22 villes, comprenant 210.000 habitants, la majorité s'est prononcée pour le système de Gothembourg. Parmi ces dernières villes se trouvent les plus importantes du royaume norvégien, et notamment Christiania, Bergen, Trondhjem. La population de ces grandes cités, éclairée par l'expérience, a pris ce dernier parti en raison de la grande difficulté de maintenir la prohibition dans les centres populeux.

Voici quelques détails sur l'application du système.

A Christiania, capitale qui compte environ 230.000 habitants, le *Samlag*, compagnie concessionnaire du monopole, a le droit exclusif de vendre au détail des liqueurs fortes. Le Samlag possède et administre directement 40 boutiques où l'on peut boire des spiritueux.

Ce sont des salles assez grandes (8 à 10 mètres de façade), sans autre annonce extérieure qu'une petite plaque bleue émaillée portant l'inscription suivante : « *Kristiani Samlag for handel med Brändevin ol, m. m.* »

Les liqueurs qui y sont servies sont le *brändevin* et l'*aquavit* (eaux-de-vie de pommes de terre rectifiées et aromatisées au cumin), le cognac (ou trois-six prétendu tel), le whisky anglais et le genièvre ; ces liqueurs contiennent 43 0/0 d'alcool (excepté le brändevin, 38°, et le whisky, 50°). Les petits verres ont la capacité de 2,5 ou 3,5, ou 5 centilitres ; ils sont vendus 8, ou 10 ou 15 öres (l'öre vaut un peu plus d'un centime). On voit des établissements de ce genre dans tous les quartiers de la ville.

Les règlements de police y sont exécutés strictement. On refuse de servir les enfants, les individus ivres, ceux qui paraissent l'être, ceux qui ont une tenue inconvenante.

Le *Samlag* a d'autres débits plus relevés. Ce sont :

1° Les salles de « restaurant » ; on n'y mange pas, comme le nom semblerait l'indiquer, mais on peut s'y asseoir. Ces « restaurants » sont fréquentés même par le très bas peuple. Il est défendu d'y fumer, mais la défense n'est pas observée. On n'y trouve ni thé ni café, mais de la bière appétissante.

2° Le « café ». Le plus souvent il est au premier étage. Il est assez luxueux ; on y trouve généralement de la charcuterie ou des conserves de poisson. Ces cafés sont fréquentés par des bourgeois plutôt que par des artisans.

Les débits sont ouverts de 8 heures du matin à 8 heures du soir. Ils sont fermés les dimanches et jours de fête, et en outre pendant le samedi ou le jour qui précède le jour de fête, à partir d'une heure.

En dehors de ces 40 débits, il y a à Christiania treize grands cafés ou hôtels dans lesquels on peut servir des liqueurs fortes. En outre, il existe 25 boutiques où l'on achète des bouteilles d'alcool à emporter, mais non pas à consommer sur place. Ces boutiques appartiennent à des particuliers. Le *Samlag* leur concède cette partie de son monopole moyennant une forte redevance annuelle (10.000 couronnes, soit 14.000 francs).

Depuis que la consommation de l'eau-de-vie a diminué, celle de la bière a considérablement augmenté. Voici ce que la loi prescrit en ce qui concerne les débits de bière et de vin :

Ils n'ont rien de commun avec le *Samlag*.

Leur nombre dépend de la municipalité. A Christiania, il y a 282 licences accordées. Chacun de ces débits paie à la commune une taxe annuelle de 420 couronnes.

Ils ne vendent pas seulement de la bière et du vin ; ils débitent aussi, depuis quelque temps, un mélange de vin et d'alcool connu sous le nom de « laddevin » ou sous celui de « vin d'Oporto ». C'est là une pure vantardise. Les *Samlags* réclament au nom de leur privilège, mais comme le prétendu vin d'Oporto en question ne dépasse pas les 21° d'alcool au-dessus desquels un breuvage est déclaré liqueur forte, on n'a pu leur donner jusqu'à présent que des satisfactions incomplètes.

Les débits de bière ont, dans les quartiers populaires, un aspect assez malsain. Il y règne une grande malpropreté, et des prostituées de bas étage viennent souvent s'y installer.

Ces cabarets sont fermés du samedi au lundi, même lorsqu'ils servent de restaurants ; jamais on ne tolère qu'ils restent ouverts la nuit.

D'après la loi, 15 0/0 des bénéfices nets réalisés par les *Samlags* doivent être payés aux municipalités, le reste étant partagé entre l'Etat et les institutions philanthropiques désignées par le Samlag. En 1897, l'Etat ne percevait que 25 0/0 des bénéfices, mais il a accru sa part de 10 0/0 chaque année, en sorte que, en 1901, il a touché 65 0/0, taux qui restera fixé pour les années suivantes.

Parmi les œuvres que le Samlag de Christiania a créées ou subventionnées, on remarque les suivantes : Musée des arts industriels (148.100 couronnes) ; asile d'enfants (277.300 couronnes) ; bains populaires (105.000 couronnes) ; théâtre (450.000 couronnes) ; station biologique du fiord de Christiania (21.000 couronnes) ; recherches statistiques sur l'alcoolisme (3.000 couronnes).

L'action des Samlags est d'autant plus efficace dans une ville qu'ils y fonctionnent depuis longtemps.

Le profit net des 35 Samlags existant en 1897 a été de 1.779.800 couronnes pour 2.805.970 litres.

Sur cette somme, 1.071.602 couronnes ont été appliquées à des œuvres philanthropiques.

On sait que la couronne vaut 1 fr. 40 de notre monnaie.

Voici la consommation d'eau-de-vie à Christiania depuis l'établissement des Samlags.

	POPULATION.	LITRES	
1886.	128.300 habitants	282.843 soit 2,20 par tête
1887.	—	272.960 — 2,22	—
1888.	—	330.705 — 2,43	—
1889.	—	376.611 — 2,70	—
1890.	143.347 habitants	378.693 — 2,71	—
1891.	—	396.369 — 2,63	—
1892.	—	422.065 — 2,66	—
1893.	—	409.415 — 2,47	—
1894.	—	387.091 — 2,23	—
1895.	—	461.302 — 2,55	—
1896.	—	368.653 — 1,95	—
1897.	—	396.117 — 2,02	—
1898.	213.000 habitants	483.465 — 2,28	—
1899.	224.000 —	544.100 — 2,43	—
1900.	227.000 —	494.978 — 2,18	—
1901	226.000 —	461.603 — 2,04	—
1902	225.000 —	422.958 — 1,88	—

Ces chiffres manifestent un progrès ; mais il n'est pas moins certain que, malgré les bienfaits du Samlag, qui rend les excès plus difficiles, il y a encore bien des ivrognes en Norvège ; ainsi, en 1897, on a arrêté pour ivresse publique 17.972 individus, soit 94 pour 1000 habitants, proportion qui ne se rencontrerait jamais dans les contrées latines.

Une des associations norvégiennes qui a le plus contribué à combattre l'alcoolisme est celle qui a été établie en 1877, à Bergen, cité de 66.000 habitants. Il existait alors dans cette ville 16 cafés, soit un café pour 2.547 personnes. La municipalité a commencé par retirer leur licence à tous les débits sans donner aucune indemnité à ceux dont la licence était révocable ; quelques-uns avaient des licences privilégiées, c'est-à-dire accordée pour la vie (quelquefois avec des survivances) ; on leur a racheté leur licence, en calculant l'indemnité sur le gain des dernières années.

Au Samlag on a accordé le droit d'ouvrir 16 magasins ; 4 furent des magasins d'eau-de-vie « à emporter ».

Les débits sont ouverts de 8 heures du matin à midi, puis de 1 h. 1/2 à 7 heures du soir. Ils sont fermés le samedi à 1 heure du soir et ne sont rouvert que le lundi à 8 heures du matin. La même mesure est prise les jours de fête et aussi pendant le jour qui précède. Ils sont encore fermés les jours d'élection, le jour de la Constitution (17 mai) et toutes les fois que le chef de la police l'ordonne.

Le Samlag de Bergen a toujours refusé de faire la moindre concession aux cafés, hôtels, etc. Si les voyageurs veulent boire un verre d'eau-de-vie, il faut qu'ils l'aient apporté dans leur bagage, ou qu'ils aillent le boire dans les petites salles enfumées que la compagnie met à leur disposition (1).

A Bergen, pendant les premières années, les restaurants étaient ouverts jusqu'à 8 h. 1/2 du soir ; peu à peu, et actuellement, ils sont, toute l'année, fermés le soir à 7 heures.

L'installation de ces cafés ne rappelle pas beaucoup l'installation des cafés de Suède. L'intérieur et même l'extérieur des cafés de Bergen sont très modestes. Ceux-ci ne sont ni vastes ni commodes ; on n'y prend aucun repas, et il n'y a ni chaises ni bancs (à l'instar des cafés et marchands de vins de Paris). Toutes les consommations se servent au comptoir, et les clients se retirent dès qu'ils ont bu. En effet, rien n'invite à y séjourner ; aucun repas n'y est servi ; on ne peut entretenir de conversations ni lire de journaux.

Telle est la règle suivie dans tous les cafés, sans en excepter deux où l'on peut se procurer des boissons chaudes alcoolisées (grogs au rhum ou à l'eau-de-vie).

Mais, à cause du prix très élevé de ces consommations, les cafés dont il s'agit ont une clientèle extrêmement restreinte.

D'ailleurs le contrôle y est sévèrement exercé.

Le préfet de police, qui en est chargé, touche, de ce fait, un traitement de 1.200 couronnes, soit 1.700 francs que lui verse la Société.

L'entrée des restaurants et des cafés est interdite à tout individu dont l'aspect indique suffisamment qu'il vient de consommer de l'alcool.

Le Samlag de Bergen n'a pas oublié les travailleurs qui se rendent au cabaret plutôt pour lire et se chauffer que pour se livrer à la boisson.

Il a ouvert dans la ville quatre salles de lecture bien distinctes des débits d'alcool.

Une autre réforme due à la Société est l'engagement pris par les domestiques hommes de s'abstenir de toute boisson fermentée. Cette décision a été, par les soins des autorités de la ville, communiquée sous forme d'ordonnance aux marchands de vins et de bière qui ont été mis dans l'obligation de n'employer à leur service que des hommes. Il s'en est suivi qu'à Bergen les membres de la Société ont seuls le droit de vendre et de débiter des spiritueux.

____

(1) V. Bertillon, *L'alcoolisme.*

En somme, les résultats du système adopté dans cette ville ont été de tous points satisfaisants.

Bien que le chiffre de la population ait presque doublé, la consommation de l'alcool, en 1898, a été de 32.000 litres de moins qu'en 1877, moins d'un litre par habitant.

Le système de Bergen diffère de celui qui fonctionne en Suède surtout en ce que le bénéfice provenant du débit des spiritueux n'est pas versé à l'Assistance publique dans le but de diminuer les contributions.

En Norvège, le bénéfice revient aux œuvres de bienfaisance.

A Bergen, pendant une période de 21 ans, de 1877 à 1897, le profit résultant du commerce des eaux-de-vie et autres spiritueux, fut ainsi réparti : 31 0/0 aux hospices et maisons de refuge ; 24 0/0 aux musées, bibliothèques et expositions ; 15 0/0 aux parcs, jardins publics, bains et places où des jeux sont établis ; 8 0/0 aux maisons d'éducation, et le reste distribué, par petites sommes, aux réunions de tempérance, et autres œuvres de charité. Le total atteignit une somme de 2.652.723 couronnes, soit 3.713.812 francs dont bénéficièrent les œuvres ci-dessus énumérées.

Ce mode d'emploi des gains provenant du commerce des eaux-de-vie n'a cependant pas obtenu les résultats auxquels on pouvait s'attendre, et il est permis de penser que, sous peu, les autorités se chargeront des institutions soutenues et aidées jusqu'ici par les sociétés de tempérance ; ces mêmes autorités n'auraient plus dès lors d'intérêt à réprimer l'ivrognerie, si les œuvres dont il s'agit ne profitaient plus à elles seules du bénéfice procuré par la vente des alcools.

Depuis 1901, le bénéfice est réparti comme suit : 15 0/0 à l'assistance publique ; 20 0/0 distribués aux sociétés de tempérance, et enfin 65 0/0 à l'Etat. Ces 65 0/0 seront destinés à la fondation de compagnies d'assurances pour les vieillards.

Cette répartition des bénéfices constitue certainement un progrès.

Mais, en Suède, on désire généralement que les fonds soient remis à l'Etat plutôt qu'aux sociétés particulières.

Avant 1855, la production de l'alcool était très élevée ; chaque propriétaire foncier, petit ou grand, avait le droit de posséder un alambic ; de telle sorte que l'on comptait 173.000 distilleries agricoles pour 3.000.000 d'habitants, et que l'on évaluait en 1830 la consommation annuelle par tête, en alcool absolu, à 23 litres.

En 1819, à Vexio, quelques jeunes gens formèrent une société dont tous les membres promettaient de s'abstenir totalement de liqueurs alcooliques. En 1830, le naturaliste André Retzius fonda à Stockholm une ligue dans laquelle furent prises les mêmes résolutions.

L'apôtre de la tempérance, Pierre Wieselgren, doyen de Gothembourg, réussit à obtenir l'appui du roi Oscar Ier, et ses efforts, secondés par le célèbre professeur Magnus Huss, aboutirent à la loi du 18 janvier 1855, qui édictait les règles suivantes :

Les marchands en gros ne purent vendre moins de 15 kannor (au lieu de 1) ; leur commerce resta d'ailleurs entièrement libre ; on supprima le privilège des agriculteurs.

Le commerce de demi-gros (*minuthandel*) pouvait vendre de 1/2 à 1/8 kannor, de façon qu'on ne fût pas forcé d'aller dans un débit pour acheter cette faible provision d'eau-de-vie.

La délivrance des patentes de débit dépendait des autorités locales, sauf ratification du préfet.

Les licences étaient mises aux enchères publiques pour un terme de trois ans au plus ; il ne suffisait pas d'avoir offert la plus grosse somme pour être adjudicataire : il fallait en outre offrir des garanties personnelles de moralité, et avoir un local de vente jugé convenable.

S'il se fondait une société de vente (*Bolag*) voulant se charger de l'achat de toutes les patentes, le magistrat devait s'entendre avec elle pour trois ans ; la somme à payer devait être au moins équivalente à celle que l'autorité aurait perçue en vendant les patentes aux enchères publiques.

Ces *Bolags* étaient des institutions exactement pareilles aux *Samlags* norvégiens. C'étaient des sociétés par actions dont les membres s'interdisaient de toucher plus que l'intérêt légal de leur argent, « les bénéfices de l'entreprise devant être consacrés à une ou plusieurs œuvres utiles à la classe ouvrière ».

A partir de 1873, les débits privilégiés furent supprimés par voie d'extinction ; le système de Gotembourg respecte donc autant que possible les droits acquis en vertu des chartes bourgeoises.

D'ailleurs le choix entre le système des enchères publiques et la concession des débits à un Bolag était laissé à l'appréciation de chaque municipalité.

Le nombre de patentes délivrées aux Bolags n'a cessé de s'accroître, particulièrement dans les villes. Peu à peu, le système de Gothembourg est devenu la règle générale.

Sans empêcher les excès individuels, il diminue les tentations et rend plus rares les occasions de boire.

Grâce à cette législation, la consommation de l'eau-de-vie a été réduite, en Suède, de 50 0/0. Les bénéfices sont encore malheureusement beaucoup trop élevés : la ville de Stockholm a reçu du Bolag, en 1897, 622.500 francs, qui représentent le tiers des revenus municipaux.

Toutefois, des publicistes suédois, dans les brochures récentes parues sur ce sujet, et dont une très distinguée doctoresse nous a fait parvenir de fidèles traductions, signalent plusieurs lacunes dans l'organisation adoptée à Stockholm. Dans cette capitale, qui compte plus de 300.000 âmes, l'association chargée de la vente de l'alcool n'a établi ni salles de lecture, ni restaurants ; les cafés sont plus nombreux, toutes proportions gardées, qu'à Gothembourg, et la vente des liqueurs fortes y est autorisée pendant beaucoup plus longtemps. Les cafés restent ouverts de sept heures du matin à dix heures du soir ; le dimanche, ils le sont de sept heures à huit et demie du matin et de sept à dix du soir, mais on ne sert d'eau-de-vie aux clients que si ceux-ci demandent en même temps un plat de viande. Pendant la semaine, les cafés sont ouverts le matin jusqu'à 9 heures, et ensuite de midi à deux heures.

La société peut concéder à 133 particuliers le droit de vendre de l'alcool, à charge par eux d'acquitter une taxe proportionnée à l'importance, évaluée par eux-mêmes, de la vente à laquelle ils procèdent. La taxe est généralement faible comparée aux bénéfices considérables qu'ils en retirent. Elle produit, tous droits réunis, une somme de 310.950 couronnes, soit 487.549 francs. Les achats d'alcool peuvent ne pas être faits au siège de la société, et, dans ce cas, les cabaretiers et marchands de vin ne restent pas soumis au régime de Gothembourg qui s'applique seulement aux restaurants fondés par la société, et fréquentés par les ouvriers. Dans ces restaurants, les heures de vente sont limitées. Le bénéfice en provenant est considérable : en 1904, il se montait à 75 centimes par litre, soit en tout, à 3 millions de francs.

La différence ainsi établie entre les cabarets de première et de deuxième classe suscite parmi les ouvriers des sentiments d'hostilité ; ils prétendent que les règles doivent être les mêmes pour tout le monde.

Le contrôle laisse forcément à désirer, le personnel étant tout à fait insuffisant. Il n'y a, en effet, qu'un seul contrôleur pour le service des 80 restaurants de la Société. A Gothembourg, au moins, il y a deux contrôleurs pour les 23 restaurants que possède la Société de cette ville. C'est là l'occasion et l'origine des rixes qui se produisent dans les cabarets, d'où intervention du commissaire de police qui, après une plainte déposée entre ses mains, ordonne la fermeture immédiate de ceux des établissements où se sont produits les plus graves désordres.

A Stockholm, l'on compte un café par 2.025 habitants, et le nombre d'individus arrêtés pour ivresse est de 40 0/0.

D'innombrables abus existent encore : ainsi, par exemple, les cabaretiers vendent de la bière pour leur compte pers.nnel, et la consommation des boissons alcoolisées se trouve par là même augmentée.

Le service est fait généralement par des femmes, ce qui ne laisse pas que de provoquer çà et là quelques scandales (bien que la tenue des employées soit très convenable).

Les boissons non alcoolisées sont vendues plus cher que la bière ; — l'emplacement de beaucoup de cafés est mal choisi : on en voit dans le voisinage des écoles, des églises, à proximité des grands chantiers, etc., d'où une plainte qui fut adressée, le 10 novembre 1900, par soixante et un pasteurs à l'Hôtel de Ville. Cette plainte a eu pour résultat de faire baisser le prix des eaux minérales, et les clients sont maintenant dans l'obligation de commander des plats dont le prix varie entre 30 et 50 öres (45 à 75 centimes) pour avoir droit, en les payant, à deux ou trois petits verres d'eau-de-vie.

Le Bolag de Gothembourg a été fondé, en 1865, au capital de 102.500 couronnes. Les actions, au nombre de 205, appartiennent à une vingtaine d'habitants notables de la ville, qui se sont interdit de toucher plus de 6 0/0 de leur argent.

Cette société était propriétaire de 36 comptoirs au moment de sa création. Les autres débits existant dans la ville devaient lui revenir, à mesure que leur licence prenait fin, et c'est ainsi qu'en 1868 elle avait acquis toutes les licences de débits « sur place » dépendant de la municipalité.

Le Bolag ferme ses débits avant 7 heures du soir. Il a ouvert 7 salles de lecture chauffées pendant les froids ; de plus, il a établi des restaurants populaires.

Le système de Gothembourg a été adopté en Finlande, où il a fait tomber la consommation annuelle de 2 l.5 (1881-86) à 1 l.3 (1887-88).

La législation suédoise offre toutefois matière à perfectionnements. Pour qu'elle atteignît son maximum d'effet, il faudrait que le commerce des boissons fermentées reçût une réglementation : on l'a si bien compris qu'il est question, depuis plusieurs années, d'appliquer aux bières une taxe proportionnelle à leur degré alcoolique. En outre la latitude accordée par la .oi d'acheter par quantités de 40 litres laisse toute liberté au colportage dans les campagnes.

Voici maintenant le résumé des études d'un savant Suédois, M. Von Roch, sur l'application du système de Gothembourg.

Théorie du système.

La loi se propose de concilier le droit de vente des boissons alcooliques avec l'hygiène et la moralité.

En principe, les spiritueux peuvent être vendus au détail.

Toutefois, ce débit présentant beaucoup d'inconvénients, l'essentiel est de le restreindre le plus possible et d'arriver par là à diminuer peu à peu l'ivrognerie. On atteindrait ce but en confiant la vente de l'alcool à certaines sociétés pour qui en résulteraient certains bénéfices dont le montant serait versé à l'administration de l'assistance publique, et, par ses soins, consacré à des œuvres de bienfaisance. Personne, dès lors, n'aurait intérêt à vendre des boissons fermentées, et c'est là le point de départ d'une réforme utile, car ces réformes ne sont possibles qu'à la condition de retirer aux particuliers la vente de l'alcool.

Il faudrait s'attacher aussi à supprimer un certain nombre de cafés et à diminuer notablement le nombre d'heures pendant lesquelles la vente de l'alcool est autorisée.

Une œuvre utile à exercer par une société de tempérance serait, en vertu du système de Gothembourg, et en l'appliquant comme il conviendrait, de réagir contre le besoin de boire, par la création de restaurants hygiéniques où l'on trouverait à bon compte des boissons anti alcooliques, comme aussi en instruisant les masses populaires, et en les détournant peu à peu de l'habitude des cafés. D'autres moyens pratiques seraient mis à leur disposition : on créerait des bibliothèques ; on les attirerait en organisant des distractions honnêtes.

Le système de Gothembourg constitue une réforme utile et importante, car il rend plus difficile la vente des boissons spiritueuses, et il permet de lutter directement contre l'ivrognerie.

Voyons maintenant où en sont arrivées ces différentes associations de tempérance et de moralité Dans plusieurs villes, à Gothembourg, par exemple, étant dirigées par des hommes honnêtes et compétents, elles ont prospéré, et le résultat a répondu aux espérances. Malheureusement, dans la plupart des cas, ces sociétés ou associations sont retombées dans les mêmes abus qu'autrefois, et c'est ainsi que celles qui ne se composaient que d'un petit nombre de membres ont vu s'accroître pour elles de grands bénéfices, en dehors de l'intérêt à cinq pour cent. La part des directeurs était trop élevée ; les chefs des magasins de vente touchaient une certaine part dans les bénéfices ou par chaque litre vendu. En province, des agents vendaient de grandes quantités d'alcool ; de pauvres paroisses profitaient de l'occasion, excellente pour elles, et augmentaient leurs revenus en se livrant au commerce de l'eau-de-vie.

Il en était de même de celles qui désiraient changer quelque chose à leurs habitudes. Souvent aussi les loyers se payaient en échange d'eau-de-vie ; on en achetait en fraude, de sorte que, au lieu de diminuer, l'ivrognerie ne faisait qu'augmenter : d'ailleurs, on faisait tout pour la propager.

Les abus devinrent bientôt si graves qu'une enquête officielle fut ordonnée ; habilement menée, elle fit découvrir des faits extraordinaires ; la loi de 1895 sur la vente de l'alcool en fut la conséquence ; on espérait ainsi mettre un terme aux exactions qui se commettaient journellement. Cette loi a exercé certainement une heureuse influence sur les sociétés de tempérance, et pourtant on ne put arriver à supprimer complètement toutes les irrégularités.

Voici ce que nous révèlent les rapporteurs de la loi nouvelle.

Certaines associations fonctionnent dans des villes peu importantes dont la population ne dépasse pas trois à quatre mille habitants : les unes abandonnent aux patrons des cafés un bénéfice direct sur la vente des boissons alcoolisées ; d'autres paient aux membres de ces sociétés un intérêt supérieur à celui de cinq pour cent ; quelques-unes baissent sensiblement le prix de l'eau-de-vie, de 1.20 couronnes à 1 couronne, par exemple, par litre, pendant la semaine de Noël.

L'association de Joderkoping autorisa un particulier à vendre de l'eau-de-vie, et celui-ci en profita pour accaparer tous les acheteurs.

La société de Karlsham et celles de quelques autres villes facilitèrent la consommation des spiritueux à ceux qui en avaient depuis longtemps contracté l'habitude, et ce, en établissant une vente au détail dans la salle même où se trouvait le café. Ainsi, ceux qui n'avaient pas besoin d'un litre entier d'alcool pouvaient n'en prendre qu'un demi. Il faut remarquer, en effet, qu'à Stockholm, personne ne pouvait, en 1903, acheter moins d'un litre à la fois, et le prix en était fixé à 2 fr. 20.

D'autres enfin paient, à la direction, un salaire beaucoup trop élevé, et celle de Pitea, qui est minime, reçoit, pour 5 conférences par an, 1.500 couronnes ou 2.200 francs.

Les rapporteurs de la loi sont très sobres de détails sur la manière de procéder des sociétés dont nous avons parlé, et sur les responsabilités qu'elles encourent. Pour s'en rendre un compte exact, il serait absolument nécessaire d'inspecter les établissements où se fait le commerce des liqueurs fortes ; des visites y ont été faites, mais malheureusement elles n'ont laissé que des impressions fâcheuses, et si quelquefois on ne trouve rien qui soit contraire aux lois et règlements en vigueur, d'un autre côté on découvre qu'il existe certaines pratiques qui anéantissent tout le système de Gothembourg. Ainsi, la plupart des sociétés font bénéficier les patrons de la vente de la bière, qui, par suite de cet arrangement, augmente sensiblement.

Dans beaucoup d'établissements de marchands de vin on applique le principe de « tempérance » en fixant à un tarif supérieur à celui d'une bouteille de bière le prix d'une bouteille d'eau gazeuse. Ailleurs, la visite des cafés et des établissements similaires se fait trop négligemment ; les choses se passent mieux à Stockholm, où les inspecteurs surviennent à l'improviste. Quoi qu'il en soit, et d'une manière générale, il y a, sur le passage des ouvriers, un trop grand nombre de cafés.

On doit pourtant signaler avec éloge les essais faits un peu partout dans l'intérêt du système. A Gothembourg, notamment, le nombre des cafés a diminué et le service est organisé comme suit :

De neuf heures du matin à six heures du soir en hiver, et en été jusqu'à neuf heures, la vente de l'alcool est autorisée ; les dimanches et fêtes, les cafés ne sont ouverts que de 1 heure à 3, et celui-là seul qui prend un repas a droit à un apéritif.

La société de Gothembourg a supprimé, pour les patrons des cafés, le bénéfice provenant de la vente de la bière ; leur seul profit se trouve dans le débit des boissons non alcoolisées, et dans les repas servis à ceux qui les commandent.

La même société a aussi essayé la création de restaurants et de bibliothèques ; elle s'en est bien trouvée. Quatre restaurants à Gothembourg, une vingtaine à Stockholm se sont ouverts en peu de temps.

La nourriture y est bonne et économique. Dans les premiers temps tout le monde prenait, dit-on, l'apéritif ; aujourd'hui, il n'en est plus de même ; un petit nombre seulement de clients ont conservé cette détestable habitude.

Ces établissements possèdent de vastes salles ; elles sont claires ; les ouvriers, y étant très commodément installés, s'y plaisent et les fréquentent.

La société de Gothembourg a inauguré, mais dans d'autres parties de la ville et à distance des cafés, des salons de lecture, au nombre de sept, offrant des distractions très agréables et dont l'entrée est gratuite. Les visiteurs ont à leur disposition livres, journaux quotidiens, mensuels et illustrés, et l'on peut s'y faire servir à bon compte des boissons non alcoolisées. L'an dernier, ces salons ont reçu la visite de 300.000 personnes.

Le système de Gothembourg n'a pas été appliqué partout conformément au désir des fondateurs. En voici la raison.

Les membres des sociétés de moralité, et ceux de tempérance surtout, n'ont pas surveillé, comme ils auraient dû le faire, les agissements des différentes associations ; ils n'ont pas provoqué les réformes utiles ou même nécessaires. Ils sont devenus, pour ainsi dire, les adversaires du système ; un esprit d'économie excessive s'est révélé dans son fonctionnement. Beaucoup d'abus eussent été évités si les sociétés de tempérance, organisées comme il convenait, s'étaient intéressées à des réformes pratiques pour le présent, sans se préoccuper de l'avenir, et si elles avaient su critiquer les actes des associations, soit par des observations verbales, soit par la voie des journaux, soit même en s'adressant aux autorités.

La grande consommation de bière, qui a décuplé dans le cours des vingt-cinq dernières années, a eu pour conséquence immédiate de diminuer celle de l'alcool, principalement au début.

Un système qui consiste à donner à chaque contribuable un intérêt personnel et à le faire bénéficier du produit de la vente des eaux-de-vie offre de graves inconvénients.

Lorsqu'on emploie ce bénéfice à diminuer les contributions, il est certain que les contribuables ont intérêt à ce que la consommation de l'alcool soit la plus grande possible, et qu'ils ne demandent, par suite, qu'à user de la permission de vendre un tel produit.

Les associations n'ont même pas songé à employer tout ou partie de ce bénéfice soit à la répression de l'ivrognerie, soit à secourir ceux qui n'o.t pu résister au désir de s'enivrer, soit à la création de maisons de santé destinées à recevoir les alcooliques, tant est grand le besoin de recueillir de la vente des liqueurs fortes le plus de bénéfices possible.

A la campagne, aux environs de Stockholm, il existe deux établissements hospitaliers destinés aux individus devenus alcooliques ; ils ont été construits il y a quelques années par des particuliers ; le prix d'admission, malheureusement élevé, ne permet de recevoir qu'un nombre restreint de pensionnaires, et l'on ne dispose que de deux places gratuites.

Nous trouvons également, en Norvège et en Danemark, des maisons similaires ; elles y ont été construites sur une plus vaste échelle.

On entend rarement parler de diminution dans la vente de l'alcool, surtout d'une diminution due à la bonne volonté des débitants ; au contraire, dans ces dernières années, on a constaté une progression dans cette vente ; le nombre des maladies, ayant pour cause l'alcoolisme, a augmenté, et il en est de même de la criminalité ; ainsi, par exemple, les maladies qui, en 1893, étaient de 100 pour 100.000 habitants, ont atteint en 1897 le chiffre de 243. Le nombre des crimes commis s'élevait, en 1894, à 33,3 ; en 1899, il était de 40,6. Le bénéfice recueilli par les associations leur permettait d'entreprendre de brillantes affaires ; elles s'efforçaient d'entretenir les caisses de l'Etat, de sorte que le montant des contributions dont étaient redevables les particuliers diminuait. C'était contraire à l'esprit du système.

Pour réformer les abus, dit M. Von Roch, il importe que les chefs des différentes associations soient des gens d'une haute moralité. Personne, et c'est là la première condition du succès, ne devrait avoir le moindre intérêt au monopole de l'alcool ; aussi faut-il ne pas laisser subsister l'habitude d'appliquer tout le bénéfice à diminuer les contributions pesant sur les particuliers.

Qu'une commission spéciale nommée par l'Etat obtienne de régler le mode d'emploi des bénéfices réalisés par le commerce et la vente de la bière et des eaux-de-vie, dans le cas où celle-ci serait confiée à l'association. Cette commission distribuerait une partie de ces bénéfices en se basant non pas sur leur importance, mais sur le nombre d'habitants. L'ivrognerie étant plus difficile à combattre dans les grands centres que dans les campagnes, les paroisses des villes devront être plus favorisées et obtenir une part de bénéfices plus grande. Quant au reste, il reviendrait à l'Etat. Dans les villes, les paroisses sont généralement peu nombreuses ; elles ne devraient participer aux bénéfices qu'à la condition d'accepter le système d'association ; mais, pour des motifs bien évidents, les paroisses des campagnes qui ont légalement renoncé au commerce de l'alcool doivent avoir part égale à celles où ce commerce s'exerce par les associations.

A quelles œuvres doit-on employer le gain provenant du commerce des spiritueux ?

Un ouvrage anglais « The temperance problem and social Reform » a consigné des observations relativement au système de Gothembourg ; les auteurs ne prisent guère la manière dont sont employés, en Suède, les bénéfices.

Comment les paroisses devront-elles employer les revenus que leur procure le commerce de l'alcool ? La réponse est bien simple : à s'efforcer de combattre l'ivrognerie en créant des institutions susceptibles de remplacer les cafés et ensuite en provoquant leur fermeture. Le devoir d'une société de tempérance ne consiste pas seulement à empêcher ou à interdire l'usage des boissons spiritueuses ; elle doit faire plus : remplacer l'alcool par des boissons moins nuisibles, et surtout élever le moral et cultiver l'intelligence du peuple ; il s'agit simplement, pour y arriver, d'appliquer à cette œuvre le bénéfice provenant du trafic de l'alcool. Il est indispensable, en tous

cas, que les paroisses décident elles-mêmes comment on emploiera
ces revenus tirés du commerce des liqueurs, et ce choix devra être
approuvé par une commission qui sera nommée par l'Etat, ou, à son
défaut, par un jury spécial reconnu responsable. Cette commission
ou ce jury auraient pour règle de décider que ces bénéfices ne
serviraient qu'à combattre le fléau de l'alcoolisme, sans avoir le
souci de favoriser les contribuables.

Pour faciliter l'emploi de ces revenus ou bénéfices, il faudrait, à
différents endroits, établir des cafés ou seraient servies des boissons
ne renfermant pas d'alcool, comme le thé, le café ; en été, des limonades rafraîchissantes ; ajoutez à cela des restaurants à bon marché
à proximité des lieux de travail ; tout cela contribuerait au bon fonctionnement du système.

Il y aurait encore lieu de veiller à l'installation de cours de cuisine.

On construirait des maisons de retraite pour le peuple ; ces maisons auraient des jardins d'hiver où l'on ferait de la musique, des
salles de gymnastique, et d'autres enfin serviraient de lieux de réunion de sociétés, telles que, par exemple, les sociétés de secours
mutuels, etc. Des concerts, des lectures populaires, en un mot, tout
ce qui tendrait à éloigner le public des établissements malsains exis-
terait dans ces sortes de lieux de refuge, et on oublierait bien vite le
chemin des cafés.

On organiserait aussi des expositions, soit artistiques, soit industrielles où l'on pourrait se rendre en dehors des heures de travail.
Pour la jeunesse, on installerait des jeux de toutes sortes, de sports,
d'équitation, et des professeurs seraient à la disposition de tous ceux
qui voudraient profiter de leur enseignement.

Pour les jeunes enfants, ces maisons auraient des salles de travail,
où ils seraient admis à partir de quatre ans ; on leur enseignerait
tout ce qui serait en rapport avec leur âge.

Enfin, les bénéfices pourraient aussi, à l'occasion, servir à l'ouvrier ; on lui consentirait des prêts sous certaines conditions, et l'on
n'épargnerait rien de ce qui rendrait plus efficace encore la campagne entreprise contre l'ivrognerie.

En supposant une diminution, même assez sensible, dans le commerce des alcools, le bénéfice serait suffisant pour fonder et entretenir des établissements hospitaliers. Actuellement, en effet, le profit que retirent les associations en se livrant, pour leur compte personnel, au trafic des spiritueux, s'élève à environ dix millions de
couronnes, soit 14 millions de francs, c'est-à-dire que pour chaque
litre d'alcool vendu le bénéfice ressort à 58 centimes. Et si les sociétés se chargeaient exclusivement de toute la vente des boissons

alcoolisées, leurs bénéfices seraient encore bien plus considérables ; ils se monteraient à une vingtaine de millions de couronnes, ou 28 millions de francs.

On le voit, les ressources nécessaires à l'entretien et au bon fonctionnement des établissements destinés à attirer le peuple sont largement suffisantes et ne feront pas défaut.

Si, grâce au système de Gothembourg, la consommation de l'alcool vient à diminuer dans des proportions telles qu'elle se réduise à rien ou à presque rien, l'on peut craindre que le bénéfice résultant de ce commerce devienne insuffisant, et que, par suite. l'on ne puisse plus soutenir toutes les œuvres de bienfaisance qui avaient été organisées dans des temps prospères. Pour parer à ce danger, il y a un moyen bien simple : c'est de placer le bénéfice entier résultant de la vente de l'alcool et de l'affecter spécialement non seulement aux œuvres existant déjà, mais encore à celles que l'on pourrait créer plus tard. Il serait facile, d'ailleurs,de fonder une caisse de secours ou d'assurances destinée aux ouvriers ou toute œuvre analogue.

Que l'on permette la vente de l'alcool ; mais, au moins, qu'on la rende utile, qu'on la règle d'après les principes établis jusqu'ici, et que la morale n'en souffre pas.

C'est en 1900 que M. Von Roch émettait ces appréciations sur le système de Gothembourg.

Notre correspondante de Stockholm nous écrit que depuis cette époque la situation a bien changé dans cette belle capitale.

Si l'Etat prend toute la responsabilité de la vente de l'alcool,il s'efforce de plus en plus de combattre l'ivrognerie.

En ce qui concerne Stockholm, tous les samedis, à 9 heures du soir, pour la minime redevance de 35 centimes,les ouvriers peuvent assister à une séance donnée spécialement à leur intention.

Des concerts et des courses sont organisés pour les travailleurs moyennant des prix très modérés, 15 centimes par exemple ; des salles,des réfectoires pour écoliers sont ouverts depuis peu ; rien n'est oublié de ce qui peut détourner la population de l'atteinte du fléau.

Le directeur principal de l'association « Système de Gothembourg », à Stockholm, ancien chef de la police, M. F. Rabenton, vient de faire paraître une étude sur l'alcoolisme. Il expose que dans la capitale de la Suède la consommation de l'eau-de-vie a diminué depuis 1877 de 12.04 à 4.27 litres par individu, chiffre constaté pour 1903.

La situation est à peu près la même pour la vente de l'eau-de-vie qui, de 11.45 litres par personne en 1877, est tombée, en l'année 1903, à 8.29 litres.

D'après la même statistique, toute la vente de l'eau-de-vie de l'association du « Système Gothembourg » a diminué de 23.49 litres par tête pour descendre à 12.56 de 1877 à 1903.

La vente et la dégustation d'alcool, surtout de celui de qualité supérieure, comme punch, cognac, whisky, livré à domicile, constatent qu'il n'y a pas eu d'augmentation.

La statistique des procès pour ivresse semblerait indiquer le contraire. Elle prouve que le nombre des contraventions porté devant le tribunal de police de Stockholm s'est élevé à 13.065 en 1904. alors qu'il n'était que de 6.188 annuellement de 1876 à 1880.

En s'en tenant à ces chiffres, il est difficile d'apprécier si l'ivrognerie a, ou non, augmenté.

Aujourd'hui la statistique est plus complète qu'autrefois.

On sait, en effet, que, pendant l'année 1904, 870 individus ont été condamnés pour ivresse 2 fois ; — 336,3 fois ; — 137,4 fois ; — 87,5 fois. Mais le chiffre des condamnés n'augmente pas ; c'est celui des contraventions qui se mutiplie.

En 1904, nous voyons 2 personnes condamnées 27 fois, une autre 26 et une troisième 24 fois.

13.065 condamnations concernant 9.401 délinquants seulement ont donc été prononcées.

C'est le zèle très actif de la police qui a donné lieu à cette augmentation de procès-verbaux suivis de condamnations pour ivresse.

Il faut encore noter que parmi les individus condamnés beaucoup sont étrangers : à la ville, nous en comptons 2.978.

En ce qui concerne la bière, M. Rubenton n'a pu se prononcer, faute de statistique. Il était cependant d'avis que la consommation en était encore trop grande, et, d'après lui, une nouvelle loi pouvait seule en empêcher l'abus.

L'auteur ne montre qu'une confiance très limitée dans la loi du 1er janvier 1906. Elle ne pourrait, d'après lui, produire d'effets salutaires que si elle soumettait les boissons fermentées à une association d'après les principes du système de Gothembourg. Quant au vin, il est, dans la presqu'île scandinave, une quantité négligeable.

Nous avons lu dans un journal de Stockholm, le « *Dagblad* », numéro du 15 mars 1906, un intéressant article de M. le consul Oscar Ekmann qui est un des auteurs du système de Gothembourg et dont l'activité ne s'est jamais démentie dans la lutte contre l'alcoolisme. M. Ekmann conserve toute sa foi dans l'efficacité du système ; mais il déplore, lui aussi, les altérations qui l'ont déformé en Suède en le réduisant à une combinaison financière, alors qu'il devrait rester seulement une institution philanthropique et morale. C'est ainsi que les patrons payaient une partie du salaire de leurs ouvriers en bons d'eau-de-vie à prendre chez les débitants ; que les sociétés recherchaient des bénéfices illégaux, dépassant l'intérêt du capital ; que l'argent destiné à des œuvres de bienfaisance était détourné de son but ; que les ouvriers ont eu la facilité de s'enivrer avec la bière, et d'en consommer jusqu'à sept litres par jour. L'auteur en conclut que la bière doit être soumise aux mêmes règlements que l'eau-de-vie, de sorte que les bénéfices du débit de cette boisson alcoolique soient versés dans la caisse de la société, au lieu de profiter aux restaurateurs. C'est, on peut le dire, un cri général en Suède.

Ainsi se trouve dénaturé le système de Gothembourg, dont le but final doit tendre à l'amélioration du sort de la classe ouvrière et à la cessation de la lutte entre les classes. Il faut dit M. Ekmann, sacrifier au besoin des recettes communales pour terrasser « l'hydre » qui dévore la nation.

Depuis 25 ans, en Finlande, chaque municipalité réglemente le commerce des liqueurs spiritueuses.

Le système de Gothembourg est en vigueur dans les villes. Les actionnaires reçoivent 6 0/0. Le surplus des bénéfices est consacré à des œuvres d'utilité publique qui ne sont pas légalement obligatoires.

Les conseils municipaux des villes ont le droit de prohiber entièrement le commerce au détail de l'eau-de-vie. Les tentatives qui ont été faites dans ce sens paraissent avoir échoué.

En ce qui concerne le commerce de la bière, du vin et des alcools exotiques (rhum, cognac, genièvre et autres boissons coûteuses et de luxe), le nombre des licences, la place des boutiques, et l'attribution des licences dépendent des conseils municipaux.

Dans les campagnes, il n'y a pas de conseil municipal. Les affaires communales sont administrées par l'assemblée des contribuables (les femmes contribuables en font partie). Il arrive souvent qu'elles prohibent le commerce de toute boisson fermentée.

La loi défend l'importation de l'alcool, et il n'y a pas d'exportation. Il en résulte que le chiffre de la production (déterminé avec précision par la Régie) représente exactement l'alcool consommé.

Par ce que nous venons d'exposer au sujet des différents systèmes adoptés pour établir le monopole de la vente en gros ou en détail des boissons fortes, il est facile de se rendre compte de l'efficacité de ces moyens fiscaux. Ce serait donc une œuvre utile et patriotique de rechercher, dans le système de Gothembourg, ce qu'on pourrait essayer en France dans cet ordre d'idées, par exemple la concession de la vente de l'alcool faite à des sociétés honorables, dans le but non de spéculer, mais de combattre l'alcoolisme.

Ce qui empêche malheureusement notre pays de suivre cette voie, c'est la chaîne qui le rive à la plus funeste des libertés, celle des cabarets. M. Lejeune, ministre d'Etat de Belgique, a dit un jour pourquoi ni ses compatriotes ni les Français n'accepteront facilement de se soumettre au régime des peuples scandinaves. Voici comment il s'exprime à ce sujet :

« Dénombrez les cabaretiers, leurs familles, leur clientèle, leurs fournisseurs, qui forment contre la tempérance l'armée dont ces centaines de mille de cabarets sont le campement ; calculez les intérêts d'argent, les habitudes invétérées que cette armée représente, considérez les influences dont elle dispose, et demandez-vous ce que peuvent contre elle la propagande et la persuasion. »

XVI

L'ALCOOL D'INDUSTRIE

Il importe d'établir un droit différentiel en faveur des eaux-de-vie de vin, et de donner un avantage, comme compensation, aux alcools dénaturés en vue d'un usage industriel. C'est un vœu qui a été émis par la société d'agriculture. Comme l'a dit un orateur parlementaire le 14 mars 1902, le moment est venu d'adopter les mesures légales de protection des intérêts légitimes du producteur et de préservation de la santé publique depuis si longtemps réclamées.

Il est temps d'établir un divorce entre les matières alimentaires et les produits frelatés de la contrefaçon, et de consacrer la distinction fiscale et commerciale absolue entre l'alcool d'industrie et les eaux-de-vie naturelles, comme on l'a déjà fait entre la margarine et le beurre, et comme le Nord lui-même demande qu'il soit fait pour la saccharine et le sucre.

Dans cette séance, la Chambre a été invitée à étudier la question des droits sur l'alcool d'industrie.

Si, comme l'a dit M. Delcros. cet alcool pouvait être chassé de la consommation de bouche, pour être uniquement employé aux besoins industriels, c'est-à-dire au chauffage, à l'éclairage, et à la force motrice, tout le monde y gagnerait : l'hygiène publique, les producteurs de vins et d'eaux-de-vie de vin, la fabrication des alcools d'industrie et le Trésor.

Au mois de février 1903, la Compagnie des alcools français, en émettant ses actions, déclare que l'alcool chimique, comme toutes les sortes d'alcool agricole ou autres qu'elle traite, n'est, entre ses mains, qu'une matière première et que, dans aucun cas, elle ne livrera à la consommation cet alcool autrement que sous forme de dénaturé et carburé, soit propre au chauffage, à l'éclairage et à la force motrice.

Cette honorable société, dans le but qu'elle poursuit, en se proposant de substituer l'alcool français au pétrole étranger dans ses diverses applications, ne vient pas concurrencer, comme on pourrait le supposer, les 12 millions d'individus qui s'occupent en France de l'industrie de l'alcool ou de la culture des produits dont on le tire.

En effet, après avoir acheté les alcools produits par cette population au cours moyen de 32 francs l'hectolitre, elle livre à ces mêmes producteurs son alcool dénaturé et carburé au prix de 30 francs, c'est-à dire à un prix inférieur à celui auquel elle aura acheté leur propre marchandise.

En terminant cette partie de notre étude, nous proclamons une fois de plus que l'Etat, soit par des taxes fiscales, soit, comme nous le verrons plus loin, par des mesures réglementaires, a le droit d'empêcher les citoyens de consommer des produits toxiques : c'est une œuvre de préservation sociale, où la vraie liberté n'est pas intéressée. Si des droits énormes frappent les liqueurs dangereuses, l'usage en sera nécessairement diminué ; c'est là le but qu'il faut atteindre à tout prix.

XVII

REMÈDES LÉGAUX

Les cabarets et les débitants.

Réglementation nécessaire.

Si les cabarets n'étaient pas scandaleusement multipliés, comme ils le sont aujourd'hui ; si dans le plus petit village, on n'en rencontrait pas un presque à chaque porte ; si l'ivrogne en était réduit à boire seul chez lui, surveillé et doucement arrêté par sa femme et ses enfants, le fléau de l'alcoolisme, alimenté par la tentation, ne sévirait pas avec une aussi funeste intensité.

C'est au débit public, dit avec raison M. Rostand, que prend naissance, que se propage, que devient chronique le mal de l'alcoolisme. Ce n'est pas chez soi, en général, qu'on boit beaucoup ; et il est hors de doute que, s'il n'existait pas d'endroit où la boisson fût livrée et absorbée en commun, le nombre des clients de l'alcool sous toutes ses formes, et les quantités d'alcool consommées, seraient infiniment moindres. » Le cabaret entretient et propage l'alcoolisme.

Ce n'est pas seulement de nos jours que le débit de boissons est signalé comme exerçant sur le public une attraction malsaine. En 1397, le Prévôt de Paris prend un arrêté où il remarque d'abord que : « Plusieurs gens de métier, gens de petit état et de petite qualité, délaissent à faire leur besogne, à gouverner leur ménage, et à gagner leur vie à la peine de leur corps, pour la grande affectation et inclination qu'ils ont aux jeux de paume, de dés, de cartes, de quilles, ès quels jeux ils s'emploient et occupent, en tavernes et autres lieux, et deviennent de jour en jour larrons, robeurs, et gens de mauvaise vie » ; et, pour éviter le retour de pareils abus, il défend aux gens de métier de fréquenter les cabarets « les jours ouvrables ».

Trois édits royaux datés d'Orléans (1560), Moulins (1566), Blois (1579), pour les maux et inconvénients notoires qui s'ensuivent de jour en jour, de ce que plusieurs bourgeois et autres gens mariés délaissent leurs femmes, enfants et famille, font défense à tous, manants et habitant bourgades ou villages, qui sont mariés et ont mé-

nage, d'aller boire ou manger ès tavernes et cabarets, et aux dits ta-
verniers ou cabaretiers de les y recevoir, à peine d'amende arbitraire
pour la première fois et de prison pour la deuxième.

Au XVIII siècle, les cabarets exerçaient une influence délétère,
car dans sa spirituelle comédie « *Le Légataire universel* », Regnard,
qui n'était cependant pas rigoriste, fait dire à Géronte, parlant d'un
marchand de vins :

« *C'est un maraud qu'il faut envoyer en galère* ».

M. Crispin lui répond :

« *Quand ils y seraient tous, on ne les plaindrait guère* (1) ».

Aujourd'hui nos lois ne protègent contre le cabaret que l'enfant
âgé de moins de seize ans.

La première réforme qui s'impose, c'est la réduction du nombre
des cabarets. Or le régime sous lequel nous vivons en France
assure la liberté absolue de la profession de cabaretier, et ne met
aucune limite à l'accroissement du nombre des débits.

Un décret présidentiel ordonnait qu'à partir de 1852 « aucun
café, cabaret, ou autre débit de boissons à consommer sur place, ne
pourrait être ouvert sans la permission préalable de l'autorité administrative ».

Le but poursuivi par l'auteur du décret était surtout politique.
« Considérant que, dans les campagnes surtout, les cafés, cabarets et
débits de boissons, sont devenus, en grand nombre, des lieux de
réunion et d'affiliation pour les sociétés secrètes » : ainsi parlait
l'exposé des motifs. Le pouvoir absolu mis dans les mains des préfets laissait une large place à l'arbitraire.

Aussi la liberté des cabarets fut-elle toujours inscrite dans certains programmes.

La loi du 17 juillet 1880 vint décider qu'à l'avenir, — à l'exception des individus condamnés à un emprisonnement d'un mois au
moins pour vol, recel, escroquerie, filouterie, abus de confiance,
recel de malfaiteurs, outrage public, excitation de mineurs à la débauche, tenue d'une maison de jeux, vente de marchandises falsi-
fiées ou nuisibles à la santé, — toute personne pourrait ouvrir un
débit de boissons : une déclaration préalable est la seule formalité à
remplir. C'était le retour à la liberté absolue de la profession de
cabaretier.

Cette déplorable mesure fut adoptée, dans un but électoral, sur la
proposition d'un député, M. de Gasté, connu par ses idées |bizarres.
Ce vote fut aussi funeste à notre pays que la perte de dix batailles.

(1) *Le légataire universel*, acte V, scène VII.

C'est par centaines de mille que se sont ouverts les cafés, les estaminets, les auberges louches, cette affreuse vermine du corps social.

Au lieu de se partager entre la famille et la caisse d'épargne, la paye du travailleur va rémunérer les entreprises d'intoxication publique ! Pendant que la malheureuse femme grelotte au dehors avec ses petits enfants sur les bras, l'ivrogne jette au débitant les pièces blanches qui seraient au logis l'antidote de la misère et du désespoir.

Nous avons tous à faire notre *meâ culpâ* au sujet de la multiplication des cabarets. Si les impôts atteignent des chiffres énormes, c'est que nous voulons faire de nos enfants des fonctionnaires largement rétribués ; c'est que nous demandons à l'Etat de nous assurer toutes les jouissances du luxe

Or l'alcool donne au Trésor des rentrées faciles ; et, pour satisfaire nos goûts dispendieux, l'Etat se sert du fructueux poison. Puisque nous avons tous notre petite part dans cette aberration, méditons cette parole sévère de M. Lavisse : « quand vous trouvez un ivrogne, ne dites pas : *C'est une brute* ; dites : Pour cet homme, *je suis une brute.* »

Ainsi, pour avoir le droit d'empoisonner ses semblables, il n'est plus besoin d'autorisation ; une boutique et une enseigne suffisent.

Combien ont été aveugles les publicistes qui ont réclamé cette liberté fatale sous prétexte de fournir aux hommes, dans les campagnes, un lieu de réunion où pourraient s'agiter les questions politiques et se préparer les élections !

On a voulu, dans ce temps où le paganisme redevient à la mode, élever partout des temples à Bacchus Appellera-t-on maintenant Esculape au secours des nations agonisantes ?

En 1880, dans presque toute l'Europe, le commerce en détail de l'alcool était l'objet de règlements sévères. L'Espagne et la Grèce, exemptes du fléau, n'avaient pas cru nécessaire de promulguer des lois sur l'intempérance ; mais la Hollande et la Belgique comprenaient l'urgence de se prémunir contre une liberté de mauvais aloi qui avait, en 40 ans, augmenté la consommation des liqueurs distillées de plus du double.

En France, des pronostics très graves avaient été portés par tous les esprits sages au sujet des conséquences de la loi de 1880. Leur clairvoyance ne s'est pas trouvée en défaut.

On comptait dans notre pays, en 1829. 281.847 cabarets de toutes sortes ; il y en avait 354.000 en 1879 et 425 607 en 1897.

Au mois d'août 1904, le ministère des finances a publié la statistique des établissements soumis à la surveillance ou au contrôle du service des contributions indirectes en 1903.

On compte : 461.967 débits de boissons, soit une diminution de 2.589 sur l'année 1902 qui en comptait 464.556 ; 133 colporteurs de boissons, 29.853 marchands en gros, 3 fabricants de vins de raisins secs ; 3.360 brasseries, 3.553 distillateurs et bouilleurs de profession, 108.515 bouilleurs de cru dont la production est contrôlée, 16.430 loueurs d'alambics, 302.660 bouilleurs de cru non contrôlés, mais qui ont fait des déclarations de fabrication, 847 fabricants et marchands d'alambics, 83.543 détenteurs d'alambics, 1.506.984 propriétaires récoltant des vins, 976.146 propriétaires récoltant des cidres, 247 fabricants et préparateurs d'alcools dénaturés.

Le département du Nord, à lui seul, compte 1.685 brasseurs et 48.441 débitants de boissons ; le département de la Seine vient ensuite avec 42.529 débitants, puis le Pas de-Calais, 22.333 ; les trois départements qui comptent le moins de débitants de boissons sont les Hautes-Alpes, 1.032 ; la Lozère, 1.058 et les Basses-Alpes, 1.129.

On a remarqué d'autre part que, dans les six mois qui ont suivi la promulgation de la loi, du 17 juillet au 31 décembre 1880, plus de 10.000 établissements nouveaux se sont ouverts ; en vingt ans, le nombre des débits s'est accru de plus de 140.000.

Si l'on rapproche ces chiffres de celui de la population, on arrive à des résultats bien inquiétants. Ainsi, défalcation faite des femmes et des enfants, on trouve qu'il existe, en moyenne, 1 débit pour 30 adultes.

Dans certaines régions, la proportion est même beaucoup plus forte : elle est de 1 débit pour 22 adultes dans la Seine-Inférieure ; de 1 débit pour 15 adultes dans le Nord ; de 1 débit pour 11 adultes dans l'Eure Une commune de Bretagne, citée par M. Georges Picot, a 52 débits pour 850 habitants, un cabaret pour 5 électeurs... Tel faubourg de Lille, qui s'allonge sur une étendue de plusieurs kilomètres, a exactement un cabaret sur *trois* maisons.

Nous savons qu'il existe à Roubaix plus de 2.000 débits pour 110.000 habitants.

Un cabaret pour 5 ou 10 personnes ou même pour 30, n'est-ce pas une véritable calamité publique ! Et nous ne faisons pas entrer en ligne de compte les innombrables comptoirs derrière lesquels les fruitiers, les épiciers, les marchands de charbon, les pâtissiers, les receveurs buralistes, etc., offrent, contre argent, des boissons à des clients qui sont entrés dans leur boutique pour se procurer de tout autres denrées.

On peut donc tenir pour certain qu'il y a un lien direct entre le nombre des débits de boissons (passé de 354.000 en 1879 à 461.967

et la consommation de l'alcool (passée de 1.581.000 hectolitres en 1880 à près de 3.000.000).

La preuve que cette multiplicité des débits de boissons est excessive, et ne correspond même pas à une nécessité et aux besoins du public, ressort très nettement des statistiques des tribunaux de commerce. Voici quelques chiffres, d'autant plus concluants qu'ils sont empruntés aux régions où la consommation d'alcool est plus grande et, par conséquent, où les affaires devraient être plus prospères pour les habitants.

En 1899, le nombre des faillites des débitants de boissons a représenté : Au Havre, le 40 0/0 du nombre total des faillites ; à Rouen, le 66 0/0 ; à Rennes, le 36 0/0 ; à Arras, le 30 0/0 ; à Saint-Quentin, le 47 0/0 ; à Lille, le 30 0/0 ; à Cherbourg, le 66 0/0.

Pour l'ensemble de la France, la proportion des faillites des débitants de boissons, dans le total des faillites, a été de 43 0/0 pour 1895 et de 42 0/0 pour 1896.

Il résulte de tous les documents cités dans cette étude que la consommation de l'alcool ne cesse d'augmenter en France, alors qu'elle diminue presque partout, notamment en Allemagne et en Angleterre. Elle fait dans notre pays des progrès effrayants... Voici quelques chiffres : notre population, depuis 1830, n'a augmenté que de 12 0/0 ; or la consommation d'alcool, pendant la même période, s'est accrue dans la proportion de 260 0/0 — c'est-à-dire qu'elle a *presque triplé*. Il y avait en France, en 1830, 1 cabaret pour 117 habitants ; il y en a aujourd'hui 1 pour 75. La consommation était, par personne, de 6 litres 79 d'alcool à 100° ; elle est de 18,21.

Alors qu'il y a en France 1 cabaret pour 75 habitants, il en existe 1 pour 100 en Prusse, 1 pour 200 en Autriche, 1 pour 1.000 en Russie, et seulement 1 pour 52,000 en Norvège !

Rappelons ici qu'une des principales causes de la multiplication des cabarets fut cette fatale découverte de la chimie qui, depuis plusieurs années, trouve le moyen de tirer de toutes les matières féculentes, même de la cellulose du bois, un alcool qui, au titre de 50°, revient à 15 ou 20 francs l'hectolitre.

La spéculation n'a pas manqué d'exploiter ce bon marché de produits si nuisibles à l'hygiène publique ; et les distillateurs eux-mêmes, effrayés de la surproduction, se sont mis à ouvrir des débits pour offrir directement leur marchandise aux buveurs.

Au mois de juillet 1904, le *Journal officiel* nous donne la statistique de la production de l'alcool en 1903; et ce document n'est pas fait pour rassurer ceux qui luttent contre le fléau. Il semble que l'alcool provenant soit du vin, soit des sources les plus diverses, doive être considéré comme le produit national par excellence.

Et tout d'abord il faut remarquer l'augmentation très sensible de la production de 1903 : 2.001.143 hectolitres contre 1.741.149 l'année précédente, soit 249.994 hectolitres en plus. Cependant le fisc nous fait observer que la production de 1903 est un peu inférieure à la moyenne décennale, ce qui nous montre clairement que les 2.000.000 d'hectolitres de sa dernière statistique ne représentent pas le maximum de la production de l'alcool en France.

Voyons maintenant combien d'industriels ont travaillé à produire cette énorme quantité d'alcool. Nous avons dit qu'il existe actuellement 3.553 bouilleurs et distillateurs de profession contre 108.515 bouilleurs de cru. Remarquons d'ailleurs que le nombre des bouilleurs et distillateurs de profession a sensiblement diminué, car il était en 1902 de 6.993.

La partie la plus intéressante du document publié par le ministère des finances est peut-être celle qui divise les 113.879 producteurs d'alcool en catégories, suivant la nature des substances qu'ils emploient dans leur industrie. Or, 92.700 ont mis en œuvre des marcs et des lies ; 8.654 ont employé des vins ; 7.526 des cidres et poirés ; 4.303 des fruits ; 289 des mélasses et des betteraves ; 191 des substances farineuses; 153 des substances diverses; 2 des pommes de terre et un seul des glucoses et autres produits saccharifères.

Si, d'un autre côté, nous recherchons quelles ont été les quantités d'alcool produites par les substances mises en œuvre, nous voyons que 352.928 hectolitres ont été produits par les substances farineuses ; 670.969 hectolitres par les mélasses ; 926.159 par les betteraves ; 30. 298 par les vins ; 8. 507 par les cidres; 54.903 par les marcs et les lies ; 3.159 par les fruits, et 207 par des substances diverses.

Mais il y a une constatation encore plus intéressante à faire, c'est celle de la progression rapide et constante de la production de l'alcool depuis un demi-siècle, alors que d'autre part la production du vin s'en va en décroissant. Ainsi, en 1850, la production de l'alcool atteignait seulement 940.000 hectolitres, ce qui donnait une quotité moyenne par habitant de 1 lit. 46 ; en 1903, cette quotité atteint 3 lit. 54 par habitant. C'est le département de la Seine-Inférieure qui a la quotité la plus élevée, soit 12 lit. 15 par habitant, tandis que le département des Landes arrive le dernier avec 0 lit. 80 par habitant.

Cependant l'abondance de notre production ne nous empêche pas de demander à l'étranger des quantités appréciables d'alcool, et il est bien entendu que, de notre côté, nous en exportons des quantités plus considérables sous des formes diverses. Les importations de l'étranger se sont élevées en matière pure à 91.412 hectolitres, dont 391 hectolitres venant d'Allemagne, 2.847 d'Angleterre et 88 174 d'autres pays : 1.176 hectolitres de liqueurs viennent également de l'étranger.

Les exportations d'alcool pur se sont élevées à 268.000 hectolitres, dont 81.890 hectolitres pour l'Angleterre, 7.320 pour l'Allemagne, et 178.871 pour les autres pays ; 32.234 hectolitres de liqueurs ont été exportés.

Dans la répartition des alcools entre les différentes liqueurs dont la fabrication a pris chez nous une si grande importance, nous relevons encore quelques données instructives : pour les eaux-de-vie, on a employé 842.689 hectolitres ; pour les kirschs, rhums, etc., 125.170 ; pour les bitters sucrés, 9.693 ; pour les bitters non sucrés, 14.717 ; pour les absinthes et similaires d'absinthe, 177.279, etc.

On voit par ces chiffres quel développement a pris en France la production de l'alcool, et combien d'industries sont venues se greffer sur celles des bouilleurs et distillateurs proprement dits. Tout cela représente une main-d'œuvre considérable et un mouvement commercial qui s'élève à des centaines de millions ; certains économistes à courte vue peuvent se féliciter des résultats fiscaux que révèlent ces tristes statistiques ; mais les amis de l'hygiène et de la morale en ressentent les plus vives inquiétudes.

Si la France paye un si large tribut à l'alcoolisme, si les cabarets pullulent sur son territoire, c'est, nous ne craindrons pas de le répéter, à cause du rôle politique qui a été attribué aux vendeurs d'alcool.

Ces prérogatives sont pour eux des droits intangibles ; ils les défendent comme une forteresse, mais il faut se hâter de lui donner l'assaut, en méditant avec le docteur Pierra la parole fameuse de lord Roseberry : « Si l'Etat ne se hâte pas de se rendre maître du trafic des liqueurs, le trafic des liqueurs se rendra maître de l'Etat. »

A ce commerce malfaisant des boissons fortes, les débitants peu scrupuleux, pour attirer le public, ne craignent pas d'annexer à leur établissement des attractions inavouables.

« Ne croyez pas, disait Jules Simon, que tout cabaretier est un honnête commerçant qui attend paisiblement, derrière son comptoir, que les ivrognes viennent lui apporter l'argent de leur famille. Un cabaretier qui sait son métier, et qui est pressé de se retirer des affaires pour vivre bourgeoisement de sa fortune, en revendrait à un usurier et à une courtisane dans l'art d'allumer les passions. » Et l'auteur d'une monographie constate que « la moralité des débits a baissé en raison directe de leur accroissement et qu'aujourd'hui un honnête cabaretier ne peut plus vivre ».

Dans cet ordre d'idées, la liberté ne produit que des effets funestes ; elle se confond nécessairement avec la licence.

Tandis que la population reste stationnaire, la clientèle des marchands de vins est en progrès ; c'est pour eux l'idéal de la prospérité publique.

Comment le législateur peut-il s'aveugler sur ses devoirs sociaux au point de favoriser outrageusement l'augmentation du nombre des cabarets ?

N'est-il pas urgent d'abroger la funeste loi du 17 juillet 1880 ?

Cette loi semble avoir été créée pour donner à l'alcoolisme une impulsion nouvelle ; non seulement il importe de la supprimer, mais on doit la remplacer par une législation contraire. En Europe et en Amérique, des mesures sont prises pour diminuer le nombre des cabarets. Imitons ces exemples. La guerre au nombre des cabarets : n'est-ce pas la meilleure plate-forme de la lutte antialcoolique ?

Mais ce programme rencontre des difficultés. Croit-on qu'on obtiendra du peuple et du gouvernement l'adoption de mesures aussi décisives ? Et croit-on que, malgré leur caractère assez hardi, ces lois seront suffisantes à supprimer le mal ?

C'est vrai : le peuple, en immense majorité, demeure indifférent ; le gouvernement, préoccupé de la question électorale, ne sévit qu'avec mollesse contre les officines où se forgent les majorités.

Mais l'opinion des honnêtes gens doit l'emporter sur la routine. Il est nécessaire qu'une réglementation très stricte soit imposée aux cafés, cabarets et autres débits de boissons.

Pour réprimer l'alcoolisme, il faut atteindre à la fois celui qui s'enivre, et celui qui enivre, c'est-à-dire l'ivrogne qui s'empoisonne et le cabaretier qui fournit le poison.

Faut-il s'attaquer au débitant seul, en négligeant les torts de l'intempérant ? Un économiste distingué a soutenu cette thèse empreinte d'une trop grande indulgence pour les ivrognes incorrigibles.

La première mesure à prendre est donc la réduction du nombre démesuré des cabarets que le décret de 1852 signalait déjà comme « une cause de désordre et de démoralisation ».

Une autorisation administrative pour l'ouverture des débits ne nous semblerait pas suffisante lors même que la loi y ajouterait la possibilité de leur fermeture par un simple arrêté préfectoral, après condamnation encourue.

Nous proposerions que le droit d'autorisation des cabarets fût concédé au conseil général ou à la commission départementale élue parmi ses membres. En outre il serait équitable que le nombre des cabarets fût fixé dans chaque commune d'après le nombre d'habitants, qu'aucun cabaretier ne fût autorisé sans avoir été préalablement accueilli par le conseil municipal, qui ne présenterait ainsi à l'autorisation que des gens offrant à ses yeux une certaine responsabilité.

Si les pouvoirs publics doivent limiter scrupuleusement le nombre des cabarets,et en subordonner l'ouverture à la décision des conseils élus, moins disposés en général que les préfets à recruter des électeurs par la magie des libations, il faut aussi organiser une surveillance continuelle et très sévère, devant s'étendre en même temps à la tenue intérieure des établissements et à la qualité des liquides qui s'y consomment. Les conseils généraux se sont souvent et hautement exprimés dans ce sens. Toute boisson frelatée ou nuisible devrait être sévèrement exclue ; une limite serait donc posée à celles pouvant être débitées, et le cabaretier contrevenant aux prescriptions arrêtées à ce sujet, immédiatement livré aux tribunaux correctionnels, pour s'entendre condamner à des peines proportionnées à son délit, et notamment à la fermeture, qui devrait toujours être prononcée en cas de vente de boissons défendues.

Doit-on prescrire au cabaretier qu'il exige de tout adolescent son acte de naissance pour lui verser un verre de vin ? Il semble bien difficile d'édicter sur ce point une règle impérative. Elle existe sans doute pour les maisons de prostitution ; mais en cette matière si grave, où le temps et les moyens ne manquent pas pour vérifier l'âge des mineurs, il importe de se montrer rigoureux.

Une cause qui entretient l'alcoolisme dans la classe ouvrière, c'est la déplorable coutume d'inviter au cabaret des compagnons de travail pour leur offrir, à titre de politesse, des *tournées* sans fin qu'ils s'empressent de rendre pour n'être pas en reste de générosité.

On peut affirmer sans exagération que le cabaret est le ver rongeur des sociétés modernes.

Le législateur ne doit pas craindre d'augmenter les licences et la patente des débitants de boissons.Ce sera le plus sûr moyen d'arriver à diminuer le nombre des cabarets.N'est-il pas effrayant de constater que Paris renferme 70.000 comptoirs, où, suivant l'expression de Léon Say, « une moitié de la ville emploie son énergie à empoisonner l'autre moitié ? »

« Si l'on regarde ce qui se passe à l'étranger, dit Claude (des Vosges), on voit qu'en Angleterre le droit de licence pour les cabaretiers et aubergistes varie de 112 fr. 50 à 1.500 francs, proportionnellement à une échelle de loyer de 250 à 17.500 francs. En

France, nous sommes loin de pareils chiffres. Une majoration importante du taux des licences aurait évidemment ce double effet : apporter de nouvelles ressources au Trésor et modérer l'envahissement des débits. » Le commerçant désireux d'ouvrir un débit devrait présenter des garanties de moralité et n'avoir pas subi de condamnation. Le retrait de la licence devrait être opéré avec la plus grande facilité à l'égard des débitants suspects d'agissements malhonnêtes ou de pratiques immorales.

Rien n'est plus légitime que l'élévation de la patente. On ne saurait payer trop cher le droit d'intoxiquer ses concitoyens. D'autre part, il faut décourager l'ambition de ces petits ménages oisifs qui tentent la fortune en ouvrant une échoppe pour y débiter des liqueurs plus ou moins frelatées.

On doit en outre tenir la main à ce que les cabarets soient rigoureusement fermés, comme en Suède, à l'heure réglementaire. C'est pendant la nuit que les buveurs, plus livrés à eux-mêmes, s'abandonnent aux pires excès.

La France, imitant sur ce point le mauvais exemple de la Belgique et de la Suisse, laisse trop facilement dépasser l'heure de la fermeture des cafés et cabarets. Il y a soixante ans, on fermait les cafés à dix heures, puis est venue l'heure de fermeture de onze heures, enfin aujourd'hui, dans les villes, on ferme à minuit et encore, moyennant une finance dérisoire, les cercles et les cafés peuvent garder indéfiniment leurs clients....... pourvu que la devanture de l'établissement soit fermée.

Et que dire des maisons mal famées avec estaminets qui sont ouvertes toute la nuit ! Ce qui enrichit surtout les tenanciers de ces maisons, c'est le produit de l'énorme consommation de boissons qui se fait chez eux. « Dans ces bouges, dit M. Jules Pagny (1), qu'ils soient de la plus basse classe ou de la plus haute, qu'ils reçoivent des vagabonds ou des millionnaires, l'ivrognerie trône en souveraine et ne désarme ni jour ni nuit. » Une des premières fonctions des malheureuses pensionnaires qui, dans la majorité des cas se trouvent être des alcooliques, c'est « de faire d'abord boire le client. »

Il y a longtemps que les hygiénistes signalent comme un grave danger cette alliance, dans des réduits ignobles, de Bacchus et de Vénus ; lutter contre l'alcoolisme, c'est lutter contre la débauche.

Si l'on pouvait décider les patrons à congédier les ouvriers qui vont « faire le lundi » dans les cabarets, souvent après y avoir passé le dimanche, on aurait provoqué là une excellente mesure.

____

(1) J. Pagny, *L'hygiène et l'alcoolisme*, Bruxelles, 1883.

Nous nous félicitons de la décision qui a été prise d'interdire dans les cantines de l'armée la vente des spiritueux Ajoutons que les officiers devraient donner l'exemple en ne se montrant jamais en uniforme dans les cafés ou estaminets.

Signalons encore la très bonne habitude qui a été inaugurée par les grands magasins de Paris, de donner la nourriture à leurs employés. Ceux-ci échappent par ce procédé à l'influence des cabarets et aux tentations de l'alcool. Cette coutume mériterait de se généraliser.

Dans la lutte entreprise contre l'alcoolisme, il est nécessaire non seulement d'arrêter sa marche, mais de le chasser des positions qu'il semble avoir conquises. Le législateur doit poursuivre l'ennemi dans ses retranchements, en entravant la multiplication des débits d'alcool qui envahissent les centres ouvriers et pervertissent les villages, créant partout de véritables foyers de dépravation. Un gouvernement qui entreprendrait d'en diminuer le nombre rendrait à la société, et surtout aux classes populaires, un inappréciable service ; il aurait bien mérité la reconnaissance nationale.

Partout, dans les villes, dans les bourgs, dans les plus humbles villages, les comptoirs étincellent de reflets d'argent, vrais miroirs aux alouettes qui fascinent les citadins et les villageois.

L'artisan oublie au cabaret le logis familial. Il se figure qu'il est au cercle, comme le bourgeois. De plus il a le plaisir de s'alcooliser avec des camarades ; il lui semble que le vice est moins honteux lorsqu'on s'y livre en nombreuse compagnie.

Le paysan, qui boit jusqu'à perdre la raison, a vendu au débitant la récolte de sa vigne sur le pied de 30 centimes le litre, et, quelque temps après, il va boire chez ce cabaretier le même vin, additionné d'eau et d'alcool, et il le paie 50 ou 60 centimes le litre.

La question des cabarets a été plusieurs fois discutée par l'Académie de médecine : une réforme radicale y a été reconnue nécessaire, et le cinquième Congrès international pénitentiaire a émis un vœu dans le même sens. Et qu'on ne vienne pas invoquer en faveur des débitants la liberté du commerce ! De même que la vente des poisons n'est permise que sous des conditions spéciales, ainsi le débit de l'alcool, substance éminemment toxique, doit être surveillé de près.

Un projet de loi a proposé la création d'une commission spéciale, investie du droit d'autoriser, à l'avenir, l'ouverture des débits de spiritueux (1). Cette combinaison permettrait d'arriver à proportion-

(1) D'après les comptes rendus de la presse, cette commission se composerait : du préfet, du président du tribunal, des directeurs des contributions

ner peu à peu le nombre des cabarets aux besoins de chaque localité (1). Il se produirait, en effet, dans l'effectif des débits subsistants, une diminution assez rapide, par suite des faillites, des fermetures prescrites par justice, et des liquidations.

On ne peut se dissimuler que la nécessité de l'autorisation créerait une sorte de monopole au profit des exploitants. Mais cet inconvénient, comme le dit M. Rau, est-il comparable aux déplorables effets de l'état actuel des choses (2) ?

La situation privilégiée faite aux débitants autoriserait, d'ailleurs, à les astreindre à une réglementation beaucoup plus sévère.

Elle permettrait, par exemple, de prescrire, à l'instar d'autres législations, la fermeture des cabarets les jours d'élections, pendant les exercices de troupes, enfin en cas de rassemblements populaires (3).

La Société française de tempérance, reconnue d'utilité publique, fut la première qui signala au gouvernement la nécessité de restreindre le nombre des cabarets. Sous ses inspirations, le Sénat institua une commission chargée de faire une enquête et de présenter un rapport sur la consommation de l'alcool, tant au point de vue de la santé et de la moralité, qu'au point de vue du Trésor (4).

La commission était saisie de trois propositions : la première, émanant de la Société de tempérance, tendait à limiter le nombre des débits en le réduisant à un pour deux cents habitants ; la seconde, qui venait du gouvernement et s'inspirait uniquement de l'intérêt fiscal, consistait à majorer de 100 pour 100 le taux des licences ; la dernière, présentée par la commission du budget de la Chambre des députés, quadruplait les droits existants.

La commission sénatoriale repoussa la première et se rallia au projet de la Chambre, en formulant la « réserve expresse de dispo-

directes et indirectes, enfin de quatre conseillers généraux nommés par leurs collègues.

(1) Ce serait le système de l'option locale.

(2) Dans plusieurs pays la règle de l'autorisation a été adoptée. En Autriche et en Danemark les licences sont accordées proportionnellement au chiffre des habitants.

(3) Il en est ainsi dans l'État de New-York, dans le Massachusetts et en Suède. — V. Lois des 7 mai 1885, ch. 216 ; 23 mai 1889, ch. 361 ; et 29 mai 1885, *Annuaire de législation étrangère*, 1885, p. 521 et suiv., p. 626, et 1889, p. 917. — V. aussi Van den Heuvel. — Une pénalité atteint en Angleterre le cabaretier ayant vendu des boissons à un agent de police (Rapport de M. Claude, annexe XVI, p. 612). — En Californie et dans la Louisiane, il est interdit, sous peine d'amende, de servir des boissons aux individus signalés, avec des formalités spéciales, par leur famille, comme se livrant à l'intempérance. Lois du 19 mars 1889 (ch. CCLXI) et du 8 juillet 1890 (*Annuaire*, 1889, p. 906, et 1890, p. 812).

(4) Sénat, Session de 1888. M. Claude (des Vosges), rapporteur.

sitions à prendre pour qu'il ne puisse plus être livré à la consommation que des alcools complètement rectifiés ». Elle comptait ainsi amener la disparition d'un certain nombre de débits, et diminuer la consommation des boissons fortes.

Nous pensons que la réduction du nombre des cabarets est une mesure qui s'impose. Mais, d'autre part, nous ne saisissons pas bien le motif qui a fait adopter le chiffre d'un débit pour 200 habitants. Dans certains quartiers populeux il n'est pas rare de trouver de grandes maisons comptant plus de cent locataires. Autoriser dans ces quartiers un cabaret pour deux cents habitants serait peut-être multiplier le nombre des cabarets au lieu de le restreindre. Le chiffre de 1 pour 200 doit être réservé pour les campagnes ou pour les villes à population peu dense ; encore trouvons-nous qu'ici la licence est trop large. Pour les centres à population très resserrée, le chiffre des cabarets serait calculé sur des bases proportionnelles.

Lunier propose non seulement de réduire le nombre des cabarets, mais il voudrait que la loi établît une différence, comme en Suède, entre les débits qui ne vendraient que du vin, de la bière et du cidre, et ceux qui seraient autorisés à vendre en même temps de l'eau-de-vie et des liqueurs. Ces derniers seraient assujettis à une patente ou à une licence spéciale, et ne pourraient être ouverts qu'après avis favorable des conseils municipaux, des principaux intéressés et *du conseil d'hygiène du département*. C'est avec juste raison qu'on assimile le cabaret à un établissement insalubre ; il est logique de prendre l'avis des hommes compétents au point de vue sanitaire.

Nous ne saurions trop insister sur ce point : pour diminuer le nombre des cabarets, ce qui est la vraie solution du problème, il faut aborder virilement la difficulté de front, et revenir au régime de l'autorisation préalable.

Mais pour permettre et refuser les ouvertures de débits, l'autorité doit être ferme, et avoir le sentiment de sa responsabilité.

Notre régime parlementaire laisse-t-il les fonctionnaires agir en toute indépendance ?

Les maires pourront, dit la loi de 1880, les conseils municipaux entendus, prendre des arrêtés pour déterminer, sans préjudice des droits acquis, les distances auxquelles les cafés et débits de boissons ne pourront être établis autour des édifices consacrés à un culte quelconque, cimetières, hospices, écoles primaires, collèges, ou autres établissements d'instruction publique.

En fait, ce texte n'est pas appliqué.

Contre la limitation du nombre des cabarets, on a objecté que ce serait une mesure inutile, et que, dans les débits de boissons qu'on laisserait subsister, se ferait tout naturellement la concentration des ivrognes, et qu'on arriverait d'ailleurs à développer ainsi ce qu'on appelle « l'alcoolisme familial ».

L'expérience de chaque jour suffit à prouver que plus sont nombreuses les tentations, plus le vice se développe. Avec un cabaret pour 200 ou 300 habitants, le buveur aura une plus longue route à parcourir. Enervé déjà par des libations excessives, il aimera mieux rebrousser chemin que de se fatiguer pour arriver jusqu'à l'établissement situé à une certaine distance. Au contraire, il aurait franchi la porte ouverte d'un cabaret plus voisin. A notre avis, il serait sage de fixer la proportion maximum de cabarets à 1 pour 3 ou 400 habitants.

Nous croyons aussi qu'il est indispensable de prohiber sévèrement ces sortes de cabarets clandestins qui fonctionnent comme les accessoires d'un autre commerce. C'est ainsi, par exemple, que les charbonniers et les petits marchands de bois de chauffage vendent du vin et des liqueurs. La ménagère, qui n'oserait pas entrer dans un cabaret proprement dit, n'hésite pas, au moment où elle va acheter les 10 ou 15 centimes de charbon nécessaire pour sa cuisine, à se faire servir par le charbonnier deux ou trois verres de mauvais vin ou d'eau-de-vie frelatée. Il y a aussi les crémiers qui donnent aux femmes et aux enfants des cuillerées d'alcool dans les tasses de café ou de lait.

Or il est prouvé que la fréquentation du cabaret est pour la femme une occasion directe de chute.

Il doit être défendu de débiter de l'alcool dans les bureaux de tabac. On objecte que les titulaires trouveront difficilement des gérants, s'ils leur interdisent d'être en même temps débitants de boissons. Mais cette difficulté ne doit pas arrêter le législateur, et les convenances particulières doivent fléchir devant l'intérêt général Les titulaires seront peut-être obligés de diminuer le prix de la location du bureau de tabac, mais ce sera pour eux un devoir patriotique de supporter cette privation comme un impôt nécessaire.

On doit interdire aux cabaretiers de faire crédit pour les consommations alcooliques prises sur le comptoir. Il n'en peut être de même pour la bouteille à emporter ; il faut d'abord remarquer que le liquide acheté, notamment à la campagne, n'est pas toujours nécessairement destiné à la consommation de l'homme. Quelquefois, il est pris pour les bestiaux, pour l'exercice d'une petite industrie : dans ce cas, on doit accorder les facilités ordinaires de paiement.

Même avec la loi de 1880, ne l'oublions pas, les municipalités, en attendant son abrogation, sont armées de pouvoirs suffisants pour limiter le nombre des cabarets, ces officines où s'exerce une profession négative, celle qui consiste à encourager l'intempérance, et qui n'est, en réalité, qu'un métier nuisible, une non-valeur sociale.

A Lyon, un arrêté municipal défend l'établissement des cabarets à moins de 250 mètres des édifices publics. Cette mesure a produit la suppression de 900 débits de boissons. A La Rochelle aucun débit ne peut être établi *à moins d'un kilomètre* des édifices publics.

Les municipalités d'autres grandes villes ont suivi cet exemple. On peut affirmer que si l'édilité parisienne voulait entrer dans cette voie, et faire usage des pouvoirs que lui donne la loi du 17 juillet 1880, on verrait disparaître au moins 2 ou 3.000 cabarets. Quoi qu'il en soit, nous estimons que les adversaires de l'alcoolisme, ceux qui sont bien décidés à combattre énergiquement le fléau, doivent rappeler en toutes circonstances aux municipalités, surtout à celles des centres importants, ce droit de limitation des cabarets qu'elles tiennent de la loi du 17 juillet 1880, et notamment de l'article 9 de cette loi.

Il y aura toujours, malheureusement, dans la pratique, un obstacle qui se dressera contre ces réformes, c'est que les maires et les préfets eux-mêmes, soumis à l'influence prépondérante des membres du Parlement, n'ont pas l'indépendance nécessaire pour fermer l'officine du cabaretier, ce laboratoire où se brassent les produits alcooliques et aussi les élections.

C'est donc une excellente proposition que celle de fixer dans chaque ville une zone neutre dans laquelle les cabarets seraient interdits.

En suivant la voie ouverte par les municipalités de Lyon, de Nîmes, du Havre, de La Rochelle, de Monte-Carlo, de Montbéliard, on obtiendrait des résultats très appréciables.

La zone neutre pourrait avoir une étendue de 2 à 300 mètres.

Pendant le cours de l'année 1903, une conférence a été donnée à Arles devant 800 auditeurs pour mettre en lumière les avantages de ce système.

Sans doute, les municipalités ne pourraient pas, dans leur interdiction, excéder une mesure raisonnable ; les autorités administratives et judiciaires arrêteraient leur zèle intempestif, s'il y avait excès dans la réglementation. Mais contenue dans de sages limites, la limitation légale du nombre des cabarets serait une très bonne mesure de préservation.

Nous pouvons signaler, à titre d'exemple, que dans les Bouches-du-Rhône un certain nombre d'arrêtés ont été pris dans ce sens par les maires, et que jamais le préfet n'en a prononcé l'annulation.

Au mois d'octobre 1902, la municipalité de Pithiviers a pris une excellente décision. Dans sa précédente session, le conseil d'arrondissement, pour réprimer l'alcoolisme, avait émis un vœu tendant à la réduction du nombre des cafés et débits de vin. Il y a, dans Pithiviers, 94 établissements de ce genre. Le conseil municipal, par 16 voix contre 4 sur 20 votants, a d'abord consacré le principe, puis décidé qu'à l'avenir aucun nouveau débit ne pourrait être créé à moins de 500 mètres des églises, écoles, hospices et cimetières de la ville. Comme personne n'aura envie d'établir des cafés en pleins champs, il est à prévoir qu'il ne s'en ouvrira plus de nouveaux.

En 1905, le maire de Lyon était arrivé, au bout de quatre ans, à réduire de 700 les 5.000 débits de vin qui existaient dans cette ville.

Les autorités pourraient s'entendre à l'effet de fixer, pour les fêtes locales, des heures combinées de manière à contrarier les habitudes alcooliques.

Est-ce que les propriétaires qui ont le sentiment de l'intérêt social ne pourraient pas, dans les baux qu'ils passent, interdire à leurs locataires la tenue de débits de boissons ?

M. Rendu, l'éminent conseiller municipal de Saint-Thomas-d'Aquin, propose, en 1906, de limiter le nombre des débits de boisson dans les maisons nouvelles en insérant une clause spéciale au cahier des charges concernant la vente de terrains expropriés.

Signalons aussi, pour 1906, la décision de la Conférence d'Algésiras, qui, sur la proposition de Sir A. Nicholson, a décidé de transmettre à l'examen du corps diplomatique à Tanger un vœu tendant à resteindre l'importation et à interdire la fabrication au Maroc des boissons alcooliques.

État actuel de la question des cabarets devant le Parlement.

En 1899, M. Jules Siegfried, sénateur de la Seine-Inférieure, présentait une proposition relative à la réglementation des débits de boissons. Une commission fut nommée pour l'examiner ; elle vient, après quatre ans, de terminer ses travaux ; et son rapporteur, M. Eugène Guérin, sénateur de Vaucluse, a récemment fait connaître ses conclusions.

Ce rapport cause une première surprise ; il nous révèle que le représentant du gouvernement, entendu par la commission, s'est montré peu favorable à la réglementation des débits de boissons, et cela pour deux motifs principaux : l'un financier, l'autre prétendu moral.

Motif financier : « L'alcool est une matière essentiellement imposable ; il fournit à l'État et aux communes des ressources importantes ; il leur procure 400 millions par an. N'est-il pas à craindre que toute mesure qui a pour objet et aura pour résultat de restreindre la consommation de l'alcool n'exerce une répercussion fâcheuse sur le budget de l'Etat et sur les budgets locaux, et ne tarisse une source précieuse de revenus ? »

Motif moral : « Qu'on le veuille ou non, qu'on le déplore ou qu'on s'en réjouisse, le débit de boissons a joué et joue encore un rôle considérable dans la politique de la troisième République. »

M. Eugène Guérin refuse de s'arrêter à ces objections, trouvant qu'une considération prime toutes les autres, à savoir que quand on connaît le remède à un mal très grave, on est inexcusable de ne pas en essayer l'emploi.

Pour lui, il y a une relation certaine — la relation de cause à effet — entre l'augmentation du nombre des débits de boissons et l'envahissement de l'alcoolisme.

« Depuis longtemps, dit-il, on a dénoncé comme le facteur principal de l'alcoolisme l'augmentation sans cesse croissante du nombre des cafés, cabarets et débits de boissons de toutes sortes.

« C'est le pullulement des lieux de consommation sur place, où la passion funeste naît de l'occasion, où elle se propage et devient chronique, qui a contribué à l'intense et rapide développement du fléau, et ce pullulement lui-même n'est que la conséquence de la loi du 17 juillet 1880, qui a proclamé la liberté absolue des débits de boissons. »

« Si l'augmentation du nombre des débits de boissons, dit le rapporteur, est, sinon la cause unique, du moins une des causes de l'alcoolisme, et si cette augmentation est, elle-même, le résultat de la loi du 17 juillet 1880, l'abrogation ou la modification de cette loi dans le sens d'une limitation du nombre des cabarets s'impose logiquement à l'attention du législateur. »

La commission n'a, d'ailleurs, fait que s'inspirer de l'exemple donné par quelques-unes des nations qui ont entrepris, parfois avec grand succès, d'arrêter les progrès du mal. Elle pouvait choisir entre cinq systèmes : interdiction totale de la vente de l'alcool, monopole de cette vente entre les mains de l'Etat, coût élevé des licences, réglementation et surveillance des débits par la police, enfin limitation légale du nombre des établissements. Elle s'est prononcée en faveur de ce dernier.

Aux termes du projet présenté par la commission, le nombre des débits serait limitativement fixé à 2 pour 600 habitants et à 1 pour 300 habitants au-dessus de ce chiffre par commune et, à Paris, par arrondissement.

L'adoption de ce projet aurait pour résultat de réduire de 500.000 à 130.000 le chiffre des débits en France, et de 33.000 à 8.600 celui des débits de Paris.

Mais cette réduction demanderait plusieurs années. En effet, tous les débits existants sont maintenus ; la commission n'a pas voulu déposséder, par une mesure brusque et radicale, les propriétaires actuels et décréter une expropriation qui aurait nécessité, d'ailleurs le payement d'une indemnité préalable ; elle a préféré laisser au temps le soin d'opérer, par le simple jeu des extinctions ou des décès, la diminution du nombre des débits présentement ouverts.

Tant que cette réduction ne serait pas réalisée, aucune déclaration nouvelle d'ouverture de débit ne pourrait être faite.

Aucun débit de boissons à consommer sur place ne pourrait être établi dans des locaux affectés ou attenant à un autre commerce (épiciers, fruitiers, marchands de charbons, receveurs-buralistes, etc.).

Tout débit qui, par suite de décès, faillite, cessation de commerce ou autre cause, aurait cessé d'exister depuis plus de six mois, serait considéré comme supprimé et ne pourrait plus être transmis.

Telles sont les principales dispositions du projet de loi élaboré par la commission. Elle a mis quatre années à examiner la proposition de M. Jules Siegfried.

Le Sénat comprendra, nous l'espérons, que la question doit maintenant être tranchée sans retard.

Il est temps d'établir un cordon sanitaire pour arrêter cette peste ; tout retard serait funeste :

> *Jam proximus ardet*
> *Ucalegon.*

XVIII

LA QUESTION DES CABARETS ET LA LUTTE CONTRE L'ALCOOLISME DANS LES PAYS ÉTRANGERS.

A. — Europe.

En traitant la question du monopole, nous avons passé en revue les systèmes adoptés en Russie, dans les Etats scandinaves, et dans la Caroline du Sud. Il nous reste à compléter ces aperçus en jetant un coup d'œil sur les législations étrangères relatives aux cabarets et à l'alcoolisme en général.

En Belgique, le Parlement a voté une « loi sur l'ivresse publique » (1887) et la « loi de licence » (1889) établissant une taxe, variant de 60 à 200 francs, d'après le chiffre de la population, sur les nouveaux débits d'alcool.

La législation belge a mis en vigueur d'autres mesures très efficaces. Elle a interdit, notamment, de payer les salaires au cabaret et de cumuler la vente des liqueurs avec d'autres commerces. Et, cinq ans après, l'on pouvait constater, dans le chiffre des débits, une diminution de 14,000.

De plus, à partir de 1892, le gouvernement a organisé successivement dans toutes les écoles publiques primaires et moyennes, tant pour garçons que pour filles, un enseignement spécial relatif à l'alcoolisme.

Dans les écoles primaires pour garçons, il a fait établir des sociétés de tempérance contre l'usage des spiritueux ; plus de la moitié des élèves de ces écoles sont déjà enrôlés dans ces sociétés.

Le 4 février 1903, la Chambre belge avait discuté la prise en considération du projet de loi déposé par M. Devigne dans le but d'interdire la fabrication, le transport, la vente et le débit de l'absinthe dans tout le royaume. Cette mesure radicale obtint l'adhésion du gouvernement ; M. Francotte, ministre du travail, n'hésita pas à la soutenir ; la prise en considération fut votée à l'unanimité des membres présents, et la prohibition a été finalement décrétée par une loi du 22 février 1906.

C'est là un salutaire exemple que la France ferait sagement d'imiter. Nous rappelons l'article 4 de la loi du 26 mars 1872 :

« La préparation concentrée connue sous le nom d'essence d'absinthe ne sera plus fabriquée et vendue qu'à titre de substance médicamenteuse.

« Le commerce de ladite essence et sa vente par les pharmaciens s'effectueront conformément aux prescriptions des titres I et II de l'ordonnance royale du 29 octobre 1846. Toute contravention aux prescriptions dudit article sera punie des peines portées en l'article 1er de la loi du 19 juillet 1845. »

Cette dernière loi est ainsi conçue :

« ART. 1er. — Les contraventions aux ordonnances royales portant règlement d'administration publique sur la vente, l'achat et l'emploi des substances vénéneuses seront punies d'une amende de 100 fr. à 3.000 fr. et d'un emprisonnement de six jours à deux mois, sauf application, s'il y a lieu, de l'article 463 du Code pénal (circonstances atténuantes). »

Donc l'essence d'absinthe est déclarée toxique, et constitue un médicament.

Mais, en fait, les pharmaciens ne vendent pas l'essence d'absinthe, parce qu'on ne la voit jamais figurer dans les ordonnances médicales, et personne même n'en vend. Ce sont les fabricants de la liqueur absinthe qui fabriquent leur essence, et c'est la liqueur qu'ils vendent, et non pas l'essence. De telle sorte qu'on peut dire que la loi de 1872 n'a été qu'un coup d'épée dans l'eau, et qu'au point de vue de la santé publique elle n'a jamais été appliquée.

La France doit donc, sans hésiter, édicter la prohibition si sagement adoptée par sa voisine du Nord.

En Hollande, avant 1881, le commerce au détail des boissons s'exerçait sans aucune entrave. Il y avait dans le royaume 43.050 débits.

La loi très rigoureuse du 28 juin 1881 limita le nombre de ces établissements, à raison de 1 par 250, 300, 400 et 500 habitants. Le nombre des débits diminua de moitié ; il n'était plus que de 24.000 en 1896.

Toutefois, l'effet sur la consommation fut médiocre ; de 9 l. 8 elle passa à 8 l. 7. On vit même, dans la province d'Overissel, avec une diminution de 11 pour 100 dans le nombre des cabarets, la quantité consommée augmenter de 0, 1 pour 100.

Dans ces pays, un grand nombre d'antialcoolistes demandent la *prohibition totale* des boissons fortes.

D'autres se contentent du droit accordé aux électeurs d'une commune d'y limiter et même d'y interdire complètement les débits de boissons alcooliques.

Le système de la limitation des cabarets a été étudié dans la Confédération helvétique ; mais il n'y a pas rencontré de partisans convaincus.

Une enquête conduite par le Conseil fédéral suisse « a montré, « dit M. Ladame, que le parallélisme entre la consommation des « boissons alcooliques et le nombre des débits n'était point une « règle générale, comme on le croyait ». Elle fit voir que les cantons où les débits étaient le plus nombreux étaient justement ceux où la consommation était moins forte, et que ceux où il y avait le moins d'auberges — le Valais excepté - - plus spécialement infestés. « C'est qu'en Suisse, l'eau-de-vie, plus encore que le vin, se « consomme dans le domicile privé, et que cette consommation, « notamment dans les contrées atteintes par l'alcoolisme, n'a pas « son origine ni son fondement principal dans le cabaret, mais bien « dans l'usage domestique (1). »

Dans plusieurs cantons suisses, comme en Autriche et dans le grand-duché de Bade, on interdit pour cinq ans l'accès des débits de boissons aux individus coupables d'intempérance notoire. En Allemagne, en Autriche, on interne les ivrognes.

En Angleterre, il y avait, d'après les travaux statistiques de M. Moller, en 1880, 565 cabarets pour 10.000 habitants ; à cette époque, la consommation de l'eau-de-vie était de 2 l. 95 par tête. Elle montait à 7 l. 95 en Ecosse où il n'existait que 346 débits pour 10.000 habitants, et de 4 l.54 en Irlande, où la proportion des débits était la même qu'en Ecosse.

Depuis, le nombre moyen des cabarets qui, en 1883, était de 1 pour 370 habitants, est tombé à 1 pour 430 ,c'est-à-dire a diminué de 1/7°. La consommation n'a fléchi que de 5,4 pour 100, soit 1/18°, et encore cette diminution pourrait-elle être mise à l'actif de la propagande antialcoolique privée, qui est très bien organisée dans toute la Grande-Bretagne. Mais il ne faut pas conclure de ces résultats minimes que la diminution du nombre des cabarets soit une mesure à négliger ; elle a au contraire, comme nous l'avons démontré, une très réelle importance pratique.

D'après les lois anglaises, un corps spécial de magistrats accorde des *licences*, les refuse ou les retire. La fermeture des débits est obligatoire à certaines heures et à certains jours.

Le 9 avril 1902, le Parlement avait voté certaines mesures pour

____

(1) *Message du Conseil fédéral*, 1884.

la répression de l'ivrognerie, et notamment l'enregistrement de tous les *clubs*.

A la dernière session de la Chambre des Communes, en 1904, le ministère a fait adopter en seconde lecture une mesure législative très importante : nous voulons parler de la « loi pour la suppression des cabarets » (Licensing Bill).

Depuis 4 ans, le nombre des tavernes a toujours diminué chez nos voisins d'Outre-Manche. Le Royaume-Uni possédait, en 1870, 187.000 cabarets ; il n'en a plus aujourd'hui que 100.000. Cependant le Parlement anglais trouve encore trop lente cette diminution, puisqu'il vient d'adopter (par 349 voix contre 147) le bill dont nous parlons, pour donner aux seuls tribunaux trimestriels d'assises le droit de statuer sur les licences.

Ces permis sont renouvelables tous les ans. Il suffirait donc que les magistrats refusassent de confirmer la licence du débitant pour supprimer le cabaret. Mais ici se pose la question d'une indemnité, et c'est elle qui, jusqu'à ce jour, a fait échouer la solution du problème. Les deux grands partis politiques, Wighs et Tories, sont très divisés sur ce point. Les débitants sont les auxiliaires dévoués des unionistes à qui ils prêtent un puissant concours dans les campagnes électorales. En retour de ces bons offices, les Tories, afin de témoigner leur reconnaissance à leurs alliés, voulaient que tout cabaretier dont la licence était supprimée reçût une large indemnité aux frais du Trésor public. Cette proposition n'était pas du goût des libéraux ; ils ne voulaient pas entendre parler d'une indemnité quelconque au profit des débitants expropriés. La difficulté menaçait de s'éterniser, lorsque le gouvernement la résolut en présentant le bill dont nous parlons et dont voici le résumé : Les cabaretiers devront constituer à leurs frais une caisse d'assurance mutuelle de la valeur d'un million sterling, laquelle paiera une indemnité aux débitants dont la licence sera supprimée. Dès lors les magistrats pourront procéder tous les ans à la suppression d'un certain nombre de cabarets. Le principal reproche que les libéraux adressent au bill, c'est que l'indemnité profitera en réalité aux gros brasseurs dont les débitants ne sont, le plus souvent, que les hommes de paille. Mais il faut faire la part des rancunes électorales dans ces récriminations qui ne paraissent pas très fondées ; et l'on doit espérer que le bill passera définitivement.

En Ecosse, on a promulgué, en 1883, une loi de prohibition (*Forbes Mackensie act*), et après 44 ans d'expérience, les statistiques accusent les heureux fruits de cette mesure législative : *diminution de la consommation alcoolique, des cas d'arrestation pour ivresse, de la criminalité et de la débauche, etc.*

En Irlande, la loi sur la fermeture des cabarets est entrée en vigueur le 13 octobre 1878. Il faut en excepter cependant les cinq villes les plus populeuses de l'île, pour lesquelles on s'est contenté d'une diminution des heures d'ouverture.

Dans un pays où le repos dominical est si rigoureusement observé, la fermeture hebdomadaire des débits de boissons pourrait être, ce semble, plus facilement acceptée qu'ailleurs. Cette mesure est en vigueur à Liverpool et dans le pays de Galles.

A Constantinople, le sultan a fait interdire, en vertu d'un *iradé*, la consommation des boissons spiritueuses dans tous les établissements publics. Or la statistique annuelle de la criminalité vient de faire connaître les résultats d'une mesure que l'on n'oserait guère prendre en Occident.

Rien que dans la juridiction de Pera, le plus important faubourg de Constantinople, cette prohibition, qui, d'ailleurs, n'atteint que les musulmans, a fait que de 1902 à 1903 la quantité de meurtres a baissé de 23 à 15 et les simples contraventions pour ivresse de 680 à 188.

B. — Amérique.

Les législations en vigueur sur le sol de l'Union se répartissent en trois catégories.

Les unes interdisent purement et simplement tout trafic dans la circonscription.

D'autres réglementent la vente au détail des boissons à base d'alcool pour en prévenir les abus ; c'est le régime de la licence.

Les dernières enfin font de ce commerce un monopole légal ; c'est le système des dispensaires.

Quelques Etats édictent une loi générale pour toute l'étendue de leur territoire ; d'autres laissent les communautés d'habitants libres de choisir celui de ces régimes qui leur convient.

Cette faculté, dite « option locale », est de plus en plus en faveur dans l'Union.

Nous avons signalé plus haut que dans l'Etat du Maine, grâce à Neal Dow, et ensuite dans quatorze autres Etats, la fabrication et la vente de toute boisson alcoolique ont été interdites. On ne peut en délivrer que dans les pharmacies, sur le vu d'une prescription médicale. Cette loi a produit des effets salutaires au point de vue de la criminalité qui a diminué dans une large mesure ; malheureusement diverses influences ont réduit à quatre le nombre des Etats adhérents.

A New-York, il a été décidé qu'on ne pourrait ouvrir un débit ..ouveau qu'en échange de la fermeture d'un ancien. En dix-huit mois, tandis que la population croissait, le chiffre des saloons (cabarets) descendait de 8.219 à 7.310.

A Chicago, on a élevé la licence exigée pour la fondation d'un cabaret de 260 à 2.500 francs. Quinze ans plus tard, le nombre des débits avait passé de 1 pour 180 habitants à 1 pour 209. A Saint-Louis du Missouri, où la licence avait été portée de 850 à 3.000 francs, la proportion tombait bientôt de 1 pour 208 à 1 pour 300.

L'alcoolisme est malheureusement très répandu dans toutes les parties du Nouveau monde. Pressés par le besoin de boire un verre de bière ou de whiskey, les Américains ne s'attablent pas, comme en France, pour déguster lentement la consommation qui leur est offerte. Ils la prennent rapidement, sans même s'asseoir. Quelquefois seulement ils retardent un instant leur sortie pour gagner une tasse de café ou quelques cigares en actionnant la machine à jeux (gambling).

Pour entreprendre la lutte contre l'alcoolisme, deux tactiques ont été combinées.

Les uns se sont attachés à réformer le buveur et à faire contracter aux jeunes générations des habitudes sobres ; les autres se sont spécialement consacrés à supprimer ou à restreindre le trafic des boissons par voie légale, en s'attaquant au cabaret tentateur.

L'action parallèle des deux campagnes ne pouvait engendrer que de bons résultats. Nous étudierons plus loin les effets produits par le développement des sociétés de tempérance et par l'enseignement antialcoolique.

Mais ce qu'il faut retenir dès à présent, c'est que l'ivrognerie, en Amérique, est jugée sévèrement dans toutes les classes de la société, et que les cabarets sont assimilés à de mauvais lieux. Des écrans et des rideaux cachent les portes et les fenêtres des débits de boissons : ce sont de véritables maisons closes ; et, malgré cela, craignant de perdre leur place, les employés de commerce et les ouvriers de métier osent à peine s'y aventurer.

En février 1903, les membres du Parlement américain se voyaient à leur tour obligés, sous la pression de l'opinion, d'exclure de leur buvette les boissons à base d'alcool.

Non seulement l'ébriété n'est plus admise comme autrefois dans la bonne compagnie, mais, s'il y a un ivrogne dans un wagon, le conducteur serre les freins, et dépose le malheureux en rase campagne sur le bord de la voie.

Aussi ceux qui sont atteints de ce vice cherchent-ils à s'en guérir.

On peut juger des progrès réalisés, dit M. Dupré-Latour, lorsqu'on se reporte au temps où Washington buvait 5 verres de madère à son dîner, troquait des nègres contre des barriques de rhum, et se conciliait les votes des électeurs de Frederick avec des distributions de punch et de vin ; où Jackson faisait apporter des seaux de punch pour fêter son élection à la présidence.

Aux Etats-Unis la prohibition, facilement acceptée dans les campagnes, s'exécute difficilement dans les villes. Elle est inefficace, faute d'être générale. C'est ainsi qu'on dit à Cambridge, où l'alcool est défendu, tandis qu'à Boston, cité voisine, il est toléré : « *a non licence for Cambridge, with a rapid transit to Boston* » : la prohibition pour Cambridge, avec le tramway électrique pour Boston.

Comprenant l'impossibilité dans bien des cas de supprimer le trafic des boissons, la plupart des villes et un certain nombre de districts ruraux se sont bornés à le restreindre : c'est le régime de la licence, c'est-à-dire, comme nous l'avons vu plus haut, l'autorisation d'exercer un commerce de boissons alcooliques sous certaines restrictions, et à charge de payer une taxe plus ou moins lourde. Il y a une licence spéciale à taxe généralement inférieure pour les commerçants en gros et les marchands à la bouteille (*bottlers*).

Voici les règles qui sont ordinairement adoptées pour ce qui concerne la vente au détail des spiritueux :

La défense d'ouvrir le dimanche, les jours de fêtes légales et les jours d'élection, enfin, après une certaine heure de la nuit, l'interdiction de vendre à des mineurs, à des ivrognes ou personnes reconnues comme tels, l'interdiction aux femmes de tenir un cabaret ou d'y être employées. Nous signalerons aussi la défense, dans les cabarets, de faire de la musique, de jouer au billard, aux cartes, aux dés, afin de supprimer toute attraction étrangère.

Enfin, quelques Etats, au nombre desquels s'est rangé celui de Pensylvanie par une loi de mars 1903, ont prohibé les « free lunch », dans les cabarets, du moment qu'ils étaient de véritables repas.

Par certaines de ces restrictions, le régime de la licence se rapproche parfois de la prohibition et rencontre des résistances invincibles.

Ainsi, à New-York, à Chicago, à St-Louis, la défense du dimanche n'a jamais pu être appliquée.

Dans la capitale des Etats-Unis, il n'est pas de subterfuges que les débitants n'emploient pour transgresser les règlements. Ils ouvrent, par exemple, une porte latérale portant cette inscription : « *Family entrance* ». Tous les buveurs qui se succèdent au comptoir sont censés faire partie de leur famille.

Les hôteliers, d'après la *Raine's law*, sont autorisés spécialement, pourvu qu'ils paient la licence, à vendre le dimanche et la nuit à leurs clients. La plupart des cabaretiers se sont transformés en hôteliers en ajoutant à leur boutique quatre ou cinq chambres meublées, qu'ils cherchent ensuite à louer à la nuit. A Philadelphie, les cabarets clandestins sont de vrais repaires de débauche.

Dans un assez grand nombre d'Etats de l'Union, l'autorité publique défend l'ouverture des débits d'alcool dans un certain rayon autour des écoles, des hospices, des églises, des parcs publics, etc. ; parfois même le consentement préalable des voisins est exigé.

Mais l'on s'attache surtout à réduire le nombre des débits, une expérience constante ayant montré que leur diminution était accompagnée, en Amérique, d'une réduction proportionnelle du nombre des ivrognes et des crimes attribuables à l'alcoolisme (1).

On y parvient parfois en fixant d'avance une proportion maxima des cabarets au nombre d'habitants (1 sur 1.000 dans l'État de Massachusetts, 1 sur 500 à Boston). On arrive à de meilleurs résultats en laissant à une commission le pouvoir souverain d'accorder ou de refuser, après enquête, les nouvelles demandes de licence, et d'accepter ou non les candidats présentés par des titulaires pour leur succéder.

Cette commission a aussi le pouvoir de retirer leur licence aux débitants qui ont violé la loi, sans leur permettre de présenter un remplaçant.

Un certain nombre de législations sur la matière confient ces fonctions d'arbitres aux juges ordinaires de la ville ou du comté, à raison de leur caractère, et aussi à cause de la longue durée de leur mandat électif qui les met à l'abri des tentatives de corruption, auxquelles la police ne reste pas toujours insensible.

La statistique démontre que l'augmentation des taxes a pour conséquence mathématique la diminution de nombre des cabarets ; elle atténue aussi l'immoralité dans ces établissements ; en effet leurs tenanciers ont besoin de recourir à des capitalistes pour se fonder et

(1) La licence ayant été à Philadelphie portée de 50 à 500 dollars, à la fin de mai 1888, le nombre des arrestations pour ivrognerie tombe subitement d'un mois à l'autre de 2.367 en mai, à 1.470 en juin, soit 897 en moins, et les statistiques des 12 dernières années accusent, par rapport à la période correspondante antérieure à 1888, une réduction de 25 0/0, bien que la population de la ville ait augmenté pendant ce temps de 200.000 habitants.

A Omaha, l'augmentation de la licence de 100 à 1.000 dollars a réduit les cabarets de 160 à 90, tandis que les profits perçus par le Trésor passaient de 16.000 à 90.000 dollars.

s'entretenir ; or ceux-ci posent d'ordinaire certaines conditions restrictives qui arrêtent les abus.

D'ailleurs, si la justice se montre hésitante à punir les contraventions, une réunion d'hommes énergiques, les membres de la *«Law and order Society »* agit, à titre privé, contre les fauteurs de l'alcoolisme.

Cette ligue poursuit particulièrement la fraude et le jeu. Telle est son influence, que les autorités du comté de Camden (Pensylvanie) se voyant impuissantes à assurer le respect de la loi, se sont adressées à elle, et lui ont demandé d'entreprendre l'épuration de quelques villes. La *Law and order Society*, ayant accepté, envoya ses agents, et, en quelques semaines, 210 cabaretiers étaient arrêtés, et sur ce nombre, 209 condamnés. Les frais se montaient à 9.000 dollars.

Les sociétés de ce genre sont assez répandues aux Etats-Unis. Un grand nombre d'entre elles se sont groupées en une fédération très active qui porte le nom d'*Anti-Saloon League*.

La plupart des Etats ont adopté le système de l'option locale.

Voici en quels termes la question est posée aux électeurs.

Faut-il accorder les licences pour la vente de boissons enivrantes sur le territoire de la commune ? On vote oui ou non. Les communes qui votent la prohibition sont appelées « dry », sèches ; celles qui votent la licence portent le nom de « wet », mouillées. Presque jamais la politique n'est mêlée à ces élections, et les Américains se font un point d'honneur de l'en écarter.

Ce serait un bon exemple à suivre, si l'option locale pouvait entrer dans notre législation ; mais y a-t-il maintenant en France des scrutins d'où la politique soit exclue ?

Dans les Etats d'Ohio et d'Iowa, la prohibition est le régime légal, mais les cabarets ne sont pas inquiétés dans les communes où la majorité des électeurs des villes de plus de 5.000 habitants, et 65 pour 100 des autres ont signé des pétitions en leur faveur. Ils sont seulement alors assujettis à une amende de 350 dollars dans l'Ohio, et de 900 dans l'Iowa. Ce régime est qualifié de « Mulct-law » ou loi de répression.

On comprend qu'il est difficile de recueillir un grand nombre de signatures pour supprimer la prohibition ; car tel qui, pour son compte personnel, approuve les cabarets, hésitera à se mettre en avant pour leur donner un encouragement public.

En résumé, la lutte anti-alcoolique, qui s'est poursuivie avec ardeur aux Etats-Unis, a produit une tendance marquée à substituer dans la masse du peuple l'usage des boissons hygiéniques aux liqueurs distillées. La réprobation qui s'attache à l'ivrognerie a été un grand élément de succès.

XIX

REMÈDES LÉGAUX

Mesures répressives.

En dehors des taxes, de la réglementation des cabarets, de toutes les prescriptions concernant le transport, la vente, et la consommation de l'alcool, le législateur peut encore intervenir en réprimant d'abord l'ivresse dans la mesure où il juge qu'elle est punissable, et en édictant des peines contre ceux qui donnent à boire ou qui provoquent à l'intempérance dans certains cas déterminés.

Mais ici se pose une question préalable qui demande, pour être éclaircie, un coup d'œil rétrospectif sur le passé. La loi peut-elle, sans sortir de son domaine, réprimer l'abus de l'alcool ?

Il n'entre pas dans notre cadre d'énumérer toutes les mesures prises contre les ivrognes au cours des siècles ; nous rappelons seulement quelques faits signalés par les historiens.

En Grèce, Minos édicta une loi contre l'ivresse (1) ; Dracon la punit de mort, Pittacus de Mitylène frappa d'une peine double les fautes commises sous son influence (2), Lycurgue, à ce que rapporte Plutarque, interdit l'abus du vin (3) ; Solon se montra d'autant plus sévère pour l'ivresse (4) que, de son temps, ce vice était assez commun à Athènes pour qu'une loi y défendît aux femmes de se faire suivre dans les rues par plus d'un domestique, à moins qu'elles ne fussent ivres.

A Sparte, l'ivresse était considérée comme une circonstante aggravante des crimes et des délits.

On sait qu'il existait à Athènes des οφθαλμοί, ou inspecteurs chargés de s'introduire dans les maisons des citoyens pour constater les excès de table.

Chez les Israélites, il était défendu, sous peine de mort, à l'élite de

(1) Lactant, lib. 1, cap. 23.
(2) Tiraquell, *De pœn. leg. caus.*, 6, n° 9.
(3) Plutarque, *Vie de Lycurgue.*
(4) Diog. Laert., *Vita Solonis.*

la nation, aux prêtres et aux nazaréens de boire le schekhâr, sorte de liqueur distillée, et même le vin.

Les Romains, pour punir l'ivrogne, le soumettaient à une sorte de *deminutio capitis* ; la loi le déclarait incapable des actes de la vie civile, comme s'il était mineur ou interdit (1).

Ainsi le législateur admettait le principe de son intervention pour protéger l'individu et le corps social contre les conséquences d'un vice dégradant.

Les édits du préteur punirent sévèrement les délits commis en état d'ivresse ; on éloigna du Sénat ceux qui s'y livraient ; on défendit aux hommes de boire du vin avant l'âge de trente-cinq ans, et la prohibition fut si rigoureuse vis-à-vis des femmes que le fait fut considéré comme aussi grave que l'adultère.

Il est inutile d'ajouter que ces mesures impitoyables n'empêchaient pas les Empereurs et leurs satellites de perdre la raison dans les orgies célèbres où Pétrone et Lucullus accumulaient toutes les profusions de l'intempérance.

Tacite, qui exalte les peuples germains, avoue cependant qu'ils se laissaient aller à la passion de l'ivrognerie.

Chez les anciens Mexicains, l'ivrognerie était considérée comme un crime, et des lois fort sévères la réprimaient. Pour le roturier, l'ivresse entraînait d'abord la perte de la liberté, l'esclavage, et, en cas de récidive, la mort. Les lois édictées contre l'ivresse frappaient plus durement le noble que le plébéien : le jeune noble coupable d'ivrognerie était étranglé. Pour les nobles d'âge mûr, on était plus indulgent ; ils perdaient seulement leur rang et leurs biens.

Soliman I** faisait couler du plomb fondu dans le bouche des ivrognes.

En France, Charlemagne défendit de provoquer à boire et à trinquer ; nous avons mentionné la progression des peines portées contre les buveurs par François I**, le pain et l'eau, la flagellation dans la prison ou en public, l'ablation des oreilles, le bannissement.

Louis XIV fit quelques règlements pour réprimer les excès de table commis dans les résidences royales. Plus tard nous trouvons les dispositions pénales des lois militaires qui considèrent l'ivresse comme une violation de la discipline, et qui, après plusieurs changements, ont consisté, notamment de septembre 1790 à mai 1792, époque où l'Assemblée nationale a supprimé cette peine, dans « l'obligation pour les ivrognes de boire jusqu'à la concurrence d'une chopine d'eau pendant trois jours de la semaine, à l'heure de la garde

______

(1) L. I. *De fals. monet. in vers. impuberes vero.*

montante, qu'ils fussent détenus ou non pour plus longtemps dans la prison, cachot ou chambre de police (1) ».

Il ne pourrait être question de combattre aujourd'hui l'ivresse par des pénalités très rigoureuses : de semblables mesures ne seraient pas acceptées par l'opinion, et resteraient dépourvues de toute efficacité, si tant est qu'on trouvât des juges disposés à les appliquer aux délinquants.

Ce fut au milieu du siècle dernier, quand la plaie de l'alcoolisme commença à se développer en France, qu'on étudia la question de l'utilité des mesures coercitives.

Il faut se reporter à l'année 1850 pour trouver la première trace des vœux formulés par les conseils généraux au sujet de la répression légale des excès alcooliques.

A cette époque, le débordement de l'ivrognerie publique n'était réprimé que par des arrêtés locaux, arrêtés très variables selon les différentes régions où ils étaient mis en vigueur.

Parmi les mesures qui ont été le plus souvent adoptées, nous citerons les peines infligées aux aubergistes recevant dans leurs débits des mineurs de seize ans, ou donnant à boire à des individus en état d'ivresse.

Il y avait dans ces prescriptions administratives une idée juste sur laquelle nous nous expliquerons plus loin.

Les partisans des lois répressives poursuivaient activement leur campagne ; mais ils trouvaient devant eux des adversaires puissants, plus préoccupés des principes abstraits que des solutions pratiques.

« L'ivrognerie, disait M. Tourangin (2) au nom des champions du *statu quo*, n'est pas un délit en soi ; c'est un état inconvenant, fâcheux, où l'homme se rapproche de la brute ; ce n'est qu'un mauvais usage qu'il fait de sa liberté, comme on en voit bien d'autres, et ce mauvais usage n'est pas dans les choses qu'on peut réglementer. » Le dommage indirect que cause à la société quiconque la prive de son concours en manquant à la loi du travail et à celle de la moralité, ne suffit pas, en principe, pour justifier l'établissement d'une peine. La législation ne frappe pas tout ce que la morale condamne. Si elle avait la prétention d'imposer la vertu aux citoyens, elle ne réussirait qu'à enchaîner leur liberté. Peut-être même ne faut-il pas s'empresser de condamner au nom de la morale, ajoute-t-on, des habitudes que la nature du climat autorise ou tout au moins excuse quelquefois. Cette considération est développée par

(1) *Moniteur*, séances des 11 septembre 1790 et 4 mai 1792.
(2) Séance du 13 mars 1861.

Montesquieu dans son *Esprit des lois* (1) : « Une pareille loi (qui défendrait de boire du vin) ne serait pas bonne dans les pays froids, où le climat semble *forcer à une certaine ivrognerie de nation*, bien différente de celle de la personne (2). L'ivrognerie se trouve établie par toute la terre, dans la proportion de la froideur et de l'humidité du climat... — Il est naturel que là où le vin est contraire au climat et par conséquent à la santé, l'excès en soit plus sévèrement puni que dans les pays où l'ivrognerie a peu de mauvais effets pour la personne, où elle en a peu pour la société, où elle ne rend point les hommes furieux, mais seulement stupides. Ainsi les lois qui ont puni un homme ivre et pour la faute qu'il faisait et pour l'ivresse n'étaient applicables qu'à l'ivrognerie de la personne et non à l'ivrognerie de la nation. Un Allemand boit par coutume, un Espagnol par choix. »

« Si le législateur, empiétant sur le domaine de la morale et ne craignant pas d'entrer en lutte avec la nature elle-même, comprend l'ivresse dans son Code pénal, quelles difficultés ne rencontrera pas la constatation du nouveau délit ? Elle exigera une surveillance minutieuse et vexatoire. Ne faudra-t-il pas pénétrer jusque sous le toit domestique pour surprendre les excès punis par la loi, au risque d'être réduit à s'excuser devant la sobriété ? L'ivresse a d'ailleurs bien des degrés ; les derniers méritent toute la sévérité de l'opinion, sinon celle de la loi ; les premiers sont habitués à une indulgence que le langage a consacrée en les désignant par des métaphores innocentes ; ils ont été plus qu'excusés, ils ont été chantés par les poètes, par les classiques, de toute antiquité. Il n'est pas possible de déterminer le point précis où commence l'état vraiment répréhensible d'ivresse.

« La théorie de l'impunité ne va pas jusqu'à contester la légitimité de certains règlements de police. Ceux qui la soutiennent reconnaissent que l'homme ivre qui trouble l'ordre dans la cité doit être châtié, parce qu'il trouble l'ordre, non parce qu'il est ivre. Mais c'est aux autorités locales à prendre, selon les circonstances, et dans la mesure des pouvoirs dont elles sont investies, les mesures, soit préventives, soit répressives, qui leur paraissent nécessaires pour assurer le maintien ou le rétablissement de la tranquillité publique.— » Telle était la conclusion du Sénat, qui, en mars 1861, renvoyait les pétitionnaires au ministre de l'intérieur et non au ministre de la justice.

(1) Livr. IV, chap. X.
(2) Nous ne comprenons pas cette subtilité. La nation est composée de personnes, et le vice est toujours le fait de chaque individu qui s'y livre.

Ces théories ont trouvé des défenseurs convaincus parmi les économistes.

« Toutes les pénalités du monde, dit M. Ladame, n'ont jamais pu enrayer l'alcoolisme. »

Et M. G. Vidal ajoute que, dans sa pensée, la prison et l'amende pour les « délits par intoxication alcoolique » sont dangereuses : le séjour des prisons et des maisons de correction « peut transformer le buveur honnête en un déclassé ou un malfaiteur ; et l'effet le plus certain de l'amende sera de grever de nouvelles dettes le buveur déjà obéré par l'alcool, d'augmenter le malaise et la misère du foyer ».

Nous ne sommes pas convaincus par ces raisonnements qui ne tiennent pas devant l'expérience. Tout le monde est d'accord pour reconnaitre que la peine doit amender les coupables ; et cependant on ne peut renoncer aux prisons, malgré leur danger. N'oublions pas que la réclusion présente ce grand avantage pour l'ivrogne, c'est qu'il ne boit pas. Quant à l'amende, s'il est insolvable, il y échappera facilement.

D'autre part, la loi punit les parents qui exercent contre leurs enfants des sévices graves ; elle les déclare, depuis 1889, déchus de la puissance paternelle lorsqu'ils se sont rendus indignes de l'exercer ; elle a réglementé le travail des enfants dans les manufactures, bien qu'on ait pu soutenir que les parents avaient la liberté de faire travailler leurs enfants comme il leur convenait, et de les faire participer, par leur salaire, à l'entretien de la famille.

N'est-il pas juste de réprimer l'abus de cette liberté ?

Le Sénat du second Empire penchait vers la solution qui consiste à punir les cabaretiers coupables d'encourager l'ivrognerie, sans atteindre les consommateurs eux-mêmes.

Mais il apparut bientôt aux esprits sages qu'il ne s'agissait pas, dans les mesures proposées, de combattre l'immoralité privée, abstraction faite de ses manifestations extérieures, ce qui serait faire la guerre aux instincts, à la conscience dévoyée, en sortant du rôle assigné au législateur par le droit naturel.

Ainsi l'on voyait se multiplier les symptômes d'une tendance nouvelle, et l'opinion se familiarisait avec l'idée qu'une répression de l'ivresse publique serait amenée à produire des effets salutaires sans violer aucun principe de droit.

L'Assemblée nationale inscrivit la question à son ordre du jour. Au mois de juin 1871, une pétition « pour une loi répressive de l'ivresse publique » fut déposée sur son bureau au nom de M. le président Falconnet.

Cette heureuse initiative fut le signal d'un véritable mouvement d'opinion.

Le 8 juillet 1871, le docteur Decaisne déposait un projet de loi contre l'ivrognerie. Dans l'exposé des motifs on lisait ce qui suit : « Pendant huit années que j'ai consacrées à l'étude de l'alcoolisme, sur 500 familles d'ouvriers environ que j'ai visitées, j'en ai rencontré plus de 400 réduites à la plus complète misère et livrées à tous les vices et à tous les désordres, uniquement par le fait de l'ivrognerie habituelle du chef de la famille. »

Une nouvelle proposition de loi, relative à cet objet, était déposée, le 22 août de la même année, par M. Théophile Roussel, député de la Lozère.

Un projet rédigé par un éminent magistrat, M. Muteau, inspira les auteurs de la loi de 1873 ; la répression de l'ivresse manifeste en constitue la base.

Le législateur, dans les dispositions à prendre pour enrayer le fléau de l'alcoolisme, doit distinguer entre les différentes sources de l'ivresse, et s'attaquer aux plus dangereuses, à celles que la science lui désignera comme susceptibles des plus sévères prohibitions.

Il faut aussi, négligeant les manifestations inoffensives d'un commencement d'ivresse n'aboutissant qu'à un excès d'hilarité, considérer dans la répression l'ivresse consommée.

On doit également tenir compte de ses différentes espèces.

Elle peut être involontaire ou volontaire,

Accidentelle ou habituelle,

Privée ou publique, et, suivant ces caractères distincts, être ou n'être pas punissable.

L'ivresse involontaire n'implique aucune responsabilité chez celui qui a pris un breuvage inconnu, administré par surprise, ou qui a été, par une disposition maladive, rendu plus vulnérable à l'action des spiritueux.

Quant à l'ivresse volontaire, elle est toujours coupable, surtout quand elle a été acquise par le désir de s'exciter à la perpétration d'un acte criminel.

Il est évident que la morale ne condamne pas sévèrement un fait d'ébriété accidentelle ; mais l'habitude de boire, c'est-à-dire, l'ivrognerie, est un vice à la fois honteux et grave, dont la société a le devoir de se préoccuper. Cette maladie volontaire de l'esprit et du corps produit l'abjection de l'être et le rend indigne de pitié.

Si l'on envisage la famille de l'ivrogne, on est frappé des douleurs qui sont engendrées par le vice de son chef. Comment la société resterait-elle indifférente en présence d'un si lamentable désordre ? L'abandon de la femme, quand son indigne mari a épuisé sur elle les violences et les injures ; les enfants réduits à la misère et au secours, souvent tardif,de l'assistance publique : tels sont les fruits de l'alcoolisme.

Lorsque l'ivresse est privée et se dérobe à tous les yeux, il est difficile au législateur de l'ériger en délit punissable, sauf lorsqu'un acte criminel en aura été la conséquence.

Mais il doit au contraire sévir contre l'ivresse manifeste. La pudeur publique est offensée par le spectacle de l'ivrogne errant sur les chemins ou tombant inanimé dans le ruisseau. Détestable exemple, danger matériel et moral, cause permanente de rixes et de conflits scandaleux ! Aussi les moralistes ne contestent plus aujourd'hui la légitimité du droit de punir cet acte antisocial au plus haut degré. Qu'on ne dise pas : l'ivrogne est un malade et un aliéné. L'état morbide dont il est victime a été volontairement provoqué ; il s'est donné lui-même sa folie artificielle ; en se privant de son libre arbitre, il a usé de sa liberté même, et il en a fait un coupable abus.

Contre l'ivrognerie des mesures de police sont un palliatif insuffisant ; leur grand défaut est de substituer à la légalité uniforme des prescriptions arbitraires variant suivant les localités et les caprices de l'administration. Dans une commune, les cabarets seront fermés à dix heures du soir ; quelques pas plus loin, dans le village voisin, le maire permettra qu'ils restent ouverts jusqu'à minuit. Ce n'est pas avec ces inégalités choquantes qu'on inspirera aux populations le respect de la discipline.

On ne peut accorder la même indulgence à l'ivresse du second degré qui fait disparaître le libre arbitre.

Quant à l'ivresse du troisième degré, celle qui assimile l'homme à la brute,en ne lui laissant que des instincts et des fureurs, elle ne mérite aucun ménagement : la loi s'arrêtera seulement lorsque la volonté fera défaut (car il n'y a pas de délit sans intention), et aussi lorsque l'acte coupable restera protégé par l'inviolabilité du domicile.

Observons d'ailleurs qu'il faut ranger parmi les cas d'ivresse volontaire celle qui se produit à la suite de paris stupides où le buveur imprudent se croit sûr de résister à l'action des spiritueux.

La loi du 23 janvier 1873, votée à une grande majorité, a frappé l'ivresse *extrinsèque*, celle qui échappe au secret de la vie privée.

Il y avait, en cette matière, deux écueils à éviter : l'excès dans la répression et aussi la trop grande douceur que l'esprit simpliste des masses n'hésite pas à taxer de faiblesse.

Il faut reconnaître que les peines ne sont pas sévères, et ressemblent un peu trop à des punitions de collège ou de caserne.

Une amende de 1 à 5 francs la première fois ; en cas de récidive, 6 jours à un mois de prison : c'est un épouvantail qui ne fera pas trembler les disciples de Bacchus.

Ceux auxquels le médecin montre la mort comme l'aboutissement fatal de leur vice ne reculeront pas devant la crainte de quelques jours de prison.

Ainsi, d'une part, la peine est dérisoire, et, d'autre part, l'infraction est resserrée dans d'étroites limites. Ce qui est puni, ce n'est pas l'excès dans le boire, mais c'est le scandale extérieur. La loi fait ce qu'avaient fait, avant elle, des préfets et des maires : elle punit l'ivrogne qui « trouble l'ordre ou met obstacle à la sûreté et à la liberté de la circulation ».

La loi porte, il est vrai (art. 3 et 6), que les condamnés, en cas de double récicive, pourront être privés : 1° de vote et d'élection, 2° d'éligibilité, 3° du droit d'exercer les emplois publics, 4° du port d'armes pendant deux ans.

En outre, aux termes de l'article 7, sera puni d'un emprisonnement de six jours à un mois et d'une amende de 16 francs à 300 francs quiconque aura fait boire jusqu'à l'ivresse un mineur âgé de moins de seize ans accomplis. Sera puni d'un emprisonnement de six jours à un mois et d'une amende de 16 francs à 300 francs, tout cabaretier convaincu de récidive à cet égard depuis moins d'un an ; il en sera de même s'il donne à boire à des individus manifestement ivres, ou s'il les reçoit dans son établissement ; de même s'il donne des liqueurs alcooliques à un mineur de moins de 16 ans, à moins qu'il ne prouve avoir été induit en erreur sur son âge (art. 4).

Aux termes de l'article 8, le tribunal peut ordonner l'affichage du jugement de condamnation.

Signalons enfin les dispositions qui permettent d'appliquer l'article 463, réglant la marche à suivre pour les procès-verbaux, la conduite au poste des ivrognes, l'affichage de la loi dans les mairies et les débits de boissons.

Si nous nous reportons aux travaux parlementaires qui ont précédé le vote de cette loi, nous remarquons d'abord que la légitimité du droit de punir l'ivresse manifeste a été formellement reconnue. M. Desjardins a réfuté les arguments produits au Sénat en 1861 ; puis, invoquant l'exemple des législations étrangères, il a démontré que le moment était venu de substituer un statut uniforme à l'incohérence des règlements administratifs. Comme on reprochait au projet de constituer une loi d'inégalité et de se montrer bien complaisant pour l'ivrognerie des hautes classes de la société:

« Sachez-le, a répondu M. de Pressensé, membre de la commission, quand, dans un lieu public, des jeunes gens de famille seront saisis en état d'ivresse, ils seront frappés aussi bien que l'ouvrier ». « Et plus sévèrement ! » s'est écrié le garde des sceaux (1).

C'est l'ivresse qui est désignée dans la loi, dit le rapporteur, et non l'ivrognerie. L'ivresse est l'état passager ; l'ivrognerie est l'habitude, le vice. « On fait, dit Durand de Maillane, une différence entre l'homme ivre et l'ivrogne : le premier est tel *actu*, et l'autre *habitu* ». — Ce n'est pas à dire que nous n'ayons pas essayé d'atteindre l'ivrognerie. Nous n'avons pas cru devoir en faire une mention expresse, la traiter comme un délit spécial, parce que la disposition mauvaise, l'état vicieux de l'âme, échappent au législateur. Il ne peut saisir que les actes extérieurs par lesquels se manifeste le vice...

Si un temps trop long séparait deux ou plusieurs faits d'ivresse, ils resteraient comme des accidents isolés dans la vie de l'homme ; rapprochés les uns des autres, ils prouvent l'habitude. Ainsi, nous avons frappé l'ivrognerie d'une manière indirecte, mais sûre... C'était là, en effet, le fléau qu'il s'agissait de combattre...

L'ivresse ne sera punie que dans le cas où elle s'offrira d'elle-même à la punition. On doit blâmer sévèrement celui qui profite du secret domestique pour se livrer à l'intempérance, mais il ne cause pas de scandale, il ne déprave point les autres par son exemple. De plus, il ne faut point mettre la sécurité de tous en péril par des recherches indiscrètes pour prévenir ou punir les fautes de quelques-uns.

D'ailleurs l'ivresse manifeste est toujours scandaleuse par elle-même ; et cette considération a motivé le rejet d'un amendement de M. Salneuve portant qu'à ces mots : *ivresse manifeste*, on ajouterait « *et faisant scandale* ».

Le rapport signale la difficulté très réelle de retrouver les antécédents des individus surpris en contravention, pour décider s'ils sont ou non récidivistes ; mais on compte sur la vigilance et l'activité des officiers de police ; et l'institution du casier judiciaire pourrait, avec avantage, être étendue aux faits d'ivresse.

Quant aux peines privatives de droits, le rapporteur affirme qu'elles sont le mieux faites pour ceux qui ont la triste habitude de sacrifier leur raison à l'intempérance. On ne les frappe pas seulement d'une indignité qu'ils méritent ; on constate leur incapacité. Ils ne

_____

(1) Séance du 29 avril 1872.

doivent pas exercer des droits dont il est à présumer qu'ils feront un mauvais usage ; la notoriété et la persistance de leur vice les livrent sans défense à qui veut s'en servir pour les dominer.

On ne peut, du reste, reprocher un excès de sévérité à une loi qui attend la quatrième condamnation pour porter de telles peines, et qui limite à deux ans la privation de droits prononcée.

Dans le projet de la commission, l'article 3 était suivi d'un article 4 ainsi conçu : « sera puni des peines portées à l'article 2, tout électeur qui se présentera au lieu du vote, tout témoin qui se présentera devant les tribunaux, tout juré qui se présentera à la Cour d'assises dans un état d'ivresse manifeste, tout maire, adjoint, conseiller municipal qui sera trouvé en' état d'ivresse manifeste dans l'exercice de ses fonctions.

« Seront punis des peines portées aux articles 2-2° et 3, ceux qui, ayant subi une condamnation en vertu du paragraphe précédent, seront de nouveau trouvés en état d'ivresse manifeste, dans les conditions prévues soit aux articles 1 et 2, soit au paragraphe précédent. »

Lors de la discussion, cet article fut renvoyé à la commission, et définitivement retiré par celle-ci.

Nous regrettons que la loi n'édicte pas des peines sévères contre les individus oublieux à ce point de leurs devoirs et de leur dignité qu'ils osent se montrer en état d'ivresse au moment où ils vont accomplir un ministère de service public.

A notre avis, l'article aurait dû être maintenu, avec une sensible aggravation de peine.

L'ivresse manifeste est constatée pour les départements dans une proportion équivalente à celle de la consommation de l'eau-de-vie.

Ceux qui viennent en tête sont : le Finistère, la Seine-Inférieure, la Seine, le Rhône, la Seine-et-Oise, l'Eure, l'Oise, la Loire-Inférieure, le Morbihan, l'Ille-et-Vilaine, les Côtes-du Nord, la Marne, etc.

Ainsi l'arme qui a été forgée en 1873 est aujourd'hui bien émoussée. Les prescriptions anodines du législateur paraissent tomber en désuétude, et les procureurs généraux ne se donnent même plus la peine de lancer des circulaires pour les galvaniser. Pendant que l'alcoolisme redouble ses ravages, le chiffre des condamnations diminue sensiblement.

Nos tribunaux jugeaient près de *cent mille cas* d'ivresse en 1875 ; à peine en ont-ils jugé soixante-cinq mille en 1900.

L'ivrogne incorrigible, qui a subi plusieurs condamnations, n'excite plus l'attention de la police. A quoi bon lui dresser procès-verbal ? Il n'a même pas de quoi payer les amendes.

Non seulement l'ivresse n'est pas poursuivie, mais, bien que les magistrats s'en défendent, elle est, au fond, admise comme une excuse valable. Loin de la surajouter au délit, comme une faute supplémentaire, bien souvent les juges la *déduisent* du fait incriminé.

Le mal est profond ; les populations restent indifférentes.

Et ce n'est pas seulement parmi les classes ouvrières, où le mal est le plus sensible, qu'on trouve cette passivité.

Le meilleur moyen de combattre l'alcoolisme, c'est moins de punir l'ivrogne que de lui rendre impossible, par la force au besoin, l'absorption des spiritueux, au moins dans les lieux publics.

Certaines législations, — celle du grand-duché de Bade, celle de l'Autriche, celle de plusieurs cantons suisses, — interdisent, pour une durée de un à cinq ans, l'accès des débits de boissons aux individus qui sont convaincus d'avoir usé immodérément des liqueurs alcooliques. C'est une pénalité qui n'est applicable que dans les campagnes, et avec l'aide d'une police sans cesse en éveil.

Dans un grand pays comme le nôtre, ces prohibitions seraient trop facilement transgressées.

Le législateur a un devoir à remplir : c'est de refondre et de compléter la législation relative à l'ivresse.

En fait, nous l'avons dit, ce genre de contravention, surtout dans les petites localités, rencontre chez les agents une excessive indulgence. Le conseil supérieur de l'Assistance publique a provoqué à plusieurs reprises une plus stricte application de la loi ; l'Académie de médecine a exprimé souvent le même vœu.

La statistique prouve le relâchement dans les poursuites pour ivresse, en dehors du cas où la contravention est connexe à un débit.

La loi de 1873, destinée, comme le porte son titre, à combattre les progrès de l'alcoolisme, n'a pas répondu aux espérances qu'elle avait fait naître.

D'une part les peines sont tellement faibles qu'elles ne peuvent produire aucune intimidation ; d'un autre côté l'aggravation en cas de récidive n'atteint presque jamais son but, car un grand nombre de travailleurs y échappent par les migrations qui leur sont habituelles.

Nous proposons sans hésiter d'édicter contre l'ivresse, toujours qualifiée de délit et non de simple contravention, des peines correctionnelles, sauf à mitiger la règle par l'octroi des circonstances atténuantes prévu par l'article 463.

La peine serait élevée pour les récidives, qui demeureraient susceptibles, comme dans la loi actuelle, d'entraîner la privation des droits civiques.

Par un procédé semblable à celui de la loi sur la chasse (1), le cumul des peines s'appliquerait à une seconde infraction commise après un procès-verbal déclaré. Enfin l'ivresse deviendrait une circonstance aggravante pour les crimes et délits contre les personnes, spécialement pour l'homicide et les blessures par imprudence.

La loi de 1873 appelle une autre réforme : l'assimilation de l'ivresse dangereuse ou bruyante à l'ivresse publique. L'individu qui, sous l'empire de la boisson, trouble par ses cris ou ses violences la tranquillité d'une maison, le buveur hagard et menaçant qui devient un objet de terreur pour sa famille et ses voisins, devrait, sur un appel venu de l'intérieur, être mis en état d'arrestation et frappé des mêmes peines que l'ivrogne public. Le repos et la sécurité des citoyens rendent ce complément de la loi indispensable.

Il est également nécessaire que les tribunaux obtiennent le droit d'ordonner qu'à l'expiration de sa peine, l'alcoolique sera retenu, pendant un temps déterminé, dans des asiles spéciaux.

Une mesure analogue existe pour les mendiants ; rien de plus juste que d'y soumettre l'alcoolique. Cette séquestration assurerait la guérison au moins momentanée de l'ivrogne, et elle soustrairait temporairement la société aux périls que présentent sans cesse pour elle les buveurs.

Il faut aller plus loin dans cette voie, et autoriser le placement, dans ces asiles, des alcooliques ayant bénéficié d'un acquittement ou d'une ordonnance de non-lieu, quelle que fût d'ailleurs l'infraction relevée à leur charge.

La décision serait prise par la Cour ou le tribunal ayant prononcé l'acquittement. En cas d'ordonnance de non-lieu, le tribunal correctionnel, saisi par une requête du procureur de la République ou du juge d'instruction, statuerait en Chambre du conseil. Cette dernière procédure serait appliquée dans les affaires pour lesquelles le parquet jugerait inutile d'ouvrir une information.

Quant à la privation des droits civils, le législateur pourrait y ajouter la privation du droit de voter dans les délibérations de famille, d'être membre du jury, ou d'être appelé à certaines fonctions civiques, d'être tuteur, curateur, si ce n'est de ses enfants, et sur l'avis seulement de la famille, d'être expert ou employé comme témoin dans les actes ; d'être témoin en justice, autrement que pour y faire de simples déclarations.

(1) Loi du 3 mai 1844, art. 17. — Rau, p. 50.

On peut craindre certainement que les lois répressives n'aient pas une très grande influence pour la diminution de l'alcoolisme, puisque le buveur incorrigible peut toujours se cacher pour boire avec excès. Mais leur effet moral est cependant très salutaire ; ce serait une grande faute de renoncer à ce moyen. Non seulement il importe de ne pas laisser tomber ces lois en désuétude, mais il faut les corroborer et les rendre beaucoup plus sévères.

Quand les ivrognes invétérés seront séquestrés comme ils le méritent, on ne pourra pas soutenir sérieusement que la famille est privée de leur soutien. Les hommes atteints de ce vice dégradant ne sont d'aucun secours pour leurs proches ; au contraire, ils deviennent une lourde charge pour eux, et la famille se sentira soulagée par leur absence.

Est-il besoin d'insister sur le peu d'effet produit par ces affiches maculées qui garnissent les murs des tavernes, en exécution de la loi de 1873 ?

Tout absorbé par la confection d'une « absinthe » ou d'un « bitter », le consommateur daigne-t-il jamais lever les yeux sur cette injonction officielle d'observer la tempérance ?

La loi doit se montrer d'autant plus rigoureuse que l'ivrogne est l'objet d'une instinctive sympathie de la part des masses populaires ; il est, jusqu'à un certain point, *persona grata*.

Entre l'agent de police et l'ouvrier titubant qui sort du cabaret, le public n'hésite pas : il prend parti pour ce dernier. Les quolibets sont plutôt l'expression d'une bienveillance narquoise pour le disciple de Rabelais qu'une manifestation de mépris pour le cynisme affiché. Bien peu sont plus révoltés qu'indulgents ; et c'est le préjugé que le législateur doit essayer de combattre.

Lunier, dans ses statistiques, relève que « les cas d'ivresse poursuivis, c'est-à-dire à peu près exclusivement les cas d'ivresse tapageuse ou brutale, sont de beaucoup plus fréquents dans les départements qui consomment des boissons spiritueuses, et principalement des alcools d'industrie, que dans ceux qui récoltent et consomment du vin. Dans les premiers, la proportion des inculpés sur 10.000 habitants varie de 82 à 21 ; dans les autres, elle oscille entre 20 et 2. Il n'y a d'exception que pour quelques départements qui renferment de grandes agglomérations ouvrières, une population flottante relativement considérable, comme la Seine, le Rhône, la Loire, les Alpes-Maritimes ».

La loi contre l'ivresse n'a donc que bien peu contribué à diminuer l'alcoolisme ; mais, une fois remaniée, et rendue plus stricte, elle peut avoir des résultats très appréciables.

XX

MESURES RÉPRESSIVES CONTRE L'IVRESSE

Aperçu de la législation étrangère.

M. Théophile Roussel, par les savants rapports qu'il a rédigés sur la répression de l'ivresse, nous fait connaître le système pénal adopté en Russie.

« Dans les *articles du règlement pour obvier aux transgressions et les extirper* (3ᵉ part., chap. 3), se trouve l'article 241, qui déclare « *l'ivrognerie interdite à tous et à chacun* » et s'en réfère, pour l'exécution et les peines, à une loi du 8 avril 1782, et à deux lois plus récentes, l'une du 23 mars 1839, l'autre du 15 août 1845. — L'article 242 porte que « *parmi les attributions de la police il y a aussi celle de surveiller, afin qu'on ne rencontre point d'ivrognes dans les rues, et que ceux qui seront trouvés chantant et criant la nuit soient saisis et punis.* » — L'article 243 porte que « *Celui qui, s'adonnant à l'ivrognerie, se montrera dans les lieux publics ou dans de nombreuses réunions en état contraire à la décence ou scandaleux, ou sera trouvé, dans les rues ou autres lieux publics, ivre jusqu'à avoir perdu connaissance, on s'en saisira et il sera puni et soumis au jugement.*

Enfin, d'après l'article 244, celui qui, en état d'ivresse, *commettra quelque transgression ou crime, avec ou sans intention, doit être envoyé au jugement.* Dans cet arsenal de mesures répressives, on trouve des prescriptions sévères pour extirper l'ivrognerie chez les paysans des terres appartenant à l'Empereur, et un règlement général pour déterminer la peine des actions commises en état d'ivresse. Dans l'énumération figure cet article : Que « *les pharmaciens perdent le droit de diriger leur pharmacie, s'ils ne mènent pas une vie sobre* ». Une loi russe condamne les ivrognes publics, quel que soit leur rang, à balayer les rues pendant une journée.

« Le statut suédois du 14 août 1813 ordonne que tout individu qui a été vu ivre soit condamné, pour la *première fois*, à une amende de 3 dollars ; pour la *seconde fois*, à une amende double ; pour la *troisième* et la *quatrième fois*, à une amende encore plus forte *avec privation du droit de vote aux élections, du droit d'être nommé représentant* et de divers autres droits fondés sur la confiance qu'un homme peut inspirer à ses concitoyens. Tout individu trouvé en faute une *cinquième fois* doit être enfermé dans une maison de correction et condamné à six mois de travaux forcés. Enfin, s'il recommence encore, il doit être emprisonné pour un an.

Quiconque est convaincu d'avoir entraîné un autre à s'enivrer est condamné à une amende de trois dollars, qui est doublée lorsque celui qu'il a débauché est mineur. — Un ecclésiastique coupable de ce délit perd immédiatement son emploi ; si c'est un laïque qui occupe quelque place considérable, il est suspendu de ses fonctions et souvent destitué. — L'ivresse n'est, en aucun cas, admise comme excuse d'une autre faute.

La loi suédoise porte encore que tout homme trouvé ivre dans les rues ou faisant du bruit dans un cabaret doit être détenu jusqu'à ce qu'il soit dégrisé, sans être pour cela dispensé de l'amende. Des amendes pour délit d'ivrognerie, une partie revient à ceux qui dénoncent les faits, c'est-à-dire d'ordinaire à des agents ou officiers de police ; l'autre part revient aux pauvres. Si le délinquant est sans argent, il est gardé en prison au pain et à l'eau jusqu'à ce que quelqu'un ait payé pour lui, ou qu'il se soit acquitté de dix journées de travail. Deux fois par an, les ordonnances sur l'ivresse sont lues du haut de la chaire par les pasteurs, et tout aubergiste est tenu, sous peine d'une forte amende, d'en avoir un exemplaire affiché dans les principales chambres de sa maison.

Dans le duché de Mecklembourg-Schwérin, une ordonnance a été rendue aux termes de laquelle tout individu ivre qui trouble l'ordre d'une façon quelconque est puni, les deux premières fois, de trois à huit jours de prison. En cas de récidive, l'emprisonnement est susceptible d'être élevé à quatre semaines, et, selon les circonstances, il peut être appliqué une peine corporelle.

La peine d'amende prononcée en Allemagne contre l'ivrognerie devait y être une des sources les plus abondantes du trésor public, parce que ce vice y était très répandu.

Dès 1828, l'Angleterre a organisé un système de répression contre l'ivresse publique. Le nombre des poursuites depuis 1835 jusqu'en 1890 a été d'environ 8 pour 1.000 habitants.

Aux termes de l'article 12 de la loi anglaise du 10 août 1872, quiconque est rencontré en état d'ivresse, dans la rue ou dans d'autres lieux publics, que ce soient ou non des bâtiments,... est passible d'une amende pouvant s'élever à 10 shellings pour la première contravention, à 20 s. pour la deuxième dans l'espace de 12 mois, à

40 sh. pour la troisième ou les suivantes dans le même laps de temps ; si l'individu ivre a sous sa garde une voiture, un cheval, du bétail ou une machine à vapeur, il est passible d'une amende de 40 sh. ou d'un mois de prison, au gré du juge.

Pour le cabaretier qui vend des spiritueux à une personne ivre, 10 livres d'amende ou 20 livres en cas de récidive. Même peine pour celui qui donne à boire à un agent de police ou cherche à le corrompre. Même peine pour celui qui permet le jeu ou toute autre distraction illicite. Même peine pour celui qui tolère que des filles se réunissent dans son local, que ce soit pour prostitution ou pour tout autre but. S'il fait de son local une maison publique, 20 livres d'amende et déchéance irrévocable de sa patente, etc.

La loi sur les ivrognes d'habitude (*Habitual Drunkards Act*) adoptée provisoirement pour 10 ans en 1879, permet, lorsqu'on a affaire à des alcooliques invétérés, de les séquestrer, sur leur propre demande adressée par écrit, appuyée par des témoins et certifiée par le juge de paix, pour une année au plus, afin de les soumettre à une cure.

Cette loi, confirmée en 1898, a été renouvelée par le Licensing act de 1902.

« La loi de 1902 a trois divisions ; dans une première partie, elle s'occupe de l'ivresse publique et de ses conséquences ; la deuxième comporte des amendements à l'ancienne loi des licences (1872) ; la troisième a trait à la réglementation des clubs.

« Autrefois, un citoyen ne pouvait être arrêté pour simple ivresse. Il était assigné et condamné à l'amende, mais c'était rare, car on le laissait bien tranquille s'il ne faisait pas de scandale.

« Aujourd'hui, la contravention est beaucoup plus sévèrement réprimée. Toute personne en état d'ivresse et « incapable » (privée par l'alcool de ses facultés) peut être appréhendée, même si elle s'est enivrée à domicile.

Tout individu trouvé ivre, s'il a la charge d'un enfant de moins de sept ans, est présumé incapable de plein droit.

La loi le punit ainsi d'avoir méconnu un devoir sacré.

En prenant un engagement de renoncer à sa funeste habitude, l'ivrogne peut échapper, pour un temps, aux sanctions pénales qu'il a encourues.

Il fournit un cautionnement, sorte d'amende provisoirement consignée.

Voici le cas où la loi est applicable à l'ivresse publique avec manifestations scandaleuses : l'ivresse quand on a charge d'un cheval attelé ; l'ivresse quand on porte des armes à feu ; le refus de quitter un débit ; la persistance à vouloir entrer en état d'ivresse dans un bateau, ou le refus d'en sortir dans les mêmes conditions, etc.

La nouvelle loi dispose que le fait de conserver dans un débit une personne ivre, quand même on ne continuerait pas à la servir, constitue un délit. Les intéressés devront faire la preuve qu'ils ont tout tenté pour se débarrasser de l'ivrogne ; s'il est attesté que le cabaretier a servi des boissons à un homme ivre, cela suffit pour établir qu'il n'a pas fait le nécessaire pour prévenir l'ivrognerie. Dans tous ces cas, il est poursuivi.

La section V prévoit la protection de l'époux ou de l'épouse non buveur contre le conjoint qualifié « *buveur d'habitude* ».

Incidemment le bill atteint les morphinomanes qui deviennent incapables de se diriger.

Une liste noire (black list) contient, pour chaque ville, le nom et le signalement des buveurs d'habitude.

La loi de 1898 prescrit que tout délinquant, punissable d'emprisonnement ou de servitude pénale, dont l'acte a été commis sous l'empire de l'ivresse, est interné pour trois ans dans une maison de traitement pour les buveurs. Elle dispose encore que tout ivrogne qui a été condamné pour ivresse trois fois dans une année, s'il est reconnu pour être un buveur d'habitude, est envoyé pour trois ans dans un asile spécial.

D'après la section 6 de la nouvelle loi, tout ivrogne inscrit sur la « liste noire » est signalé aux débitants dont il fréquente les cabarets. Dès lors ceux qui le reçoivent se trouvent en contravention.

Le buveur est connu de la police locale, et dès qu'il est aperçu dans un débit, la police a mission d'interdire au cabaretier de le servir et d'avertir celui-ci qu'il tombe sous le coup de la loi.

Le buveur, ainsi désigné et prévenu, est passible d'une peine s'il reçoit ou tente même de recevoir des liqueurs nocives dans un débit sur place ou à emporter.

Toute personne qui procure au buveur d'habitude des boissons défendues est également passible des peines portées par la loi de 1902.

Cette loi si morale et si bienfaisante est plus complète que notre loi de 1873, et sera mieux exécutée, parce qu'elle est appuyée par les sociétés de tempérance. Son grand mérite consiste à rechercher les moyens d'amender le buveur avant de le frapper d'une peine. En outre, elle s'occupe des buveurs d'habitude pour les soigner comme des malades, et leur imposer un régime médical dont la dureté salutaire est un bienfait pour eux et pour la société.

En Danemark, lorsque des agents de police trouvent un ivrogne sur la voie publique, ils le font monter en voiture et le reconduisent chez lui, s'il peut donner son adresse. Au cas où l'ivrogne ne donne que des renseignements insuffisants, il est conduit au poste et est transporté chez lui dès qu'il est en état de faire connaître son domicile.

Pour régler les frais de transport, la police s'adresse au débitant qui a servi la dernière consommation à l'ivrogne ; la note est souvent assez élevée. Si le débitant refuse, on lui dresse contravention la première fois. A la seconde contravention, on ferme le débit.

XXI

INTERNEMENT DES BUVEURS

Les considérations que nous venons d'exposer au sujet de la loi anglaise votée en 1902 nous conduisent à étudier particulièrement le remède légal qui devrait compléter la loi réprimant l'ivresse publique ; nous voulons parler de l'internement des buveurs endurcis, pendant un temps déterminé, dans des asiles spéciaux.

On pourrait, comme l'a demandé l'Assistance publique, créer, dans les établissements hospitaliers, des quartiers distincts pour les personnes de cette catégorie.

L'abstinence complète des spiritueux doit être imposée tant aux malades qu'au personnel de l'asile, sans aucune exception. En outre l'oisiveté qui engendre et entretient particulièrement le vice de l'ivrognerie trouvera comme remède le travail obligatoire. Ce sont là des règles indispensables qui seront rigoureusement édictées.

Sur ce point, les nations étrangères se sont livrées à des expériences concluantes.

Les asiles comme ceux dont nous proposons la fondation ne doivent pas s'ouvrir seulement aux buveurs agités ou incurables. Des ivrognes déjà intoxiqués, mais conservant encore, au moins en partie, leurs facultés intellectuelles, y trouveront aussi les soins nécessaires pour s'amender et se guérir. Une discipline de fer, acceptée courageusement en principe, avec des punitions en cas de révolte, tel sera le régime où des invétérés pourront trouver la régénération.

Est-il possible d'entrer dans une voie plus radicale, et d'autoriser la famille de l'alcoolique non dément à requérir l'internement du malade malgré sa résistance ? Cette mesure extrême n'effraie pas les hommes de l'art.

Mais une contrainte aussi grave constituerait une atteinte à la liberté naturelle de l'homme ; et nous ne la croyons pas plus légitime qu'une opération, même utile, pratiquée contre le gré du patient.

On réservera des sections dans les asiles aux délirants, qui seront naturellement séparés des séquestrés volontaires.

Enfin ces établissements auront des quartiers réservés aux alcooliques dont le placement aura été ordonné par les tribunaux.

Tel est l'aperçu sommaire des dispositions administratives que le législateur doit édicter pour prévenir les ravages du fléau.

Une Revue américaine, l'*Atlantic Monthly*, a fait connaître les asiles pour buveurs fondés aux États-Unis.

C'est aux environs de la jolie ville de Binghamton, dans l'Etat de New-York, que fut créé l'un de ces établissements sur lequel la Revue donne des détails circonstanciés, ajoutant que le séjour dans cet asile a été suivi de merveilleuses guérisons. Malheureusement les frais de la pension sont en général trop élevés pour les alcooliques de condition modeste.

Dans certains cantons de la Confédération helvétique on a établi, il est vrai, des refuges à l'intention spéciale des ivrognes sans ressources ; et, dans ces refuges, le travail est obligatoire. Comme dans les autres, on n'y entre que de son plein gré ; toutefois on y est soumis à un régime sévère.

Quant aux résultats, ils paraissent en général satisfaisants ; mais les statistiques sont loin de mettre tous les asiles sur la même ligne.

On signale que, dans l'un d'entre eux, celui d'Ellikon, canton de Zurich, — sur 68 individus sortis en 1894, plus de la moitié, soit 43, étaient complètement guéris et sont restés abstinents ; 15 étaient améliorés ; 7, ou moins du dixième seulement, étaient retombés dans leur vice. Mais, par contre, le rapport sur un autre asile, — l'asile de Trélex, canton de Vaud, — signale que « les résultats obtenus ne sont pas en proportion avec les sacrifices qui sont faits », et que, « si l'on connaît beaucoup de récidives, on connaît peu de guérisons (1) ».

Cette espèce d'institution pourrait donner d'utiles résultats, si le législateur la rendait obligatoire pour les ivrognes, qui, au moyen d'une espèce d'hospitalisation pénale, seraient soumis à un régime d'amendement par l'abstinence forcée.

En 1870 et en 1888, l'Angleterre a promulgué des bills pour l'internement des buveurs d'habitude, *for the detention of habitual drunkards.*

D'après cet acte, l'ivrogne, *l'incapable* que nous avons défini plus haut, lorsqu'il sent la nécessité d'être protégé, fait au directeur de l'asile de son choix une demande d'admission par écrit, en indiquant le temps pendant lequel il a l'intention d'y demeurer. Cette demande doit être signée, non seulement par l'ivrogne, mais encore par deux

---

(1) V. l'enquête faite par la Société générale des prisons, dont les résultats ont été publiés par M. Georges Vidal dans la *Revue pénitentiaire* de décembre 1896.

témoins qui attestent que le demandeur est un *habitual drunkard* ; elle est contresignée par le juge de paix de district.

Cette loi était inapplicable, et, de fait, elle est tombée en desuétude.

Il était trop facile de pronostiquer que l'on ne verrait pas souvent les ivrognes revenir à résipiscence, et se transformer en pénitents volontaires, demandant eux-mêmes une cellule et une cruche d'eau.

La loi de 1902 a substitué à ces utopies des mesures plus pratiques. Rappelant l'*Inebriates act* de 1898, elle indique un certain nombre de cas où l'internement du buveur pourra être prononcé : ce sont, notamment, l'ivresse publique avec extravagances et scandales, l'ivresse quand on a charge d'un cheval attelé, ou quand on porte des armes à feu ; le refus de quitter un débit ; la persistance à vouloir entrer en état d'ivresse dans un bateau, ou le refus d'en sortir dans les mêmes conditions, etc.

En Allemagne, l'article 362 du Code pénal de l'Empire laisse à la disposition de la police locale, pour être internés pendant une durée maxima de deux ans dans une maison de travail, ceux qui, en s'adonnant à l'ivrognerie, sont tombés dans un état de misère qui les met à la charge de l'Assistance publique ; de récents projets ont pour but de remplacer l'internement dans une maison de travail par l'internement dans un établissement spécial destiné à la guérison des personnes adonnées à l'ivrognerie.

En Autriche, un projet très étudié a été présenté, en 1895, à la Chambre des députés ; il est relatif à la création d'asiles pour les ivrognes. Ces asiles recevront les individus condamnés plus de trois fois pour ivresse la même année, et ceux qui, par suite d'habitudes intempérantes, peuvent devenir dangereux pour eux-mêmes ou pour leurs proches, sous le rapport matériel ou moral. L'internement sera prononcé par les tribunaux civils ou criminels, à la requête du ministère public, ou sur la demande des parents, époux, enfants, tuteur de l'ivrogne, ou de l'autorité municipale de son domicile, — et à la suite d'une instruction au cours de laquelle l'intéressé sera toujours entendu. Celui-ci pourra lui-même demander son admission, et, dans le cas où le directeur d'un asile refuserait de le recevoir, se pourvoir contre ce refus devant l'autorité administrative. La durée de l'internement, qui est en principe de deux ans, pourra être abrégée. Les frais de séjour seront avancés par la province, sauf recours contre l'intéressé.

Dans plusieurs cantons suisses, enfin, la loi autorise, ou des projets de loi ont pour objet d'autoriser, le placement, dans un asile de traitement pour les buveurs, des personnes qui s'adonnent habituellement à la boisson.

La France paraît vouloir entrer peu à peu dans ce mouvement.

Le Conseil général du département de la Seine a décidé la création, à Ville-Évrard, d'un nouvel asile d'aliénés, qui serait exclusivement réservé aux aliénés alcooliques. Il ne s'agirait de rien moins que de porter à sept cents le nombre de pensionnaires qui doivent être hospitalisés dans l'asile de Ville-Évrard.

Mais il ne faut pas perdre de vue que chaque alcoolique doit être l'objet d'un traitement individuel.

En Amérique, on a fondé des établissements spéciaux pour guérir les buveurs.

Les uns dits de *Killey cure* ou *Gold cure* usent d'un traitement homœopathique à base de strychnine qui donne un dégoût momentané de l'alcool.

Il existe également des hospices pour ivrognes, *hospitals for inebriates, inebriates asylums,* quelques-uns spéciaux pour femmes, qui n'ont pas donné de résultats notables.

Il est difficile de surveiller le buveur à sa sortie de l'établissement. L'abstinence qui lui a été imposée, loin de calmer son penchant malsain, est pour lui trop souvent un aiguillon. Lorsqu'il aperçoit l'enseigne du débit préféré, ne va-t-il pas répondre à l'appel des habitués qui l'attendent ?

Procurer la persévérance de l'amendement, tel est le problème à résoudre.

Sous ce rapport, les *Christian homes for inebriates* ont accompli des prodiges.

Au *Franklin Reformatory home* de Philadelphie, 70 pour 100 sortent, non seulement guéris, mais fermes dans leurs résolutions.

Toutes les classes sociales sont reçues dans cette maison hospitalière ; les riches doivent consentir à être soignés avec les pauvres, l'ivrognerie ayant fait disparaître entre eux toute trace d'inégalité sociale, et la méthode étant surtout appuyée sur l'idée religieuse.

Si l'on peut admettre que l'alcoolique, sans être excusable, a perdu par sa faute une partie de son libre arbitre, et qu'il est devenu, dans une certaine mesure, un impulsif, un déséquilibré, il faut se résigner à le considérer comme justiciable, des tribunaux sans doute par son immoralité publique, mais aussi de la médecine pour l'amélioration de son état.

On doit réagir contre l'agglomération des alcooliques dans les asiles d'aliénés. Comme on ne peut refuser leur libération alors qu'ils ne sont pas sous l'empire d'un accès, ils ne sont que plus excités par leur séquestration à s'enfoncer davantage dans le vice.

Les asiles spéciaux pour ivrognes doivent dépendre de l'autorité judiciaire qui décide le placement et la sortie, mais toujours sur l'avis des médecins.

C'est au Congrès de 1889 que, sur le rapport de MM. Motet et Vétault, la question de la création d'asiles spéciaux pour les buveurs a été sérieusement étudiée. Le principal avantage de cette institution serait d'amender l'ivrogne en lui épargnant la honte d'un casier judiciaire.

Aussi le Congrès a-t-il été saisi d'un vœu conçu en ces termes :

Il serait utile, comme on l'a fait dans certains pays, de créer des asiles spéciaux ou de réserver dans certains asiles des quartiers où l'on recueillerait pendant un temps déterminé par un jugement du tribunal, après avis des médecins experts spécialistes :

« 1° Les alcooliques invétérés qui sont les hôtes assidus des asiles, parce que leurs impulsions maladives les poussent fatalement vers des excès qui les exposent à nuire à la société ;

« 2° Les alcooliques délinquants déclarés incapables, dans une certaine mesure, de s'empêcher de boire et, par conséquent, ayant bénéficié du maximum des circonstances atténuantes. »

Après les propositions de MM. Sernal et Legrain, M. Motet, comme conclusion de son rapport, a formulé le vœu suivant :

Le Congrès, en présence du danger dont l'alcoolisme menace la société, la famille, l'individu ;

Reconnaissant qu'il y a lieu d'établir des distinctions entre l'ivresse pathologique et ses variétés, et l'alcoolisme chronique ;

Émet le vœu :

1° Que, dans un intérêt de défense sociale, des mesures judiciaires d'une part, des mesures administratives durables d'autre part, soient prises contre les alcoolisés suivant la catégorie à laquelle ils appartiennent ;

2° Que les pouvoirs législatifs donnent une sanction aux travaux de Claude (des Vosges), de MM. Ch. Roussel et Léon Say ;

3° Qu'il soit pourvu, par la création d'un ou de plusieurs établissements spéciaux, à l'internement des ivrognes d'habitude, des alcoolisés ayant commis des crimes ou des délits, et ayant bénéficié d'une ordonnance de non-lieu en raison de leur état mental ; que la durée de leur internement soit déterminée pa les tribunaux après enquête médico-légale ; que la sortie, même à l'expiration du temps fixé, puisse être ajournée si l'alcoolisé est reconnu légitimement suspect de rechutes. Les alcoolisés chroniques non dangereux pourront être maintenus dans les asiles d'aliénés ;

4° Que ces établissements, ayant le caractère de maisons de traitement et non de maisons de répression, soient organisés avec une discipline sévère, que le travail y soit imposé ;

5° Que les statistiques judiciaires et administratives soient dressées de manière à faire ressortir les résultats de ces mesures.

Le traitement obligatoire pour l'alcoolique avec travail forcé, telle est la base d'un système d'amendement efficace et rationnel.

En révisant la loi de 1838, le législateur pourrait inscrire dans le projet, comme le propose le docteur Legrain, un article édictant que « en ce qui concerne les alcooliques récidivistes et les alcooliques délinquants, la sortie ne pourrait être autorisée que par décision du tribunal établissant, d'après certificats médicaux à l'appui, que les malades sont guéris de leur tendance à boire, et qu'une tentative de mise en liberté est légitime ». L'intervention du tribunal mettrait à couvert le médecin ; et la loi permettrait à la justice, grâce à ce dispositif spécial, de maintenir en traitement, c'est-à-dire hors d'état de nuire, des individus aux tendances reconnues dangereuses en raison de faits antérieurs.

Cette loi pourrait déclarer par exemple, que : serait considéré comme alcoolique récidiviste et susceptible, par conséquent, de tomber sous le coup du nouvel article, tout individu séquestré pour la troisième fois pour cause d'accidents alcooliques. Elle pourrait ordonner encore que le tribunal aurait le droit de prononcer, dans l'espèce, la séquestration dans un établissement spécial pour une durée d'une année au bout de laquelle un rapport serait fourni sur l'état mental du malade, concluant à la continuation du traitement ou à la mise en liberté. Le tribunal prononcerait alors dans un sens ou dans l'autre. Pour le premier cas, une nouvelle période de traitement d'une année serait prescrite, et ainsi de suite. Il s'établirait pendant ce temps une sorte de casier médico-judiciaire qui serait d'une grande utilité pour les cas où les alcooliques libérés viendraient à retomber. Ces rechutes, après traitement prolongé et sortie d'essai, entraîneraient de rigueur une nouvelle séquestration plus prolongée que la première.

Les alcooliques auxquels doivent être ouverts les asiles spéciaux sont non seulement ceux dont le sytème nerveux et l'état mental ont été altérés par l'abus continuel et prolongé des boissons spiritueuses, mais aussi les incorrigibles, pour les préserver des rechutes trop fréquentes.

Quant aux affaiblis sans espoir de guérison, ils ne sont justiciables que du médecin, et il y a lieu de les traiter uniquement comme malades.

Les buveurs agités auxquels leurs excès procurent des crises violentes ne devraient plus être dirigés, lorsqu'ils sortent du dépôt, vers une maison d'aliénés. On les conduirait directement à l'asile des buveurs agités. Là, dans un quartier spécial affecté aux malades aigus, ils guériraient et seraient ensuite libérés, si leurs antécédents ne révélaient pas des habitudes enracinées d'intempérance. C'est ce que le docteur Vallon appelait spirituellement, au Congrès de Clermont, un « violon médical ».

Ces établissements spéciaux seront construits à la campagne, dans un air pur, à proximité des grands centres. Le travail agricole, si utile pour les alcooliques, y sera organisé régulièrement. Aucune boisson fermentée ou distillée n'y sera tolérée sous aucun prétexte. Les internés n'auront à leur disposition, pour étancher leur soif, que du thé et du café léger, de l'eau ou de la limonade. Dans un rayon assez étendu autour de l'asile, l'ouverture des cabarets sera sévèrement prohibée.

Le malade touchera le prix de ses journées de travail, sauf la retenue afférente aux frais de son entretien.

A sa sortie provisoire ou définitive, il sera recommandé aux sociétés de protection, qui l'aideront à persister dans une vie sobre et raisonnable.

En résumé, il est possible que l'internement des buveurs, s'il est sagement compris, produise de bons effets.

Si nous prenons un ivrogne convaincu du dommage physique et moral que lui cause sa déplorable passion, un ivrogne aimant au fond sa femme et ses enfants, et voulant se réhabiliter à leurs yeux, il pourra se soumettre avec résignation aux sacrifices nécessaires pour son relèvement. Avec des gardiens dévoués et persuasifs, peut-être arrivera-t-il à se corriger ; mais le cas, disons-le franchement, sera exceptionnel, et il est difficile de mesurer les résultats d'ensemble qui pourront être obtenus.

XXII

L'IVRESSE EST-ELLE UNE EXCUSE ?

Nous avons maintenant à traiter une question qui a donné lieu à d'ardentes controverses.

Faut-il, parce que l'alcool a privé le criminel de sa raison, l'exempter des peines qu'il a encourues, et ne punir que le fait seul de l'ivresse ? Pour atteindre ce but, on a mis en avant l'idée de poser au jury la question de discernement dans ce cas spécial. Nous ne croyons pas que la justice absolue exige ces ménagements ; car si l'ivrogne n'a pas eu précisément conscience de son acte, il est gravement coupable comme ayant à s'imputer le fait générateur du crime qu'il a commis. C'est la théorie d'Aristote, de Quintilien, de Boldus, adoptée par l'édit de Charles V de 1531 et par celui de François Ier.

Conformément à la maxime qu'une faute ne peut jamais excuser un délit, la loi anglaise laisse à l'homme ivre toute la responsabilité de ses méfaits.

On invoque, à l'appui de la thèse contraire, la loi romaine, le droit canonique, l'opinion de jurisconsultes éminents, tels que Bentham, Rossi, Boitard, Rauter, Ortolan, Chauveau et Faustin-Hélie, et certaines lois allemandes qui admettent l'ivresse comme excuse ou atténuation. On cite le Code autrichien qui exclut la culpabilité lorsque l'ivresse est complète et que le délinquant ne s'est pas mis dans cet état avec l'intention de commettre l'acte incriminé (1).

Rossi, Faustin-Hélie, Boitard allèguent l'inconscience de l'ivrogne. A leurs yeux, l'être moral n'a pas à répondre des mouvements d'une machine.

On fait remarquer aussi que pour les actes civils la démence passagère produite par l'ivresse a pour conséquence l'impossibilité de contracter valablement. La jurisprudence se prononce généralement dans ce sens.

Toutes les objections ne résistent pas à cette idée fondamentale que l'homme ne peut trouver, en se rendant coupable d'un acte immoral, le motif de commettre impunément des méfaits. La loi

(1) Briand et Chaudé, *Médecine légale*, p. 568.

punit de peines sévères l'homicide par imprudence, alors que l'agent n'a été animé d'aucune intention délictueuse et voudrait racheter au prix de sa vie le malheur involontaire dont il est l'auteur. La justice théorique n'est pas satisfaite ; mais l'intérêt social exige l'application d'une justice relative qui est encore juste, puisque le principe générateur de la condamnation a été une faute, aggravée par le résultat fatal qu'elle a causé.

Ne rendons pas la société victime d'un faux humanitarisme qui, sous le prétexte d'une équité purement idéale, laisserait le champ libre aux plus dangereux attentats.

Dans notre législation, c'est seulement le Code de justice militaire qui admet, au moins en principe, l'aggravation des actes coupables en raison de l'ivresse.

La Cour de cassation a toujours refusé de reconnaître cette prétendue excuse. S'appuyant sur le texte de l'article 65 du Code pénal (1), elle décide qu'aucune loi n'autorise une pareille interprétation ; elle a même été (2) jusqu'à proclamer qu'il peut être interdit par la Cour d'assises, au défenseur, de présenter au jury l'état d'ivresse comme excuse du fait incriminé.

-----

(1) Art. 65. Nul crime ou délit ne peut être excusé..... que dans le cas où la loi déclare le fait excusable.

(2) Cass., 1er juin 1843 ; D. P. 43.1.875 (Courtier).

XXIII

RÉPRESSION DES FRAUDES

Si le législateur a le devoir d'intervenir au triple point de vue de l'hygiène, de la fiscalité et de la répression des scandales, il ne peut se dispenser d'édicter, au sujet de l'alcool, des mesures coercitives contre les fraudes et les falsifications.

Il doit atteindre par des lois efficaces :

1° Les actes ayant pour objet d'échapper au paiement de l'impôt sur les spiritueux ;

2° Les falsifications des liquides destinés à la consommation ;

3° Les infractions commises par des alcooliques.

En matière fiscale, les pénalités devront être aggravées pour rendre possible la lutte contre la fraude. La privation des droits civiques, mesure très sensible à certaines classes de fraudeurs, pourra s'ajouter aux peines ordinaires, et toute possibilité de transaction devra être écartée.

Quant à la falsification, il faudrait se montrer très sévère à son égard (1). Notre législation renferme un arsenal de lois réprimant les sophistications de toute nature. Que les magistrats n'hésitent pas à appliquer, durement au besoin, les dispositions du Code pénal qui punissent l'altération des denrées, la loi sur le vinage du 24 juillet 1894, et tous les textes destinés à protéger la santé publique.

La Chambre a voté, le 6 juillet 1895 (2), le contrôle hygiénique qui est une très bonne mesure et un véritable progrès.

On sait qu'un certain nombre de députés du Sud-Est et du Midi ont présenté un projet de loi tendant à établir un droit différentiel entre les alcools de fruits et les alcools industriels. Dans l'exposé des motifs de cette proposition se trouve une déclaration qui mérite d'être signalée. Il y est dit :

---

(1) Dans son rapport, M. Guillemet, résumant les résultats d'analyses faites sur des échantillons prélevés dans divers établissements de Paris, rappelle que certaines eaux-de-vie, vendues dans d'importants cafés des boulevards 1 franc le verre, ont été reconnues par l'expert être *à la limite des alcools impropres à la consommation.*

(2) *Journ. off.*, 7 juillet 1895.

On consomme par la bouche, en France, environ 1.800.000 hecto-litres d'alcool. *Pas un litre n'est vendu sous son nom véritable :* trois-six de betteraves, de mélasses, de grains ; c'est du calvados, du marc, de l'eau-de-vie de cerises, de l'armagnac et même de la grande fine champagne !

Pourquoi voudrait-on que le consommateur, *qui ne soupçonne même pas ce qu'est le produit honnête,* vienne chercher dans le chai du vigneron ses vieilles réserves ou sa production nouvelle quand on lui offre de toutes parts du cognac qui coûte à son producteur deux sous la bouteille ?

Aucune voix ne s'est élevée dans le Parlement pour démentir ces révélations affligeantes !

A la séance de la Chambre des députés du 14 mars 1902, M. Calvet a cité une lettre d'un courtier de Paris. Nous y relevons les déclarations suivantes : depuis plusieurs années, la falsification du cognac a fait perdre le goût de l'eau-de-vie pure.

L'on boit de l'absinthe et un rhum fabriqué avec les pires alcools du Nord ; mais leur mauvais goût disparaît avec les essences qu'on y ajoute.

Toutes ces constatations prouvent qu'il est indispensable d'exercer sur la vente de l'alcool une rigoureuse surveillance, de mettre un terme aux falsifications qui centuplent l'action meurtrière des boissons enivrantes, et de réprimer avec fermeté toute excitation à l'intempérance, toute provocation à la débauche.

La loi du 6 août 1905 a complété les prescriptions de l'article 423 du Code pénal et de la loi de 1851.

XXIV

SANCTIONS CIVILES

Contre l'alcoolique dangereux pour ses enfants, la déchéance de la puissance paternelle peut être prononcée. Quelques jurisconsultes ont aussi proposé de le frapper d'interdiction. Ces mesures, qui présentent une gravité exceptionnelle, ne sont pas d'une application générale ; pour chaque espèce la solution doit être laissée à la prudence des médecins experts et des magistrats.

Dans le projet de loi sur la répression de l'ivresse proposé par M. Roussel, l'article 9 permettait de rendre « le débitant ou tous autres individus qui auraient provoqué l'ivresse ou aggravé le désordre mental de l'inculpé en le poussant à boire... civilement responsables des dommages résultant du délit ou du crime commis ». C'était une manière indirecte d'atteindre la complicité.

Plusieurs législations (Galicie, Bukhovine, Suède, Belgique, canton de Berne) renferment une prescription en vigueur déjà au moyen âge : la non-reconnaissance des dettes de cabaret. Cette mesure, peut être, il est vrai, plus ou moins facilement éludée par une entente entre les intéressés, buveurs et aubergistes ; néanmoins elle est fort redoutée de tous les débitants, ce qui prouve son efficacité réelle.

Si la loi ne reconnaît pas les dettes ayant pour cause la fourniture des liqueurs spiritueuses, les cabaretiers ne feront plus de crédit, et l'alcoolisme aura reçu par là même une terrible atteinte. Sans doute, on peut formuler une autre objection contre cette mesure radicale ; c'est qu'en principe la vente d'une marchandise non prohibée et dont le vendeur doit supposer que l'acheteur n'abusera pas, n'a pas, intrinsèquement, une cause illicite.

Dans tous les cas, nous ne nous opposerions pas à ce qu'on n'accordât au cabaretier, pour se faire payer des consommations qu'il consent à crédit, qu'un délai extrêmement limité. C'est par là, en effet, qu'il attire surtout et qu'il peut dépouiller la partie de sa clientèle assez faible pour se laisser entraîner.

Le débitant sera suffisamment protégé contre la mauvaise foi des clients insolvables ; s'il veut accorder du crédit à des personnes sérieuses, il n'agira qu'à bon escient. On pourrait défendre d'inscrire sur l'ardoise ou de marquer par des tailles ces fatales tournées que l'ouvrier prend à crédit.

Faut-il assimiler aux débits de boissons, où l'on consomme, tous hôtels, restaurants, buffets, auberges où on loge et où l'on mange en buvant ?

Ce serait, croyons-nous, une mesure excessive.

On ne peut méconnaître la différence très sensible qui existe entre les établissements où l'on ne donne qu'à boire et les autres. Vis-à-vis des derniers, on pourrait défendre, sous des peines assez sévères et dont les débitants auraient eux-mêmes intérêt à surveiller l'application, de se transformer en débits simples. Il y aurait peut-être aussi à faire une distinction, au point de vue de l'autorisation à rendre plus facile, entre les débitants de boissons à emporter pour la consommation de la famille, et ceux qui vendent sur place les produits alcooliques.

On trouve, dans les épiceries, de l'alcool sous des formes variées, et, pour les fournitures prises dans ces magasins, la prescription d'un an n'est pas encourue, parce que l'épicier ne vend pas de la même manière que le débitant. Mais, si l'on veut empêcher l'épicier de vendre au détail, et le soumettre à la prescription annale, on n'a qu'à inscrire dans la loi le mot « commerçant » au lieu du mot « cabaretier ».

On a proposé aussi d'interdire l'usage, dans les transactions particulières, des bons destinés exclusivement à des objets de consommation. Ce sont des raffinements législatifs dont la valeur est purement conjecturale. L'emploi de ces bons est très peu fréquent ; ils sont par eux-mêmes licites, et il n'est pas bien démontré que le commerçant les reçoive plus facilement que des espèces sonnantes. Peut-être pourrait-on, par excès de prudence, prohiber les bons créés pour les consommations sur place, en permettant l'usage de ceux qui ont trait aux boissons à emporter. On doit signaler une autre pratique fâcheuse à laquelle remédierait la suppression des crédits, c'est la coutume des cabaretiers d'accepter en paiement des habitants des campagnes des denrées provenant de leurs récoltes, soustraites à la famille, et sur la valeur desquelles le créancier spécule abusivement.

Nous pensons qu'il est utile de déclarer les cabaretiers responsables des excès qui se commettent dans leurs établissements. Sans doute le commerce doit être libre ; mais il y a ici un intérêt supérieur aux considérations purement économiques. Une industrie qui, dans les rangs inférieurs, s'alimente, à n'en pouvoir douter, de la substance des familles, est de celles que, tout en les laissant libres, on est fondé et conduit à surveiller. Cette surveillance découle, d'ailleurs, des conditions particulières dans lesquelles cette industrie s'exerce. C'est la seule, en effet, où un marchand de sang-froid tienne sous sa main des clients qui perdent graduellement le leur. Qui ne comprend ce qu'il y a d'abusif dans ce contraste des situations ?

« Livrés par leurs penchants, ces malheureux les ont aussi par l'état de leur cerveau. Le cabaretier s'en fera à sa guise un jouet ou une proie, les excitera, tantôt en se montrant bon compagnon avec eux, tantôt en se mêlant aux défis qu'ils échangent, jugera d'un coup d'œil ce que leur gousset peut contenir et ne les jettera à la porte que dépouillés et, la plupart du temps, endettés. Voilà l'homme contre lequel il faut agir, si l'on veut atteindre l'intempérance. S'il ne la crée pas, il la réchauffe, l'entretient, la développe avec une cupidité ingénieuse et une habileté sans pitié ! S'il sort de chez lui le soir quinze ou vingt créatures avinées qui ont laissé sur ses tables leur raison et leur argent, une part de complicité lui en revient et il en a tout le bénéfice. Ce n'est donc pas se tromper d'adresse que de lui demander compte de ces tristes égarements (1). »

Un charpentier de Chicago, nommé Hedlund, avait un goût prononcé pour les liqueurs fortes. Il en abusa, tomba malade et mourut en laissant cinq jeunes enfants. Ceux-ci poursuivirent en justice les trois marchands de liqueurs qui approvisionnaient leur père d'alcool, les accusant d'avoir ainsi ruiné la santé du charpentier Hedlund.

Le tribunal de Chicago a alloué aux enfants 94.800 francs de dommages-intérêts.

Ce jugement, rendu au mois de mars 1906, est de nature à faire réfléchir les débitants sans scrupules.

(1) Travaux de l'Académie des sciences morales, 1862.

XXV

L'IVRESSE ET LES ACCIDENTS DU TRAVAIL

La loi de 1898 sur les accidents du travail a établi, en faveur des ouvriers, le système d'une indemnité à forfait calculée sur la base du salaire.

Ne serait-il pas utile, pour combattre l'alcoolisme, de diminuer de cinquante pour cent l'indemnité, toutes les fois que l'ivresse de la victime serait la cause démontrée de l'accident ?

Dans cet ordre d'idées, la loi hollandaise du 2 janvier 1901 dispose que si l'accident est imputable à l'état d'ivresse de la victime, l'ouvrier n'a droit qu'à la moitié des indemnités temporaire et permanente ; et, si cet accident est suivi de mort, les survivants n'ont aucun droit aux pensions.

La Cour d'Amiens vient de rendre un arrêt des plus intéressants en cette matière ; elle a, en adoptant les motifs d'un jugement du tribunal de Laon, décidé que l'ouvrier qui, étant en état d'ivresse, monte sur une échelle, commet une faute inexcusable, même si son patron ne lui a pas interdit l'entrée de son chantier ; en conséquence, la rente à laquelle a droit l'ouvrier ou sa veuve en cas d'accident doit être réduite à raison de cette faute.

Dans l'espèce, la Cour a prononcé une très forte réduction ; l'ouvrier ivre avait trouvé la mort en tombant de l'échelle qu'il gravissait ; son salaire annuel était de 1.414 francs ; sa veuve, d'après la loi de 1898, devait avoir droit à une rente égale à 20 0/0 de ce salaire, soit 282 fr.

Le tribunal de Laon et la Cour d'Amiens, vu l'ivresse de son mari au moment de l'accident, ne lui ont accordé que 80 francs de rente, soit trois fois et demi de moins que ce qui devait lui être alloué d'après la loi.

XXVI

REMÈDES MORAUX

Sociétés de tempérance.

Nous avons parcouru le cycle des mesures législatives qui pourraient être prises contre l'alcoolisme.

Mais c'est ici qu'éclate la vérité de l'adage antique : *Quid leges sine moribus ?* — Si d'une part on arrive par des lois sagement étudiées à priver l'alcoolique de la suggestion qui le sollicite, à le punir de manière à l'amender, il importe de ne pas limiter l'effort aux actes législatifs. C'est surtout par les remèdes moraux qu'on peut battre en brèche le fléau qui frappe notre existence nationale.

D'ailleurs, pour trancher ces questions de vie et de mort, c'est un faux calcul de compter exclusivement sur l'action de l'Etat. Comme l'a dit un économiste anglais, Channaing, l'alcoolisme n'est pas un vice isolé ; il est à la fois et la conséquence et le symptôme d'une démoralisation générale. Or toutes les lois sont impuissantes à extirper un mal qui a pris racine dans la vie d'une nation. On ne rend pas les peuples tempérants et vertueux par un décret inséré au *Journal officiel.*

La prophylaxie anti-alcoolique trouve son appui principal dans l'initiative privée ; et comme l'exemple est le premier stimulant d'une propagande efficace, il faut reconnaître que les sociétés de tempérance ont obtenu des résultats sérieux, et, la plupart du temps, ont provoqué les mesures législatives dirigées contre l'envahissement du fléau.

Aucune institution ne répond mieux aux nécessités de la lutte.

Les associations fondées dans le but de prêcher et d'organiser la tempérance ont été recommandées par M. Laboulaye, et ensuite par M. Léon Say (1).

C'est vers le milieu du xvie siècle que nous trouvons la trace des plus anciennes sociétés d'abstinence.

(1) Rapport fait au nom de la commission instituée en 1887 au ministère des finances pour étudier les réformes à apporter au régime des boissons, p. 86.

Quelques chevaliers, désireux de réagir contre la grossièreté des mœurs, s'unissaient pour s'interdire les excès de boisson. C'est ainsi que fut fondée, par Sigismond de Dietrischstein, la Société de Saint-Christophe, dont les membres prenaient l'engagement de ne jamais *trinquer* et de ne point chercher à enivrer les autres convives.

Une association analogue fut instituée en 1600 par Maurice de Hesse. Puis vint la Société de l'*Anneau d'or*, fonctionnant sous le patronage du comte palatin Frédéric V (1).

C'eût été trop exiger des rudes compagnons d'Outre-Rhin que de leur imposer une abstinence complète. Les statuts se gardaient de poser une semblable règle.

Ainsi les associés de Maurice de Hesse devaient seulement promettre de ne pas absorber à chaque repas plus de sept *bocaux*, et, d'après les souvenirs conservés dans nos musées, nous savons que les coupes de ces vieux guerriers étaient taillées de façon à les préserver efficacement de la soif.

C'était déjà beaucoup que de s'imposer une limite ; car il est probable que la quantité permise, si large fût-elle, était calculée de manière à ne pas amener l'ivresse chez un homme robuste.

Plusieurs de ces sociétés obligeaient leurs membres à faire l'aumône, pour appliquer au soulagement des pauvres les sommes qui auraient été dépensées en libations excessives. C'est sur cette base qu'était instituée l'Association des *Tempérants de Cambrai*.

Au commencement du xixe siècle, l'Amérique vit naître la première des sociétés de tempérance modernes.

En 1808, dans une petite ville de l'Etat de New-York, il se constitua un groupe de tempérants, qui, sans s'interdire absolument l'usage des boissons alcooliques, s'engageaient à demeurer dans les limites d'une consommation modérée (expression bien élastique, il faut le reconnaître). C'est pourquoi, lorsqu'en 1826 l'initiative d'un médecin de Boston créa l'*American temperance Society*, le programme de la nouvelle société, bien autrement sévère, exigea l'abstinence de toutes les boissons *distillées*.

Cette rigueur même ne parut pas efficace. « Les boissons fermentées ne présentaient-elles pas aussi de graves dangers, si on les prenait dans des proportions abusives ? Et l'individu qui s'attablait dans un endroit où se vendait la bière, ne se laisserait-il pas entraîner par l'exemple d'autres consommateurs, et ne retomberait-il pas dans le vice ? » Après quelques années d'hésitation, le principe du *teetotalism*, ou de l'abstinence totale des boissons alcooliques, devint la

____

(1) Muteau, *L'ivrognerie*, p. 104.

règle générale. Les 1.500.000 membres que se partagent les 8.000 sociétés américaines de tempérance ont tous signé et observent tous — sauf les contraventions inévitables — un engagement portant en substance :

« Je promets solennellement de m'abstenir de la fabrication, de la vente et de l'usage de toute boisson alcoolique, et de travailler par tous les moyens honorables à la conversion des buveurs. »

Comme dans les pays non viticoles, les compromissions et les demi-mesures ne récoltent que des insuccès.

Aux Etats-Unis, pour être réputé tempérant, il faut s'abstenir de toute boisson contenant de l'alcool à un degré quelconque. L'Américain ne connaît pas de moyen terme. Cette conception janséniste de la sobriété peut décourager les hésitants ; mais elle convient aux mœurs anglo-saxonnes.

Les différentes confessions religieuses rivalisent de zèle pour combattre l'alcoolisme. On connaît l'ardeur des méthodistes et presbytériens lorsqu'il s'agit d'appuyer le sytème de la prohibition ; l'Eglise catholique tient à honneur de s'unir à ce mouvement salutaire ; elle exclut même, dans bien des provinces, les cabaretiers de la société des fidèles.

Au nombre des *sociétés professionnelles*, la plus importante est la Fédération des sociétés catholiques, « *Catholic total abstinence union of America* », qui compte 1.000 sociétés et 89.000 membres.

Une société anglicane, la « *Church temperance society* », a installé dans les rues de New-York des fontaines d'eau fraîche où les pauvres vont se désaltérer, comme à Paris aux fontaines Wallace. En outre, elle fait circuler sur la voie publique des voitures à bras où l'on trouve des comestibles à bas prix et des boissons sans alcool. Il y a de plus un service de voitures transportant du café chaud aux pompiers sur les théâtres des sinistres et aux cochers des voitures passant leur nuit à attendre la sortie des bals. Ce dernier service est payé au moyen d'une cotisation de dix cents (0 fr. 50) par invité, que la société demande aux personnes donnant la soirée, et qui est toujours accordée sans objection.

Il existe même des « sociétés secrètes de tempérance ». Ce sont des mystères innocents, mot de passe, insignes bizarres, etc. Cet appareil attire la curiosité des initiés.

L' « Association chrétienne de tempérance des femmes » (*Women Christian Temperance Union*) réunit des dames zélées qui se dépensent sans ménagement pour la bonne cause, avec cette devise ardente :
« For God, home, and native land . »

Cette société, fondée en 1873 par une zélatrice enthousiaste, miss

Willard, compte aujourd'hui un effectif de 450.000 membres payants, répandus dans le monde entier, sur lesquels 150.000 existent aux États Unis, répartis en 62 Unions, chacune ayant un comité et, dans les grandes villes, un journal et un bureau permanent.

À l'une des dernières assemblées de la W.C.T.U., le rapport général a signalé aux auditeurs que, pendant l'année 1901-1902, il avait été prononcé par les membres de la section 37.600 discours publics, 5.268 sermons dans les églises, distribué 3.694.000 pages de brochures de tempérance, et opéré en tout 1.666 conversions.

C'est à l'instigation de cette société puissante que tous les États ont successivement introduit l'instruction obligatoire de la tempérance dans les écoles, et que le Congrès de Washington a fait passer l'« anti-canteen law » prohibant la vente des boissons alcooliques dans l'armée et la marine.

De même, à Chicago, la bière et le vin sont exclus de la table du club des professeurs.

Aux États-Unis, les chefs des grandes industries exigent, des ouvriers qu'ils emploient, des gages de tempérance. Tout candidat est rigoureusement exclus s'il est prouvé qu'il s'adonne au wiskey.

Les Compagnies de chemin de fer sont encore plus sévères ; elles veulent que leurs employés soient abstinents, et les font surveiller par des agents secrets qui les photographient dans les bars, s'ils viennent à y séjourner.

Le règlement de l'« American railway association » porte que « l'usage des boissons enivrantes pendant le service est interdit. Leur usage habituel ou la fréquentation des lieux où elles sont débitées est une cause suffisante de renvoi ».

Ce règlement est appliqué strictement par la plupart des Compagnies.

Dans les colonnes d'offres d'emplois des journaux du dimanche, on est frappé du grand nombre de mentions : « *Wanted a sober and active clerk* » (*On demande un employé sobre et actif*).

Les trade-unions exigent de leurs membres, et surtout de leurs chefs, une tempérance absolue.

Il est de règle que les Fraternités (*brotherhoods*) se refusent à prendre fait et cause pour ceux de leurs membres qui ont été renvoyés pour ivresse, et les privent de toute participation aux secours de chômage et de maladie.

Un très grand nombre, en outre, excluent de leurs rangs les débitants de boissons.

Enfin les trade-unions s'efforcent d'imposer la tempérance au moment des grèves, pour alléger leurs charges financières, et prévenir les désordres qui les rendraient odieuses aux habitants des villes, et les exposeraient à des répressions pénales.

A l'exemple de l'Angleterre, un grand nombre d'assurances sur la vie, et notamment l' « *Equitable* », accordent des réductions notables de tarifs aux abstinents totaux, à cause de leur longévité attestée par les statistiques.

Tous ces efforts ont amené aux Etats-Unis une grande diminution de l'alcoolisme.

De son côté l'Angleterre favorisait le développement des sociétés de tempérance. En 1832, le *teetotalism* était énergiquement préconisé par Joseph Livesey et ses compagnons, « les sept hommes de Preston ».

Un célèbre moine, le capucin Mathew, surnommé « l'apôtre de la tempérance », remporta en Irlande les plus éclatants succès. Il devint l'idole et le prophète des populations qu'il fascinait par son éloquence.

Après une série de conférences qui dura trois mois, il réunit en faveur de ses fondations 25.000 signatures.

Cinq mois après, elles avaient atteint le chiffre de 131.000. Avant neuf mois écoulés, d'avril à décembre 1838, elles s'élevaient à 155.000. Les prisons de Dublin étaient vides. Les débitants faisaient faillite. Les dépôts affluaient dans les caisses d'épargne. Le produit des taxes sur les alcools diminuait, en quatre années, de 800.000 livres, soit 20 millions de francs.

On vota d'enthousiasme l'érection d'une statue de Mathew sur une place publique de Cork.

L'Écosse, l'Angleterre, que l'apôtre parcourut après l'Irlande, ne lui firent pas moins fête. Et aujourd'hui le Royaume-Uni compte près de *cinq millions* d'abstinents, répartis dans 392 associations de tempérance (1).

Après les pays anglo-saxons, ce sont les nations scandinaves qui renferment le plus grand nombre d'abstinents complets. La Suède a des centaines de sociétés de tempérance, et 300.000 affiliés. 120.000 adhérents à l'abstinence totale se groupent dans les 800 sociétés norvégiennes. Le Danemark, qui est encore l'un des plus forts

(1) Citons, parmi les principales associations anglaises : la *Société de tempérance de l'Eglise anglicane* (230.000 adultes et 320.000 enfants) ; l'*Alliance du Royaume-Uni pour la suppression du commerce des boissons* (120.000 adhérents) ; la *Ligue catholique de la Croix*, ayant des sections à l'étranger ; l'*United Kingdom band of hope Union*, spéciale aux enfants. — Il y a en Angleterre une Association tempérante de médecins, ainsi qu'une série de groupes locaux organisés par différents corps de métiers (M. Rau, p. 22).

consommateurs d'alcool, possède déjà une phalange respectable de 30.000 abstinents.

La campagne contre l'ivrognerie est très bien menée en Suisse. M. le pasteur L. Rochat a fondé à Genève, en 1877, l'œuvre de la Croix-Bleue, qui constitue une sorte de fédération internationale avec des ramifications en France, en Belgique, en Allemagne, et jusqu'en Tunisie et en Palestine (1). Chaque groupe, bien que dépendant du Conseil central, conserve son autonomie (2). La Croix-Bleue compte 13.000 sociétaires, dont plus de 5.000 femmes.

Elle exige de ses membres la privation de l'alcool, mais sans prétendre l'imposer à ceux qui lui sont étrangers. Nous trouvons encore en Suisse l'*International Verein zur Bekamfung des Alkoholgenusses*, de Zurich, association présidée par M. le professeur Forel ; la *Helvetia*, société d'abstinence des écoles moyennes suisses ; la Société de tempérance, groupe composé de trois agrégations catholiques : Katolischer Abtinenz verein, Ligue de la Croix, et Abstinenz verein. C'est dans ces associations que l'armée anti-alcoolique puise ses meilleures réserves.

Les nations du Nord et de l'Est se plient plus aisément que les Latins aux résolutions radicales en matière d'abstinence. Le Français, l'Italien, l'Espagnol, qui, sous les derniers rayons de l'automne, voit mûrir le raisin et fermenter le jus de la vigne, se persuade difficilement que le nectar récolté peut dégénérer en poison.

Nos compatriotes, spécialement, sont habitués à toujours attendre l'initiative gouvernementale. Nous n'avons pas senti tout d'abord le besoin de résister nous-mêmes au fléau.

C'est seulement en 1871 qu'a été fondée la *Ligue nationale contre l'alcoolisme*, sous l'impulsion des docteurs Bergeron et Lunier. Cette ligue n'a pas voulu garder un caractère exclusivement médical ; elle a ouvert ses rangs à des moralistes, à des jurisconsultes, à des professeurs de science sociale et d'économie politique. Le président actuel est M. le docteur Semelaigne, et le secrétaire général M. le docteur Philbert.

Cette société a été reconnue d'utilité publique en 1880. Dans la crainte d'effrayer les timides, elle avait, dès l'origine de sa fondation, permis l'usage des boissons dites hygiéniques.

Un jour, à l'assemblée générale, le président s'exprimait en ces termes :

« Je parle ici de l'alcool et de ses détestables dérivés ; je parle de

____

(1) *Annuaire de la Croix-Bleue*, 1894, p. 5.
(2) *Id.*, 1893, p. 13, 60.

ces boissons frelatées qui n'ont du vin que la couleur et le nom, et dans lesquelles, pour employer l'expression d'un poète anglais, la mort est à l'œuvre sous les apparences de la vie. Je ne parle pas du jus naturel de la vigne, tel que le produisent les bonnes terres de notre Bourgogne et de notre Gironde, les modestes coteaux de Suresnes ou les humbles plaines d'Argenteuil. Le vin honnête, honnêtement bu aux repas, et surtout, quand cela se peut, aux repas de famille, c'est un aliment très avouable, très salutaire souvent. Et bien qu'il y ait des gens qui s'en passent absolument et n'en vivent ni moins longtemps ni plus mal, nous n'avons garde de le proscrire: ce ne serait plus de la tempérance, ce serait une variété d'intempérance. L'excès en tout est un défaut. »

L'*Association de la jeunesse française tempérante*, fondée en 1896, exige de ses membres « l'engagement de ne faire aucun usage des boissons distillées, sauf prescription médicale, et de n'user que modérément des boissons fermentées ». — « L'abstention des *spiritueux* ou boissons *distillées* et l'usage modéré des boissons fermentées », tel est également le programme de la *Société contre l'usage des boissons spiritueuses, Ligue anti-alcoolique*, fondée en 1895 par le docteur Legrain et qui compte de nombreuses sections, réparties dans les différents points de la France.

Quelques-unes de ces associations ont une couleur religieuse ; ainsi la Croix-Blanche, en France, réunit des catholiques, tandis que la Croix-Bleue, qui s'étend au Nord de l'Europe et aux États-Unis, s'adresse aux protestants. D'autres sont neutres, comme la Ligue anti-alcoolique, qui a réalisé en France la fédération de toutes les sociétés fondées sur le même principe (Union française).

De nouvelles créations sont venues depuis compléter le réseau de défense contre l'alcoolisme. En 1893, la Croix-Bleue s'est organisée sur plusieurs points de la France

Les villes de Nîmes, de Dieulefit, de Condé-sur-Noireau ont fondé des succursales.

Depuis quelques années, des Congrès internationaux se réunissent pour combattre l'alcoolisme.

M. le professeur Alglave a rendu compte des travaux du Congrès tenu à Bâle en 1895 (1). Mgr Egger, évêque de Saint-Gall, représentant officiel du Saint-Siège, a pris une part très active aux délibérations de cette assemblée.

Dans la plupart des sociétés que nous signalons, la propagande se fait à l'aide de réunions, de conférences, de congrès, de journaux et brochures, etc.

(1) Journal *Le Temps*, numéros des 27 août et 4 septembre 1895.

Les sociétés ont, dans plusieurs régions, réussi à faire voter des lois spéciales, appuyées par des membres du Parlement dont l'adhésion leur était acquise.

Est-il permis de contester l'utilité des sociétés de tempérance ? Pendant longtemps, il a été de bon ton de les tourner en ridicule et de les abandonner, avec une élégante désinvolture, aux satires des caricaturistes. Les restaurants où l'on n'offre aux consommateurs qu'une carafe d'eau claire ont excité la verve des petites feuilles comiques dont les rédacteurs se retrouvent presque tous les jours aux tables du boulevard, à l'heure de l' « apéritif », euphémisme qui sert à désigner le poison vert.

Il a fallu pourtant compter avec les statistiques, et reconnaître que l'Angleterre, depuis l'extension des sociétés de tempérance, voyait diminuer dans une proportion notable la consommation des spiritueux. A la séance annuelle de la Société française tenue le 26 avril 1891, le ministre des travaux publics a expliqué un fait économique d'une portée si considérable. « Ce n'est pas, a-t-il dit, la richesse de l'Angleterre qui a diminué, les ressources des consommateurs ne se sont pas non plus abaissées ; cette diminution de la consommation de l'alcool en Angleterre est due, il faut bien le dire, à l'action des sociétés de tempérance ; elle est due à leur initiative, à leur propagande, à leurs institutions pratiques. Actuellement, le quart de l'armée anglaise observe une *totale abstinence* ; les recettes que donnait la consommation de l'alcool ont assez baissé en 1884 pour donner des inquiétudes au chancelier de l'Échiquier » (1).

Une diminution semblable s'est produite en Amérique. C'est l'exemple, et l'exemple héroïque, qui est l'âme des sociétés de tempérance.

Sénèque, écrivant l'éloge de la pauvreté sur des tablettes d'or, n'a jamais conquis beaucoup d'adeptes. Il faut qu'un vrai chevalier de la tempérance aille lui-même dans les cabarets relancer le buveur, le prendre par le bras, et l'attirer à l'air frais de la rue, sur le trottoir où l'attend sa femme en haillons, avec un enfant à la mamelle. Surpris, souvent persuadé, l'ivrogne se ressaisira peut-être ; il jurera d'être sobre (ce qui n'est rien), mais il tiendra sa promesse pendant une semaine (ce qui est beaucoup). Et les bonnes résolutions feront mentir le proverbe : « Qui a bu boira ». Que l'apôtre ne se rebute pas ; si l'habitude l'emporte quelquefois sur la promesse, ce sont là des faiblesses inhérentes à la nature humaine.

(1) *Bulletin*, 1895, p. 46.

L'auteur de cette étude, se trouvant à Oxford au mois de mai 1904, y rencontra un jeune Français qui suivait les cours de cette Université célèbre. Désirant fêter son compatriote en lui faisant goûter, avec modération, un verre ou deux de ces bons crus de Bordeaux « qu'ils n'ont pas en Angleterre », il le conduisit dans le premier restaurant de la ville, où le service assez luxueux semblait autoriser toutes les commandes habituelles en pareil cas. Ayant fait un signe au maître d'hôtel, et lui ayant réclamé doucement une bouteille de Sauternes ou de Saint-Emilion, cet imposant personnage, dont les lèvres dessinaient jusque-là le sourire discret d'un serviteur empressé, prit tout à coup l'air d'un policeman, et, fronçant le sourcil, dit avec un geste d'indignation : Temperance Society ! *Not alcool !* — Donneriez-vous un peu de bière ? — No ! — Que boirons-nous ? — Water, limonade, tea.— C'était péremptoire. Le ton du majordome indiquait aussi nettement que possible la ferme volonté de résister à toute sollicitation nouvelle. Cent guinées n'auraient pas eu raison de son inflexible rigueur. — Loin de nous plaindre, nous avons franchement admiré ces champions de l'anti-alcoolisme qui sacrifient l'intérêt à la propagation d'une idée généreuse.

On sait que la Grande-Bretagne, comme la Suède et les Etats-Unis, a fondé des cafés de tempérance. Elle possède 7.000 de ces établissements, représentant un capital de 2 millions de livres sterling et occupant 56.000 employés.

Les dividendes qui sont distribués aux actionnaires atteignent 8 à 10 pour cent du capital.

Certains de ces cafés de tempérance où l'on ne vend que des limonades, orangeades, glaces, lait, chocolat, etc., sont très confortablement aménagés.

Les cabaretiers de Bristol avaient refusé de fournir du thé et du café aux ouvriers terrassiers employés à la construction d'un chemin de fer : un abstinent philanthrope fit élever, à ses frais, une baraque pour la vente des boissons non alcooliques. Il réussit dans son entreprise, et ce fut l'origine du grand mouvement des *Coffee-taverns* de la Grande-Bretagne.

A Liverpool, le Club des abstinents comprend, au rez-de-chaussée, un restaurant et un café ; au premier étage se trouvent des salles de réunion et de lecture, une bibliothèque, une caisse d'épargne, un bureau pour les assurances sur la vie. Partout règnent la plus grande propreté et le confort. Un jardin sert aux amateurs d'exercices corporels. Ce club est fréquenté par 1.200 ouvriers, leurs femmes et leurs enfants. Les cotisations ne représentent qu'une partie des sommes que les adhérents auraient dépensées en boissons alcooliques. Ce club constitue une véritable puissance : son budget est de 200.000 fr.

A Londres, le *Palais du Peuple*, rendez-vous des abstinents, possède une salle de concert, un grand restaurant économique, une bibliothèque, un jardin d'hiver, des salles de jeux, de réunion, de conférences, ayant 3.000 places, des bains, etc. Que l'on compare ces établissements où l'ouvrier se rend avec les siens, où il se divertit, s'instruit, aux cabarets où l'on ne vient que pour boire, s'empoisonner et se ruiner !

Il va de soi que l'installation et l'exploitation de ces maisons exigent beaucoup de prudence, de savoir-faire et de ténacité, surtout dans les pays où la population n'a pas encore été bien préparée (1).

Pour terminer cet aperçu des mœurs anglaises, nous donnons le texte d'un document rare, le premier engagement écrit de tempérance, daté de 1637, du pasteur anglais R. Bolton :

« A partir de ce jour et jusqu'à la fin de ma vie, il ne m'arrivera plus de prendre part à un toast, ni de boire à un verre, une coupe, un bol, ni à aucun autre des instruments usités pour la boisson ; cela quoi qu'il arrive ou puisse arriver, malgré notre très gracieux seigneur le roi, malgré le plus grand des souverains ou des tyrans qui soient sur la terre, malgré mon meilleur ami et quand bien même on m'offrirait tout l'or de la terre. Ni les anges du ciel (qui, je le sais, ne le veulent pas), ni Satan avec tous ses démons, ni tous les pouvoirs de l'enfer ne me feront manquer à cet engagement.

« R. BOLTON.

« *Broughton*, 10 avril 1637. »

Peut-être le flegme britannique s'accommode-t-il plus facilement de ces intransigeances que la vivacité française ; mais on aurait tort de se décourager pour ce motif ; car le jour où les populations seront convaincues de la nocivité de l'alcool, elles sauront modifier leurs mœurs et leurs habitudes pour assurer le salut social.

Le 5ᵉ Congrès international pénitentiaire, qui s'est réuni à Paris, a voté une résolution tendant à favoriser le développement des sociétés de tempérance (2).

Malheureusement l'organisation de ces utiles groupements ne trouve pas encore, chez les autorités, le concours actif et sympathique qui devrait leur être accordé. L'un des fondateurs de l'Union française anti-alcoolique nous en fournit un exemple. « Dès le lendemain de la séance constitutive, dit-il, nos statuts sont déposés à la préfecture ; puis les jours et les semaines s'écoulent, sans que l'autorité compé-

---

(1) Sérieux et Mathieu, *L'Alcool*.
(2) *Gaz. trib.* du 31 juillet 1895.

tente nous octroie signe de vie. Nous attendions avec impatience l'autorisation nécessaire pour inaugurer notre campagne. Enfin l'administration s'ébranle, et elle nous envoie de ses nouvelles par un sergent de ville chargé de passer chez les membres de la Ligue en formation, afin de rechercher la date exacte de leur naissance ! Croyez-vous qu'il faille surmonter autant de barrières pour ouvrir un débit de liqueurs fortes ? Une simple déclaration à la mairie suffit. »

Signalons en France, outre les grandes associations dont nous avons déjà parlé, la Prospérité (société française contre l'usage de toute boisson alcoolique), fondée en 1895, et qui vient d'ouvrir une maison d'assistance par le travail destinée aux malades alcooliques sortant des hôpitaux ou des asiles.

Voici un extrait des statuts de l'Association de la jeunesse française tempérante :

Art. 2. — Cette association a pour but : 1° d'éclairer la jeunesse française sur les dangers de l'alcoolisme ; 2° de fortifier les habitudes de tempérance et d'hygiène chez les jeunes gens des deux sexes qui sollicitent son appui ; 3° de procurer à ses membres des distractions saines dans la mesure des moyens légaux et des ressources pécuniaires dont elle dispose ; 4° de les faire bénéficier de tous les avantages moraux et matériels qu'elle peut obtenir pour eux ; 5° de les aider à surmonter les difficultés qu'ils peuvent rencontrer au début de leur carrière.

Art. 4. — Pour être membre actif, il faut : 1° être âgé de onze ans au moins et de vingt ans au plus ; 2° être autorisé par ses parents ou par son tuteur à faire partie de l'association ; 3° prendre l'engagement de ne faire aucun usage des boissons distillées, sauf prescription médicale, et de n'user que modérément des boissons fermentées ; 4° se soumettre à un contrôle médical au point de vue spécial de l'alcoolisme, dans les conditions fixées par le conseil d'administration.

On ne saurait trop le redire : ces agrégations d'abstinents accomplissent une œuvre de salut social. Par eux l'enfance est prémunie contre les empoisonneurs qui veulent lui infliger la corruption comme une marque. Protégée dans sa floraison, la jeunesse échappe au virus des précoces décadences ; l'homme mûr et le vieillard sont détournés d'un vice qui flétrit et abrège la vie.

L'œuvre des membres actifs des sociétés de tempérance est d'ailleurs essentiellement méritoire. Il est toujours ingrat de prêcher le sacrifice, dans un siècle où le bien-être est un Dieu, et la privation le plus redouté des épouvantails. Le verre d'eau, malgré tout, présente moins de séductions que le rubis du Pommard et du Château-Margaux.

Le cristal de la source, la pureté limpide la Vanne, nectar des Parisiens, ne peuvent pas faire oublier sans peine le « jus de la treille », le « sang du raisin », le « soleil condensé », la « joie en bouteille », surtout quand la fiole poudreuse témoigne de son âge respectable et fait remonter la récolte à quelque comète lointaine.

Dans le *Carmen sœculare* qu'on chante encore en l'honneur du vin, le verre d'eau est une dissonance importune; mais cette note jetée au milieu du concert réveille l'auditeur et le fait réfléchir. Il faut donc maintenir le verre d'eau en face de la coupe mousseuse, et sans proposer la destruction des vignes, prouver qu'on peut être un bon français sans être un intempérant.

Sans doute on doit éviter de se poser en censeur morose, et de provoquer, dans un dîner d'amis, une réflexion semblable à celle d'un convive qui s'écriait, devant quelques abstinents: « Il faut du courage pour oser boire un verre de vin ! » En un mot les abstinents doivent s'efforcer de faire aimer l'abstinence.

Toutefois la discrétion n'exclut pas l'énergie si nécessaire en face de tous les obstacles qui se dressent contre le tempérant. Que de pierres d'achoppement sont jetées sur sa route ! les invitations pressantes des parents, des amis, des compagnons de travail, la crainte de les froisser, de se singulariser, de ne pas paraître *un homme*, si l'on repousse leurs instances, sollicitent continuellement à faire exception *pour une fois* aux règles de la prudence. Sans doute ; mais celui qui a succombé n'osera plus refuser à d'autres qui invoqueront les mêmes motifs de politesse. L'excitation violente de l'alcool appelle la répétition par l'affaiblissement qui la suit ; chaque ingestion accentue le phénomène, le penchant physique devient plus impérieux, l'habitude naît, et la victime est condamnée.

Le salut, c'est la fuite des occasions : telle est la base fondamentale des sociétés de tempérance. S'engager à un usage modéré de l'alcool, c'est une chimère : la promesse mal définie ne peut former un lien solide. En cette matière, le lien ne peut résulter que d'une résolution ferme.

Dans les différents pays où existent des sociétés de la Croix-Bleue (Suisse, France, Allemagne, Belgique, Autriche-Hongrie, Danemark, etc.), on a relevé, en 1898 : 4.562 abstinents d'un an ; 1.334 abstinents de cinq ans ; 436 abstinents de dix ans.

L'association allemande contre l'abus des boissons alcooliques compte 12.000 membres. L'association des Bons-Templiers en compte 4.000. La Croix-Bleue de Genève a aussi, en Allemagne, plusieurs millions d'adhérents.

Dans une brochure intitulée : *Qu'est-ce que la Croix-Bleue ?* M. Rochat rappelle les récompenses, diplômes, médailles d'or obtenus par cette société à l'Exposition nationale suisse, à Genève, en 1896, à l'Exposition internationale de Bruxelles, en 1897.

A côté de la Croix-Bleue, société protestante, s'est fondée la Croix-Blanche, association catholique, qui rivalise d'ardeur avec son aînée,

L'Etat, dit-elle à ses futurs adhérents, est impuissant à guérir seul la plaie de l'alcoolisme.

Ni le monopole de la vente des spiritueux, ni la limitation du nombre des débits de boissons ne suffisent à arrêter le buveur; c'est lui-même qu'il faut convertir, d'abord *en l'instruisant du danger* qu'il ignore ou dont au moins il ne soupçonne pas l'étendue, puis en lui donnant la force de résister à l'entraînement des amis, à l'influence des habitudes sociales, à sa propre raison.

Pour en triompher il lui faut, avec l'aide de Dieu, le secours de l'exemple et l'aiguillon du point d'honneur.

Les sociétés de tempérance les lui donnent.

En lui faisant contracter l'engagement de s'abstenir de spiritueux, à chaque tentation elles opposent la puissance de la parole donnée. Il suffit à leur associé de rappeler sa promesse et de montrer son insigne à ceux qui voudraient le faire boire, pour mettre fin à leurs insistances. Ils comprennent son devoir de fidélité à son engagement ; ils le mépriseraient s'il y manquait.

Puis il est soutenu par ses associés, dont l'influence augmentera avec leur nombre même.

Le respect humain est ainsi renversé !

Jamais une goutte de liqueurs spiritueuses, telle est la règle nette et précise formulée par les sociétés de tempérance, car l'expérience a montré qu'il est impossible de s'arrêter à la modération quand le penchant vous précipite.

Seules les boissons fermentées, comme le vin, la bière, le cidre, moins dangereuses, sont susceptibles d'un usage modéré.

Cette abstention n'est pas une privation réelle. L'habitude rend pénibles les premiers jours où on la brise. Cet acte de courage une fois accompli, le palais, délivré des sensations brutales de l'alcool, recouvre sa finesse de goût, il ne peut plus le supporter, et un bien-être physique, une santé meilleure récompensent vite le tempérant.

Entrez dans la société de la Croix-Blanche, vous qui buvez, pour vous sauver vous-mêmes.

Entrez-y, vous qui ne buvez pas, pour sauver les autres !

Les sociétés de tempérance ont créé des insignes. L'insigne du *Bien-Être social* de Liège est une étoile rouge et blanche sur fond d'or, et autour un cercle couleur grenat sur lequel on lit le nom de l'association. Le port d'un insigne est d'abord une excellente propagande ; c'est aussi un moyen de contrôle. Car celui qui est porteur de l'insigne n'osera pas violer publiquement ses engagements.

L'insigne de la Croix-Bleue de Genève est une croix bleue sur fond blanc. Il se porte généralement sous forme d'épingle placée à la cravate ou au revers de l'habit. Il se porte aussi en broche, en breloque à la chaîne de montre, etc. Les adhérents français de la Croix-Bleue ont choisi un écu divisé en deux, portant à la partie supérieure les couleurs françaises, et au-dessous la croix bleue sur fond d'argent. La Société de la Ligue catholique suisse d'abstinence, dont le président est Mgr Egger, évêque de Saint-Gall, a pour insigne une croix d'or sur fond bleu cerclé d'or. La Société contre l'usage des boissons spiritueuses, présidée par M. le docteur Legrain, a pour insigne une étoile bleue sur fond blanc. La *Société Lorraine de tempérance* a pour insigne une croix de Lorraine d'or sur fond bleu.

« Le port de l'insigne par des hommes cultivés et occupant une haute situation sociale, écrit le président de la Croix-Bleue, frappe souvent ceux avec lesquels ils sont en relation, et fait rejaillir sur notre société l'estime qu'ils doivent à leur valeur morale et à leur position (1). »

En 1899, l'Union française anti-alcoolique fonde le restaurant de tempérance dont le siège est 43, rue Saint-Bernard, à Paris. Dans la notice rédigée sur cet établissement, il est expliqué qu'un restaurant, café ou bar de tempérance, est autre chose qu'une boutique dont les spiritueux sont bannis. En effet, le cabaret n'est pas seulement l'endroit où l'on mange, mais celui où l'on vit physiquement et moralement.

Le but à atteindre paraît donc être de prime abord de rendre au cabaret sa destination première, par suite, de tendre à sa suppression presque complète, en lui enlevant son immoralité actuelle, en d'autres termes, à faire refluer le citoyen vers son *home*.

Il est bien évident que la transformation des conditions de la vie moderne a favorisé l'expansion du cabaret ; mais on éprouverait quelque embarras s'il fallait conclure inversement que le cabaret multiplié n'a pas contribué pour beaucoup à orienter la vie moderne dans la voie où elle est engagée présentement. Il faut donc prendre

(1) Mgr Turinaz, *Trois fléaux de la classe ouvrière.*

le cabaret tel qu'il est, l'analyser, le modifier, le transformer ; à un organisme gangrené, substituer un organisme sain.

Il se supprimera de lui-même quand son règne aura pris fin, à l'heure psychologique où son existence n'aura plus de raison d'être.

Actuellement, dans les cabarets, et particulièrement dans les restaurants ouvriers, on ne donne à manger que pour fournir une occasion de boire l'alcool. C'est à ce vice qu'il importe de s'attaquer avant tout. Le bar n'est pas un lieu de réconfort, comme il devrait l'être : c'est une officine d'empoisonnement.

Le cabaret devient donc un lieu de désordre permanent et organisé, alors qu'il devrait remplacer l'intérieur qui manque au travailleur célibataire. Au lieu d'être le salon du pauvre, le *home* collectif, source de sympathiques rapprochements, il n'est qu'un magasin de substances délétères. L'ouvrier n'invite pas ses compagnons en leur disant : « Entrons pour parler de nos intérêts », il leur dit : « Allons boire ensemble » ! c'est le seul langage qu'ils comprennent.

Supprimez le poison ; le restaurant devient un centre de sociabilité, un rendez-vous amical où règne la gaité franche. L'abstinence totale serait plus logique ; mais, dans l'état de nos mœurs, on pourra ne pas l'exiger ; l'alcool et les liqueurs distillées seront, dans tous les cas, absolument proscrites ; en cette matière, on admettra que l'usage c'est l'abus.

Les boissons fermentées ne seront accordées qu'au moment des repas, et jamais sans que le consommateur mange en même temps. Encore doit-on réduire à deux le chiffre de ces repas : milieu du jour et soir. On sait en effet que l'alcool produira son minimum d'effet nuisible s'il est dilué dans la masse alimentaire.

Il est recommandé, au point de vue de l'hygiène, de boire peu aux repas, et l'on fixe comme moyenne raisonnable *deux verres de liquide*, de boisson, soit 500 cc. ou un demi-litre (il y a 4 verres de 250 cc. au litre). Or, comme il est également de règle d'admettre que le vin ne doit pas se consommer pur, mais au moins mouillé par moitié, il suit que la moyenne des allocations en vin ne doit pas dépasser pour un repas 250 cc., soit un quart de litre.

Pour le cidre et la bière, il faut établir des calculs analogues en tenant compte d'une part du titre alcoolique moyen de la boisson, d'autre part des habitudes que l'on a de la consommer pure, enfin de la règle hygiénique des deux verres de liquide par repas.

On évitera toujours d'offrir des boissons fermentées au consommateur ; on attendra qu'il les demande ; elles devront toujours être comptées à part. Au restaurant de la rue St-Bernard, après deux années d'expérience, il n'y avait que 30 0/0 des clients demandant du vin ou de la bière.

La nourriture offerte sera toujours saine et bien préparée ; c'est une condition essentielle de succès. Comme boisson, l'eau tiendra naturellement le sceptre : mais on pourra y substituer une infusion légère de plantes aromatiques, ou encore un petit cidre inoffensif (*cidre de tempérance*) (1).

On peut encore offrir des eaux minérales naturelles, dont le prix est peu élevé. Les plus chères d'ailleurs le seront toujours moins que la même quantité de boisson fermentée.

Les eaux gazeuses sont également fort appréciées et d'un prix abordable. Beaucoup de consommateurs mélangent volontiers l'eau de Seltz, trop gazeuse pour être prise pure, avec l'infusion légère de houblon, ou même avec de l'eau simple.

Entre les repas, si la chaleur provoque la soif, on aura le choix entre le thé, le café, le chocolat, la limonade et le traditionnel coco !

Mentionnons encore les préparations de jus naturels de fruits que l'on pasteurise sous pression, et que l'on conserve indéfiniment sans risque de fermentation.

Quant au bouillon, chaud ou froid, c'est plutôt un aliment qu'une boisson : nous n'en parlons que pour mémoire.

L'emplacement du restaurant de tempérance, surtout dans les villes, sera choisi de préférence dans les quartiers populeux, dans les rues de grands passages ouvriers se rendant au travail, au centre des grosses agglomérations de cabarets où s'échouent les travailleurs au moment des repas et à la sortie de l'atelier, à proximité des casernes, des gares de chemins de fer, dans les ports, sur les docks, etc., etc.

Il ne faudra pas négliger le voisinage des grands magasins qui ne nourrissent pas leurs employés.

Le mieux sera d'établir, comme au restaurant St-Bernard, une ou plusieurs salles où l'on sert à heures fixes de grands repas, qui dans l'intervalle sert de lieu de repos et de causeries, de salle de lectures,

----

(1) Formule donnée par le Dr Legrain :

    Recette pour 50 litres :

Fleurs de violette	24 gram.
» de sureau	24 »
Cônes de houblon	40 »
Graines de coriandre.	40 »
Orge perlé	500 »
Cassonnade, moitié blonde, moitié brune. . . .	2 k. 500 »
Vinaigre.	1/4 de litre.

Mettre le tout dans un tonneau, verser l'eau froide dessus et laisser 8 jours sans boucher le tonneau.

de lieu de réunion pour sociétés amicales, sociétés familiales, de refuge pour les passants fatigués et non soumis à l'obligation de consommer, bref un lieu de sociabilité aimable, la maison de tous pour tous. A ces salles sont rattachées d'autres salles pour réunions privées, une bibliothèque, des chambres d'habitation pour le personnel et, si possible, pour les habitués de la maison.

En dehors de ce type, ceux qui sont à préconiser surtout sont les roulottes et voiturettes comme celles en usage au Havre, et qui permettent d'aller au-devant d'une clientèle hésitante.

Il serait bon enfin d'obtenir des municipalités certains emplacements où l'on puisse chaque matin installer rapidement, à très bon compte, de petits éventaires, qui à l'heure de la sortie des ouvriers tiendraient à leur disposition soupe chaude, café, lait et autres aliments substantiels auxquels ils substitueraient le poison du cabaretier.

Le restaurant de tempérance devra être attrayant pour l'ouvrier ; qu'il y trouve l'occasion de se livrer à de saines et utiles lectures.

Toutefois les jeux de hasard et les paris ne devront jamais être tolérés.

Tous les souscripteurs et fondateurs d'un restaurant de tempérance se contenteront d'un bénéfice minime ; leur récompense sera le mérite d'avoir contribué à une œuvre de salut.

Quant au personnel, il devra être soigneusement choisi parmi des personnes animées de convictions anti-alcooliques, et résolues à toujours donner l'exemple de la sobriété.

Plus de 50.000 repas sont servis annuellement au restaurant de la rue St-Bernard ; leur prix moyen ne dépasse pas 95 centimes.

Un établissement de même nature a été ouvert à Paris dans le quartier de Grenelle.

D'autres cabarets de tempérance existent dans les départements du Calvados, du Doubs, de la Haute-Savoie, du Rhône et de la Seine-Inférieure. En 1893, au Congrès international de la Haye, M. Bérends a fait connaître que la société de tempérance de Saint-Pétersbourg, fondée en 1890, a installé, dans cette capitale, douze établissements anti-alcooliques.

Un système de bons, valables seulement dans les restaurants organisés sur cette base, rend de grands services à la classe ouvrière. C'est une prime à la sobriété qui peut être acceptée sans humiliation ; car, si le travailleur reçoit un avantage, il apporte, comme une sorte de contre-partie, l'effort réalisé sur lui-même et le bon exemple qu'il donne à ses compagnons.

A côté des abstinents qui, renonçant à l'alcool pour conserver leur santé morale et physique, accomplissent individuellement ou collectivement des actes méritoires, on peut citer des traits d'abnégation de ceux qui sont en quelque sorte les héros et les martyrs de l'anti-alcoolisme.

M. Monod cite l'exemple d'une humble épicière, accablée par les charges de famille, et qui trouvait un précieux appoint dans la vente de l'eau-de-vie. Elle y a renoncé spontanément, par scrupule de conscience. Le même publiciste cite la lettre suivante qui lui a été communiquée :

« Mon mari est marchand de vins et spiritueux en gros, et nous sentons que ce commerce est incompatible avec le titre de chrétien, car nous poussons à la vente de l'alcool, sous toutes ses formes, puisque, plus la consommation est grande, plus notre commerce est prospère. Et nous ne voulons plus être associés à cette œuvre diabolique, qui consiste à ruiner moralement et corporellement nos concitoyens. Nous ne possédons pas assez de fortune pour élever nos enfants sans travailler, et nous laissons une situation fort belle ; aussi cette résolution que nous avons prise, d'accord avec notre conscience, sera traitée de sottise. »

Ce sont là des résolutions héroïques qu'il faut admirer comme le sacrifice d'un combattant qui s'immole pour sauver son pays.

Au récit de pareils dévouements, les hommes qui voudraient devenir sobres, mais que les préjugés retiennent encore dans l'ornière de la routine, se sentent animés du feu sacré de la tempérance. Bientôt l'abstention des liqueurs distillées ne leur coûtera plus. Tel le fumeur décidé à renoncer à une habitude nuisible souffre pendant quelques mois d'être privé du tabac qui lui irritait les bronches, et ne regrette plus ensuite l'âcre fumée dont il éprouvait chaque jour les inconvénients.

Est-ce que nos pères n'avaient pas aussi la passion du tabac à priser ? Est-ce que la génération actuelle se plaint d'avoir abandonné cette coutume si peu élégante ? Il ne reste plus en circulation que des tabatières enrichies de diamants que les amateurs de bibelots mettent dans leurs vitrines. Qu'il en soit de même des caves à liqueurs ; qu'on les montre sur les étagères comme les « mouchettes » dont les vieillards seuls connaissent aujourd'hui l'usage.

Les établissements anti-alcooliques sont d'autant plus nécessaires que la liberté de l'abstinence n'est pas même respectée dans les restaurants, tant l'alcoolisme imprègne nos mœurs. Il y a des maisons où la consommation du vin ou de la bière est obligatoire sous peine de taxe supplémentaire. A la demande d'une carafe d'eau, certains garçons vous toisent avec mépris, avec ce regard du serviteur qui n'attend qu'un maigre pourboire. Beaucoup de consommateurs, ne buvant que de l'eau chez eux, se croient obligés de prendre des boissons fermentées dès qu'ils entrent dans une taverne. « Il faut, dit M. Remy, montrer au public qu'un restaurant peut exister et contenter ses clients, sans leur offrir d'alcool; qu'un établissement peut fournir un local aux sociétés, un lieu de réunion et de repos aux passants, sans l'impôt du petit verre ; il faut prouver enfin qu'un dîner peut être excellent sans être accompagné de breuvages alcooliques. Le restaurant hygiénique du Grand Sablon, fondé en 1901 à Bruxelles, ne débite ni vin, ni bière, ni liqueurs ; il a supprimé le pourboire des serveurs, il offre un menu varié, des plats succulents, une cuisine soignée où la saveur naturelle des mets n'est point masquée par les artifices d'une chimie malsaine, et non seulement il est viable, mais il prospère. »

Cet exemple n'est-il pas encourageant, et ce que nos amis les Belges ont entrepris avec succès, ne peut-il être tenté par les grandes villes, telles que Paris, Nancy, Lyon, Marseille ? Ces centres importants ne peuvent-ils réunir un certain nombre d'adhérents décidés à constituer une société coopérative de restaurants hygiéniques sans alcool ? L'œuvre est à créer ; ce n'est pas seulement une œuvre de philanthropie, c'est une affaire sérieuse, de rapport et d'avenir ; il est possible que les fondateurs ne recueillent pas de dividendes élevés, mais ils peuvent être assurés d'un intérêt convenable. Il en résultera donc à la fois une bonne affaire pour les actionnaires et une œuvre sociale et méritoire.

N'oublions pas que l'alcool tue, et que tous les moyens sont bons pour le supprimer.

XXVII

LA PROPAGANDE DES SOCIÉTÉS DE TEMPÉRANCE

Indépendamment des engagements individuels pris par leurs adhérents, les sociétés de tempérance exercent, comme nous l'avons dit,
leur action sur le public, et s'efforcent de s'assurer le concours du
législateur et des autorités.

Vis-à-vis du gouvernement, elles peuvent jouer le rôle d'une sorte
de Conseil d'Etat qui élabore en toute connaissance de cause les
réformes législatives. De plus elles veillent à ce que les lois existantes
ne tombent pas en désuétude faute d'application.

Sous ce rapport elles n'ont qu'à suivre l'exemple des Etats-Unis,
de l'Angleterre, de la Suède, où les sociétés tempérantes ont dicté au
Parlement le fond et presque le texte de toutes les lois anti-alcooliques.

C'est ainsi qu'en Belgique une société de propagande, la *Ligue
patriotique contre l'alcoolisme*, a obtenu en quelques années du
gouvernement : la répression de l'ivresse publique ; l'établissement
d'un droit de licence sur les débits ; une loi contre les falsifications
des boissons alcooliques ; l'interdiction de vendre l'alcool dans tous
les bâtiments de l'État, y compris les casernes ; la suppression des
cantines dans les établissements industriels ; l'obligation de l'enseignement anti-alcoolique dans les écoles primaires ; l'augmentation du
droit sur l'alcool, porté de 128 à 200 francs, qui a été votée au risque
de provoquer de vifs mécontements et de fournir une arme aux partis
d'opposition.

Mais c'est encore la Grande-Bretagne qui a donné les plus brillants
exemples de propagande anti-alcoolique.

C'était surtout le Père Mathew, dont nous avons raconté plus
haut les croisades, qui excellait à organiser des fêtes populaires en
faveur de la tempérance. Au son d'une musique bruyante, il
offrait à l'assemblée comme une orgie de limonade, de sirop de
gomme, et de thé bien chaud. Chacun s'en retournait fier et droit
sur ses jambes.

On peut profiter, pour la propagande anti-alcoolique, des arbres
de Noël, des fêtes des Fleurs, des Kermesses villageoises, etc.

19

En 1887, M. le docteur Roubynowski, médecin de la Salpêtrière, a commencé une campagne active dans les écoles normales et supérieures. Tous les jours, il arrive à gagner du terrain. Mais que de préjugés à détruire ! comme il est nécessaire de montrer aux travailleurs qu'il existe des plaisirs sains et des délassements salutaires en dehors du cabaret, et que les frais de ces réjouissances seront largement regagnés par la suppression des dépenses de café et de soins médicaux qu'entraîne toujours la maladie de l'alcool !

La propagande peut revêtir toutes les formes, mais c'est surtout au médecin qu'il appartient de préparer les voies et de disposer son client à entrer dans une société de tempérance. Lorsqu'il constate chez un malade les stigmates et les ravages de l'alcoolisme, et n'ose pas user avec lui d'une franchise qui serait trop pénible, il peut prendre à part les membres de sa famille, leur parler isolément, et leur expliquer que le mal est toujours guérissable par un changement d'habitudes et de mentalité.

Il faudra proposer au malade de supprimer à la table de famille toute liqueur spiritueuse, et, s'il n'a pas l'énergie de pratiquer l'abstinence dans sa propre maison, lui conseiller le séjour dans un sanatorium spécial d'où l'alcool sera rigoureusement banni.

On a remarqué que le buveur guéri est très susceptible, et ressent vivement l'humiliation de son ancien vice ; il faut donc éviter soigneusement d'y faire allusion en sa présence.

La guérison sera plus facile chez les alcooliques qui ont conservé un decorum extérieur, et tiennent à ne pas tomber dans une honteuse décrépitude.

XXVIII

LA PROPAGANDE DES SOCIÉTÉS DE TEMPÉRANCE (*suite*).
LES FEMMES ET LES ENFANTS

Les promoteurs de l'abstinence croient avec raison qu'il importe de s'attacher à conquérir les enfants et les femmes.

C'est en Angleterre que la propagande anti alcoolique chez les enfants a reçu le plus grand développement. Près de 3 millions de jeunes Anglais et de jeunes Anglaises, répartis dans 23.302 sociétés de tempérance, étaient, au commencement de l'année 1897 enrôlés dans la grande Union qui s'intitule « l'Armée de l'Espérai ,*Band of Hope*. « Ces sociétés, a-t-on écrit, ont été instituées our ceux qui sont la vie future de la patrie ; elles s'annoncent comme devant être les instruments d'une grande transformation sociale. Une fois qu'on est dans la bonne voie, il n'en coûte pas plus de bien faire que de mal faire. L'habitude devient une seconde nature, et l'enfant ne trouve aucune difficulté à tenir son engagement d'abstinence. »

Dans les sociétés, les enfants sont enrôlés dès l'âge de 7 ans. Il y a une réunion par semaine, le soir, vers 7 heures.

Au Congrès antialcoolique de Bruxelles, en 1897, il a été révélé qu'en Angleterre la proportion des enfants qui restent fidèles à leur engagement d'abstinence est, en moyenne, de 50 pour 100 et s'élève, dans quelques villes, à 80 ou 90 pour 100. Même si les enfants ne continuent pas la pratique de l'abstinence, l'effet de la discipline de leur jeune âge est de faire d'eux des citoyens bons et utiles. Le nombre de ceux qui deviennent de mauvais sujets est très petit.

Un seul fait pour conclure :

A Londres, eut lieu, il y a quelques années, dans la grande salle d'Exeter Hall, une réunion de membres au-dessus de quatorze ans, appartenant aux « Bands of Hope » métropolitains. Parmi les 2.177 assistants, dont l'âge et le terme d'abstinence ont été nstatés, il y en avait 708 n'ayant jamais bu de boisson enivrante.

« A Boston, disait à ce Congrès une vaillante apôtre de la tempérance, j'ai rencontré une pauvre femme qui avait été guérie de l'habitude de boire par son petit garçon, qui s'inspirait, pour son œuvre de salut, des leçons de l'école. Maintenant, a-t-elle dit, dans la famille, nous avons tous renoncé à la petite goutte ; nous prospérons, et mon fils a la chance de devenir Président des Etats-Unis. Ce sera un président abstinent. »

La Belgique a organisé des sociétés enfantines de tempérance comptant aujourd'hui plus de cent mille adolescents qui s'engagent à s'abstenir jusqu'à l'âge de vingt ans de boissons fortes, et à ne faire qu'un usage modéré des boissons fermentées (1).

Deux journaux, l'un français, l'autre flamand, tiennent le public au courant des progrès réalisés par les ligues anti-alcooliques. Signalons, parmi les plus prospères, la *Ligue patriotique belge contre l'alcoolisme* et la *Société belge de tempérance*.

La plupart des affiliés restent fidèles à leur engagement, quand ils sont adultes. La diminution de la consommation alcoolique a été constatée partout où les sociétés fonctionnent bien (20 pour 100 dans le Limbourg) (2).

On peut citer des traits d'enfants qui témoignent d'une constance admirable. Un jour, dit l'abbé Lemmens, dans un patronage de Liège, un enfant, en jouant, fait une chute et se casse le bras. L'enfant tombe en syncope, on s'empresse autour de lui ; les maitres accourent, l'un avec du vinaigre pour lui arroser le front, l'autre avec de l'eau pour laver la blessure, un troisième arrive avec un flacon de cognac : ça va le ranimer ! On présente le verre au petit blessé ; celui-ci, un enfant de treize ans, fait un effort sur lui-même et, repoussant doucement le verre qu'on lui tend : « Merci, dit-il, j'ai signé la tempérance !»

Si les enfants se montrent aussi braves, que ne devons-nous pas attendre des femmes, ces martyres de l'alcool, si bien placées pour former l'avant garde de l'armée tempérante ?

Les Américaines, en 1874, ont organisé entre elles des « croisades » pour aller, en troupes nombreuses, assiéger les cabarets et conjurer les débitants de ne plus vendre, et les consommateurs de s'abstenir. Lorsqu'elles rencontraient de la résistance, elles s'agenouillaient à la porte des cabarets, puis, exposées au froid et à la pluie, elles entonnaient de longs cantiques. Après quelques succès remportés par ces amazones de la tempérance, les cabaretiers, revenus de leur première émotion, invoquèrent la protection de la loi ; et la police, chargée d'assurer la libre circulation sur la voie publique,

(1) V., sur le détail de ce fonctionnement : Loi du 29 mai 1883, *Annuaire de législation étrangère*, 1885, p. 821 et suiv. Cet acte législatif a été complété par une seconde loi du 31 décembre 1891, *Ann.* 1891, p. 798.

(2) Rapport de M. Robyns : *Journal l'Alcool*, numéro des Ecoles, p. 170, novembre 1897.

dispersa les saintes cohortes. Alors, entrant dans une voie plus pratique, elles ont fondé de nombreuses associations qui sont devenues très prospères.

Les dames anglaises ne veulent pas être distancées par les Américaines. La présidente de l'une de leurs associations a, en une seule année, dirigé 115 meetings, donné devant plus de 200.000 personnes 27 conférences, rapporté à l'Association par sa parole eloquente la somme de 12.500 francs, organisé enfin la rédaction d'un journal féministe.

Dans une nation comme la nôtre où l'influence de la femme est prépondérante au foyer domestique, nous devons faire appel à son apostolat pour faire la guerre à l'alcool. Il faut constituer un Conseil national des femmes françaises qui, par une action parallèle, secondera les efforts des pouvoirs publics et des associations privées. L'âme de la France est assiégée par l'alcool; la femme, comme Jeanne Hachette à Beauvais, doit être debout sur le rempart pour défendre la place. Ainsi la femme a tenu, en Amérique et en Angleterre, le drapeau de l'anti-alcoolisme en méprisant les sourires et les railleries qui ont été bien longtemps la seule récompense de son courage.

Comme conclusion pratique, on devrait accorder dans chaque ville le droit de vote aux femmes dans toutes les questions relatives à l'établissement des cabarets, notamment sur l'option locale, comme en Norvège.

A Salies-de-Béarn, petite ville d'eaux des Basses-Pyrénées, les femmes ont droit de vote à la municipalité, en vertu d'un édit de Henri IV resté toujours en vigueur, sur tout ce qui concerne le régime du sel. Personne ne se plaint de cette coutume qui permet à tous les intéressés, sans exception, d'exprimer leur avis sur le principal élément de la richesse locale. Que n'en est-il de même partout pour les débits de boissons dont la multiplication funeste est une cause directe de dommage pour les mères de famille !

Mais il faut que les hommes engagent résolûment le combat, s'ils veulent avoir la femme pour alliée.

Au Congrès de 1903, la question de l'option locale a été sérieusement examinée, notamment par Mme Marie Duclos, qui a prononcé à ce sujet un remarquable discours ; elle a préconisé les écoles ménagères où s'exercerait dans les milieux féminins la propagande anti-alcoolique. La distinguée conférencière a rappelé cette parole mémorable de Victor Hugo : « le XXᵉ siècle sera le siècle de la femme ! »

« Il faut sauver les âmes », a dit Mme Duclos ; « il faut prévenir les jeunes filles que si elles épousent des buveurs, leurs enfants seront rachitiques. »

Grâce à ces efforts d'une active propagande, les jeunes gens seront avertis que l'ivrognerie constitue, aux yeux des fiancées, un vice rédhibitoire ; cette conviction, si elle s'appuie sur des faits et des manifestations probantes, sera pour la tempérance un stimulant très efficace.

Il est temps que les femmes accordent leur préférence à ceux qui la méritent, et que le succès prétendu des mauvais sujets ne soit plus qu'une légende surannée, indigne d'une société vraiment morale.

A Paris, au Havre, à Bolbec, ce sont des œuvres féminines qui ont organisé la propagande anti-alcoolique auprès des ouvriers, en fondant des cercles et des cantines de tempérance.

« A la Rochelle, c'est une maison du Marin. A Concarneau, à Port-Louis, l'abstinence est recommandée aux pêcheurs de la côte dont plusieurs centaines ont signé l'engagement. Le bien qui doit en résulter est inexprimable. A Brest, c'est encore une œuvre féminine, l'Œuvre d'assistance et de relèvement des femmes par le travail ».

Ces œuvres sont excellentes, car elles complètent utilement l'action bienfaisante de la femme au foyer.

Nous exprimons ici le vœu que le budget national subventionne les sociétés de tempérance, pour faire en sorte que l'alcool soit réservé aux lampes et aux chaudières, mais qu'il ne pénètre plus dans les estomacs. Plus l'usage de l'alcool industriel sera favorisé, moins les spiritueux seront employés comme boisson.

Le *Journal des débats* du 16 avril 1903 relate une intéressante expérience qui vient d'être tentée à Roubaix :

Depuis qu'on a inauguré la diminution progressive des heures de travail, la plupart des manufacturiers roubaisiens ont porté de une heure à une heure et demie le repos du milieu de la journée. Or, avec une heure d'interruption de travail, la majorité des ouvriers n'avait pas ou ne croyait pas avoir le temps d'aller déjeuner chez soi. La mode était donc bien établie d'aller déjeuner au cabaret, et ceux-là mêmes qui auraient pu s'en dispenser faisaient comme leurs camarades. Avec une heure et demie, un mouvement contraire s'est dessiné, puis développé ; une diminution de trente pour cent s'est produite pour les repas pris au dehors.

Faut-il en tirer des applications à longue portée ? Faut-il croire que partout l'allongement des heures de repos aurait les mêmes conséquences ? Ce serait peut-être se presser un peu trop. Les relations réciproques des faits sociaux sont plus complexes et plus délicates. Il est possible qu'à Roubaix la tendance à aller manger en famille fût simplement tenue en échec par un obstacle factice : l'obstacle levé, la bonne volonté du brave ouvrier français reprend facilement le dessus, à Roubaix du moins. Pour savoir s'il en est de même partout ailleurs, attendons.

Toutefois la même ville nous fournit, dans le même ordre d'idées, un fait complémentaire du précédent et qui n'est pas non plus à dédaigner. Quelques usines, au lieu de se contenter de donner une heure et demie, ont accordé deux heures. Alors, dit-on, les ouvriers ont bien été déjeuner chez eux ; mais, le repas une fois pris, comme il leur restait un peu de temps, ils ont cédé à la vieille tentation, ils sont allés achever les deux heures à l'estaminet, avec cette aggravation que, désormais, c'était uniquement pour la boisson qu'ils y allaient.

Une fois de plus, semble-t-il, le mieux s'est trouvé l'ennemi du bien.

Si cette expérience, en quelque sorte spontanée, se voit ou confirmée ou contredite par des expériences nouvelles, il sera intéressant de comparer les unes et les autres, et de chercher les conditions respectives de ces variations.

M. Bertillon nous apprend qu'aux Etats-Unis, le pays des dollars, c'est par l'attrait de l'argent que certains patrons essaient de combattre l'alcoolisme chez leurs ouvriers.

Le milliardaire américain André Carnegie, « le roi de l'acier », paie à ses ouvriers une prime de 10 0/0 de leur salaire, lorsqu'ils s'abstiennent d'alcool.

C'est à la fois un bon calcul et une œuvre charitable.

Une société industrielle de Soignies en Belgique a trouvé un moyen efficace de combattre l'alcoolisme parmi son personnel.

Depuis quelques années, elle distribue des gratifications à ceux de ses ouvriers qui se distinguent par leur sobriété et leur assiduité au travail. Il règne à cette fin une certaine émulation parmi les tailleurs de pierres, et il y a une sérieuse progression parmi les méritants ; vingt ont profité des gratifications en 1896, trente et un en 1897, quarante-sept en 1898, et quarante-neuf en 1899.

Pendant les dernières années la société a réparti des primes pour une valeur de plus de 45.000 francs.

Ce mode de propagande est vivement à recommander aux industriels, qui ont tout à gagner à avoir des ouvriers sobres.

C'est ainsi que les associations d'abstinents, sagement organisées par des patrons dévoués au salut social, peuvent arriver à produire des résultats inattendus dans les milieux les plus réfractaires.

Signalons tout particulièrement la Société française de tempérance présidée par M. Cheysson, membre de l'Académie des sciences morales, qui soutient avec ardeur le bon combat contre l'ennemi.

Il faut que les classes dirigeantes donnent maintenant l'exemple au peuple ; conquérir la masse des travailleurs à la sobriété, c'est travailler à la sécurité de la Patrie.

La criminalité, qui nous menace tous, verra son niveau s'abaisser avec la suppression de l'alcoolisme.

296   LA PROPAGANDE DES SOCIÉTÉS DE TEMPÉRANCE

présidée par M. Cheysson, membre de l'Académie des sciences morales, qui soutient avec ardeur le bon combat contre l'ennemi.

Il faut que les classes dirigeantes donnent maintenant l'exemple au peuple ; conquérir la masse des travailleurs à la sobriété, c'est travailler à la sécurité de la Patrie.

La criminalité, qui nous menace tous, verra son niveau s'abaisser avec la suppression de l'alcoolisme.

XXIX

L'ENSEIGNEMENT ANTI-ALCOOLIQUE

Si les ivrognes invétérés restent rebelles à la propagande par l'exemple et la parole, les enfants offrent un terrain de culture propice ; il s'agit de les empêcher d'aimer l'alcool ; c'est facile, puisqu'ils en ignorent, la plupart du moins, la dangereuse saveur.

C'est par l'instruction, dit Ed. Charton, qu'on doit combattre l'ivrognerie.

Mais faut-il, comme autrefois, montrer aux enfants des alcooliques pour leur inspirer l'horreur de l'ivresse ?

Cette triste leçon de choses, ils ne la reçoivent que trop en parcourant les rues et les places publiques pour se rendre à leurs classes. Combien d'enfants ne connaissent de l'alcoolisme que ce répugnant spectacle !

Nous demandons que les professeurs y ajoutent un commentaire : c'est là un des meilleurs moyens qui pourront réussir à vaincre le fléau.

L'enfant doit savoir que, s'il s'habitue aux boissons distillées, il perdra l'honneur, la santé et la vie, même s'il ne s'abandonne pas aux plus honteux excès, et se contente de doses prétendues modérées.

Dans toutes les écoles on pourra montrer les intéressantes images dessinées par M. Bocquillon, instituteur, qui a fait ses preuves de zèle en faveur de la tempérance. Nous signalons aussi le dévouement de M. Langlois, président fondateur de la Société anti-alcoolique des instituteurs et des institutrices de France et de M. Baudrillart, qui s'occupe spécialement de cette œuvre si utile.

Une éducation qui ne néglige aucune leçon morale, tel est le meilleur antidote à opposer à l'ennemi.

Dans tout enseignement, public ou libre, le maître doit prémunir ses élèves, à quelque classe qu'ils appartiennent, contre le fléau de l'alcoolisme. Même au milieu de la famille, l'enfant peut rencontrer de funestes exemples.

L'enseignement de l'école permettra l'évasion d'une hérédité fatale ; car on sait par l'expérience que les descendants d'alcooliques sont prédisposés, plus que tous autres, à contracter des habitudes d'ivrognerie (1). Rien n'est donc plus important que de parler aux enfants du danger qui les menace, et de leur inspirer, dès le premier âge, l'horreur des boissons enivrantes.

Lorsque des élèves sont réunis pour entendre les leçons de leur maître, le sentiment de l'honneur se développe chez eux avec plus de vivacité. Une généreuse émulation s'empare de leur âme ; on les voit prendre des résolutions collectives et s'entraîner mutuellement au bien.

C'est ainsi qu'un orateur du Congrès de 1903 citait une école où, à la suite d'une conférence, 26 enfants sur 32 ont pris l'engagement de s'abstenir d'alcool.

Souhaitons aux éducateurs de la jeunesse moderne le même succès que celui du philosophe Xénocrate, guérissant de l'ivrognerie le jeune grec qui, d'aventure, avait assisté à une de ses leçons.

Déjà, depuis quelques années, les nations étrangères ont pris des mesures pour inculquer à l'enfance la crainte salutaire des liqueurs spiritueuses.

En Amérique, au cours de l'année 1878, des leçons relatives à la tempérance étaient données dans une école des environs de Boston. Cet usage se répandit rapidement (2).

En 1882, l'Etat de Vermont rendit obligatoire par une loi l'enseignement de la tempérance. En 1885, 10 Etats légiférèrent à leur tour. De 1882 à 1892, et chaque année sans interruption, un ou plusieurs Etats prirent des mesures législatives. A l'heure actuelle, 41 Etats ont inscrit dans leurs statuts le principe de l'enseignement obligatoire de la tempérance dans les écoles : 16 millions d'enfants reçoivent cet enseignement.

Dans 35 Etats, aucun maître ne peut obtenir de diplôme ni enseigner, s'il n'a passé un examen satisfaisant sur la question de l'alcoolisme. En outre, dans 20 Etats, les écoles sont dotées officiellement de manuels illustrés.

Dans 26 Etats, l'alcoolisme fait l'objet d'un enseignement systématique donné dans l'année trois fois par semaine pendant plusieurs mois. De plus, des examens spéciaux sont obligatoires ; les notes comptent pour l'admission à une classe plus élevée.

(1) Dr Roubinovitch. Lecture faite, en 1895, à la Société française de tempérance. — Observations du Dr Lancereaux. Rapport précité de M. Claude, p. 70. — Dr Van Coillie (de Bruxelles), *La Mortalité par l'alcoolisme*, p. 7.

(2) Une loi du 20 mai 1886 (chap. 362) a ajouté, aux matières d'enseignement de toutes les écoles publiques et des écoles militaires et navales, l'étude de la nature des boissons alcooliques et des narcotiques ainsi que de leurs effets sur l'homme au point de vue physiologique et hygiénique. *Annuaire de législation étrangère*, année 1886, p. 768.

Une sanction pénale atteint l'instituteur dont l'enseignement n'est pas suffisant et les comités dont la vigilance fait défaut. (Retrait de subventions de l'Etat, amendes pour les écoles privées.)

D'après la loi de New-York, qui est très rigoureuse, la tempérance doit être enseignée dans toutes les écoles primaires et secondaires recevant une subvention de l'Etat, pendant huit ans, à raison de vingt leçons par an dans les trois premières classes et trente leçons dans les cinq dernières.

L'intention de la loi est assurément très louable ; mais on peut se demander avec M. Thomas S. Cole, principal de l'école supérieure de Chester, si ce n'est pas trop présumer de la patience des élèves que de les astreindre pendant huit ans à entendre les mêmes leçons. A force de percevoir d'invariables formules, ne finiront-ils pas par se blaser en détournant leur atter... sur d'autres sujets ?

Dans le double but d'atteindre les enfants qui ne fréquentent pas les écoles subventionnées et d'entretenir les autres dans de bonnes dispositions, l'instruction de la tempérance est encore donnée dans les « sunday schools », sortes de patronages du dimanche. C'est dans ce milieu scolaire que se recrutent les sociétés cadettes de tempérance, à l'organisation desquelles s'est consacrée avec succès la « Massachusetts Total Abstinence Society » dont le président est l'honorable J. D. Long, ancien ministre de la marine, et le secrétaire, le Rev. A. Noon (1).

Dès 1882, le Canada suivit l'exemple des Etats Unis. La loi ordonne l'enseignement anti-alcoolique dans toutes les écoles, même normales. Les instituteurs subissent un examen spécial. En 1892, 190.000 élèves recevaient l'enseignement de la tempérance. Une enquête, faite en 1896, établissait que dans 60 inspectorats sur 75, les maîtres sont abstinents dans une proportion de 70 à 100 pour 100. Il est vrai que sur 8.150 fonctionnaires de l'enseignement, 5.463 sont des femmes.

Ce mouvement s'est étendu rapidement en Europe. Nos voisins d'Outre-Manche, à l'exemple de leur ancienne colonie, ont multiplié les bills de tempérance, et se sont appliqués surtout à encourager l'enseignement anti-alcoolique.

Le gouvernement anglais ne le donne pas officiellement ; mais il favorise les sociétés qui organisent les *Bands of Hope* dont nous rappelons ici les succès. Chaque année, des conférences sont données dans 4 ou 5.000 écoles. Près de 500.000 enfants sont admis à les entendre.

(1) Dupré-Latour, *op. cit.*

En 1892, plusieurs cantons de la Confédération Helvétique ont récompensé par des prix et des mentions honorables la rédaction de manuels et de « *tracts* » qu'on a répandus par milliers, particulièrement dans les établissements scolaires. On a signalé plusieurs fois dans les Revues pédagogiques les bons effets de ces petites monographies (1).

Une société de jeunes abstinents, « l'Espoir », compte 80 sections et près de 3.000 membres.

Au mois de mars 1906, la commission scolaire de La Chaux-de-Fonds (Suisse) a introduit dans les écoles primaires de la ville l'enseignement contre l'abus de l'alcool et des boissons fermentées.

A partir de la 4° classe, une heure sera consacrée chaque semaine à ces cours. Chaque instituteur et institutrice donnera cet enseignement à l'occasion d'une branche quelconque du programme et à l'heure qui lui conviendra.

L'enseignement anti-alcoolique a été mis en œuvre avec beaucoup de succès dans plusieurs provinces de Belgique. Organisé par M. Robyns, inspecteur principal de l'instruction publique, il a été adopté dans tout le royaume : il n'y a pas maintenant d'établissement primaire ou même secondaire qui n'inscrive sur son programme une série de leçons contre le fléau de l'ivrognerie si répandu dans ces régions du Nord (2).

Cet enseignement moral a été mis en pratique. Depuis 1887, plus de 20.000 garçons se sont inscrits dans les « Sociétés scolaires de tempérance ». On a constaté qu'en immense majorité ils étaient restés fidèles à leur engagement, et que, dans la province de Limbourg où ils étaient domiciliés, la consommation alcoolique avait baissé, depuis leur institution, de 20 pour 100.

Aussi le gouvernement belge a-t-il recommandé aux fonctionnaires de l'instruction publique, en même temps qu'il inscrivait l'enseignement anti-alcoolique dans le programme de toutes les écoles primaires soumises au contrôle de l'État, la fondation de sociétés scolaires contre l'usage des spiritueux (3).

En Allemagne, les sociétés de tempérance font une active propagande dans toutes les écoles. Un certain nombre d'instituteurs abstinents se sont affiliés à l'ordre des Bons-Templiers.

L'Autriche a institué un enseignement obligatoire de l'hygiène : l'anti-alcoolisme y tient une place incidente.

Si la Hollande se borne à encourager les efforts de l'initia-

(1) *Manuel de la tempérance*, par Jules Denis, p. 18.
(2) Circulaire de M. de Burlet, ministre de l'instruction publique.
(3) Van Laer, *op. cit.*

tive privée et à grouper les instituteurs abstinents, nous trouvons dans les Etats scandinaves l'enseignement anti-alcoolique obligatoire. C'est le seul pays de l'Europe qui l'ait adopté.

En 1896, la Norvège a fait deux lois, l'une pour les écoles primaires et l'autre pour les écoles secondaires. En Suède, la loi date de 1892. En 1890, une société d'instituteurs abstinents a été fondée.

Nous n'hésitons pas à préférer le système des Etats-Unis qui a organisé l'enseignement anti-alcoolique avec une réglementation spéciale et des sanctions effectives. Outre l'enseignement à l'école, l'Amérique possède des associations tempérantes qui réunissent les maitres et les élèves.

La France a tenu à honneur de s'associer à cette œuvre régénératrice.

Au mois de juillet 1895, une commission a été nommée au ministère de l'instruction publique ; ses délibérations ont inspiré une circulaire en date du 2 août de la même année qui prescrit aux recteurs et aux préfets de constituer dans tous les milieux scolaires un enseignement spécial contre l'ivrognerie. M. le docteur Roubinowitch a donné, depuis cette époque, dans plusieurs écoles de Paris, de très substantielles conférences qui ont été fort appréciées dans le monde universitaire et dans le grand public.

A la suite d'allocutions adressées, pendant le mois de juillet 1896, à 600 enfants de ces écoles, 154 d'entre eux ont, avec l'autorisation de leurs parents, pris l'engagement d'honneur de s'abstenir des boissons spiritueuses, et de ne faire qu'un usage très modéré d'eau rougie, de bière légère et de petit cidre.

En suivant cette voie si heureusement ouverte, on augmenterait la force de l'arrêté ministériel du 17 mars 1897, qui rend obligatoire l'enseignement anti alcoolique dans tous les établissements scolaires de l'Etat.

C'est M. Rambaud, ministre de l'intruction publique, qui a inauguré cette institution ; ses sucesseurs ont continué son œuvre.

Un grand nombre d'écoles libres ont suivi cet exemple ; il est à désirer que le mouvement se généralise, et que nous ayons en France des « sociétés d'espoir » groupant des millions d'élèves.

Donc l'instituteur devra s'appliquer à prémunir ses élèves contre les effets pernicieux de l'alcool. Il leur donnera des devoirs à rédiger, des maximes à transcrire sur le sujet qui nous occupe ; il leur prêchera la tempérance, il leur citera des faits notoires, des drames, des accidents causés par l'ivrognerie.

Voici, d'après Mgr Turinaz, comment un instituteur rend compte de sa campagne contre l'alcoolisme.

« Je lutte contre ce vice depuis mon installation en 1889 à X...,
localité connue dans la région pour les invraisemblables exploits
bacchiques de ses habitants.

« Pour lutter contre le fléau qui exerçait sous mes yeux de si terribles ravages, je n'ai pas attendu les encouragements de mes chefs.
A l'école du jour, comme aux cours du soir, dans les conférences
publiques comme dans les conversations particulières, j'ai tâché de
faire pénétrer dans les esprits cette vérité que l'abus des boissons
fermentées, ainsi que l'abus des boissons distillées, sont au premier
rang parmi les pires ennemis de l'individu, de la famille et de la société.

« Et je ne m'en suis pas tenu à de vagues prédications *in deserto*.
D'autres moyens m'ont servi plus efficacement. Les exercices scolaires (lectures, récits, problèmes d'arithmétique, dictées orthogra-
phiques, chants, morceaux de prose ou de vers à réciter, compositions
françaises), tant pour les enfants que pour les adolescents, ont roulé
surtout sur le sujet que j'ai à cœur de bien faire connaître ; de plus,
j'ai fait chaque semaine, dans le jour ou le soir, une leçon spéciale
d'anti-alcoolisme. »

Le 12 novembre 1900, M. Georges Leygues, ministre de l'instruction
publique, a rédigé une circulaire destinée à prescrire dans les écoles
un enseignement destiné à combattre l'alcoolisme.

Mais il arrive que les instituteurs rencontrent parfois certaines
difficultés dans l'accomplissement de leur tâche. Le maire est un
distillateur, le cabaretier envoie ses enfants à l'école et menace de les
retirer si l'instituteur continue sa campagne ; l'épicier ne lui fera
plus crédit s'il ne renonce pas à ses conférences ; bref, il a besoin
d'un courage héroïque pour soutenir la lutte contre ces potentats
coalisés.

Toutefois, depuis la circulaire précitée, plusieurs ont commencé à
lutter plus énergiquement et à se montrer des adversaires résolus de
l'alcoolisme.

Ils ont mené le combat avec ardeur et ont pris la résolution de
fonder une vaste fédération anti-alcoolique entre les instituteurs publics et privés exerçant en France et dans les colonies. Tous les
membres de ce syndicat devront donner l'exemple de la tempérance,
et en même temps multiplier les cours et les leçons.

Les maîtresses d'école doivent, elles aussi, combattre avec énergie
et persévérance le fléau de l'alcoolisme, parce qu'il atteint de plus
en plus les femmes et les jeunes filles, et parce que l'action de la
femme dans cette lutte peut avoir la plus grande influence.

L'expérience de chaque jour prouve que la guérison de l'alcoolisme n'est pas un monopole réservé seulement au médecin. M. Chauffard a prouvé cette vérité à l'Académie, en 1871, lors du débat qui a été agité sur les ravages du fléau.

« C'est à d'autres que nous, dit-il, à fournir le remède de ce mal honteux. Cette tâche incombe à ceux qui façonnent et qui vivifient l'esprit et le cœur des générations actuelles ; ces générations, il faut les instruire et les moraliser. »

Nous insistons particulièrement sur ce point de notre étude. L'enfant, obligé de recevoir l'instruction soit dans sa famille, soit dans les établissements scolaires, doit y apprendre le danger de l'alcool, les maladies et l'intoxication qu'il amène, avec son horrible cortège d'infirmités incurables, de folie, d'accidents mortels.

L'enfant est essentiellement impressionnable ; il faut agir sur son esprit par les leçons les lectures et les images. Il peut être utile de distribuer à la jeunesse des tracts et des almanachs contenant des maximes anti-alcooliques, des statistiques, etc.

Il est à propos de compléter l'enseignement anti-alcoolique en favorisant les ligues d'enfants où ils apprendront la nécessité de la tempérance.

C'est par erreur, croyons-nous, que les ligues enfantines ont été attaquées au Congrès de Christania par l'instituteur danois C. Wagner. L'expérience de ces dernières années a montré tout le bien qu'on pourrait retirer de ces groupements.

Est-il vrai, comme on l'a prétendu, que la mentalité française redoute les ligues ?

Un fait bien certain, c'est qu'aux appels réitérés adressés à la jeunesse française, les « *primaires* » ont répondu les premiers.

Le mouvement gagne maintenant les « *secondaires* » ; nous espérons qu'il se généralisera.

A Saint-Dié, dans les Vosges, 1.800 enfants viennent de se réunir pour organiser une ligue ; quelques-uns ont marché pendant 4 heures ; d'autres ont traversé la frontière.

Nous avons 50.000 ligues d'enfants et 1.000 sections cadettes.

L'école Nationale d'Auteuil a été le berceau de cette belle œuvre où l'émulation et le sentiment de l'honneur ont plus agi que les circulaires.

Nous citerons les sections Turgot, J.-B. Say, Arago, Colbert, où se sont fondées les associations de la jeunesse tempérante.

Dans ce milieu se sont recrutés 2.000 abonnés d'un journal illustré, *la Jeunesse*, qui prêche à ses lecteurs la tempérance. Les jeunes gens qui fréquentent ces réunions ne se contentent pas de la théorie. Ils se garantissent des tentations des cabarets par des exercices corporels, tels que les jeux d'adresse, l'escrime et la gymnastique. Plus de quinze locaux affectés à cette œuvre ont été ouverts dans Paris, et 3.000 jeunes gens au moins les fréquentent.

A l'asile de Cher-Vésinet on reçoit les ivrognes pour essayer de les guérir. Ce sont surtout ceux qui sortent des asiles d'aliénés et notamment de Ville-Evrard.

Dans la ville d'Avranches, une fédération interscolaire, dirigée par M. Goujon, directeur du Collège, rend de grands services.

Signalons aussi les œuvres de tempérance organisées à Lyon par M. Bouquet, à Montpellier par M. Lenert, à Orléans par le docteur Pochon.

Dans cette dernière ville quelques jeunes collégiens avaient adhéré à la ligue anti alcoolique au moment de sa fondation. Ils sont maintenant au nombre de 200, dont 182 ont signé un engagement d'abstinence totale.

XXX

LE ROLE DU MÉDECIN DANS LA LUTTE ANTI-ALCOOLIQUE

Si l'instituteur a le devoir d'inculquer à ses élèves l'horreur de l'intempérance, s'il doit particulièrement leur montrer dans l'alcool un pourvoyeur de la tuberculose, il ne doit pas rester isolé sur le champ de bataille où se joue l'avenir du pays. Le médecin doit lui servir de second dans le duel où il combat pour la société contre son plus terrible adversaire. L'homme de l'art est appelé tous les jours dans les familles ; on le consulte au sujet de la santé des enfants. A propos des soins qu'il leur prodigue, il saisira l'occasion de leur donner de bons conseils et de les mettre en garde contre les dangers de l'ivrognerie ; aux parents, il recommandera d'exclure l'alcool de l'alimentation familiale.

Lorsqu'en qualité de médecin inspecteur, chargé de l'exécution de la loi Roussel, il pénètre chez les nourrices mercenaires, qu'il s'assure en arrivant souvent et à l'improviste, non seulement de l'état de santé de l'enfant, mais de la qualité de son alimentation de laquelle il proscrira sévèrement toute espèce de boissons distillées. Il ne craindra pas de déclarer au besoin qu'il emploiera son influence à faire reprendre les nourrissons aux femmes qui s'écarteraient de leur devoir.

Le corps médical a soigneusement étudié, depuis quelque temps, la question de l'alcoolisme. Nous sommes loin du Congrès de 1886 où les médecins d'asiles consultés ont, sauf un seul, soutenu l'innocuité des eaux-de-vie « naturelles », particulièrement celles de vin et de cidre. Non seulement les méthodes de Wedie et de Todd sont aujourd'hui presqu'entièrement abandonnées, mais beaucoup de docteurs s'interdisent de prescrire comme toniques le cognac, les bières fortes, le champagne, etc.

C'est au Congrès anti-alcoolique de Bruxelles, tenu en 1897, que le rôle de médecin a été le mieux défini ; un orateur a déclaré que le médecin doit être le protagoniste dans la lutte contre l'alcoolisme.

La science médicale a condensé dans un verdict récent tout ce qui peut contribuer à mettre en lumière les dangers de l'intempérance.

Sous la présidence de M. le professeur Debove, doyen de la Faculté de médecine de Paris, le conseil de surveillance de l'Assistance publique, dans sa séance du 18 décembre 1902, a formulé les résolutions suivantes, au rapport de M. le docteur Faisans, médecin à l'Hôtel-Dieu :

L'alcoolisme est l'empoisonnement chronique qui résulte de l'usage habituel de l'alcool, alors même que celui-ci ne produirait pas l'ivresse

C'est une erreur de dire que l'alcool est nécessaire aux ouvriers qui se livrent à des travaux fatigants, qu'il donne du cœur à l'ouvrage ou qu'il répare les forces ; l'excitation artificielle qu'il procure fait bien vite place à la dépression nerveuse et à la faiblesse ; en réalité l'alcool n'est utile à personne, il est nuisible pour tout le monde.

L'habitude de boire des eaux-de-vie conduit rapidement à l'alcoolisme, mais les boissons dites hygiéniques contiennent aussi de l'alcool ; il n'y a qu'une différence de doses : l'homme qui boit chaque jour une quantité immodérée de vin, de cidre ou de bière, devient aussi sûrement alcoolique que celui qui boit de l'eau-de-vie.

Les boissons dites apéritives (absinthe, vermouth, amers), les liqueurs aromatiques (vulnéraire, eau de mélisse ou de menthe, etc.) sont les plus pernicieuses parce qu'elles contiennent, outre l'alcool, des essences qui sont, elles aussi, des poisons violents.

L'habitude de boire entraîne la désaffection de la famille, l'oubli de tous les devoirs sociaux, le dégoût du travail, la misère, le vol et le crime. Elle mène, pour le moins, à l'hôpital ; car l'alcoolisme engendre les maladies les plus variées et les plus meurtrières : la paralysie, la folie, les affections de l'estomac et du foie, l'hydropisie ; il est une des causes les plus fréquentes de la tuberculose. — Enfin, il complique et aggrave toutes les maladies aiguës : une fièvre typhoïde, une pneumonie, un érysipèle, qui seraient bénins chez un homme sobre, tuent rapidement le buveur alcoolique.

Les fautes d'hygiène des parents retombent sur leurs enfants ; s'ils dépassent les premiers mois, ils sont menacés d'idiotie ou d'épilepsie, ou bien encore ils sont emportés, un peu plus tard, par la méningite tuberculeuse ou par la phtisie.

Pour la santé de l'individu, pour l'existence de la famille, pour l'avenir du pays, l'alcoolisme est un des plus terribles fléaux.

Tels sont les enseignements que le médecin doit propager dans les familles, dans les écoles, dans les hôpitaux. Il sera le premier auxiliaire de l'instituteur ; avec l'autorité de la science il sera, surtout s'il y joint l'exemple, un professeur de tempérance, le plus compétent de tous.

On s'est demandé s'il était utile d'inscrire l'alcoolisme parmi les causes de décès indiquées par les médecins de l'état civil. C'est cette mesure qui a été proposée par M. Fernet à l'Académie de médecine dans sa séance du 3 janvier 1905. Nous voyons, en lisant le compte rendu de la délibération, que les objections ont été très vives. M. Netter estime que les statistiques actuellement publiées par l'administration sont très suffisamment instructives (1). Voilà, certes, un docteur facile à contenter. M. Brouardel, lui, ne croit pas qu'il soit possible de donner satisfaction à M. Fernet sans violer le secret professionnel. Contre l'idée elle même, on ne dit rien : elle est acceptable ; mais, quand il s'agit de la réaliser, on déclare que c'est impossible.

Au premier de ses contradicteurs, M. Fernet répond que, pour l'alcoolisme, les statistiques actuelles donnent 149 décès par an dans les hôpitaux de Paris, alors que dans son seul service il en a compté 142 dans le même temps (l'administration, parait-il, ne fait état que des cas d'alcoolisme aigu, avec *delirium tremens !*). A M. Brouardel il répond que les médecins de l'état civil possèdent des carnets à souches ne portant qu'un numéro d'ordre, sans aucune mention de nom ou de profession : ne pourraient-ils pas inscrire leur diagnostic uniquement sur les souches, et en quoi violeraient-ils le secret professionnel ?

L'Académie a paru prendre en considération les arguments de M. Fernet, dont la proposition a été renvoyée à la commission d'hygiène.

Il nous semble que la mesure proposée serait appelée à produire des résultats très appréciables.

XXXI

LA PROPAGANDE PAR LES AFFICHES, LES TRACTS, LES CONFÉRENCES, LA PEINTURE, LA SCULPTURE, LE THÉATRE, ETC.

Les placards et les images qui mettent sous les yeux des foules, par des tableaux saisissants, les yeux hagards, la tête échevelée, le teint livide, les vêtements en désordre de l'alcoolique, sont certainement à encourager et à répandre :

> « Segnius irritant animos demissa per aurem
> « Quam quæ sunt oculis subjecta fidelibus..... »

Mais l'affiche a quelquefois un défaut, c'est qu'elle semble réserver des châtiments terribles à certaines classes d'ivrognes auxquels chacun des spectateurs se flatte de ne jamais appartenir. Cet écueil a été soigneusement évité dans le résumé, que nous avons cité plus haut, et que le Directeur général de l'Assistance publique et le préfet de la Seine ont fait placarder sur tous les murs de Paris. Cette publicité n'a pas été inutile ; on en a eu la preuve dans l'émotion qui s'est emparée des distillateurs et des négociants en spiritueux. Ils ont même songé à intenter une action en responsabilité à MM. Mesureur et de Selves ainsi qu'à M. Chaix, l'éditeur de l'affiche, en leur réclamant un franc de dommages-intérêts.

Cette menace dérisoire n'a découragé ni les hommes publics ni les hommes privés qui veulent s'enrôler dans l'armée anti-alcoolique, et prendre une part active à la lutte.

Des publicistes instruits et zélés ont mis leur compétence et leur autorité morale au service de la bonne cause. Partout ils ont entrepris de moraliser individuellement des intempérants, dans les intervalles où ils n'étaient pas sous l'empire de l'ivresse ; ils ont institué, dans les villes, même dans des chefs-lieux de canton ou de commune, des causeries familières, quelques conférences aussi peu savantes que possible, avec anecdotes, dessins et projections dans des longues soirées d'hiver à la salle d'école. D'autres moyens ont été mis en œuvre : expériences sur les souris et les lapins ; livres sur l'alcoolisme répandus à profusion dans les bibliothèques populaires ; enfants des écoles plus particulièrement conviés à entendre ces causeries et à voir ces expériences.

Tout le monde a lu le placard que MM. Aherlen, imprimeurs à Vals (Ardèche), ont fait apposer dans toute la France et qui, après avoir cité l'opinion des premières autorités scientifiques, se termine par ces mots :

« Jugez le coupable ! Condamnez-le ! Proscrivez-le ! Supprimez-le ! A bas l'alcool ! »

Les mêmes éditeurs publient d'autres affiches intitulées :

(*Allez voir ! — Savez-vous ? — Avis de l'Académie de médecine. — Primes au consommateur. — Exposition. — Un scandale à l'hôpital. — Que boire en été ? — Aux ménagères. — Recette*).

Il existe, du missionnaire-artiste Christol, une belle affiche que tout le monde connaît : « L'alcool, voilà l'ennemi ! »

Des banderolles de la maison Berger : l'absinthe rend fou, — l'alcool abrutit, l'alcool ruine, l'alcool tue — se vendent à un prix minime (1).

Signalons encore une affiche de la Croix Bleue, en noir et en blanc, avec un fond de drap funèbre, sur lequel se détachent un crâne de squelette et la formule : « L'absinthe c'est la mort.»

Aux affiches peuvent s'ajouter les signets de livre, les enveloppes avec devises, étiquettes gommées, cahiers scolaires, etc. Il est question de fabriquer des boîtes d'allumettes et des éventails pour cafés avec des devises spéciales. Un montreur de guignol a proposé à la Croix-Bleue de faire jouer ses marionnettes dans les patronages scolaires en exhibant « Polichinelle incapable de payer son loyer, parce qu'il a dépensé toutes ses ressources au cabaret ! »

Des maximes anti-alcooliques peuvent être gravées sur les écrans, les éventails, les cadres de photographies, les couteaux à papier, etc.

On pourrait aussi dessiner des timbres anti-alcooliques qui seraient appliqués sur les factures et correspondances commerciales, en évitant toutefois que cette propagande ne ressemble à une réclame destinée à favoriser l'achat de diverses marchandises.

On peut placer des affiches dans les jardins ouvriers, employer pour la propagande les inscriptions électriques qui paraissent et disparaissent, les projections lumineuses, les cartes postales illustrées, les chansons populaires, les images d'Epinal, les almanachs, prospectus, etc.

Des maximes anti-alcooliques seraient apposées sur les jouets d'enfants, sur les enveloppes de l'épicerie et de la parfumerie ; on

____

(1) 30 centimes la pièce.

pourrait, dans ce but, faire appel à la bonne volonté des directeurs de bazars et des grands magasins. En s'assurant le concours bienveillant des administrations publiques, on ferait également figurer ces maximes sur les livrets militaires, sur ceux des caisses d'épargne, sur les carnets de famille qu'on distribue dans les municipalités. Des affiches anti-alcooliques ont été, à un moment donné, apposées dans certains bureaux de poste. Il serait très utile de généraliser cette mesure. Le même procédé pourrait être employé dans les écoles, dans les gares, dans les tramways, sur les rideaux des théâtres, dans les marchés publics, partout où la foule jette les yeux sur les placards consacrés à la réclame.

Si l'alcoolique invétéré reste presque toujours incurable, ces affiches exerceront une suggestion salutaire sur l'alcoolique moyen qui n'est pas encore profondément envahi par le virus éthylique ; elles préserveront l'adolescent, le petit clerc, le télégraphiste, le pâtissier, tous ces enfants que leur profession laisse souvent sans défense sur la voie publique à la merci des tentations malsaines.

Le timbre de cinquante centimes est un obstacle à cette propagande. N'hésitons pas à réclamer l'exemption de cette taxe pour toutes les affiches ayant un but de moralisation sociale. En attendant que cette réforme soit accomplie, et que le ministre des finances consente à se priver d'une source assez appréciable de recettes, nous indiquerons un procédé fort ingénieux pouvant être employé pendant les périodes électorales.

Tout citoyen peut se porter candidat et garnir les murs d'affiches multicolores sans avoir d'impôts à payer. Rien n'empêche de placarder, à cette occasion, des exhortations à la tempérance, dans le genre de celle-ci :

« Electeurs !

« Méfiez-vous de votre ennemi !

« Dénoncez à la vindicte publique le tyran qui vous opprime.

« Fuyez avec horreur son contact, et tenez-vous à distance de ses « atteintes !

« Cet ennemi, c'est l'alcool qui tue, qui ruine et qui déshonore ! »

En apercevant cette circulaire, l'électeur se détourne en souriant, mais la propagande est faite, et la leçon a porté ses fruits sans payer de droits au Trésor.

Il faut, dans les placards anti-alcooliques, mettre en relief des chiffre et des faits saillants. C'est ainsi qu'on pourrait afficher sur les murs que Paris consommait, en 1895, 220.226 hectolitres d'alcool, et que, grâce à la propagande des sociétés tempérantes, il n'en a consommé en 1901 que 156.886, soit une diminution de 700.000 hectolitres en 5 ans ! On ajouterait que pour toute la France, en 1892, on consommait 1. 735.513 hectolitres,et dix ans après en 1902,1.258.951 hectolitres seulement, soit une différence de 476.562 hectolitres.

Les administrations publiques doivent défendre d'affecter les murs de leurs édifices aux affiches annonçant des boissons dangereuses, telles que l'absinthe et tous les apéritifs plus ou moins malfaisants qu'on débite sur les comptoirs. Bien plus, elles doivent se prêter à l'affichage des placards anti-alcooliques, au lieu de les interdire, comme certaines compagnies de chemins de fer.

Des artistes qui prêteraient le concours de leur talent à la propagande anti-alcoolique mériteraient la reconnaissance de leurs concitoyens. Déjà M. Burlon, peintre distingué, a composé un tableau représentant les dangers de l'ivrognerie.

Au Salon de 1902, M. Legrain s'est inspiré du même sujet pour une œuvre de sculpture. Il a représenté un homme frappé d'un accès de *delirium tremens* se convulsant sur le sol, tandis que sa femme et son enfant appellent du secours. Tranquille, indifférent derrière son comptoir, un homme au ventre bedonnant, aux chairs lippues, au visage cynique, continue à emplir des verres de l'odieux breuvage qui empoisonne ses clients et l'enrichit, en même temps qu'il l'érige en une puissance. Au salon de 1906, un sculpteur de talent, M. Jacopin, a exposé « *le soir de paie* ». C'est un groupe représentant un homme ivre que contemplent sa femme et ses enfants.

Ces compositions réalistes ont produit une grande sensation. Puissent-elles servir à la foule comme leçon d'actualité !

On a représenté à Paris, sous les auspices de l'Union française anti-alcoolique et de la Ligue nationale contre l'alcoolisme, une pièce à thèse d'un auteur suisse, M. Walter Biolley.

L'*Araignée*, tel est le titre de ce drame, est jouée depuis très longtemps au pays de son auteur : partout elle a remporté le plus vif succès.

Le titre seul de la pièce fait réfléchir : l'*Araignée*, titre imagé et horrible et pourtant si clair.

Certes, il est bon de prémunir les masses populaires contre l'alcoolisme au moyen de scènes et d'images représentant au naturel le sillon hideux creusé par ce poison sur le visage humain.

En appelant l'art à son secours, la propagande anti-alcoolique accomplit une œuvre salutaire et reprend, sous une forme plus décente et moins barbare, la leçon de choses que Sparte donnait à ses enfants. Mais il ne suffit pas de voir représentés, par des placards sensationnels, les sauvages contorsions et le teint livide de l'alcoolique ; après avoir fixé les yeux sur le tableau grimaçant des vices, il faut prendre, ce qui vaudra mieux encore, la résolution virile de pratiquer la vertu contraire. Pour vaincre l'alcoolisme, la société de tempérance sera plus efficace que le musée des horreurs.

Après les affiches, qui sont le meilleur moyen d'agir sur l'esprit des masses, il faut mettre en œuvre la propagande par la parole. Il n'est pas inutile de faire observer que les orateurs devront se garder des récriminations violentes, et surtout des injures contre les personnes.

Qu'ils aient toujours présents à la mémoire ces sages préceptes de Channing :

« On ne pousse pas de force les hommes à la modération, écrit-il. Que les tempérants deviennent un parti, qu'ils respirent la violence de l'esprit de parti, ils susciteront des adversaires aussi violents qu'eux-mêmes »

Tout en poursuivant cet idéal, il n'est pas défendu de s'attirer des auditeurs par de séduisants programmes : quelques innocents stratagèmes ne nous effraieraient pas.

C'est ainsi que dans le quartier d'une ville maritime, habité par des Bretons, la conférence pourra être annoncée sous ce titre : « Vivent les enfants de l'Armorique ! » ou bien dans une bourgade très patriote on écrira sur l'affiche d'annonce ;

« Citoyens ! la Patrie est en danger ! »

Le conférencier démontrera par a + b que ce danger c'est l'alcool.

Un autre titre humoristique de conférence pourrait être celui-ci :

« L'alcool est un aliment ! »

On verrait alors accourir tous les marchands de vin et tous les débitants de la localité. Quand ils seraient groupés en masse compacte dans la salle, l'orateur justifierait son programme en démontrant que l'alcool alimente les familles de honte, les hôpitaux d'aliénés, les prisons de criminels.

Les conférences seront émaillées d'anecdotes captivantes et d'arguments *ad hominem*. On les interrompra, si c'est possible, par des projections lumineuses éclairant sur la toile blanche les ravages causés dans nos organes par les boissons distillées, des scènes historiques démontrant que la sobriété renferme le secret de la force physique ou intellectuelle. A côté des conférences, il faut multiplier les articles de journaux et les insérer, autant que faire se pourra, dans les feuilles populaires à grand tirage. Malheureusement ces géants de la presse ont souvent des marchés avec les négociants en alcool, ce qui les empêche de se prêter facilement à l'insertion des articles ayant pour but de combattre l'ivrognerie.

Quelquefois même certains journaux ne craignent pas de se livrer à des apologies de l'alcool. On a cité dans des conférences un article du *Siècle* publié en 1895 et conçu en ces termes :

« Le Dr Lancereaux ne nous reconnaît pas le droit à l'apéritif. Et au nom de quoi ? De l'hygiène ! Qu'est-ce que c'est ? Ordonne-t-elle aux gens de se priver de ce qu'ils aiment ?.... Est-ce parce qu'il a des intérêts dans une laiterie de vaches phtisiques, ou dans une Compagnie d'eau, qui est un poison si elle n'est pas bouillie à 150° pendant 5 minutes, qu'il veut nous interdire l'absinthe ? Est-ce qu'elle contient des microbes, comme l'eau de la Vanne, ou telle et telle eau minérale ? »

Reconnaissons cependant, malgré ces regrettables écarts, que la presse, depuis 25 ans surtout, a résisté à la tyrannie des spéculateurs en refusant de subir le joug de l'alcool. C'est ainsi que des publicistes sérieux ont protesté à plusieurs reprises contre ce qu'on pourrait appeler « l'alcoolisme officiel ». Ils ont proposé, au Congrès de 1903, un vœu contre les vins et les punchs dits d'honneur qui s'offrent dans les mairies, les cercles, ou les salons d'hôtels, aux notabilités politiques ou militaires.

Il faut proscrire absolument cet apprentissage officiel de l'alcoolisme, et prouver aux personnages illustres qu'on peut les honorer autrement que par l'absorption, tout au moins inutile, d'un ou plusieurs verres de boissons distillées.

Il en est de même pour l'armée. On doit maintenir, avec l'interdiction de la vente de l'alcool dans les cantines, une campagne énergique destinée à réformer des habitudes fâcheuses, comme celle qui consiste à « arroser » les galons du caporal ou du sergent-major.

On ne saurait nier que les recrues relativement sobres, fournies par les régions vinicoles et les départements montagneux, prennent souvent à l'armée le goût des spiritueux. Toutefois il existe depuis quelques années une grande amélioration sous le rapport de la tempérance, grâce à l'énergie des chefs qui ont su employer à propos l'arme de l'obéissance passive pour enrayer le fléau.

En Hollande, les soldats ivrognes sont privés pendant trois mois du port de leur sabre et ne peuvent se coiffer que du bonnet de police. Tout congé leur est refusé pendant cette période

Au mois de mars 1906, l'empereur allemand a ordonné qu'une brochure publiée par la Société contre l'abus des boissons alcooliques, *Alkohol und Wehrkraft* (L'alcool et les forces défensives de la nation) soit distribuée à tous les jeunes soldats incorporés l'automne dernier. Les officiers sont chargés d'expliquer le texte de cette brochure aux recrues.

Ce sont là de bons exemples à suivre.

XXXII

REMÈDES MORAUX CONTRE L'ALCOOLISME : AMÉLIO-RATION DE LA CONDITION DES OUVRIERS. — SOCIÉTÉS COOPÉRATIVES. — COMPAGNIES DE CHEMINS DE FER. — TRAVAILLEURS DES COLONIES.

Si les patrons font leur possible pour veiller à l'hygiène des ouvriers qu'ils emploient ; s'ils écartent de leurs ateliers les mauvais exemples, et cherchent à y entretenir une atmosphère vraiment saine en éloignant les buveurs incorrigibles, ils auront fait faire un grand pas à la suppression de l'alcoolisme.

Les directeurs d'usines, sans céder à la pression du socialisme, se feront un devoir de ne pas surmener leurs ouvriers, et de limiter sagement les heures du travail. En agissant ainsi, ils ne donneront pas un prétexte à des travailleurs épuisés pour qu'ils aillent chercher au cabaret la distraction et le réconfort.

Les patrons ont un moyen très efficace de faire le vide dans les débits de boissons. C'est d'assurer aux ouvriers un logement décent et salubre. Donner au travailleur l'air, la lumière, le chez soi confortable, c'est combattre indirectement, mais très utilement l'intempérance. N'est-il pas juste de dire avec Jules Simon : « ce qui vaut mieux que la sévérité du patron pour arracher l'ouvrier au cabaret, c'est de rendre le cabaret inutile en rendant la maison agréable (1). »

C'est un très bon remède contre l'alcoolisme que l'amélioration du logement de l'ouvrier. Dans une récente délibération, M. Ambroise Rendu, le distingué conseiller municipal de St-Thomas d'Aquin, a fait ressortir énergiquement la nécessité d'entrer dans cette voie. Le premier soin des représentants de Paris, a-t-il affirmé, doit être de procurer l'assainissement des habitations dans lesquelles s'entasse une population ouvrière toujours plus dense, attirée qu'elle est par les mirages de la grande ville (2).

(1) *Le Travail.*
(2) Quand une chambre est saine et riante à la vue,
    Qu'on y trouve une armoire en linge bien pourvue,
    Un livre sur la table, une lampe le soir,
    On y revient sans peine, on aime à la revoir...
    Mais ce sont les taudis et les foyers sans flamme,
    Les bouges sans soleil pour le corps ni pour l'âme,
    Et ces réduits infects pleins de navrants secrets
    Qui font rester le peuple au fond des cabarets
                (Manuel, *Les Ouvriers*).

On a ouvert de grands boulevards, de larges rues dans certains quartiers de Paris, et l'air comme la lumière y circulent à flots. C'est fort bien, et nul ne pourrait se plaindre de ces améliorations certaines. Mais la population ouvrière qui habitait les logements emportés par l'opération de voirie, où a-t-elle été s'établir ? Ces habitants, jadis entassés dans des taudis, ont-ils loué des appartements dans les beaux immeubles élevés à grands frais, avec des façades séduisantes, en bordure des voies nouvelles ? Nullement ; ils ne pouvaient payer le loyer des appartements qui remplaçaient leurs modestes logements, et, comme beaucoup d'entre eux ne pouvaient non plus s'éloigner du centre de leurs travaux, ils s'entassaient dans les rues adjacentes, augmentant encore le surpeuplement. L'amélioration sanitaire n'a donc été qu'apparente. Pour qu'elle soit réelle, il faut que les maisons ouvertes sur les voies nouvelles puissent être habitées par les locataires expulsés. Il faut donc combiner la démolition des îlots contaminés et la reconstruction, sur place, d'habitations à bon marché, au moins partiellement, affectées aux ouvriers.

Nous ne nous appesantirons pas sur l'augmentation des salaires qui, trop souvent, n'est qu'une tentation de plus, et ne détourne pas de l'ivrognerie ; de même nous ne pouvons attribuer une grande influence anti-alcoolique à la bonne qualité de la nourriture ; on nous répondrait qu'à Paris, où l'ouvrier se nourrit très bien, l'intempérance continue à faire des ravages incalculables.

Mais, en tenant compte de ces réserves nécessaires, on doit désirer voir l'habitation ouvrière s'assainir de toutes façons, les ménagères mieux comprendre leur rôle et mieux instruire leurs filles, et surtout assister à la fondation dans les centres ouvriers des cantines économiques, des cuisines populaires, fournissant à bon compte aux travailleurs, sans perte de temps, des mets simples et bien préparés.

Nous empruntons au *Bien du peuple* de Liège l'énumération des mesures que la société de tempérance « Sobrietas », établie en cette ville, recommande aux patrons pour aider à la lutte contre l'alcoolisme parmi les classes ouvrières.

1. Insertion dans les règlements d'atelier et de chantier d'une clause interdisant, sous peine de renvoi, après un premier avertissement, de prendre et d'apporter des boissons fortes dans les lieux où se fait le travail.

2. Défense à l'ouvrier de tenir un débit de boissons, sans l'autorisation expresse du patron. Souvent l'ouvrier voit, dans le cabaret, une source de gains supplémentaires, alors que ce cabaret mène son ménage à la ruine.

3. Paiement du salaire, au bureau ou au lieu de travail, en mains

propres de chaque ouvrier, et, autant que faire se peut, un jour de la semaine autre que le samedi.

4. Renseigner exactement : *a*) les parents sur le salaire gagné chaque semaine ou chaque quinzaine par leurs fils ; *b*) les ménagères sur le salaire gagné par leurs maris.

5. Remettre aux femmes la totalité du salaire des ouvriers qui se laissent facilement entraîner à la boisson, à condition que ceux-ci y consentent.

6. Mettre à la disposition des ouvriers du café chaud, ou au moins de l'eau pour les moments où les ouvriers prennent leurs repas.

7. Inscrire dans les cahiers de charges qu'une bonne eau potable en quantité suffisante doit être mise à la disposition des ouvriers occupés aux travaux de terrassement, etc.

8. Favoriser de toutes façons l'enseignement professionnel, les écoles ménagères pour les jeunes filles.

Les socialistes eux-mêmes combattent l'alcoolisme, et, se plaçant à leur point de vue, prétendent qu'il fait obstacle à l'émancipation des travailleurs. On sait quel sens l'école socialiste veut donner à ce mot « émancipation ». Il ne s'agit pas, pour ces utopistes, d'assurer aux ouvriers un juste salaire, la liberté du travail et le respect dû à la dignité et aux droits naturels de la personne humaine. Ils veulent aller plus loin, supprimer toutes les inégalités sociales et dépouiller ceux qu'ils appellent les capitalistes pour organiser un enrichissement chimérique des prolétaires. Il est certain qu'une entreprise aussi laborieuse serait difficilement menée à bonne fin par des intempérants ; mais la sobriété n'a pas besoin d'avoir pour mobile le désir d'ébranler les principes sociaux ; elle est aussi très nécessaire aux travailleurs honnêtes qui veulent conserver leurs forces pour se défendre contre la tyrannie des meneurs de grèves ou de jacqueries agricoles et des syndicats rouges qui exercent sur leurs adhérents forcés ou volontaires une tyrannie plus implacable que celle des Rajahs de l'Inde.

Un autre moyen qu'il ne faut pas négliger, c'est l'institution des caisses d'épargne. C'est là un puissant moyen d'action contre l'alcoolisme. L'épargne, en effet, est l'antidote de l'alcool.

Les Caisses d'épargne peuvent user des moyens que la loi met à leur disposition ; il leur est loisible d'employer leurs disponibilités à des œuvres de bienfaisance, de verser leurs fonds de réserve pour les habitations populaires, conformément aux prescriptions de l'article 10 de la loi de 1895. Sur chaque livret de caisse d'épargne il serait bon également d'imprimer en quelques lignes une leçon contre l'ivrognerie.

Les sociétés coopératives de consommation comprennent aussi le bien qu'elles sont à même de réaliser parmi leurs adhérents.

Ces associations constituent un puissant instrument de guerre contre l'alcoolisme. Elles peuvent d'abord, et beaucoup l'ont déjà fait, supprimer l'alcool de leurs approvisionnements. Sans doute, ces procédés ne sont pas adoptés sans quelques objections dont la principale consiste à dire que les coopérateurs peuvent toujours se procurer ailleurs des liqueurs et de l'eau-de-vie. Mais on peut répondre que la seule nécessité de faire une course spéciale donnera le temps de la réflexion et inspirera peut-être la bonne résolution d'accomplir un acte de tempérance.

Les sociétés coopératives formées par les employés et ouvriers des Compagnies de Lyon et de l'Est ont presque toutes supprimé la vente de l'alcool, ou du moins l'ont restreinte dans des proportions considérables.

M. Picard a fait, dans ce but, une campagne énergique, et il a réussi à mettre en garde le nombreux personnel des Compagnies contre des dangers qu'on lui a laissé trop ignorer jusqu'ici. Tout en félicitant les Compagnies françaises des efforts déjà tentés pour la lutte contre le fléau, nous leur demanderons encore davantage, et nous leur signalerons deux mesures réclamées par les Congrès; d'abord, la suppression des wagons-bars qu'on voit circuler même sur des lignes de banlieue au parcours restreint, comme si un voyageur ne pouvait pas faire quatre ou cinq kilomètres sans absorber des liqueurs spiritueuses. Nous pourrions aller plus loin et demander la suppression du débit de l'alcool dans les gares, tout en reconnaissant qu'il est assez difficile de refuser un verre de liqueur après les repas dans les buffets et les wagons-restaurants. Mais on pourrait au moins interdire de vendre, dans l'enceinte des gares, aux agents de la Compagnie, des apéritifs comme le vermouth et l'absinthe.

On cite une excellente circulaire que M. Noblemaire, directeur de la Compagnie P.-L.-M., vient d'adresser dans ce sens à ses subordonnés.

Au 16ᵉ Congrès des employés de cette Compagnie, le vœu suivant a été adopté à l'unanimité :

Considérant que les Sociétés coopératives ont pour mission l'amélioration de la situation matérielle et morale de leurs membres ;

Considérant que la lutte contre l'alcoolisme est un des moyens les plus efficaces pour assurer cette amélioration ;

Le Congrès invite les sociétés fédérées à aider à la campagne antialcoolique ;

Autorise le conseil fédéral à affilier définitivement notre groupement à la Fédération nationale anti-alcoolique en formation, et à lui donner l'appui de la Fédération.

En Belgique, on ne fournit pas d'alcool dans les buffets.

Si les contrats existants doivent être observés, les Compagnies peuvent, à l'avenir, insérer dans leurs marchés avec les entrepreneurs d'alimentation, des clauses interdisant la vente des spiritueux. Elles peuvent aussi limiter le nombre des cantines.

Dans le personnel des chemins de fer, l'alcoolisme est malheureusement entretenu par une camaraderie mal comprise, par l'ignorance de la véritable hygiène, et surtout par la mauvaise habitude des expéditeurs d'échanger avec les agents subalternes des consommations dans les cabarets voisins de la gare, ou, si les agents ne peuvent pas sortir de l'enceinte, de leur offrir des bons de café ou de liqueurs.

Il y a longtemps qu'on réclame des Compagnies d'interdire sévèrement l'entrée des gares aux ivrognes.

Les conférences au personnel ne sont certainement pas à négliger, mais ce n'est pas un moyen d'action très pratique, car il est difficile de demander à un employé, qui a fait dix heures de service pénible, d'assister à une conférence de 9 à 11 heures du soir pour reprendre son service le lendemain matin à sept heures.

Ne quittons pas ce sujet sans dire un mot des travailleurs agricoles aux colonies. On sait quels ravages l'alcool exerce parmi les nègres auxquels l'Europe civilisée distribue, hélas ! trop facilement le poison perfectionné qui leur fait délaisser leurs distilleries primitives. C'est ainsi que la France elle-même transporte en Guinée pour plus de 500.000 francs d'alcool par an, et que dans ces contrées, le rhum est considéré comme une véritable monnaie qui remplace l'argent dans les échanges.

A Madagascar, le général Gallieni s'est mis lui-même à la tête du mouvement anti-alcoolique ; et l'on sait quel développement le fléau a pris dans la grande île africaine.

Depuis quelques années la vente de l'alcool a été et reste interdite dans tout l'archipel des Iles-sous-le-Vent (comme du reste aux Marquises, et aux Iles Basses ou Tuamotu). L'arrêté prohibant cette vente a été enregistré par le *Journal officiel* de la colonie par le gouverneur, M. Gallet, qui n'a pas craint de braver la haine des marchands d'alcool. Une loi serait encore plus sûre.

XXXIII

CONGRÈS ET LIGUES ANTI-ALCOOLIQUES

Un des derniers Congrès de l'Union française anti-alcoolique avait été tenu à Brest le 16 novembre 1902 sous la présidence de l'amiral Reveillère.

Le 28 octobre 1903 a été ouvert à Paris le grand congrès anti-alcoolique dont nous avons suivi les travaux avec un très vif intérêt.

La séance d'ouverture a été présidée par M. Casimir Périer. Plus de cinq cents personnes assistaient à la séance.

Sur l'estrade avaient pris place M. Cheysson, membre de l'Institut ; M. Bérenger, sénateur ; le professeur Lancereaux, président de l'Académie de médecine ; le professeur Debove, doyen de la Faculté ; le docteur Brouardel, ancien doyen ; le professeur Landouzy, les docteurs Bourillon, Gilbert, Foley, de la Faculté de Lille ; Gourbaud, Poiton-Duplessy, M. Eugène Rostand, M. Baudrillart, inspecteur de l'enseignement ; M. Aynard, vice-président de la Chambre des députés, le docteur Berillon, MM. Matter, Roubenowitch, Louis Rivière, etc.

Le bureau est alors ainsi composé :

Président d'honneur : M. Casimir Périer.

Vice-présidents d'honneur : MM. Debove, Lancereaux, Mesureur.

Président : M. Cheysson, président de la Ligue nationale anti-alcoolique.

Vice-présidentes : Mmes Duclos, Legrain.

Vice-présidents : MM. Baudrillart, Docteur Bérillon, Henri Joly, Matter, Roubenowitch.

Secrétaire général : M. Riémain.

Secrétaires généraux adjoints : MM. Barbey, Beauchamps.

Trésorier : M. Ferrand.

Nous combattons l'alcoolisme de Dunkerque à Vintimille, a dit M. Casimir Périer, en ouvrant la première séance de ce mémorable Congrès.

Mais que le Nord se rassure : nous sommes bien loin de méconnaître que l'alcool est une richesse nationale. L'alcool est un merveilleux agent de lumière et de force. Ce que nous demandons, c'est qu'on en remplisse les lampes et les réservoirs des automobiles et *qu'on ne le verse pas dans les estomacs.*

Que le Midi se rassure. Nous sommes bien loin de méconnaître que le vin est une richesse nationale ;... ce que nous demandons, c'est que celui qui le produit ou le vend ne le frelate pas, c'est que celui qui le consomme en use avec modération, et *qu'à boire trop souvent à la santé de ses amis, nous ne détruisions pas et la nôtre et la leur...*

L'orateur demande à toutes les sociétés anti-alcooliques de se fédérer dans une alliance d'hygiène sociale.

M. Cheysson prend ensuite la parole avec toute l'autorité que lui assure son dévouement à toutes les grandes œuvres sociales ; puis, après l'élection du bureau, M. Barbey, avocat, donne lecture d'un rapport général sur le rôle des diverses sociétés de tempérance.

Mgr Latty, évêque de Châlons, a fait un éloquent appel aux mères pour préserver l'enfance de l'alcool.

Puis le Congrès a émis différents vœux empreints d'un excellent esprit.

Nous signalerons le Congrès mutualiste de l'hygiène sociale qui s'est tenu à Saint-Étienne.

Au Congrès de Paris de 1903, un orateur a proposé que les sociétés anti-alcooliques, dûment approuvées, soient autorisées à poursuivre directement en justice les contraventions qui seraient commises par les cabaretiers. Nous ne faisons point d'objections à cette mesure qui pourrait avoir de très bons effets. Il est important, toutefois, de faire remarquer que l'approbation spéciale de ces sociétés ne paraît pas nécessaire pour leur permettre de remplir leur bienfaisante mission.

La loi du 1ᵉʳ juillet 1901, par ses articles 1, 2 et 3, permet de former des associations de personnes en vue d'un objet licite. On pourrait donc accorder le droit de poursuite aux sociétés anti-alcooliques sans leur imposer aucune condition particulière.

Il ne serait pas impossible non plus de concéder aux ligues anti-alcooliques le droit d'intenter des actions devant les tribunaux à fin de demander réparation pour les troubles et dommages causés par l'alcool.

900.000 bouilleurs de cru !

800.000 cabaretiers !

Telle est l'armée imposante qu'il faut combattre par l'association et par la mutualité. Concentrons tous nos efforts contre un ennemi si puissant.

Une seule association a obtenu la déclaration d'utilité publique :

c'est la Société française de tempérance. Il importe d'agglomérer autour de ce noyau central toutes les sociétés anti-alcooliques pour constituer une fédération nationale, un syndicat des champions de la tempérance. Ce sera la coalition des dévouements qui se consacrent à la préservation sociale, et chaque groupement, sans faire le sacrifice de son autonomie, se rangera sous le même drapeau.

Ainsi, multiplions les ligues, et suscitons entre elles une salutaire émulation, tout en nous occupant de concentrer et de coordonner leurs efforts (1).

(1) Le bureau de la Ligue nationale contre l'alcoolisme (Société française de tempérance) est composé de :

Président : M. le docteur Gouraud ; vice-présidents : MM. Gaufrès, Jules Siegfried, docteur Audigé, docteur Jacquet ; secrétaire général : M. le docteur Emile Philbert ; secrétaires généraux adjoints : MM. Frédéric Riémain, docteur Boeser ; secrétaire des séances ; M. Ab. Vire ; bibliothécaire-archiviste : M. le docteur Cruet ; trésorier : M. Barlunmieux.

XXXIV

LA MORALE RELIGIEUSE ET L'ALCOOLISME

Si le clergé a pu paraître hésitant dans la part qu'il a prise à la lutte anti-alcoolique, c'est que la religion a toujours inscrit le devoir de la tempérance au nombre de ses préceptes ; aussi bien des prêtres se demandaient s'il était nécessaire de condamner spécialement une des formes de la gourmandise, déjà signalée comme vice capital. C'était cependant une erreur, et les catholiques n'ont pas tardé à comprendre qu'il n'était pas à propos de laisser aux protestants le monopole de la lutte.

En Amérique, Mgr Ireland, encouragé directement par le Saint-Siège, a dirigé une campagne très suivie contre le danger des cabarets. A la suite de ses exhortations, plusieurs sociétés de tempérance ont été créées, et sont aujourd'hui florissantes. La plus considérable, la *Catholic total Abstinence Union*, créée à Baltimore en 1872, compte aujourd'hui 56.000 membres. Dans plusieurs *meetings*, présidés par le cardinal Gibbons, des résolutions viriles ont été prises par des assistants qui ont souscrit en masse aux engagements proposés.

La « Ligue de la Croix » a été organisée en Angleterre par le Cardinal Manning pour mettre en pratique les éloquentes adjurations du P. Mathew.

Le premier dimanche de chaque mois, il est donné lecture, dans toutes les églises du royaume, des différentes résolutions que les fidèles peuvent prendre pour lutter contre l'alcoolisme, et des degrés plus ou moins élevés que comporte la tempérance : faire un acte déterminé de privation relatif à la boisson, ne jamais demander d'alcool dans un public-house, ne pas prendre d'alcool entre les repas, s'abstenir de boissons alcooliques le vendredi, s'abstenir de boissons alcooliques autres que la bière, s'engager pour un an à l'abstinence totale, s'engager à l'abstinence totale pour la vie.

En Suisse, les évêques catholiques se sont réunis en 1893, et ont adressé à leurs fidèles un mandement collectif dû à la plume de Mgr Egger, évêque de Saint-Gall, qui avait été quelques mois auparavant délégué par le Pape au Congrès de Bâle contre l'alcoolisme. Une société suisse catholique de tempérance a été fondée à la suite de ce mandement.

Les évêques belges enfin, réunis en Congrès à Malines, le 8 mars 1895, pour élaborer un programme commun de réformes sociales, ont inscrit, dans leur septième résolution, « l'établissement de sociétés de tempérance et la propagande anti-alcoolique ».

Aujourd'hui l'épiscopat français n'hésite pas à suivre le mouvement.

L'archevêque de Rouen, les évêques de Coutances et de Saint-Brieuc, le zélé Mgr Latty, évêque de Châlons, qui a pris une part brillante au Congrès de 1903, Mgr Turinaz dont l'ouvrage si consciencieux : *Trois fléaux de la classe ouvrière*, devrait être répandu dans les ateliers, ont tout essayé pour sanctionner de leur autorité la lutte contre l'intempérance. Ils usent de leur influence sur les patrons, sur les chefs de famille, pour rappeler en toutes circonstances combien le devoir de la sobriété s'impose, surtout de nos jours. Qu'il soit interdit aux ecclésiastiques, comme cela se pratique dans certains diocèses, de distiller tout ou partie de leur récolte, nous ne nous en indignerons pas, et nous y verrons l'indice d'une heureuse évolution.

Au mois de janvier 1903 M. Roux, docteur en droit, avocat à la Cour d'appel d'Amiens, président de la Société picarde de tempérance, délégué de la Fédération française de la Croix-Blanche, a fait une conférence anti-alcoolique à Châlons sous la présidence de Mgr Latty.

Au dernier Congrès anti-alcoolique, un pasteur protestant du Gard a terminé son discours en adjurant « ses frères du clergé catholique » de se lever en masse contre l'ennemi commun. « L'alcool, a-t-il dit, est votre ennemi tout autant que le nôtre. *Videz les cabarets, vous remplirez les églises* » (C'est le titre d'une brochure d'un prêtre du diocèse de Séez). La péroraison a été vivement applaudie.

Nous citerons aussi ces mots d'un prêtre du diocèse d'Evreux : « Le clergé s'adonnera aux sociétés de tempérance, avec la même ardeur qu'il déploie dans d'autres œuvres sociales, le jour où il constatera, par des faits, des résultats positifs et précis, l'utilité réelle de ces sociétés. »

La religion est la grande consolatrice des blessés qui tombent sur les champs de bataille de la vie, des infirmes arrêtés dans leur route, les pieds déchirés par les ronces du chemin. Il lui appartient aussi de retenir les égarés sur les bords des abîmes et de leur montrer spécialement le danger de ce fléau de l'alcoolisme qui n'a pu se propager que par la méconnaissance des lois de la morale religieuse, ces lois dont la puissance affranchit l'esprit humain des vices dégradants et des irrémédiables déchéances.

XXXV

CONCLUSION

Nous demandons qu'en France on se décide à tenter un effort sérieux contre l'alcoolisme.

Le meilleur remède, à notre avis, c'est d'instituer le sytème de Gothembourg et de s'attaquer surtout aux cabarets, d'abord en limitant leur nombre, puis en les soumettant à une réglementation très sévère.

Il faut supprimer impitoyablement le privilège abusif des bouilleurs de cru. On pourra peut-être essayer ensuite de créer le monopole de la vente au détail.

L'Etat rachèterait les petits alambics, et interdirait le transport et la vente de ces appareils dangereux sous des peines draconiennes.

Des distilleries régionales seraient organisées ; on autoriserait le cultivateur à y vendre pour un prix très avantageux sa récolte de raisin et de pommes, ou son marc, s'il le préfère.

Cette mesure permettrait d'essayer le monopole de la vente en gros.

En abrogeant la loi déplorable de 1880, on établira des « *Samlags* » qui se substitueront aux débitants de boissons préalablement expropriés.

Pour diminuer la consommation de l'alcool, et ne laisser livrer au public que des boissons hygiéniques, ou tout au moins des produits non frelatés, l'administration ne saurait mieux faire que de mettre en pratique les conclusions de la commission désignée par le Sénat pour l'enquête de 1887.

Ces conclusions se résument ainsi :

1° Suppression du privilège des bouilleurs de cru ;

2° Mise hors d'usage de l'alambic pendant les périodes de chômage soit par l'apposition des scellés sur les ustensiles, soit par le dépôt du chapiteau ou de toute autre pièce essentielle dans un local désigné à cet effet par l'administration ;

3° Interdiction de la circulation de tous les alcools, eaux-de-vie, liqueurs, reconnus par l'analyse chimique nuisibles à la santé ;

4° Organisation d'entrepôts ou d'établissements de rectification ayant la faculté de délivrer des récépissés négociables ;

5° Obligation du contrôle hygiénique pour les alcools fabriqués ;

6° Les raisins secs employés à la fabrication des vins seront imposés à raison d'un produit moyen de 3 hectolitres par 100 kilogrammes à l'entrée ;

7° Le taux actuel des licences sera majoré jusqu'au quadruplement.

Nous insisterons surtout sur la nécessité de mesures à prendre pour restreindre et entraver la vente de l'absinthe.

Imitons le salutaire exemple de la Belgique, et proscrivons sans pitié ce poison vert auquel on pourrait appliquer le mot d'Edmond Burke : C'est un architecte en ruines.

Nous proposons encore que tout alcool de distillerie industrielle ou de bouillerie soit frappé d'un droit de fabrication (accise) non exclusif des droits d'octroi, qui ne pourra être inférieur à 200 francs par hectolitre à 100 degrés.

Des dispositions spéciales seront prises pour exonérer l'alcool destiné aux usages industriels.

Toute boisson fermentée d'un titre alcoolique supérieur à 2 pour 100 devra acquitter un droit de consommation proportionnel à la quantité d'alcool qu'elle renferme.

Seront fortement dégrevées les matières premières des boissons vraiment hygiéniques : café, cacao, thé.

La totalité des sommes ainsi perçues sera aussi exclusivement que possible affectée à des œuvres d'assistance. Par ce moyen, qu'applique timidement le système suisse (emploi du dixième) et que préconisait le projet Guillemet (emploi du cinquième), l'État ne pourra plus être accusé de ne taxer l'alcool que dans un but purement fiscal ; il se placera à la tête d'un mouvement moralisateur.

Les ressources venant de l'alcool seront employées à réparer et à prévenir les méfaits de ce même alcool.

En tête des modes d'emploi des revenus en question, se placerait le rachat des licences, la fondation d'établissements spéciaux pour alcooliques, des subventions aux sociétés de tempérance, des indemnités ou primes aux agriculteurs.

La taxation des alcools et boissons alcooliques pourrait recevoir d'ailleurs pour première base l'évaluation approximative de ces diverses charges, en y adjoignant le déficit dû au dégrèvement des boissons réellement hygiéniques et aux virements effectués.

Afin que le commerce de gros ne pût se substituer aux détaillants, comme cela s'est fait en Angleterre, tout possesseur d'une licence devrait tenir *lui-même* son débit.

L'élévation du taux des licences serait amplement justifiée par la diminution de la concurrence.

Il conviendrait encore, dans le même but restrictif, d'adopter le principe de l'option locale, la loi ne fixant au nombre des débits qu'une limite maxima que les électeurs pourraient abaisser au gré de leurs convenances.

Seraient soumis aux taxes des débitants, les charbonniers, épiciers, etc., tenant comptoir ou vendant à emporter ; les restaurateurs vendant les boissons distillées.

Dans les grandes villes, les débits devraient fermer à onze heures, sauf ceux qui sont situés à proximité des théâtres et des gares. Dans les petites villes et bourgades, la vente cesserait en hiver, neuf heures, en été, six heures avant le lever du jour. Défense de servir à boire aux jeunes gens n'ayant pas dix-huit ans, et aux gens ivres. Dans les débits de tout ordre, la hauteur des plafonds devrait être suffisante pour assurer aux consommateurs un cube d'air convenable, et la ventilation devrait s'opérer largement, à l'aide d'un des nombreux procédés connus.

Le débit des boissons spiritueuses serait interdit dans les édifices publics, les casernes, les arsenaux, les ateliers de chemins de fer, etc.

Interdiction d'afficher et de publier des réclames pour liqueurs.

Tout buveur d'habitude doit être interné d'office dans un établissement spécial dès qu'il est démontré que son intempérance ne lui permet plus de subvenir à ses besoins et à ceux de sa famille, ou qu'elle crée un danger. L'internement sera précédé d'une enquête judiciaire et d'une expertise médicale. Durant l'internement, qui devra être *suffisamment prolongé*, le buveur sera frappé d'incapacité.

Lorsque l'internement aura été appliqué plus de trois fois, il deviendra nécessaire de placer le buveur dans un établissement pour alcooliques incurables, mais après expertise médico-légale contradictoire.

A sa sortie, le buveur guéri sera affilié à une société de tempérance. S'il est sans ressources, on le remettra aux mains d'une société de patronage.

En dehors de l'enseignement anti-alcoolique dans les écoles, qui est du ressort d'une législation spéciale, les inspecteurs provoqueraient la formation de ligues scolaires de tempérance (abstinence des spiritueux ; usage modéré des boissons fermentées).

Subvention des départements ou des municipalités aux sociétés de tempérance, recrutement des employés d'État parmi les membres

des sociétés de tempérance ; obligation pour les compagnies subventionnées et qui ont charge d'existences (chemins de fer, transports
maritimes, etc.) d'agir de même.

Dans les villes, obligation par les propriétaires de ne mettre en
location que des logements facilement accessibles, suffisamment
spacieux, bien éclairés et bien aérés, pourvus d'eau, contenant une
pièce spéciale pour la cuisine, laquelle sera bien ventilée. Primer les
immeubles ouvriers qui répondront le mieux aux indications de
l'hygiène. Fermer d'office, avec ou sans indemnité, les maisons ou
les logements noirs, incommodes et malsains, comme il en est tant
dans les grands centres.

Toutes ces mesures seront acceptées par l'opinion, surtout si l'on
favorise la propagande anti-alcoolique.

La sous-commission extra-parlementaire des alcools, qui s'est réu-
nie en 1905 au ministère des finances, avait pour mission de s'occuper des réformes morales et sociales. Cette assemblée a émis les
vœux suivants dont la plupart doivent être approuvés sans réserve.

1° *Moyens préventifs.*

I. — Etant donné que c'est surtout en agissant sur l'enfant qu'on
a le plus de chance d'ensemencer les bonnes habitudes et d'extirper
les mauvaises, il y a lieu de constituer, dans l'école et hors de l'é-
cole, un enseignement spécial, c'est-à-dire un ensemble de conseils
et de recommandations contre les dangers de l'abus de l'alcool sous
toutes ses formes, et notamment des liqueurs à essences, à la condition expresse que cet enseignement se borne à prêcher la tempérance et la modération, en s'abstenant de toute exagération susceptible d'en compromettre le succès ou d'en dénaturer le sens.

II. — Il y a lieu, pour les pouvoirs publics et pour l'initiative
privée, d'entreprendre et de poursuivre une série de réformes économiques et sociales, de nature à rendre aux populations laborieuses
la vie plus facile, plus hygiénique, plus attrayante, moins précaire
et moins pénible, grâce à une alimentation plus copieuse et plus
appétissante, à une habitation plus saine et plus gaie, à une sécurité
mieux garantie ; par tous les moyens, en un mot, de nature à attacher
davantage le travailleur à son foyer, à sa famille, et à lui faire perdre
le goût des plaisirs grossiers et des basses consolations dont il ne
sentira plus aussi vivement le besoin tentateur.

Parmi ces moyens, on doit mentionner, à titre indicatif :

A. — Construction de maisons salubres ;

B. — Assainissement méthodique des maisons existantes ;

C. — Application rigoureuse de la loi du 15 février 1902 sur la santé publique ;

D. — Expropriation des zones infectées, lorsque la mortalité y atteint un certain taux ;

E. — Ouverture du droit pour le propriétaire et pour le locataire d'invoquer l'insalubrité comme cause de résiliation de bail ;

F. — Surveillance sévère de l'hygiène et de l'aération des ateliers, usines, bureaux, magasins, etc. ;

G. — Tarifications réduites pour les petits logements, au point de vue, par exemple, de la distribution de l'eau ;

H. — Perfectionnement de l'outillage sanitaire de la maison (éviers, fourneaux, séchoirs, évacuation des ordures ménagères, water-closets, bains-douches, cours, armoires, etc.), de façon à rendre les logements ouvriers faciles à bien tenir et agréables à habiter ;

I. — Orientation de l'enseignement primaire, en lui donnant pour but la formation de la ménagère et en le couronnant par l'enseignement ménager sous toutes ses formes ;

J. — Développement incessant des moyens de transport rapides et économiques, permettant de déverser aisément et aux moindres frais dans la campagne le trop plein des grandes villes encombrées ;

K. — Encouragement effectif aux sociétés qui entreprennent la création d'habitations à bon marché, de jardins ouvriers et de cités-jardins ;

L. — Dégrèvement des denrées alimentaires, telles que viande, beurre, sucre, café, etc. ;

M. — Précautions judicieuses en vue de la distribution des heures de travail et des jours de paie afin de favoriser le plus possible la vie de famille.

N. — Consécration légale du repos hebdomadaire, fixé de préférence au dimanche, dans les conditions compatibles avec les exigences des services publics et de la vie sociale, et complété par la faculté de disposer, à la mode anglaise, de l'après-midi du samedi, afin de permettre à l'ouvrier de s'occuper de ses affaires personnelles, et à la ménagère de faire ses emplettes, la fermeture des magasins le dimanche étant devenue ainsi pratiquement possible ;

O. — Distribution de café (ou de thé) chaud et sucré dans les ateliers des pays froids et humides ;

P. — Création de cercles régimentaires à l'intérieur des casernes ;

Q. — Encouragements aux sociétés de sport, de gymnastique, de tir, aux orphéons, sociétés chorales ou musicales, bibliothèques et théâtres populaires, salles de lectures ou de conférences, etc. (1) ;

(1) L'efficacité de ces moyens peut être contestée.

R. — Institutions de prévoyance et de défense contre les crises de la vie : sociétés d'épargne, retraites ouvrières, assurances contre le chômage ou la maladie, assurances en cas de décès, etc.

III. — Parallèlement à ces réformes, il y a lieu de développer et de modifier les programmes scolaires en vue d'enseigner aux enfants comme aux adultes, à dominer leurs instincts, à n'abuser de rien, et à garder toujours et partout le respect d'eux-mêmes et d'autrui de façon, en un mot, à faire l'éducation du caractère et de la volonté.

2° *Moyens curatifs.*

Parmi ces moyens, il convient de citer les suivants :

I. — Réglementation rigoureuse des débits de boissons, au point de vue de la fraude, des abus, et de la moralité, avec la suspension ou la fermeture comme sanction des délits constatés.

II. — Application stricte de la loi de 1880, complétée par la reconnaissance d'un caractère d'obligation impérative à l'article 9, qui donne aux pouvoirs administratifs le droit de constituer des zones préservées, en dedans desquelles aucun débit nouveau ne pourra s'établir (1).

III. — Organisation d'une surveillance sévère des commerces auxquels est annexé un débit de boissons (épiciers, charbonniers, buralistes), en particulier au point de vue du jeu clandestin.

IV. — Application effective de la loi de 1873 sur la répression de l'ivresse publique.

V. — Création d'asiles spéciaux où seraient soignés, comme des malades, les alcooliques de bonne volonté, désireux de guérir, et aussi les ivrognes récidivistes condamnés à l'emprisonnement pour infraction à la loi de 1873, etc...

Il faut, selon la formule heureuse de l'auteur d'une étude récente,

Eloigner l'individu de l'alcool ;

Eloigner l'alcool de l'individu.

N'oublions pas que l'alcoolisme est d'abord le fait du vice, mais qu'il tient aussi à des causes extrinsèques : difficultés de l'existence dans les villes « tentaculaires », comme les appelle Varhœren, logements malsains, désespoir de trouver un foyer misérable sans pouvoir lui donner une parure attrayante.

Que l'alcool ne soit plus le maître de l'Etat, du Parlement, de l'électeur ! Quand l'électeur sera persuadé, nous pourrons renverser le rôle.

En 1899, M. Siegfried a présenté au Sénat une proposition de loi

---

(1) L'abrogation de cette loi serait la meilleure solution.

qu'il avait fait étudier par le conseil de la Ligue nationale contre l'alcoolisme.

En voici les principales dispositions :

« ART. 1ᵉʳ. — A partir de la promulgation de la présente loi, toute personne qui voudra ouvrir... un débit de boissons à consommer sur place devra être autorisée... par le préfet après avis de la commission départementale du conseil général et du procureur de la République... Aucun débit à consommer sur place ne pourra être établi dans des locaux consacrés à un autre commerce, ou communiquant avec ceux où le débit est installé.

« L'autorisation sera subordonnée, jusqu'à ce que le nombre des établissements ait été réduit au chiffre fixé par l'article 2, à la condition de racheter un ou plusieurs débits existant à titre permanent à Paris dans l'arrondissement, et ailleurs dans le canton.

« Les débitants actuels ne sont pas soumis à l'autorisation.

« Toute mutation par voie de cession entraîne une autorisation nouvelle.

« En cas de décès ou d'incapacité personnelle du débitant, le successeur du gérant devra être agréé par... le préfet...

« Aucun débit actuellement existant ne pourra être déplacé sans autorisation.

« Aucune autorisation de déplacement ne sera donnée si le débit pour lequel on la demande est joint à un autre commerce, et si ce débit existe depuis moins de 5 ans.

« ART. 2. — Tant que le nombre des débits sera supérieur à un pour 300 habitants, il ne pourra être accordé qu'une autorisation pour trois vacances, à Paris dans l'arrondissement, et pour les départements, dans le canton.

« Lorsque le chiffre ci-dessus sera atteint, il ne pourra être accordé d'autorisation qu'en remplacement d'un débit existant.

« Tout débit qui, par suite de décès, faillite, cessation de commerce ou autre cause, a cessé d'exister depuis plus de six mois, est considéré comme supprimé et ne peut plus être transmis...

« ART. 7. — ..... Les maires pourront interdire l'emploi des femmes autres que la femme ou les filles du débitant dans les locaux destinés au public.

« ART. 10. — Tous cafetiers, cabaretiers et autres débitants de boissons à consommer sur place, qui fourniront sciemment à des femmes ou filles de débauche, employées ou non dans leurs établissements, le moyen de s'y livrer à la prostitution, seront condamnés à un emprisonnement de 3 mois à 2 ans, et à une amende de 100 à 1.000 francs.

« La fermeture du débit sera ordonnée. »

Les autres articles du projet sont consacrés aux pénalités destinées à sanctionner la loi.

La prohibition absolue peut produire d'excellents effets, surtout dans les campagnes.

L'option locale serait une très utile innovation. Aux Etats-Unis, comme nous l'apprend M. Dupré-Latour, la loi est ordinairement soumise au vote populaire par voie de referendum, soit à intervalles réguliers, — tous les ans dans le Massachusetts, l'État toujours cité comme modèle en fait d'option locale,— soit lorsqu'un certain nombre d'électeurs pétitionnent en ce sens (Rhode Island).

Nous avons étudié plus haut les avantages de ce système qui pourrait donner de bons résultats en France.

Le dernier Congrès anti-alcoolique tenu à Paris, à la fin d'octobre 1903, a émis à l'unanimité le vœu que partout où l'option locale serait pratiquée, les femmes fussent admises au vote.

Le Congrès de 1903 a émis des vœux soigneusement étudiés. Voici les principaux :

1° Que la loi limite le nombre des débits de boissons ; qu'elle interdise l'annexion accessoire d'un débit à un établissement commercial et aux débits de tabac ;

2° Qu'elle ne reconnaisse pas les dettes pour la vente en détail et la consommation des boissons distillées ;

3° Qu'elle rende les débitants dans l'établissement desquels un buveur se sera enivré civilement responsables, s'il y a lieu, des crimes ou délits commis par ce buveur ;

4° Que le privilège des bouilleurs de cru soit supprimé ;

5° Que l'Etat favorise l'emploi industriel de l'alcool, notamment par la diminution des droits sur l'alcool dénaturé ;

6° Qu'il soit créé, en vertu de la loi sur les aliénés soumise aux délibérations du Parlement, un certain nombre d'asiles spéciaux pour alcooliques ;

7° Que l'article 2 de la loi du 23 janvier 1873 sur l'ivresse publique soit modifié de manière à permettre aux tribunaux de prescrire l'internement dans ces asiles pour une durée à déterminer des inculpés visés par le susdit article ;

8° Que des subventions soient accordées sur un crédit spécial aux sociétés anti alcooliques ;

9° Que les sociétés anti-alcooliques, dûment autorisées à cet effet, reçoivent la faculté de poursuivre directement, de concert ou en concurrence avec la police municipale, les infractions aux lois et règlements sur la tenue des cabarets.

10° Que les préfets usent plus fréquemment du droit que leur confère la loi du 5 avril 1884 pour organiser dans leur département un minimum de réglementation des cabarets ;

11° Que les caisses d'épargne secondent les pouvoirs publics dans la lutte contre le fléau.

Le Congrès, sur la proposition du docteur Landouzy, a manifesté le désir que les œuvres établies pour combattre la tuberculose s'unissent intimement aux sociétés anti-alcooliques.

Au sujet des ravages de l'alcoolisme sur la petite enfance, les membres de l'assemblée adoptent le vœu :

Que les inspecteurs des nourrices et des nourrissons se fassent un devoir impérieux de retirer le livre de garde ou de nourrice à toute femme qui serait intempérante ou qui introduirait dans l'alimentation des enfants qui leur sont confiés soit du vin, soit toute mixture alcoolique.

Le Congrès émet également le vœu que dans les grandes réunions, telles que les concours d'orphéons et de gymnastique, on supprime des programmes les punchs d'honneur qui sont comme un apprentissage officiel de l'alcoolisme.

Considérant que le taudis est le pourvoyeur du cabaret, l'assemblée recommande le développement des sociétés d'habitation à bon marché et l'assainissement des logements existants.

Le Congrès, effrayé des ravages causés par l'alcoolisme inconscient dû aux préjugés invétérés sur l'utilité ou l'innocuité du bon alcool absorbé à petite dose, signale aux gens sobres de toutes les classes de la société le danger que présente l'usage même modéré, mais habituel, des boissons alcooliques.

. L'assemblée, considérant que la sécurité de l'exploitation dans les compagnies de chemins de fer repose sur la sobriété des agents, félicite les administrations des compagnies de chemins de fer des mesures qu'elles prennent pour la lutte contre l'alcoolisme ; exprime le vœu qu'elles encouragent les sociétés anti-alcooliques formées entre les agents des chemins de fer, et les sociétés coopératives de consommation qui inscrivent dans leurs statuts des garanties contre l'alcoolisme.

Le Congrès invite les clients des chemins de fer à s'abstenir de la funeste pratique qui consiste à offrir des consommations alcooliques aux agents chargés des réceptions ou de l'expédition des marchandises.

Le Congrès émet le vœu que les compagnies suppriment les bars à l'expiration des contrats, tiennent la main à l'interdiction de la vente des spiritueux aux agents des chemins de fer et, qu'au renouvellement des traités avec les cessionnaires des buffets et des wagons-restaurants, elles s'efforcent d'y introduire des restrictions à la consommation des spiritueux.

Il demande que les compagnies donnent des ordres formels pour que l'accès des quais et des wagons soit interdit aux personnes en état manifeste d'ivresse.

1º Le Congrès considérant que les sociétés coopératives de consommation délivrent leurs membres de la tutelle des débitants et qu'elles ont pour mission non seulement de procurer à bon compte à leurs membres les objets dont ils ont besoin, mais encore d'améliorer leur situation matérielle et morale ;

Considérant que la lutte contre l'alcoolisme est un moyen des plus efficaces d'obtenir cette amélioration ;

Émet le vœu que ces sociétés adhèrent toutes à la campagne anti-alcoolique, et appliquent dans leurs relations avec leurs membres toutes les mesures propres à réprimer la consommation de l'alcool.

Nous pensons que parmi les règlements nouveaux à proposer il en est un surtout qui donnerait satisfaction à l'opinion publique ; ce serait celui qui relèverait les droits sur l'alcool en France et les rapprocherait du taux adopté en Angleterre.

En Normandie, l'homme, au lieu de goûter les fruits savoureux de la terre, les jette dans l'alambic dont l'alchimie moderne extrait un dangereux corrosif.

Les yeux éteints, les traits émaciés, les mains tremblantes, tels sont les signes distinctifs de l'ouvrier qu'on voit sortir, le soir, des officines de mort où son palais blasé n'éprouve plus même de sensation, et la malheureuse femme, attend, à la porte de l'assommoir, cette loque humaine qui était, il y a 15 ans, le jeune fiancé auquel elle avait donné son cœur.

Sonnons la cloche d'alarme qui réveille les dormeurs. La France consomme aujourd'hui 220.000 hectolitres d'alcool : arrêtons ce flot qui monte et menace de tout submerger. Formons une grande fédération, un comité central ; appelons à notre aide la presse, les ouvriers de la parole et de la plume, les volontaires de l'apostolat, la levée en masse de tous ceux qui veulent la France grande et régénérée.

Nous ne cessons de le crier de toutes nos forces : L'alcool c'es l'ennemi ! Que notre clameur inlassable réveille comme un tocsin la torpeur de ceux qui tiennent le gouvernail !

Avec les publicistes qui ont étudié le problème de l'alcoolisme, nous exprimons le vœu :

Qu'on instruise avec la plus grande sollicitude nos enfants ; mais qu'on s'applique avec plus de sollicitude encore à leur éducation, à la formation et à l'entretien de leurs sentiments moraux, car ce sera, à n'en pas douter, l'arme la plus sûre dont puissent se servir les adversaires de l'alcoolisme pour le prévenir, le remède le plus efficace pour le faire disparaître.

Souvenons-nous que les ouvriers d'une grande nation, s'ils s'abstenaient tous de liqueurs fermentées, pourraient acheter au bout de vingt ans toutes les usines où ils travaillent par la réalisation de cette épargne.

Méditons les enseignements qui émanent des sources les plus autorisées : communiquons-le à la jeunesse par une propagande incessante : crions de toutes nos forces aux hommes des nouvelles générations : soyez sobres et tempérants! Repoussons avec dégoût la coupe des breuvages impurs qui versent dans nos veines une vieillesse anticipée et préparent la déchéance finale ! Ayons toujours présents à l'esprit ces mots du naturaliste Buffon : « Les hommes ne meurent pas : ils se tuent ». Aujourd'hui, ils se tuent surtout par l'alcoolisme.

Pour que la France mutilée reprenne son auréole de force et de gloire, arrêtons le flot montant de l'alcool, et proscrivons ce destructeur de la pensée, du libre arbitre, du courage et de la volonté !

Ayons toujours présente à l'esprit cette parole consolante de l'Ecriture Sainte : Dieu a fait les nations guérissables !

APPENDICE

DISCUSSION AU SÉNAT DE LA PROPOSITION DE LOI DE M. SIEGFRIED, RELATIVE A LA RÉGLEMENTATION DES DÉBITS DE BOISSONS (17, 18 et 22 novembre 1904).

A la séance du 17 novembre, le rapporteur expose l'économie du projet de loi. Son objet essentiel, dit-il, c'est d'essayer de restreindre la consommation de l'alcool et d'arrêter ainsi les progrès toujours croissants de l'alcoolisme.

Le moyen principal à employer, c'est la réduction du nombre des débits de boissons, fléau des villes et des campagnes. La loi du 17 juillet 1880 doit être abrogée.

L'orateur démontre que la consommation de l'alcool a augmenté depuis 25 ans dans des proportions considérables.

D'après les statistiques de M. le professeur Debove, en 1850, cette consommation était de 1 litre 46 par tête d'habitant ; elle est aujourd'hui de 4 litres 72, c'est-à-dire qu'elle a plus que triplé, et cela, sans que la population ait suivi une augmentation correspondante.

Cette consommation de 4 litres 72 d'alcool par tête d'habitant représente plus de 2 millions d'hectolitres d'alcool par an. Or il s'agit ici d'alcool à 100 degrés, et comme l'alcool consommé a pour titre moyen 40 degrés, ce n'est pas 2 millions, c'est près de 5 millions d'hectolitres d'alcool que nous consommons annuellement.

Si, à l'alcool proprement dit, nous ajoutons les boissons hygiéniques, le vin, la bière, le cidre, ce n'est plus 4 litres 72 par tête d'habitant, c'est le chiffre de 14 litres 19 d'alcool à 100 degrés que nous consommons annuellement.

Il est intéressant de se demander quelle est, au point de vue qui nous occupe, la situation de la France par rapport aux autres pays. A ne considérer que l'alcool proprement dit, la France vient après la Belgique, la Hollande et l'Allemagne et n'occupe, par conséquent, que le quatrième rang. Mais si à l'alcool proprement dit nous ajoutons les boissons hygiéniques, la France tient la tête avec ses 14 litres par tête d'habitant.

En 1850, la consommation de l'absinthe et des bitters était pour ainsi dire nulle ; en 1897, il a été livré à la consommation 41.000 hectolitres de bitters et 168.000 hectolitres d'absinthe. Ainsi, en une seule année, il a été bu, en France, plus de 20 millions de litres d'apéritifs divers, et encore ce sont là des quantités officiellement constatées et qui ont acquitté les droits ; il faudrait, pour se rapprocher de la vérité, augmenter ce chiffre au moins d'un tiers. C'est donc une quantité de 30 millions de litres d'apéritifs divers qui, en 1897, a été livrée à la consommation.

En présence de chiffres pareils, il est bien difficile de soutenir, comme on a essayé de le faire, que la France est la plus sobre des nations. En 1852, l'Académie française, décernant le prix Montyon au célèbre réformateur suédois Magnus Hus, écrivait dans son rapport : « En France, il y a beaucoup d'ivrognes, mais on ne rencontre pas heureusement d'alcooliques. » Cela a cessé d'être la vérité ; et, des statistiques les plus sûres, on peut conclure qu'à l'heure actuelle la France, malheureusement, est le pays le plus alcoolisé du globe.

Le rapporteur rappelle les conséquences funestes du fléau.

En 1850, dit-il, le nombre des suicides provoqués par l'alcoolisme était de 197, et la proportion sur l'ensemble des suicides de 5, 3 p. 100 ; en 1901, le nombre des suicides dus à la même cause est de 1,142, et la proportion de 12, 4 p. 100.

Si des suicides nous passons à l'aliénation mentale, nous trouvons que dans le seul département de la Seine, pendant les trente dernières années, le nombre des aliénés traités dans les asiles a triplé : en 1867, il y avait dans les asiles de la Seine, 7, 800 aliénés, et en 1896, 21,700. Et dans ce nombre, M. le professeur Debove constate que la proportion des alcooliques est de 38 p. 100 chez les hommes, et de 12 p. 100 chez les femmes.

Enfin, les statistiques criminelles permettent d'affirmer que la criminalité d'un pays augmente en raison directe de la quantité d'alcool consommée.

En France, l'Eure, la Somme, le Calvados, la Seine-Inférieure, qui sont les départements où l'on consomme le plus d'alcool, sont aussi ceux qui fournissent à la criminalité le contingent le plus élevé.

L'alcool est aussi une des causes de la dépopulation.

L'Allemagne double sa population en quatre-vingt-dix-huit ans, la Suède en quatre-vingt-neuf ans, l'Angleterre en soixante-trois ans, l'Autriche en soixante-deux ans, et la France en trois cent trente-quatre ans.

Ainsi, en augmentant la mortalité, en diminuant la natalité, ou en ne produisant que des dégénérés, on peut dire que l'alcoolisme use la race par les deux bouts. Et nous sommes tous les jours témoins de cet affaiblissement physique général. Nous n'avons qu'à interroger les statistiques des conseils de revision. De 1880 à 1892, le nombre des exemptés pour inaptitude physique s'est élevé de 80,495 à 103,349 sur une moyenne de 315,000, soit une proportion de 26 à 32 p. 100. Voici la proportion des exemptés pour inaptitude physique dans le département de la Seine-Inférieure : en 1875 il y avait 405 exemptés sur 6.604 inscrits, soit une proportion de 6 p. 100 ; en 1893 il y a eu 1,680 exemptés sur 6.796 inscrits, c'est-à-dire 27 p. 100. En 1897, cette proportion s'est élevée à 29. 3 p. 100.

Enfin, dernière conséquence, il n'est pas douteux que le développement de l'alcoolisme a sa répercussion sur nos finances publiques. Ce n'est pas impunément pour nos finances que nous entretenons dans les asiles ces milliers d'aliénés alcooliques ou fils d'alcooliques, que nous tenons sous les verrous ou que nous hospitalisons ces milliers et ces milliers de condamnés, et ces milliers d'infirmes, d'épileptiques ou de dégénérés que nous devons à l'alcoolisme. Le mal est donc profond autant qu'étendu, et le péril de l'alcoolisme n'est plus contesté.

Il s'agit de trouver le remède.

Et l'éminent rapporteur signale le nombre excessif des débits de boissons.

En 1879, à la veille de la loi de 1880, il y avait en France 350.000 cabarets ; il y en a, à l'heure où je parle, 500.000, dont 33.000 à Paris seulement. Dans les six mois qui ont suivi la promulgation de la loi du 17 juillet 1880, plus de 10.000 établissements se sont ouverts et, dès les dix premières années, de 1881 à 1891, le nombre des cabarets s'est accru de 70.000.

Nous ne comprenons pas dans cette catégorie des débits de boissons, les express-bars, les lieux de dégustation, les buvettes, les débits qui sont ouverts chez les marchands de charbon, chez l'épicier, chez le receveur buraliste ; s'il fallait y ajouter tous ces débits, ce n'est pas par le chiffre de 500.000 que se calculeraient les débits existant actuellement dans toute la France, ce serait par un chiffre bien supérieur.

Dans tous les points de la France on a émis des vœux pour que le Parlement apporte enfin un remède au mal

La ligue nationale anti-alcoolique a tenu également à consulter le pays par l'organe de ses conseils généraux. Nous avons le résultat de cette consultation : 33 conseils généraux se sont montrés favorables à la proposition Siegfried et Béranger, 31 n'ont pas délibéré, et 4 seulement, par un respect peut-être excessif pour la liberté du commerce, se sont prononcés contre elle.

Enfin, nous avons reçu deux adhésions qui ne sont ni les moins précieuses à enregistrer ni les moins significatives. C'est d'abord l'adhésion de la chambre syndicale des marchands de vins de Paris ; c'est ensuite celle du syndicat national du commerce des vins et spiritueux de France.

La première adhésion est sans réserve et absolue. La seconde accepte le principe de la limitation sous certaines réserves.

L'orateur donne les derniers résultats obtenus en Suède par le système de Gothembourg :

Dans la ville de Stockholm, l'application de ce système a réduit la quantité de spiritueux vendus, de 4 millions en 1877, à 1 million 600.000 en 1896, et la consommation annuelle est descendue de 23 litres par tête à 5 litres en Suède, et de 16 litres par tête à 2 litres en Norvège.

La Hollande a adopté, en 1881, un système à peu près analogue à celui que nous vous proposons ; elle a limité le nombre des débits de boissons, proportionnellement à la population de chaque commune, et cette proportion varie selon l'importance de la commune. C'est ainsi que dans les communes de 20.000 à 50.000 habitants, par exemple, il y a un débit par 400 habitants ; dans les communes de 10.000 à 20.000 habitants, il y a un débit par 300 habitants et enfin, dans les communes au-dessus de 1.000 habitants, il y a un débit par 250 habitants.

Au bout de dix ans, c'est-à-dire en 1891, le nombre des débits, qui était de 43.000, était descendu à 25.000.

Aux Etats-Unis, dans la seule ville de New-York, il a suffi de décider que, pour ouvrir un débit nouveau, il faudrait justifier de la fermeture d'un ancien, pour qu'en dix-huit mois, et malgré l'augmentation croissante de la population, le nombre des débits tombât de 8.219 à 7.310, c'est-à-dire qu'en dix-huit mois, 900 débits ont disparu de la ville de New-York.

L'orateur fait appel à la coopération des pouvoirs locaux et il ajoute, citant une appréciation du Dr Jacquet : « La lutte contre l'alcoolisme est le premier devoir social de ce temps. Pour notre pays de population stationnaire, il s'agit là, à brève échéance, d'une question de vie ou de mort. »

C'est une œuvre qui doit rallier tous les suffrages. Nous sommes ici sur un terrain où toutes les divisions politiques doivent cesser et où tous les partis peuvent se rencontrer et se donner la main pour essayer de résoudre ce grave problème.

Le commissaire du gouvernement s'efforce d'établir qu'il n'y a pas corrélation certaine entre le nombre des débits et le développement de l'alcoolisme. Cette thèse est reprise pour M. Chatteleyn, sénateur du Nord, qui invoque le prétendu droit des industriels. Malgré les concessions des auteurs du projet, le renvoi a été malheureusement prononcé par 146 voix contre 120 et la commission s'est retirée.

Ainsi les marchands d'alcool ont remporté une nouvelle victoire ; leur bataillon a résisté à tous les assauts ; comme les carrés espagnols dont parle Bossuet, ces phalanges semblables à des tours, ils n'ont pas même eu besoin de réparer leurs brèches.

« Si l'Etat ne se hâte pas de se rendre maître du commerce des liqueurs, a dit lord Rosebery, le commerce des liqueurs deviendra le maître de l'Etat. »

Aujourd'hui l'alcool parle en conquérant ; il n'admet pas le moindre contre-poids à sa toute puissance ; c'est un despote oriental devant lequel le peuple se couche dans la poussière. Les amis de l'hygiène et de la santé publique peuvent multiplier leurs efforts ; le tyran fait un signe, un esclave apporte le bâillon ; aussitôt les voix sont étouffées, l'ordre alcoolique règne à Varsovie et à Paris, malheureusement.

Rien ne prouve mieux cette triste vérité que le compte rendu de ces derniers débats.

Ils démontrent qu'avant d'être le salon du pauvre, le cabaret est le vestibule de l'hôpital et la salle d'attente de la morgue.

Imp. J. Thevenot, Saint-Dizier (Haute-Marne).